中国百村调查丛书

『九五』国家社会科学基金重点项目

『十一五』国家社会科学基金重点项目

『十五』国家重点图书出版规划项目

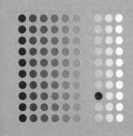

中国古村调查

中国百村调查

中国百村调查丛书·蒜岭村

侨村蒜岭的变迁

CHANGE IN SUANLING—VILLAGE HABITATING
RETURNED OVERSEAS CHINESE

郁贝红 等／著

社会科学文献出版社
SOCIAL SCIENCES ACADEMIC PRESS (CHINA)

本书著者/ 第一章　　郁贝红

第二章　　郁贝红　陈明义

第三章　　郁贝红

第四章　　郁贝红

第五章　　郁贝红

第六章　　郁贝红

第七章　　郁贝红

第八章　　郁贝红

第九章　　郁贝红

第十章　　郁贝红　黄江波

第十一章　郁贝红

第十二章　郁贝红

第十三章　郁贝红

现保留的传统风格的土房 →

村民居住的别墅　　蒜岭侨兴中学

露天戏台、灯光球场

蒜岭旧村路

德发亭

村民拔河比赛

学生舞蹈队

武当别院

总　　序

　　中国百村经济社会调查，是继全国百县市经济社会调查之后，又一项由中国社会科学院组织协调的大型社会调查研究项目。进行这项大规模调查研究的目的，是为了加深对我国国情的认识，特别是为了加深对我国现阶段农民仍占总人口70%的农村社会的认识。

　　1988年初，中共中央宣传领导小组提出，为了拓宽拓深对社会主义初级阶段理论的认识，要进行国情调查。中国社会科学院承担了这项工作，指派专业人员进行策划、拟定开展国情调查的方案，并于1988年4月在全国社科院院长联席会议上，向全国社会科学界发出了"开展县情市情调查"的倡议，得到了各省、市、自治区社会科学院、党校、高校和政策研究机构的响应和支持，并得到国家社会科学基金会的资助，被列为"七五"国家哲学社会科学重点课题（以后又列为"八五"国家哲学社会科学重点课题），从此，此项大规模的国情调查就在全国31个省、市、自治区开展起来。

　　1988年8月，在全国范围内选定了41个县市作为国情调查的第一批调查点。8月在郑州召开了首次国情调查协调会议，会议主题是讨论如何开展此项调查，怎样选点、怎样调查、调查内容和调查方法，与会代表对此项国情调查的重要意义和目标作了进一步的讨论，还就如何组建调查专业队伍等问题交流经验；会议还讨论修订了统一的县、市情调查提纲和调查问卷。

　　1989年5月24～25日在南京召开了第二次国情调查协调会议。会议是在南京师范大学开的，由当时中国社科院分管政法社会学片的副院长郑必坚同志主持，会议集中讨论了本次国情调查成果的编写方针问题，与会者结合已写成的《定州卷》等初稿，进行了热烈争论。最后确定，国情丛书的编写方针是，以描述一个县（市）1949 年以来，特别是改革开放以来的政治、经济、社会、文化的发展状况为主的学术资料性专著。实事求是，以描述为主，要具有科学研究价值、实用价值。会议还决定，本丛书正式定名为《中国国情丛书——百县市经济社会调查》。

1990 年 8 月在北京西郊青龙桥军事科学院招待所召开了第三次国情调查协调会议。出席这次会议的有总编委会的主要成员和各地分课题组的负责人共 80 余人。会前中国社科院党组决定了总编委会的组成人员，主编丁伟志，副主编陆学艺、石磊、何秉孟、李兰亭，何秉孟和谢曙光分别为正副秘书长。经过多方协商，丛书由中国大百科全书出版社出版，出版社总编辑梅益等领导同志给予了极大的支持，并于 1991 年成立以谢曙光同志为主任的中国国情丛书编辑部，专事于这套丛书的编辑出版工作。该编辑部后来成为总编委会事实上的日常办事机构。

本次会议的主题是研讨如何定稿。丁伟志同志在会上提出了这套丛书要在坚持正确的政治方向的同时，坚持严肃认真的科学态度，从实地调查到写作、定稿都要贯彻真实、准确、全面、深刻的方针，并为此作了详细的阐述。经过讨论，大家一致通过这个方针，认为这是实现这项大型经济社会调查既定目标的保证，也是检验每项调查、每本书稿的标准。为了保证丛书的质量，会议还确定，各地的书稿定稿后，先送总编委会，由总编委会指定专家进行审阅，通过后再交出版社编辑出版。本次会议还就第二批调查点的布点问题作了认真部署。

青龙桥会议以后，各课题组对初稿按总编委会的要求进行了认真修改，第一批书稿陆续送到北京。经何秉孟同志为首的专家审稿组的认真审阅，丛书编辑部编辑加工，第一本《中国国情丛书——百县市经济社会调查·定州卷》于 1991 年 4 月正式出版。20 世纪 30 年代，社会学家李景汉教授曾写过《定县社会概况调查》，定州卷则是描述了 30 年代以来，特别是 1949 年以后 40 多年的经济社会的变迁状况。

1991 年 4 月，总编委会在河北省香河县中国科学院大气物理所的工作站召开了第四次国情调查协调会议。其间，国情调查的第二批点 21 个县市的调查已在各地展开，会上总结了国情调查 3 年来的经验和教训，对第一批点还未定稿的几个县市作了如何扫尾的安排，对第二批点的调查和写作提出了规范化的要求，特别强调从第二批点开始，都要求对城乡居民进行 500～700 户的问卷调查，此后问卷由总编委会统一印制，抽样、调查方法由总编委会数据组统一规定。经过大家讨论，认为强调县市调查要有居民家庭问卷调查，这是使本项调查更加科学规范，并能获得更深层第一手资料的保证。大家一致同意，从第二批调查点起，没有城乡居民家庭问卷调查及其数据分析的，不能通过评审和出版。会议上总编委会对第三批调查作了部署。

1991 年 9 月总编委会在中国社科院报告厅举行了《中国国情丛书——百县市经济社会调查》定州卷、兴山卷、诸城卷、海林卷、常熟卷首批 5 卷成果发布会。丛书总编委会顾问邓力群、中国社科院副院长刘国光、著名学者陈翰笙等专家学者与上述 5 卷的主编和调查点的党政负责同志共百余人出席了会议。著名经济学家董辅礽、文献专家孙越生等学者对丛书首批成果作了评述。专家们对这项大型国情调查首批出版的成果都表示了充分的肯定和赞赏。从此，这套丛书就在国内外公开发行。

1993 年 7 月，总编委会在中央党校召开了第六次国情调查协调会议。在会前，考虑到此项国情调查已经进行了 6 年，各地涌现了一批从事此项调查的专业骨干，他们都有继续长期进行国情调查，并作进一步研究的希望和要求，为了便于交流和研讨问题，经过酝酿并得到中国社会科学院的批准，决定成立中国社会科学院国情调查研究中心，由陆学艺任主任，何秉孟、谢曙光为副主任，北京和各地的一部分专家（多数是从事此项调查的）为研究员，聘请丁伟志、邢贲思为顾问。在协调会议期间国情调研中心举行了成立大会。此次协调会主要是研究讨论并解决调查点的调研、写作中的问题。考虑到前两批点，调查已经完成，但由于研究分析和写作、统稿等方面的原因，有些卷的质量达不到要求（有连续三次退回修改的），而调查的材料已有 3～4 年了，所以会议要求，第

一、第二批点未完成写作任务的，都要求再做新的调查，要把近几年的变化写进去。会议还布置了第四批点的调查。

到1994年底，有约50个县市完成了调研和写作，出版了30余卷。就全国范围说，100个县市调查的布点工作已经结束，但各地的课题组仍在继续进行调研和审稿工作。开始时总编委会商定，每个省市自治区根据人口区划的不同，部署2～5个调查点，要求选取不同经济发展程度，不同类型（山区、丘陵、平原等）和有各种代表性的县市，以求全面、准确地反映整体国情。1995年以后，总编委会根据各地调研的实际情况，又陆续批准了一些新调查点，以求填平补齐，使布点尽可能达到合理。另外还有一些是由于丛书出版以后，社会反响很好，有些市、县的领导主动要求列为调查点，如新疆的吐鲁番市、广东的珠海市等，总编委会根据总的布局平衡，也批准了一些新点，所以到最后全国一共布点108个。

1994年以后，总编委会的几位同志曾先后到湖北、新疆、广西、辽宁、山东、广东、江苏、云南、江西、海南、黑龙江等省区，同当地的社会科学院、党校的同志一起走访了这些省区被调查点县市的领导和群众，听取他们对丛书的意见，也参加一部分书稿的评审会或出版后的发布会。各地对本丛书调研、写作和出版都很重视，给予了很高的评价，有不少卷被当地评为社会科学优秀著作并获奖。

从1988年2月，中国社会科学院开始酝酿组织这项大型国情调查时起，直到1998年10月最后一卷出版，历时10年零8个月，终于完成了这项国情调查任务，这是中国自1949年以来进行的少数几次大规模经济社会调查之一。先后共出版了105卷，总数4000多万字。后来，经过总编委会和国情丛书编辑部的同志开会评议、协商，从中减去了5卷。所以，最后送交中国社会科学基金会作为最终成果的是100本。当时预定的目标，是希望通过对100个县市经济社会政治文化等方面的调查，对1949年以后特别是改革开放以来所取得的成就以及现代化建设中面临的各种矛盾、问题进行全面系统的调查研究，从多种角度、各个层面来提供第一手的真实准确的资料和数据，以便进一步摸准摸清我国的基本国情，拓宽加深对于社会主义初级阶段理论的认识。可以说，这个目标是基本实现了。这100本国情丛书，每一本都是以描述一个县（或市）的历史和现实发展状况为主的学术资料性专著，它既可以作为制定政策和发展战略的依据，也可以作为全面研究基本国情或研究社会科学某一方面专题的资料，亦可作为进行国情教育的基础参考书，所以这套丛书既具有实用价值，又有科学研究价值。因为它是在20世纪80～90年代真实记录分布在全国31个省市自治区的各种类型、各种发展水平的100个县（市）的实际状况和发展轨迹，这些资料来之不易，十分珍贵，所以这套丛书又具有保存价值，历史愈悠久，其价值愈可贵。

国情丛书出版以后，受到国内外学术界的欢迎，被认为是社会科学界的一项很重要的学术资料基本建设，具有十分重要的学术价值。广东省社会科学院的一位领导说，将来这套丛书的资料和数据能培训一大批博士、硕士出来。实际工作部门的同志也很欣赏，诸城市委的领导在读了《诸城卷》之后，认为这部书是诸城的百科全书，应该是诸城干部特别是市委、市政府的领导干部必读的书，对熟悉市情，对做好工作，以及对外交流都很有意义。中国社会科学院在建院20周年，评选建院以来优秀成果时，给"中国国情丛书——百县市经济社会调查"颁发了特别荣誉奖。

国情丛书总编委会原来有个设想，在100个县市情调查告一段落以后，要组织相应的课题组，对这100个县市调查提供的资料和数据，分门别类，进行纵向的专题研究，写出如农业、工业、社会、文化、教育、科技等专题研究专著，最后进行综合研究，写出集大成的国情分析报告。20世纪90年代中期曾经启动过几项专题研究，但因人力、财力等各方面的原因，此项研究计划并没有付诸实施，这是美中不足的一个方面，有待以后弥补。

1996年，当百县市调查基本告一段落的时候，课题组内外的一部分专家提出，百县市经济社会调查是一项重大的学术成果，对认识国情有很重要的价值。但一个县市，上千、几千平方公里，几十万、上百万人口，所以，对县市经济社会的调查，总体上属于中观层次的调查。对农村基层情况的调查还是比较少。而中国是一个农民占绝大多数的大国，改革开放以后，农村率先改革，这20年，农民变化最大，农村基层社会变化最深刻，这是决定中国社会主义现代化命运的基础，是弄清国情必不可少的。如能在百县市情调查的基础上，再做100个村的调查，从微观层次上对这些村乃至村里的每个农户在改革开放以来的变化状况加以调查，经过分析，全面系统地加以描述，形成村户调查的著作，这就更有意义了。百村调查是百县市经济社会调查的姊妹篇，两者结合起来研究，将相得益彰，对加深认识中国的基本国情，就更加完整了。对此建议，总编委会的几位同志经过反复研究，认为这个意见很好，而且很及时。于是做了两件工作：一是组织一个课题组，到河北省三河市行仁庄进行试点调查，形成村的调查提纲、调查问卷和写作方案，以便为将来开展此项调查作准备；二是在1997年7月写出了"中国国情丛书——百村经济社会调查"的课题报告，向国家社科基金会申请立项，基金会的领导同志认为这个创意很好，很有价值。但因为此时国家社科基金"九五"重点课题都已在1996年评审结束，立项时间已过，不好再单独立项。后来经过总编委会同国家社科基金会反复协商，基金会考虑到百县市经济社会调查课题组很好地完成了任务，考虑到再作一次百村调查是百县市国情调查的继续，很有必要。所以，于1998年10月特别批准了"百村经济社会调查"这个课题，将其补列为国家社科基金"九五"重点项目，并专门下批文确认，批文为98ASH001号。

"百村经济社会调查"立项后，受到各地社会科学界，特别是原来进行百县市经济社会调查的单位和专业工作者们的欢迎，至今已经有30多个单位组织了课题组，并已陆续选点、进点，开展了村情的调查。

"百村经济社会调查"的目的，同样还是为了加深对全国基本国情的认识，特别是要对全国农村、农民、农业的现状和发展有一个科学的认识。"不了解中国农民，就不了解中国社会"至今仍不失为至理名言。现阶段的农民境况到底怎样？他们在做什么？想什么？特别是他们将来会怎样变化？中国的农村将怎样实现社会主义现代化？不同地区的状况是不同的。我们要通过对不同地区、不同类型、不同发展程度的农村进行调查研究，来描述、反映中国 50 年来农村、农业、农民变化的状况。

　　行政村是中国农民世世代代繁衍生息的最基本的地域单元，也是构成中国农村社会最基础层次的政治单元。20 世纪 80 年代中期以后，农村实行了村民自治，由全体村民直接选举村委会主任和委员，组成村民自治委员会，实行民主选举，民主决策，民主管理，民主监督。十多年来，中国的村民自治已经取得了很大的成绩，积累了很多经验，造就了农村社会安定有序的政治局面。所以，党的十五届三中全会称赞村民自治是中国农民的又一个伟大创造。

　　行政村还是一个事实上的经济实体。它的前身是人民公社下属的生产大队。原来在政社合一体制下，既有组织生产经营的经济功能，又有行政功能。改革以后，农村实行家庭联产承包责任制，在生产大队一级组织村民自治委员会。法律规定，村委会是土地集体所有的承担者，是土地的发包单位。这些年实践的结果有多种情况，有些集体经济比较雄厚的村，在村民自治委员会以外，还组建有农工商公司或（合作）经济委员会，同受村党支部（或党委）领导，村是一个比较完整的经济实体，但这类村是少数。现在全国绝大多数村的状况是，村已不是完整的集体经济、生产经营单位，村作为集体所有土地的发包单位，把土地（包括山林等）分包给农户，农民家庭成为自主生产经营的实体。其中的一些行政村，还有一部分经济职能，对农业生产实行统一灌水排水、统一机耕、统一供种、统一植保等社会服务。而在经济不发达和边缘山区，行政村连这类社会化服务也办不到，只是一个基层的行政单位和土地发包单位。

　　从农村实行家庭承包责任制至今，已经二十多年了，总的发展是好的，农村有了很大的变化，但各地区村庄的发展过程和发展状况千差万别，农户分化的状况也是千差万别。我们这项百村经济社会调查，就是要通过对这 100 个村及其农户的调查，对这些村自 1949 年以来，特别是改革开放以来的政治、经济、社会、文化的变化过程、变化状况"摸准、摸清"，经过综合分析，通过文字、数据、图表把这个村过去和现在的状况如实地加以描述，既能通过这个村的发展展示农村 50 年、20 年来发展的一般规律，也能展示这个村特有的发展轨迹。

现在展示在大家面前的是一套与"中国国情丛书——百县市经济社会调查"有着天然联系的关于现实中国农村的调查研究成果，经与出版单位反复酝酿，最后定名为《中国百村调查丛书》，后缀所调查的村名。每本书有一个能概括该村庄内在特质的书名，如行仁庄是一个内发型村庄为基本特质的村落类型，我们就把这一卷定名为《内发的村庄》。

"中国百村调查丛书"同样是一项集体创作、集体成果。参加这项大型国情社会调查的，有国家和各省、市、自治区的社会科学院、大学、党校以及党政研究机构的社会科学工作者，同被调查地区的党政领导干部相结合，并得到他们的支持和帮助，并且只有被调查行政村的干部和群众积极配合，实行专业工作者、党政部门的实际工作者和农民群众三结合，才能共同完成这项科学系统的调查任务。

中国百村调查丛书

总编辑委员会

2000 年 12 月

目　录

目 录

目　录

目　录

目　录

第一章　村落的历史与概况

第一节　闽王荣赐易名的地方

一　蒜岭村名的来历

蒜岭村位于福建省福清市和莆田市交界处，隶属福清市新厝镇的一个行政村。福清市位于福建省东部沿海，东经 119°21′，北纬 25°34′，与台湾隔海相望，属于闽中地区。新厝镇位于福清市西南，北与福清市渔溪镇交界，东面与福清市江阴镇隔海相望，南面与莆田市江口镇交界，西面为山，也与莆田交界。福清是中国著名的侨乡，旅外华人、华侨和港澳台同胞共达 62 万人。而新厝镇又是福清市的著名侨乡，蒜岭村则是新厝镇两个著名侨村之一。①

唐代，新厝被称为昼锦乡漆林里，至唐乾宁三年（896 年）改为文秀乡光贤里，隶属莆田县。宋庆历八年（1048 年）文秀乡改为万安乡，辖 6 个里（万安里、新丰里、灵溪里、苏田里、安香里、光贤里），光贤里辖上都和下都，蒜岭属于下都。宋嘉祐年间（1056～1063 年）万安乡划归福清县，一直延续至今。清宣统二年（1910 年）光贤里改为光贤乡。民国 16 年（1927 年），光贤属渔溪区管辖。民国 32 年（1943 年），光贤乡属渔溪镇管

---

① 新厝镇另一个著名侨村是江兜村。

辖。1949 年 9 月 20 日，福清全县设 6 个区，光贤乡属第 5 区管辖。1952 年 7 月，全县设 15 个区，光贤乡为第 9 区。1956 年 4 月，全县划为 6 个区，撤第 9 区并归入渔溪区。1961 年 7 月，从渔溪人民公社撤出，成立新厝人民公社，蒜岭是其中一个大队。1984 年 9 月，撤社建乡，称新厝乡人民政府，蒜岭是其中一个行政村。1992 年 7 月，撤乡建镇，蒜岭是新厝镇管辖的一个行政村（福清市《新厝镇华侨史》编委会，2004）。

蒜岭村很早以前并无此村名。老人们说，这里流传这样一句话："蒜岭没出土，新厝方与卢"，意思是说，在还没有蒜岭名称的时候，新厝这个地方只有姓方与姓卢的人家。但现在这两姓人家已经在这个地方绝迹了，可能是由于搬迁或瘟疫。从蒜岭村各个宗族的来源（详见本书第二章）看，蒜岭的真正开发是在元朝林姓人家来到这里以后开始的。蒜岭名称来源有各种说法。一种说法是，蒜岭人种的蒜多得没地方晒，就把山岭上的岩石也利用起来晒蒜头。路人经过这里，不知这个地方名称，见此情景就互相用"蒜岭"来称呼这个地方，于是蒜岭这个地名也就逐渐流传开来，成了这个村庄的名称。第二种说法是，蒜岭北边的青蛙山上有一座土地公庙，庙旁有许多大松树，树干有合抱粗，枝叶繁茂，风一吹，叶子"哗哗响"如同下雪，故名"雪岭"。而"雪岭"用当地方言（莆田话）讲，发音与"蒜岭"相同，所以慢慢地被人们说成了"蒜岭"。第三种说法是，蒜岭以前一到冬至就开始下雪，大雪把整个的山岭盖得严严实实的，所以有的人就把这里称为"雪岭"。而"雪岭"慢慢地被人们说成了"蒜岭"。不过，据蒜岭村林氏宗祠内的《族史梗概》（详见本书第二章）记载："林氏祖宗分支自披公始……相传之下至二十一世孙奇文公……原任苏州教授，后任兴化府学教授，父子俱往兴化后解组不仕。因避乱未回杭州铁井栏竹仔巷，遂暂居玉融苏田里及元至正年间壬午年，长子天应迁回南里杭霞海居住，次子天赐择雪峰杭霞亭居住"。据此推测，当时林姓人家来到蒜岭时，的确"蒜岭"这个地名还不为人所知，但已经有"雪峰"这个名称，蒜岭村的"雪峰寺"（详见本书第八章）在唐代已经存在，当时人们可能把蒜岭以雪峰寺的"雪峰"二字来表示。"雪峰"在使用中，渐渐变成了"雪岭"，而"雪岭"，或许因为实际上并没有什么雪，而且又与"蒜岭"同音，所以最终写成了"蒜岭"这个村名（这是笔者的推测）。因为"在中国乡村，最引人注目的物体一般就是庙宇，村庄的名称也常常导源于这种建筑"（明恩溥，1998）。

二　闽王荣赐易名

唐代，新厝镇称为昼锦乡漆林里，后改为文秀乡光贤里还有一段故事。这段故事刻写在蒜岭村古街（见本章第四节）北头、明天启四年所建的武当别院（详见本书第八章）的正门左墙墙眉上。文章写道：

> 蒜岭有漆林书堂，唐翁承赞翁承祥肄业之所，天祐时，奉诏册王审知，遂易其乡名文秀，别号光贤，曾称昼锦，黄韬赠诗："衣锦还乡翻作客，回车谒帝却为归。"

《福州历史人物第六辑》也记载有这段故事，只是改名年代与《新厝镇华侨史》不太一致。翁承赞（859~932年）"原籍京兆（今陕西西安），曾祖父轩于唐宪宗元和年间（806~820年）入闽为官，初居漳州，祖何迁莆田，又迁福唐（今福清市）遂为福唐人。父巨隅，曾任恭王府谘议参军，少府监。"（中共福州市委宣传部等，1992）翁承赞于宣宗大中十三年（859年）出生于现福清市新厝镇漆林村。漆林书院（书堂）在蒜岭，据陈德恩先生（1922~2007年）①（详见本书第十一章）听上代人说，翁承赞的母亲是蒜岭人，承赞兄弟便到外祖父家，即漆林书院就读。乾宁三年（896年）翁承赞登进士第，以第三名擢为探花使，时年38岁。他文辞清丽，学识渊博，次年再中博学鸿词科，授京兆府㕛，历官秘书郎、右拾遗。当时，唐政府权力已逐渐走下坡路，各地藩镇割据，朝中宦官擅权，甚至宦官、藩镇互相勾结，结党营私。承赞曾上书说，"方镇交结权贵，终必误国"。晚年改太常博士、侍御史、户部员外郎。

当时，皇帝仅有虚名，各地军阀互相争战。李克用霸山西，杨行密据淮南，李茂贞占凤翔，朱全忠据中原。最后，朱全忠暂时得胜，杀尽诸宦官，

---

① 是蒜岭村民公认的老一辈中最有学问的人。

挟昭宗皇帝以号令天下。天祐元年（904 年）朱全忠假传朝令，封福建割据者威武军节度使王审知为琅琊王，以示联络，派承赞为册使。承赞本身既是闽人，同时又具有使节身份，因此，深受王审知的礼遇。承赞看到闽地社会秩序安定，人民生活小康，颇有改图归闽的念头。

天祐四年（907 年）朱全忠逼唐哀帝"禅让"，自就帝位，改国号为梁，定都开封。他一方面大行杀戮以示威，另一方面采用旧臣以示惠。承赞也被升为谏议大夫闲职。王审知闻朱全忠篡位，为求闽中政局安定即向他称臣进贡。朱全忠因于开平二年（908 年）进封王审知为闽王，又派承赞为册封使。于是，承赞再度回闽。承赞二度回到福州，目睹闽境人民安居乐业，"江山胜昔年"，而朱全忠辖境四面都是强敌，难以成就什么大事，且中原战火连年，人民生活困苦，两相比较，回乡之心更为迫切，但又不得不返朝复命，只好重返开封。当他离开福州时，王审知送他至新市堤（今属福州市台江区）作饯，承赞临别作诗云："登庸楼上方停乐，新市堤边又举杯。正是离情伤远别，忽闻隆旨许重来。此时暂与交亲好，今日还将简册回。争得长房犹在世，缩教地近钓龙台。"

承赞回朝后，朱全忠以他不辱使命，招抚有功，遂升他为御史大夫，加左散骑常侍虚衔。他见朱全忠残忍好杀，不能再与之相处，遂决定辞职回闽。

承赞回闽后，朱全忠还给他"福建盐铁副使"头衔。当时，王审知已在福州设招贤馆，积极招纳贤才。从中原入闽的文人如韩偓、杨沂、李询等皆被录用。王审知一见承赞愿意归来，当然大喜，立授承赞同平章事（宰相），并将他出生的乡改名为"文秀"，里改名为"光贤"，以示荣宠。当时，承赞的好友、诗人黄滔作诗"建水闽山无故事，长卿、严助是前身"以贺之。

承赞在闽国为相期间，辅佐王审知整顿吏治，发展工农业生产，提倡对外贸易，使闽国经济繁荣。他又劝王审知建立"四门学"，以教闽土之秀者，促进了福建地区文教事业的发展（中共福州市委宣传部等，1992）。

第二节　古道穿越的村庄

蒜岭村坐落在海拔 191.6 米高（福清市志编纂委员会，1994）的玉屏山麓，距离南边的镇政府所在地只有 1.5 公里，其北邻新厝镇棉亭村，东南与该镇的新厝村相邻，西面则为莆田江口镇东门村（隔一座山）。整个村庄由北头岭、杭下前、蒜岭自然村（以下写"蒜岭村"时，均指行政村）三个自然村连接而成。整个村子由东北向西南延伸。村庄的东面是一片开阔的平野，隔着匍匐在平野上的几个不大的山冈（即新厝村的后屿自然村和双屿行政村），与江阴半岛隔海相望。福厦 324 国道从村东侧的平野上穿越而过，而福厦高速公路则沿着村后的玉屏山麓，与福厦 324 国道几乎平行。

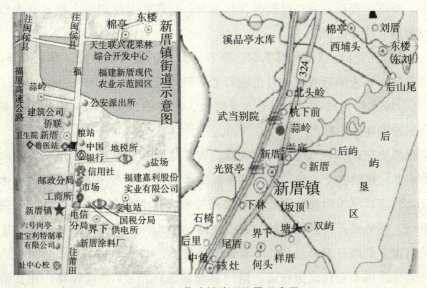

图 1-1 蒜岭村地理位置示意图

资料来源：《福州市地图册》，福建省地图出版社，2002，第 82 页。

从后屿自然村和双屿行政村的"屿"字上就会想到：这里过去曾是一片海，这两座山冈则是海上的岛屿而已。蒜岭村的"活字典"——陈振元老先生（1921~2009 年）告诉笔者，听其父亲说，距今一百多年前，福厦 324 国道及其东西两侧都还是一片海。船可以一直开到现在的福厦 324 国道与村庄之间的蘑菇场附近。玉屏山虽高，但山体多岩石，长不了大树，尽是高过一人的藤类、芦苇和灌木。山麓树木虽然繁茂，但也多为松树、相思树和杂木。因此，长期以来，蒜岭人盖房所需梁柱等杉木都必须到福州等地购买。那时，村民将购回的原木扎成木排绑在船后，由船带着从福州马尾港经海路一直可漂流到蒜岭村前玉屏山下。等海水退潮后，人们便将原木从海滩拖上岸来。现在福厦国道及两侧宽阔平坦的良田，实际上是蒜岭人祖祖辈辈围海造田的结果。

由于蒜岭的东面历史上是海，所以，很早蒜岭就成为一个从莆田上通省城福州，下达泉州、厦门的通道。南宋著名诗人刘克庄（1187～1269年，莆田人），由于经常经过此道，于是留下3首描写蒜岭的诗文。

《蒜岭夜行》诗曰："岭头无复一人来，渔父收灯户不开。松气满山凉似水，海声中夜近如雷。拟披醉发横箫去，只寄乡书与剑回。他日有人传肘后，尚堪收拾作诗材。"

《蒜岭》诗曰："到此思家切，寒衣半泪痕。烧余山顶秃，潮至海波浑。仆怕昏无店，人闻近有村。吾生输野老，笑语掩柴门。"

《蒜岭溪》诗曰："日烁千山草树燃，海乡极目少炊烟；蒜溪一脉涓涓水，只缘西庵①数丈田。"

据历史记载，刘克庄以父荫入仕，曾任建阳、仙都县令。理宗淳祐六年（1246年）赐同进士出身。历任枢密院编修、中书舍人、兵部侍郎等。他一生仕途坎坷，早年因弹劾宰相史嵩之而被贬官（先后五次被罢黜），长期赋闲乡居。蒜岭是莆田去往京城的必由之路，因此，有幸得到大诗人刘克庄在蒜岭古道上刻画自身心境和蒜岭景致的诗作。

蒜岭古道于元代成为官道。据《福清县志》记载："蒜岭驿，在县南光贤里。宋时建于渔溪市，至元十六年（1279年）徙建，名蒜岭站。洪武十二年改为蒜岭驿。"可见自元代开始，蒜岭古道成为正式的官道。明正德十六年（1521年）知县陈迨在蒜岭古道上建了公馆，即为蒜岭古街上被称为"官塘"之处，是石砌的平房，房旁边还设置了两门土炮。清康熙元年（1662年）署县王孙枢在蒜岭建了蒜岭寨，蒜岭寨塘"把总一员驻防，安兵29名"，此即蒜岭古街上被称为"汛地"之处，寨子里面是平房，寨子周围砌有围墙。现在还有残缺不全的围墙。"蒜岭古道之驿站，坐落在玉屏山麓，

---

① 即重兴寺，在蒜岭自然村的西南面。据《福清县志》记载为五代周显德二年建，即955年建。20世纪60年代还留有残垣断壁，2003年笔者去时，看到还留下一个花岗石凿成的一米多长的大石槽。但据说最近有人来收购，现已不知去向了。

风光秀丽，景色宜人，前有龟山保口，后靠石马镇邪，南赖虎头抵煞，北仗青蛙戍边，集胜境于一隅。"这是书写在古道旁边的武当别院正门右墙墙眉上描述当时蒜岭古驿站景致的短文。

民国 25 年（1936 年）4 月，福州至厦门干线公路全线整修完毕，开始客货运业务后，蒜岭古道开始逐渐衰败。但民国 27 年为了遏止日本兵南侵，当时政府下令把公路破坏殆尽。于是，蒜岭古道又恢复了生机，直至新中国成立，福厦公路修复。

第三节　历时嵌入型村庄与围海造田

一　历时嵌入型的主姓村

刘沛林在《古村落：和谐的人聚空间》一书中把中国古村落的成因归为 5 种类型，即：①原始定居型；②地区开发型——如清代关内移民开发东北地区所形成的许多村庄；③民族迁徙型——特别是西晋末年、唐代末年和北宋末年曾发生三次汉族人口大规模的南迁；④避世迁居型；⑤历时嵌入型，一指外来移民嵌入已有聚居人口的地方，二指在不同时期陆续迁入或嵌入。另外，从姓氏构成情况分类，村庄可以分成：全村一姓一族的单姓村；有一两个或两三个大姓兼有若干小姓的主姓村；姓氏较多，且分不出主次的杂姓村（曹锦清，2001）。笔者从史料对蒜岭古道的记载、村中部分宗族的族谱以及老人们根据上一代人的口述流传下来的故事等判断，蒜岭村的形成属于历时嵌入型，即是一个经过历代小家庭或小家族先后迁居，嵌入已有少数聚居人口的地方，逐渐形成的村庄。而从姓氏特点来看，无论是从三个自然村还是整个行政村的姓氏构成来看，蒜岭都是一个主姓村。

从蒜岭村古道边上唐昭宗（889 年）时代就建有雪峰寺，五代周显德二年（955 年）在蒜岭自然村的西南面就建有重兴寺（西庵），以及上述唐代翁承赞就读于蒜岭的漆林书院，刘克庄描写蒜岭的诗文和蒜岭林氏族谱（详见本书第二章）中可以判断，至少在唐代蒜岭就有先民居住。但是家户不多，多以打鱼为生，少有水田，且开垦在山坡地上。但是，之后随着林、陈、黄姓人家的先后迁入，数百年来这三个姓氏的家族在蒜岭繁衍生息、开发围垦，加上在蒜岭古道发展成古街（见本章第四节）的过程中，迁入了不少做小生意的，当挑夫、苦力的一些杂姓人家，蒜岭村变成了一个以林、陈、黄三大姓氏为主，夹以若干不成规模的杂姓的主姓村。

村中的老人告诉笔者，最早来到蒜岭的是林姓宗族。于元至正年间壬午年（1342年）从渔溪镇苏田村迁徙到蒜岭，住在蒜岭自然村以东，并把住处称为杭下前村，寓意他们的祖先在去渔溪镇苏田村之前，是从杭州下来的；蒜岭的陈姓有好几支，但同姓不同宗。"祥镇陈"于明洪武二年，即1369年从江兜墙下自然村（现已不存在）来到蒜岭，住在蒜岭自然村；其后，1593年"玉湖陈"的一户人家也从莆田阔口迁到蒜岭，住在当初尚未开发的蒜岭自然村的下街（即现在的霞渡宫附近，由于相对于古街地势较低而得此名，古街则又称为上街）；黄姓家族则于明朝末年从后屿村搬来，落脚于杭下前自然村林姓聚居地的西面。

除这三大姓氏外，蒜岭还有许多不成规模的杂姓人家，他们主要来源于在蒜岭古街上做小生意的和当挑夫、苦力的人。他们有的向蒜岭人租地耕种，以后逐渐与本地人通婚；有的因古街衰败，1950年土改后分到了田地定居下来。据说早期有杨、郑、关、王、俞、郭、鄢、姚、徐、翁、金、吴、叶、庄、邱、李、张、魏、许等，现在已"消失"了四分之一。主要因为不少杂姓青年上门到三大姓人家所致。因为入赘女婿必须放弃自己的姓氏，改为女方家庭的姓氏。蒜岭原有的邱、俞、李、鄢姓因入赘到林姓人家，郭、金、许、吴、张因入赘到陈姓人家，魏入赘到了黄姓人家等，而使其中邱、李、许、张、魏这数个姓氏在村中消失了。

如上所述，蒜岭的林、陈、黄以及杂姓原先是一簇一簇地分别聚族而居，自然村并不连成一片。并且，由于一百多年前北头岭没有古道通过，比较偏僻，因此，还不存在北头岭自然村。随着林姓人口的繁衍，及黄姓宗族迁入杭下前自然村，三百多年前林姓的一房便向北迁往北头岭与杭下前的交界处的竹戈。一百多年前杭下前的林姓的又一房继续向北迁到了北头岭。不仅林姓迁往北头岭，其他姓氏的族人也都由于人口的发展和认为北头岭有开垦荒地和围海造田的余地而在北头岭择地而居。其实，从北头岭的地名，及蒜岭人的某些语言习惯也可以推测出蒜岭人在蒜岭村的移动轨迹。例如北头岭的"北"字，说明了它是站在其南边的蒜岭自然村和杭下前自然村的角度而得名的。另外，直至今天，蒜岭人还习惯将新开垦的土地称为"北边地"。虽然现在的蒜岭村民已不明白他们为什么把新开垦的土地称为"北边地"，但这显然说明蒜岭人的祖先较后才开垦北部地区，他们对这些新辟土地的叫法没想到竟沿用至今天。陈振元老先生告诉我们，新中国成立前，北头岭已发展成为有两个宗祠（即祥镇宗祠、霞渡宗祠）和七座房屋的自然村。其中，一座房是林姓的，从杭下前搬去，有14户人家；两座房是从蒜岭自然村搬去的祥镇陈，一座有4户，另一座有十几户人家；第四座房是从蒜岭自然村搬去的祥东陈，有5户人家；另有两座房是从蒜岭自然村搬去的霞渡陈，其中一座只有1户，另一座有9户人家；第七座房是从蒜岭自然村搬去的庄姓人家，有三四户。此时，突破宗族聚居，以地缘为纽带的北头岭自然村粗具雏形。

20世纪80年代初开始，由于改革开放后经济生活水平显著提高，蒜岭村迎来了建房高潮，这进一步打乱了历史以来宗族聚居的格局，地缘关系得到了进一步加强。现在，蒜岭村的居住分布情况如下：北头岭的下方（现在靠福厦路一侧）和北头岭最上边以及杭下前是林姓家族的主要居住区；陈姓家族主要在古街的中社（见本章第四节）与北头岭靠南的地方；杭下前、古街的南头（见本章第四节）主要是黄姓家族；杂姓人家集中在古街的南头。人民公社时期的生产队基本上是按照居住地域划分的，北头岭是第1、2、3、4、12、13、14生产队。第1、2、14队几乎是林姓；第3队多数是陈姓，也有一些林姓和少数杂姓；第4生产队几乎是陈姓；第12生产队主要是林姓，一部分是陈姓和个别杂姓；第13生产队主要是林姓，个别是杂姓。蒜岭自然村是第5、6、7、8生产队，第5、6生产队绝大多数是陈姓，也有个别林姓和黄姓；第7生产队主要是陈姓，也有几户关姓、翁姓和个别杂姓；第8生产队既有陈姓，又有黄姓、林姓，余下的都是杂姓。杭下前是第9、10、11队，其中第9队多是黄姓，个别是林姓和吴姓；第11队都是黄姓；而第10队既有林姓又有黄姓，还有个别郭姓。因此，从居住分布看，虽然宗族聚居的现象还远没有被打乱，但自然村已不是单一宗族聚居的单位；而由于古街的存在，杂姓集中在古街的南头，即第7、8生产队。第8生产队的杂姓有20户，如加上不同宗的黄姓共有25户，全队共有8种姓氏（有的姓氏一样，但宗族不同）。现在生产队虽已改称为村民小组，但村民们仍习惯称之为生产队。

二　向海要田解决人地矛盾

前面已经谈及，蒜岭村过去东面就是海，因此，农田只能开垦在山坡上。而数百年来，随着人类繁衍的生存需要，蒜岭的移民祖先不得不转向向海洋要田，开始了围海造田的村庄开发。刚开始时只有5户人家进行围海造田，后来发展为10户、20余户，以后甚至发展到了60户。正因为此，这里的田地有的称"五分海"（在现鳗鱼场、机砖厂前面），有的称"十分海"（现324国道），有的叫"十四分海"、"二十三分海"（靠山的部分是蒜岭的田地，下方是新厝村的），就是当年由5户人家或10户人家，或14户人家、23户人家合作围垦海滩营造田地而得名的。据陈振元先生介绍，到营造了"六十分海"（现为新厝行政村土地）后，木材已经不能再通过海路运抵蒜岭村了。围海造田运动一直延续到新中国成立后还在进行。现在蒜岭低处一带的大片水田其实过去都是海。1995年前后，从蒜岭到江阴湾需要走不到25分钟，而如今抄小路也要走半个小时左右了。

以林、陈、黄三个姓氏为主，延续数百年在蒜岭开发、繁衍、生息，使蒜岭形成了三大姓氏、四大宗族及杂姓人家既分别聚居，又相互毗邻，而且自然村已连成片的，主要从事种植业的村庄人口格局与空间规模。20世纪末，整个村庄有山地6500亩、耕地1225亩、龙眼树2000亩、村庄住宅区600亩，在新厝镇中属于中等规模的行政村。

第四节　繁荣数百年的蒜岭古街

据《福清市志》记载，古代，福清境内交通闭塞，只有传递官府文书的驿铺小道。辛亥革命后，修路问题仍未引起政府注意。因此，民国初期，福清县仍只有残留的驿铺旧道和商贾行旅走出来的羊肠小道。货物运输等均靠肩挑背负。驿道全是人工开拓，盘山越岭，狭隘崎岖，宽的 1 米多，窄的 0.4 米许。部分路面铺砌有石台阶，部分是泥土路，如遇雨天，遍地泥泞，行人步履维艰。驿道每 5 里或 10 里设凉亭一座，供行旅暂避风雨、乘凉休息之用。

蒜岭古道离莆田 35 公里，离福清 33 公里，离福州 75 公里。从莆田到福清，或从莆田到福州（到乌龙江后乘轮船）得花两天时间，因此，挑夫多在蒜岭投宿。正是由于这一地理位置的优势，蒜岭自然村南端的古道逐渐发展成为一条古街。古街从南头到北头约有 300 米长，其中，从官塘、汛地往南一直到佛公堂为止称为"中社"，这一地段最热闹，约 130 米。古街上有 28 家客栈，五六家杂货店，如瑞生杂货店（老板为黄尚武之父）、瑞春杂货店、泰盛杂货店等，肉铺两三家（兼杀猪），面条加工两家，饭店数家（晚上当客栈），还有理发店（晚上当客栈）、则安药房、同济诊所、豆腐店、海鲜店、饼店、缝纫店、染布店、打铁店、棺材店（两家）、轿子出租店、邮局、榨油厂（1942 年）等。甚至还有三四家鸦片馆。当时，对于鸦片馆国民党政府抓了又开，开了又抓，直到新中国成立后才真正绝迹。古街的南头还有一个天主教公所（1932 年以前）。陈玉坤家南邻还有两层楼的美以美基督教堂，在抗战之前，莆田派来的传教先生走后，有一段时间成了"建兴客栈"。古街的店铺多为莆田人经营，但附近靠海的村庄，如双屿、祥厝、界下打来的鱼也会拿到这里出售。岭边、棉亭、后屿、新厝、坂顶村的人都会到这里购物、修农具等。街路由大小不一的风化石铺就，约两米宽。每天肩挑、马驮、抬轿者穿梭于此。古街的北头隔着一条玉屏山上流下来的溪涧，是明天启五年竣工的武当别院，其后面与唐代就存在的雪峰寺毗邻。溪上架着"镇峰桥"，是约 4 米宽的单孔石板桥（现已水泥铺面）。桥边护栏是厚实的数米长的花岗石板，可以歇坐，溪边大树蔚然成荫，成为蒜岭人歇息聊天的好场所。古街的南头往西南曾有一个叫"嘉福宫"的宫庙，是岭头村人的宫庙。不过现在该村已消失，宫庙也已无存，但所供奉的弥陀尊者安放在武当别院。

挑担的、赶马的、抬轿的……每天古街上人来人往很是热闹。莆田来的轿子到了蒜岭，一般均替换轿夫，由福州（或福清）过来的轿夫抬往福州

（或福清）；而由福州（或福清）来的轿子到了蒜岭，一般也换由莆田过来的轿夫抬往莆田。无论哪边来的轿夫、挑夫到了目的地都要住宿一晚，第二天才能返回蒜岭。一间客栈住约 20 人，每天晚上，蒜岭客栈一般有几百人投宿。而白天，蒜岭街上每天都有几十上百人在寻找苦力活。那些等着出卖体力当挑夫、轿夫的人，个个手执一根竹扁担、两条粗麻绳和一根木头抵杖（挑东西途中休息时用的），一群群站着、蹲着、坐着，聚在武当别院前和官塘门口，盼着雇主的来临。陈振元先生 19～20 岁时也当过轿夫。从蒜岭抬轿子到福清，在该处住一宿，第二天回蒜岭，吃住合计需要 2～3 角，一天净挣约 3 元国币（比一块大洋小，一担谷子需十几元国币）。古街上也有闲

人，常聚在南头一条岔路旁的房子（在去关来华家之处）里赌博。

蒜岭古街现在虽然模样犹存，但两边已没有了店面。破败的土墙房有的只剩下残垣断壁，有的紧锁着黑乎乎的木门，有的已建成有围墙院落的现代钢筋水泥的楼房。原来用山上的风化石铺就的路面现已成为水泥路面。不过，2008 年底前，古街的一条小岔道还保存着风化石铺就的路面，可以从这条岔道的路面想象 20 世纪 80 年代以前以风化石铺就的古街路面的风貌。

风化石路面

第二章 宗族结构、源流及其摩擦与融合

第一节 村庄的姓氏结构

胡先缙曾指出，在最近的六七个世纪内，"族"发展壮大的地区集中在我国华中和东南部地区（莫里斯·弗里德曼，2000）。蒜岭便是一个多宗族聚族而居发展壮大的村庄的典型。根据 2003 年 4 月村委选举时的村户名单统计，整个蒜岭村共有 556 户人家，其中林姓 198 户，占全村总户数的35.61%；陈姓有 200 户，占 35.97%；黄姓 105 户，占 18.88%，这三大姓氏便占全村总户数的 90.47%。其他杂姓主要有杨、郑、王、关、翁、郭、徐、姚、吴、叶等，但总共有 53 户，占总数的 9.53%（见图 2－1）。村中以林、陈、黄三大姓为代表的宗族脉系虽然十分清晰，但是，由于数百年来三大姓氏四大宗族之间的相互通婚，共同开发，尤其是新中国成立后对宗族"公产"的剥夺、宗族活动的批判和数十年来以居住地划分的生产队的共同劳动与共同消费，蒜岭村的人们之间宗族意识并不十分强烈。另外，或许由于居住集中，身份相似，且过去在蒜岭没有土地，称不上是本地人的缘故，第 8 生产队的杂姓人家据说十分团结，一家有事，大家都会来帮忙。

第二节 林姓宗族的源流

据史料记载，福建现有的居民，绝大部分来源于汉晋以来南迁的北方士

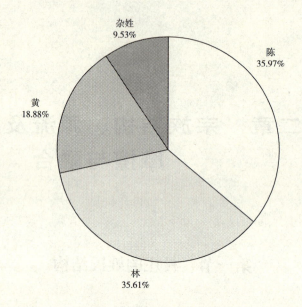

图 2－1　蒜岭村的姓氏结构

民。在这长达千余年的南迁过程中，形成了西晋永嘉年间"八姓入闽，衣冠南渡"和唐初的高宗时期、唐末五代时期以及宋末、元末等移民高潮。这几次的移民高潮对现今福建家族姓氏的分布，产生了深远的影响。而且这几次的移民高潮，都具有鲜明的政治色彩，即这些时期南迁的北方士民，大多是带着政治征服者的身份入闽的。正因为如此，这几个时期南迁入闽的姓氏，就自然而然地显示出他们的政治优越感和姓氏的自豪感，而傲视其他时期入闽的移民。于是当宋元以来福建各家族纷纷开始修撰族谱的时候，福建的大部分家族往往把自己的祖先入闽，附会到西晋永嘉年间、唐初高宗时期、唐末五代以及宋末这四个时期（陈支平，1996）。这也就形成了福建几个大姓的宗族的渊源比较集中的特点。从现实的考察中，蒜岭村也有同样的特征，三大姓四大宗族均称来源于名门望族，均以自己祖先的荣耀为自豪。村庄里新建的比较气派的房子门口正中的门楣上，都写着如"九牧流芳"、"颍水流芳"、"江夏流芳"等几个表明家族来源的大字。

　　林姓可以说是蒜岭村的第一大姓。因为虽然陈姓总户数比林姓多 2 户，但陈姓来源于几个不同的宗族，同姓不同宗（见本章第三节）。村里的林姓老人根据上代的传闻，认为其远祖可以追溯到两晋时期的"五胡乱华，八姓入闽"的林禄。"唐代林蕴《绍州集·宗谱序》里记载：'林姓入闽，自西晋永嘉始'。永嘉是晋怀帝年号，公元 307～312 年"。此外，"《闽林大宗世谱》记载：'吾林出自子姓黄帝之后……至西晋，林礼徙籍于下邳，遂为徐州之冠族，传至孙，为晋安始祖禄。'林禄随晋元帝南迁，东晋明帝太宁三年（325 年）任晋安郡守，其后子孙相继，遂居于闽……是'闽林'的始祖。当时，'永嘉之乱，衣冠南迁'，林禄原为中原衣冠望族，入闽后为晋安郡守，居于'南迁衣冠'之首，因此以后'闽林'家族有一副世袭的楹联曰：'中兴姓氏无双谱，南渡衣冠第一家'"。"《世谱》还记载：'吾祖入闽自晋，入莆田自隋，入仙游自唐'林禄的子孙迁居福建各地，英才辈出。"尤其"闽林族派以'九牧林'分布最广"。"闽林十五世林万宠的次子林披……先娶郑氏，生五子：苇、藻、著、荐、晔；续娶莫侯陈氏（当时北方民族），生三子：蕴、蒙、迈；又娶朱氏，生一子：蒇。九兄弟同于贞元朝官至州刺史，故世称'九牧林家'"（陈建才，1994）。

据蒜岭村林氏宗祠内的《族史梗概》记载："林氏祖宗分支自披公始，披生九子，俱仕官刺史，称为九牧公，我祖是第六蕴公，相传之下至二十一世孙奇文公，公登元元统甲戌科进士。原任苏州教授，后任兴化府学教授，父子俱往兴化后解组不仕。因避乱未回杭州铁井栏竹仔巷，遂暂居玉融苏田里。及元至正年间壬午年，长子天应迁化南里杭霞海居住，次子天赐择雪峰杭霞亭居住，三子天寅迁六一都杭霞居住。杭之为言盖系由杭州迁，故不忘本也。"从这一族史上我们可以知道，蒜岭村的林姓为九牧林中的第六子林蕴公的后代，并且于 1342 年三兄弟天应、天赐、天寅分别搬迁到福清的三处居住。来到蒜岭的是次子天赐。

现在，杭霞林姓家族三个分支中，杭霞清这一支的后代大部分居住在福清的港头镇，并发展到有一千户人家的规模，为杭霞家族的最大一支。杭霞亭即是现在居住在蒜岭村的林姓家族，现在有近二百户人家。三兄弟中最小的杭霞海现在居住在福清的六一都，家族也有二百多户。

据林姓老人告诉笔者，之所以叫"杭霞林"，"杭"即为杭州之意，"霞"是因为其祖先从杭州搬迁过来的时候，天上霞光万道，林姓的祖先认为这是上天的吉祥征兆，他们居住在这里子孙后代将会辉煌无比，于是把自己称为"杭霞林"；而三兄弟分别又称为"杭霞清"、"杭霞亭"、"杭霞海"；另外，在三兄弟分别之时，约定到了新住处，均把自己居住的地方称为"杭下"，即寓意为他们是"从杭州下来的"。《福清市志》在第三章"地名"中介绍港头镇杭下村时，也解释道："纪念祖先从浙江杭州南下来融之意"。

蒜岭林氏宗族来到蒜岭后，将自己居住的地方称为"杭下前"村，并建有供奉神灵的"杭霞宫"，宫中奉祀有九天元帅、护国夫人（刘夫人）、尊主明皇、观音大士。宫庙隔壁是林氏宗祠，正对面建有用作戏台的亭子，称为"杭霞亭"。"文化大革命"中，这些建筑均遭破坏。林氏旅海外族人于1987年农历十月捐资重建了杭霞宫和宗祠，2000年农历五月又捐资重建了杭霞亭。杭霞林的族谱据说在"文化大革命"时险遭焚毁，幸好被族中老人一把夺走，才完好保存至今。数年前，林氏宗族组织了村中几位文化人，分工开始了续谱工作，现已完成。

第三节　同姓不同宗的陈姓源流

据陈玉坤先生（1928～2003年）介绍，整个蒜岭的陈姓人家都属于颍水"陈"，因为蒜岭村陈姓宗族最早的祖先来自于河南颍水。但从河南颍水迁到福建以后，经过长期的繁衍与迁徙，又形成了许多支流。蒜岭的陈姓宗族有四支：一族称为"祥镇陈"，又称"南阳陈"；一族称为"霞渡陈"，又称"玉湖陈"；一族称为"祥东陈"；一族称为"溪头陈"。

首先，关于"祥镇陈"。据该族的族老陈振元先生介绍，其祖先是在"五胡乱华"时从河南颍水迁徙到福建来的。迁徙到蒜岭的线路如下：河南颍水→福建闽清→福清音西→福清上迳镇蟹屿村（该处祥镇陈现约有400户）→新厝镇江兜村墙下自然村（现已不存在）→蒜岭（明洪武二年，即1369年）。从江兜墙下迁到蒜岭是因为江兜墙下在海边，以渔业为生，没有发展的余地。蒜岭的祥镇陈是三兄弟中的次房，叫云鸣；长房叫云龙，留在蟹屿村；三房叫云凤，现在泉州。蒜岭的祥镇陈族谱在"文化大革命"中被焚毁。祖墓在福清上迳镇蟹屿村的长房处，所以，清明、重阳没有举行宗族的集体扫墓活动。

祥镇陈在从江兜搬到蒜岭后，还有这样的一段小故事。原先在江兜墙下村时，那里只有他们陈姓一个家族，因此，临村的海域都是属于他们陈姓的。后来王姓人家也迁居到此。所以，王姓人家要在那里生活还必须向陈姓人家租借海域。陈姓迁到蒜岭以后，江兜墙下的海域还是属于陈姓人家的。每年王姓人家要交租金给祥镇陈，方式是以某日的所有渔猎收获全部无偿送给祥镇陈姓。即祥镇陈姓某日派几个人抬着箩筐到江兜，放在海边码头上，王姓人家必须把那天打来的鱼全部放在那些箩筐里作为租金交给祥镇陈。后来，由于交实物麻烦，便改为一年交一次现金。到了最后，王姓人家为了永久地占有这片海域，便想了一个办法：与祥镇陈的族长结成亲家，把陈姓族长的女儿娶了过去。然后让该族长的女儿想办法把当时与陈姓签订的海契给偷了回去。这样，第二年就不再交租金给陈姓了。为此，两姓人家打起了官司，告到了官府。官府最后做了调解，陈姓家族把江兜海域的所有权让给王姓人家，而王姓人家则一次性地补偿给陈姓家族若干钱财，从此以后两姓之间便不再有租金纠纷了。

祥镇陈建有祥镇宫，奉祀昊天帝子、九使十使。宫庙原先坐落在古街的南头，新中国成立后，宗族和民间信仰活动日趋减少，祥镇宫和村中的其他宫庙、宗祠一样，不是被当作仓库、牛棚等挪为他用，就是经过历次政治运动的洗礼而残败不堪。1986年，该族7位旅外华侨华人捐资在武当别院的西面重建了祥镇宫。

其次，关于"霞渡陈"。"霞渡陈"是由两支来源不同的陈姓宗族在共同开发蒜岭的地缘合作中合二而一发展起来的。

明万历癸巳年（1593年），"玉湖陈"一世祖陈仁的第19世孙之一，因家乡人口众多，为另辟天地，便带着家口从莆田阔口迁到了蒜岭，住在当初尚未开发的蒜岭村的下街。在玉湖陈一家到下街时，那里已经住有一支从福州下渡迁过来的陈姓家族，并建有"霞渡"宫，称为"霞渡陈"。当时下街还是"荒山野岭"，野兽出没频繁，两支陈姓虽来源不同，但在恶劣环境中相互帮助，共同开发，建立起了友谊，从而相互认同，"玉湖陈"便加入到

"霞渡陈"中。

"玉湖陈"是一支著名的陈氏宗族。宋庆历元年（1041年）"玉湖陈"始祖陈仁由浙江钱塘入闽，居住于今莆田市城厢区阔口村玉湖浦边，遂繁衍了"玉湖陈"（福清市志编纂委员会，1994）。其先辈有过"一门二丞相，九代八太师"的显赫（中共福州市委宣传部等，1996），并且八世祖陈文龙（1237～1278年）为宋末抗元英雄，因其英勇忠贞，坚持抗元，誓要"生为宋臣，死为宋鬼"为后人所景仰，以至在莆田和福州都建有纪念陈文龙的庙宇，作为神灵予以崇拜。传说其"死后显神救助海上遇险官船、民舟。明洪武三年敕封为水部尚书，作海神主祀，福州奉旨祀典"。"旧时福州分别建有宫前、玉环、洋中、万安、安庆、北竿等11所尚书庙"（林璧符，2003）。

出生蒜岭的旅印尼著名华侨领袖陈德发先生为始祖仁公的第32代子孙（《融侨史》编写组，1997）。

由于蒜岭的"霞渡陈"是由"霞渡陈"和"玉湖陈"合并发展而来的，所以，村民们有时也称其为"玉湖陈"。霞渡陈所建的霞渡宫奉祀张公圣君、九天元帅和临水夫人。它是改革开放后全村最早重建起来的宗族宫庙。由陈德发于1981年捐资重建。由于该宗族人口增多，举行宫庙活动时显得拥挤，所以，2003年陈德发的三子陈子煌和定居香港乡亲陈元来合计捐资40万元人民币，将1981年重建的霞渡宫拆了重建，并且加建了华丽的戏台，现为440平方米。霞渡陈氏宗祠是1982年由陈子兴捐资重建的，建筑面积约为375平方米。

霞渡宫还有一个特别之处必须一提，信奉霞渡宫神灵的还有蒜岭自然村的9户关姓人家。其中的缘由是这样的：在玉湖陈繁衍到七八户时，有一年一家关姓人家也迁到了下街，那年大年三十，关家的老祖母去世，第二天是大年初一，通常人们忌讳这时接触死人之事，怕不吉利。但玉湖陈祖先看到关家孤独无援，主动上门帮助料理丧事。关家感激万分，当即表示要与陈家结为兄弟。因此，关姓也加入到霞渡宫，信奉霞渡宫的神灵，只是不参加陈姓族事而已。

再次，关于"祥东陈"。"祥东陈"的祖先，村里的老人原先只知道是来自于"祥东"的陈姓后裔。但是，1990年一件偶然的事情使"祥东陈"戏剧性地找到了自己的宗族归属，知道他们原来也是"玉湖陈"，是始祖仁公的第15世子孙迁徙到蒜岭来的。

故事是这样的：祥东陈的一家女婿想给岳父母做墓看风水，因此想了解他们上几代叫什么名字。为此他去问本族的一位老人。老人也不知道，但说家里有一本族谱，叫他去查查。老人在青蛙山的土地公庙看守枇杷，他们拿出族谱查看时，正好两位霞渡陈的老人也凑过来看。这一看，大家都奇怪了，怎么这本祥东陈的族谱里边的内容和图等与他们霞渡陈的族谱一模一样呢？上面也写有抗元英雄陈文龙是他们的祖先等。那年（1990年），侨领陈德发先生正巧回国到莆田的玉湖陈氏宗祠剪彩（他独资为莆田阔口村铺设石板路及捐资56万港元修建玉湖陈氏祖祠），村民们将此事告诉了他，他非常认真，特地将祥东陈的族谱借去复印、研究并予保存。据说，最初霞渡陈族人还不太相信，认为祥东的这本族谱会不会是霞渡陈哪家女儿出嫁到祥东陈家时，从娘家带过去的，并非祥东陈的族谱。后来发现页脊上写着"祥东"二字，才肯定这的确是祥东的族谱。据侨领陈德发先生的胞弟陈孙政先生推算，大约祥东陈是在1500年前后来蒜岭的。祥东陈建有祥东社，奉祀五显大帝，或称马元帅。

最后，关于"溪头陈"。据传溪头陈数百年前住在硋灶。两兄弟吵架打了起来，因此决定：谁打输了谁离开硋灶另立门户。结果溪头陈输了，搬到了现在的溪口亭水库的入口处，即溪头村居住。溪头村原属于蒜岭行政村的一个自然村。溪头村离玉屏山近，但距离蒜岭却有2.5公里。新中国成立前经常遭到土匪抢劫，土匪抢劫后很容易就可以逃入山中。"文化大革命"期间，武斗也常常发生在这一带的福厦公路边。因此，溪头村人于"文化大革命"开始后的1967年全部迁到了蒜岭的北头岭自然村。溪头村也就此消失了。溪头陈建有溪头宫，奉祀安善圣王。

第四节　黄姓宗族的源流

按现在人口统计，黄姓为中国第八大姓。相传黄姓是黄帝（姬姓）之后裔，由轩辕苗裔祝融之孙惠连受封于黄国（河南省光州一带）。后黄国被楚国吞并，子孙大多繁衍于江夏，故有"江夏黄"之称。如今在蒜岭还可以随处看到新建的楼房前写着"江夏流芳"几个大字，这样的房子肯定就是黄姓人家的。唐末景福二年（893 年）黄敦与父黄霸，偕弟黄膺，从王审知入闽，初居清流县的梓潭村。后居梅溪场（今闽清县）的盖平里凤楼山。黄敦娶江南陈氏为妻，生六男，分别是黄宗、黄礼、黄凝、黄勃、黄启、黄余等，后代称"黄氏六叶"，也称"虎丘黄"。关于"虎丘黄"，陈建才著《八闽掌故大全——姓氏篇》中有这么一段故事："黄敦被称为入闽黄氏始祖，寿 58 岁。一日携笭登庐后览景，忽豺狼惊悸，投地而逝。遂就地以土培棺为坟。是夜有巨虎咆哮，发土培枢，殆若培楼，宛若山阜。子孙以为神，称'虎葬'，黄敦则为'虎葬公'。后立祠纪念，朝廷敕封'护国积善院'。于是黄敦之后，子孙益盛，科甲连绵。"即因入闽始祖卒于闽清凤楼山有虎葬之呈祥，故称"虎丘黄"。一千一百多年来，虎丘六叶黄氏宗亲迁徙于闽、浙、粤三省，散居到神州及世界各地，繁衍了一百多万子孙。

蒜岭黄氏是四叶派下的一支，原在现在的莆田市黄巷坡，于明正统八年（1443 年）迁到新厝行政村的后屿自然村，相传 28 世。前 9 世皆为单传，第 10 世传 2 男，第 11 世传 8 男（但 2 男缺嗣）。由于人口增多后屿地方狭小，明朝末年（族谱在"文化大革命"中被烧毁，所以具体年份不清）诸兄弟分家，长房维本的三子后壁、次房维远的长子采园留在后屿（后分为采东、采西）；长房中的长子荔兰迁往新厝自然村；长房中的四子顶荔兰搬迁到蒜岭的莲花池头，次房中的三子东山、四子旧厝的一部分落户于蒜岭的杭下前自然村（四子旧厝有一部分留在后屿，还有一部分迁到兰底）。由于蒜岭与新厝的黄姓家族都来自于后屿村，是同一祖宗，所以，后屿人称后屿为"内后屿"，蒜岭的杭下前比后屿村的位置高，所以称蒜岭的杭下前为"上后屿"或"顶后屿"；而称新厝为"外后屿"。蒜岭黄氏的宫庙叫"龙津社"，历史上奉祀着安善圣王和妈祖，1991 年由族人中的出境务工者捐资重建后，又增加奉祀了黑白无常。

实际上，整个蒜岭村除"龙津黄"外，还有"祥舍黄"和"霞东黄"。"祥舍黄"原在蒜岭，上一代搬到现新厝镇镇政府所在地的坂顶村，现仍在蒜岭的只有 4 户。而"霞东黄"在明代时还出过大商贾出身的仕宦人家——黄克勤、黄克俭父子。此二人是该村于明天启五年（1625 年）所建的武当别院的檀越主（出资出土地的人）和功德主（有功劳表现的人）。遂在武当别院正门右墙墙眉上刻有这样的文句："……里人黄克勤任浙江兰溪县宰子为金华府太守，当时传为美谈"。"文化大革命"之前，武当别院内还一直存放着数百年前雕刻的此二人的木俑，可是，不久就被付之一炬。现在，村民们已模仿旧样重塑了两尊。

另外，在重兴寺遗址旁的山上，还残留着一个被挖盗过的"霞东黄"祖先的古墓。从残留着的数块磨得很细的青石可以想象，原先这一坟墓相当阔绰。墓碑上刻的是明嘉靖年的黄公子乐野和中峰的寿域，因此，他们应是黄克勤、黄克俭的至少祖父一辈的人物。从墓碑的"居德"二字看，黄的祖先是有钱人家，做了许多好事。霞东黄没有留下族谱，只是现小学后面原有一座"中奉家庙"（现已盖了住房），村中老人过去都曾见过该黄氏家族一直在那里祭祀祖先，因此知道霞东黄嫡亲现只有黄子荣兄弟和黄春花的弟弟 5 户人家。

对于"霞东黄"村中还流传着这样一个故事。莆田、福清一带过去生产麻布，黄克勤、黄克俭父子原是往返台湾贩卖麻布的大商人。万历年间（1573～1619 年）一次在海上遇到了台风，船被刮到了天津，上岸后人地生疏，不知所措。后二人商量后到了北京，去认在京当宰相的叶向高（福清人）为乡亲。叶向高说"既然你们是卖麻布的，就做一套麻布衣给我穿穿"，两人送了一套给叶。由于麻布透风凉爽，叶向高内穿麻衣，外套官袍，夏天也不出汗，官员们大惊。结果，他俩给每位官员都做了一套。由此，麻布后被称为"福建宝"。黄克勤、黄克俭认叶向高为乡亲后，当上了金华府太守，并建了家庙。因古时规定，知县及以下官员不能建家庙，只有府以上官员才允许建。

第五节　宗族间的摩擦

林耀华认为，"族外往来可分两方面说：一方面与外族和善敦义……异姓则联以婚媾，彼此姻亲；一方面与外族恶感相斗，世代为仇"。蒜岭村的情况也不例外。但是，根据调查，以及与村民频繁接触的直觉，笔者认为，一方面由于蒜岭人受到古街商业文化的浸透，即邻里均为客，必须温良恭俭让；另一方面蒜岭是主姓村，村内婚发达，宗族之间随着数百年来彼此间的姻亲关系的重叠交错，你中有我，我中有你，融合最终替代了摩擦。

蒜岭村经过数百年的人口繁衍与开发，已成为一村聚几族、居址相毗邻、田地山林相连接、人稠地狭的村庄。各姓氏村民低头不见抬头见，难免发生碰撞摩擦。这些纠纷原多属于个人和个人，或户与户之间的矛盾，但是，由于宗族的非原则的团结意识和宗族具有保护族人安全的责任，许多问题处理不当就会扩大成宗族间的纠纷、仇恨，甚至发展成宗族间持械相格的流血冲突。

新中国成立前，林、陈、黄三姓之间都有过摩擦。例如，林姓与陈姓的纠纷主要是由福厦公路两边的排水沟引起的。水沟是属于陈姓的，水沟有鱼，但北头岭的林姓的住房更靠近水沟，所以有人会去偷鱼；再如，北头岭林姓放牛、放羊把别姓的农作物糟蹋了；北头岭有的村民有时也会去偷别姓人家种的绿豆、蚕豆等农作物。反之，玉屏山及向北到现在的溪口亭水库的山林原属于林姓宗族的。蒜岭陈姓有人会去偷树，并且连小松树都给砍了。这也就引起了纠纷。黄姓人家由于人口较少，一般不敢正面与陈、林姓争吵，但如与后屿黄姓家族联合起来一起对付蒜岭的林、陈姓的话，势力就大了。关于一部分林姓、陈姓从杭下前、古街的北头和南头搬迁到北头岭一事，村里也有另一种说法，说是害怕黄姓联合起来的势力才搬走的。据说黄姓有人也会偷割别姓的稻子、豆子，拉掉麦穗，刨走番薯（红薯）等。

总之，在传统的宗法观念影响下，宗族的荣誉往往置于个人利益之上，在与外姓的冲突中，让步即被视为软弱而使宗族蒙羞。因此，不论有多么危险，他们都不会轻易退却。这是典型的宗族纠纷的解决办法。为一两个人的不轨行为或纠纷，族长就得出来为本族人争辩，处理得当可握手言和，处理不当就容易引发两个宗族间的冲突。

民国初年，蒜岭曾发生了因为围海造田之事，陈、林两宗族联合与后屿黄姓宗族械斗的流血事件。结果，陈、林两宗族各死一人，黄姓重伤三人。

事情是这样的：蒜岭人围了二十三分海（开始海权是后屿村黄姓的）后，后屿人在二十三分海外又围了六十分海。围时没有事先征求陈、林方的意见，事后贴出一张布告要求陈、林方去黄姓宗祠缴款。但陈、林方认为，围海时黄没有征求他们的同意，并且钱不能收得那么贵，因为海田收成不稳定，有时有收，有时无收，价格必须共同商量。由于双方有了矛盾，黄方借口要洗盐碱地，下雨时不将六十分海的围坝的水引走（六十分海的围坝是石块等砌的，又高又坚固），结果，在水稻即将收割时，五分海、十分海、十四分海、二十三分海等均被淹没了，无法收割。陈、林抓了黄方管闸门的人就打，最终引起了两方械斗。此次宗族械斗原本是与外村人之间的纠纷，但是，出于宗法观念，蒜岭的黄姓人家加入到了后屿村黄姓一边。不过，据说已经和黄姓人家成为邻居的一些陈、林人家考虑到日后的交往，也回避了这场械斗。

据已 89 岁高龄的陈老先生讲，这次宗族间的流血冲突是从上代人那里听说的，之后，即他小时候就没有再发生此类事了。新中国成立后，宗族组织消失，个人和家庭依附于生产队中，宗族纠纷已失去了产生的基础。

在实地调查中，笔者还发现了农业社会的一个有趣的现象，即不光是宗族、文化的异同，如语言的异同也会使人们产生亲疏离合的感情。有村民告诉笔者，除了上述的宗族械斗外，历史上蒜岭还发生过一次较大的争斗。陈老先生解释说，其实那次并非宗族间的纠纷，而是棉亭村与后屿村村民为了水沟里的鱼究竟是谁的而争吵了起来。棉亭村、蒜岭和后屿村虽然同属于福清县（1990 年为福清市）的新厝镇，但棉亭村在蒜岭和后屿的北边，说的是福清话，而蒜岭和后屿村民说的却是莆田话。因此，后屿村民与棉亭村民发生纠纷时，与后屿人操相同语言的蒜岭人便拿起锄头等利器站在后屿人的背后，为后屿的黄姓撑腰壮胆。只要某方一动手，蒜岭人就会抢起锄头等工具帮后屿人大打出手。不过那次争斗总算没有人动手，也就避免了一场流血事件的发生。

第六节　宗族的融合与村庄共同体

上节谈到的是宗族之间恶感相斗世代为仇的一面，实际上从调查中可以知道，蒜岭宗族间摩擦并不显著，更多的是融合。笔者认为，这一方面由于历史以来该村缺乏耕地，需要共同合作围海造田，另一方面为了防范土匪骚扰，蒜岭村民不得不联合起来。不过这两点都仅仅是造成宗族融合的外部因素。除了外部因素促使该村宗族之间较为融合，村庄共同体较为发达外，笔者认为，蒜岭村自身还蕴含着促成宗族融合的内在要素，即蕴含着自然地、内发地促使该村形成与发展村庄共同体的自组织能量。这就是村内婚的发达。

一 村内婚发达

从表 2 - 1 可以看出，该村村内婚十分发达。可以看到，无论是娶媳妇，还是招女婿，来自本村的人都比从其他地方来的多。娶本村的媳妇和招本村的女婿竟占 660 对已婚者的 34.1%，超过了三分之一；其次才是来自本镇的其他村庄，占 24.1%。在我们的被调查者中随便打听一下，就可以发现许多村内婚的例子。例如从老一辈来讲，著名侨领陈德发的父亲陈金瑞娶的就是本村的黄姓姑娘黄细妹；从低其一代者看，侨领陈德发的弟弟陈德森娶的是本村的林姓姑娘，其妹招婿是古街上的杂姓人家；从现在四五十岁的人中看，村主任林玉坤娶的是本村的林姓姑娘（同宗者五代以上可以通婚），为笔者提供大量村史资料的陈振元老先生的 3 个儿子中，两个娶了本村的姑娘，长子娶了林姓姑娘，次子娶了黄姓姑娘……此类例子不胜枚举。

表 2 - 1　蒜岭村娶媳招婿圈情况

单位：人，%

类　别	本村	本镇的 15 个村庄	莆田	福清其他镇	本省	外省	国外	合计
媳妇来自	213	151	82	82	26	59	8	621
百分比	34.3	24.3	13.2	13.2	4.2	9.5	1.3	100.0
入赘女婿来自	12	8	8	2	6	3	0	39
百分比	30.8	20.5	20.5	5.1	15.4	7.7	0.0	100.0
合　计	225	159	90	84	32	62	8	660
百分比	34.1	24.1	13.6	12.7	4.8	9.4	1.2	100.0

资料来源：2003 年 1 月对 660 人已婚者的问卷调查。

至于村内婚发达的原因，村民告诉笔者，由于村内 20 世纪前半叶"走番"① 的人多，改革开放后出国务工者多，相对于本镇的其他村庄富裕，所以外村的人愿意进来，本村村民不愿迁离。笔者认为，除了这一经济原因外，还有一个原因，这就是到 20 世纪前半叶为止村庄里有一条商店街，这样，较之其他村庄，蒜岭生活比较方便、经济结构更为多元。这或许也是促成村内婚发达的重要条件之一。村内婚发达的根本原因还在于它是个主姓村，没有像单姓村那样必须实行村外婚的限制，姓氏结构的这种内在特征允许该村林、陈、黄三大姓之间，以及与杂姓之间相互嫁娶。虽然从形式上看，村中以林、陈、黄三大姓为代表的宗族脉系依然清晰，但是，三者之间的情感内涵因数百年来姻亲关系的重叠交错和积淀，而几乎分不出你我他。新中国成立前和改革开放后，虽然宗族活动各自都在进行，但是，村庄整体性的活动更加显著。

比如，新中国成立前，包括在南洋的家庭，蒜岭村约有 200 户人家。哪户人家第一个儿子结婚，都要不分姓氏给全村每户人家分送两个一斤重的红团②；侨领陈德发、陈子兴父子在给村民家庭赠送礼品时，也几乎不分宗族而分到全村的每一户人家。1981 年，陈德发赠送全村乡亲每户一台上海蝴蝶牌缝纫机；同年，陈子兴赠送给乡亲每户一辆凤凰牌自行车；1983 年陈德发又赠送全村乡亲每户一枚金戒指，1985 年赠送给全村乡亲每户 100 元人民币。他们对各家各户的赠送虽然金额并不算大，但都是当时的紧俏商品。而最令人赞赏的是，他们的这种赠送方式，说明他们的村庄意识并不弱于宗族意识，也显示了他们增进村民团结、促进村庄整合、加强和发展村庄共同体的愿望。

另外，2003 年 12 月课题组做的关于选择什么样的人当干部较合适的普查的结果（见表 2－2）也充分表明该村的宗族意识十分淡薄，宗族融合是蒜岭村的主旋律。

在 406 份有效问卷中，54.1% 的人选择"有能力的"，18.7% 的人选择

① 这是本地方言，意思是去东南亚谋生。
② 一种用面粉或糯米粉蒸制的扁圆形的、表面印有龟等红色图案或"喜"字的糕点。

表 2-2　您希望什么样的人当干部

单位：人，%

类　别	人数	有效百分比	类　别	人数	有效百分比
缺失	3	0.7	与自己有亲戚关系的	12	3.0
有能力的	217	54.1	能为村民办事的	49	12.2
社会关系多好办事的	32	8.0	其他	9	2.2
品德高尚的	75	18.7	合　计	401	100.0
同族的	3	0.7	无效回答	5	
同一个村民小组的	1	0.2	合　计	406	

资料来源：2003 年 12 月入户问卷调查。

"品德高尚的"，12.2% 的人选择 "能为村民办事的"，只有 0.7% 的人选择 "同族的"。

二　防范土匪的联合

"共同体"一词，最早来源于德国社会学家斐迪南斯·滕尼斯的 "community" 之提法，"它一般是指人们的集体，这些人占有一个地理区域，共同从事经济活动和政治活动，基本上形成一个具有某些共同价值标准和归属感的社会单位"（徐经泽，1991）。围绕着中国农村是否具有村落共同体性质，长期以来在社会学界有着不同的看法。如日本的社会学家清水和平野认为："中国的社会存在着'乡土共同体'，认为包括中国在内的亚洲村落以农村共同体为基础，以家族邻保的连带互助形式实施的水稻农业要求以乡土为生活基础，以生命的协同、整体的亲和作为乡土生活的原理；主张村落在农村生活中的农耕、治安防卫、祭祀信仰、娱乐、婚葬以及农民的意识道德中的共同规范等方面具有共同体意义的相互依存关系"（陆学艺主编，2001）。而福武和旗田巍则强调，"中国农村中并不存在类似日本村落对村民具有巨大制约作用的规范，村民的关系是扩散性的，村落本身不是共同体，而仅仅是一种结社性质，村内只是在'看青'等安全防卫之类的基本需求层次上组织起来"（陆学艺主编，2001）。

笔者赞同清水和平野的观点，认为中国的农村存在着村落共同体，中国的村落共同体具有悠久的历史，在中国的乡土社会中发挥着重要的作用。中国的农村村落共同体不同于西方农村村落共同体的主要表现在于，西方社会以个人为本位的价值体系决定了西方社会的村落共同体是以业缘或地缘关系为共同体的联系纽带，而中国传统的儒家文化以家国为本位，决定了中国的社会是以家庭为社会的最小单位，而不是个人，这也就决定了传统中国的村落共同体是建立在以血缘关系为纽带的基础之上的。

从历史上看，围海造田就是蒜岭人善于与他族相互合作、相互依存，发展村庄共同体的一个很好的例证。本节一中列举的婚嫁礼仪、人情往来、村庄公共活动（详见本书第八、十二章）及村庄治理的共同用人标准等，也都体现了蒜岭村的共同体性质。这里笔者想就 20 世纪 30 年代直至新中国成立这一时期的蒜岭防范土匪的联合行动作一介绍，以说明蒜岭村村庄共同体的存在。

蒜岭村坐落在玉屏山麓，背后的玉屏山是土匪作案后逃逸、藏匿的好地方。因此，常有土匪出没。20 世纪 20 年代末开始，国民党南京政府刚刚平息了旧军阀的混战局面，很快又出现新的分裂和新军阀的混战。新军阀的混战无论在次数和规模上都大大地超过旧军阀的混战。各地新军阀在不同帝国主义的支持下，为抢占地盘、扩大势力、压榨人民，发动的反革命战争给人民带来的灾难大大地超过了旧军阀。从 20 世纪 30 年代开始，蒜岭一带土匪活动十分猖獗，尤其是一个叫刘古的土匪头子特别残忍。蒜岭人被土匪的抢劫与绑架搞得人心惶惶，村无宁日。普查中，在对户主是长子的 305 户人家询问他们的家庭新中国成立前是否曾被土匪抢劫与绑架过时，除失缺 31 户、回答"不知道"99 户和明确回答"没有"的 136 户外，有 39 户回答"有"，占调查户数的 12.8%。据村民告诉我们，土匪并不是只抢富人，也抢穷人的，对有钱人多是到他家里抢劫、绑架，对一般人则在路上、山上下手。

龙津社董事长黄金春的父亲 20 世纪 20 年代就去了印尼，在那里给印尼政府官员开专车，收入不错。由于妻子儿女在家乡，常常来往于印尼与蒜岭之间。1933 年他父亲从印尼回到家的第二天晚上，土匪就闯入家门，将其父母绑在床边，把房屋洗劫一空。临走时，还将其刚满 7 岁的哥哥也抱走了（当时，黄金春尚未出生）。两天后，土匪让中间人通知其父母，拿 500 块大洋才能赎回其兄，不然就将其兄从石马山（在玉屏山西南方）上抛下去。结果其父不得不向别人借了钱，才赎回其兄。当时的大洋是非常值钱的，可以买好几百担谷子。因为这一事件，其父买了枪。

王志学老师（原蒜岭小学教师）的母亲在二十来岁时也被土匪绑架过。王志学老师给笔者讲了下面的故事。那是1935年农历八月的一天，母亲与几个妇女和少数男性一起上山砍柴，突然被一群土匪包围抓住了。他们被关进了山洞。山洞离蒜岭约有一个小时的路程。不久，中间人到他家，说是要给20块大洋才可赎回母亲。祖母到处借钱的同时，到各处的宫庙烧香求佛。祖母带着当时才七岁的他到武当别院烧香。为了表示对神灵的虔诚，祖母让他从武当别院的大门口一直爬到五皇大帝的座前。他们拜了五皇大帝，拜了大爷、二爷，拜了所有的神明。后据逃回来的母亲说，他们被关在山洞里时，看守他们的土匪说，晚上听到大爷、二爷的叫喊声怕极了。第二天就把他们迁到了另一个山洞。在关押期间，他们被移动了好几个地方。翌年农历二月，祖母好容易凑齐了钱交给了中间人，中间人答应送还母亲。可是没想到，一天中间人慌慌张张跑来，把20块大洋还给了祖母，说是母亲不见了，这钱还你。当时，祖母以为中间人一定是被大爷、二爷的神术给搞昏了头，迷迷糊糊就把钱又退回来了。没想到第二天母亲却回来了。原来母亲他们被两个两个地锁住了手脚，那天，其中一个人设法打开了锁，他们一个帮一个把锁全打开并逃了出来。不久，土匪发现他们逃跑了，追赶上来，幸亏雾很大，他们躲在芦苇中，土匪没发现，只得乱开了一阵枪了事。在被土匪抓去的人中，还有一个7岁的小男孩，王志学的母亲背着他跑。土匪追来时只好放下他，让他紧跟着母亲跑，等土匪不追了，再背他。那孩子很机敏，跟着母亲一直跑到溪口附近，孩子懂得自己回家时，才和母亲分了手。那孩子是棉亭村人，第二天孩子家人来到蒜岭，当面感谢了母亲。

为了对付土匪，古街的村民在北头和南头做了门，晚上便关上两头的大门；古街两侧的岔道做不了门的地方，则用铁丝拉上两米多高的刺网。但是，这样也难阻挡土匪的骚扰。古街上的一户从莆田搬来的人家叫九联（音同），原来也当过土匪，是刘古一伙的。后投靠了国民党政府当了侦探，带兵去捉拿土匪。因此刘古很恨他。刘古这帮土匪每到一处作案，总先架起机关枪，特别令人害怕。据村中老人回忆，1931年（或1932年）的一天晚上，古街南头的门上响起了机关枪声，村民都知道是刘古来了，吓得不敢动弹。土匪窜进古街，冲进九联家，杀了他一家七口，其妻怀孕也遭杀害。九联被带走，据说被土匪挖了肝脏，炒了给刘古吃。

1933 年，蒜岭村民买了枪，组织了自卫团。村民每晚轮流在古街空着的"同春"楼上（详见本书第四章）瞭望。而住在古街以外村落中的村民，有钱的出钱，在房子的屋顶上建起碉堡，没钱的人则受雇替他守夜。看到土匪来了或土匪闯到哪家，立即鸣枪。听到枪声，家家鸣枪敲锣，土匪便只好逃跑了。

在我们调查新中国成立前后在生活上有什么变化时，村民们的一致回答是：没有了土匪是最大的变化。

第三章 "走番"

第一节 蒜岭海外关系网络的形成

福清市是福建省著名的侨乡，而新厝镇又是福清市的主要侨乡。新厝镇的主要侨村有两个，蒜岭村就是其中的一个。根据 1989 年蒜岭村委统计，蒜岭村共有 541 户，1786 人，其中归侨①、侨眷②占 94% 以上。1995 年蒜岭村委统计，蒜岭村总计有 517 户，归侨、侨眷为 366 户，占 70.79%。因此，可以说，蒜岭村的大部分家庭都有人曾出国，或仍在国外。蒜岭人旅居海外有据可考的历史已有一百多年，即清朝末年开始就有大量村民出国谋生，蒜岭人称其为"走番"，即去东南亚谋生。

蒜岭村的移民历史虽然没有专门的文字记载，但是与中国的移民史特别是福清史志记述的移民过程是相吻合的。近代中国第一次大规模的国际移民潮发生在 19 世纪中叶。鸦片战争之后，积贫积弱的中国在西方列强的坚船利炮的打击下，最终沦为半殖民地半封建国家。与此同时，西方资本主义国家加剧了对殖民地的商品倾销和原料掠夺，如东南亚锡矿的开采、橡胶园的开辟，北美、澳洲等地金矿开采和铁路建设及南美洲种植园的开拓等。因此，对廉价劳动力的需求大大增加。而在 19 世纪初，英、葡、美等国相继

---

① 根据《中华人民共和国归侨侨眷权益保护法》第二条，归侨是指回国定居的华侨。
② 根据《中华人民共和国归侨侨眷权益保护法》第二条，侨眷是指华侨、归侨的国内的眷属。其包括华侨、归侨的配偶、父母、子女及其配偶、兄弟姐妹、祖父母、外祖父母、孙子女、外孙子女，以及同华侨、归侨有长期抚养关系的其他亲属。

废除了黑奴贩卖制度，因此，吃苦耐劳的华工自然而然地成为黑人劳动力最好的替代品。为了开发殖民地，西方殖民主义者迫使清政府与其签订条约，将输出华工合法化。有代表性的条约有 1866 年清政府与英法签订的《续定招工章程条约》、1877 年与西班牙签订的《会订古巴华工条款》等，大规模的华工移民潮由此形成。据福清市志记载："19 世纪末，殖民者在福清设立许多移民公司或移民代理公司，诱卖福清乡民出国为奴……香港十二公司和澳门巴拉坑（葡萄牙语，意为猪仔馆）勾结厦门、马尾的福清客栈店主招募契约工人；新加坡口岸贩卖人口经纪人，通过福清县城一家移民公司雇一批农民运往新加坡。""清光绪十二年至民国 6 年（1886～1917 年）一家移民公司从福清运走契约华工 2 万人"；"20 世纪初，福清仍有契约华工出国，形式与前稍异，分明约与暗约两种。新厝、港头、江境、高山等沿海不少乡民往往中辍耕耘，嘱同伴转达家属，便登上途经村边的火轮径下南洋。""民国始创，军阀割据，战乱频仍，许多乡民避祸海外。20 世纪 30～40 年代，有更多的乡民前往海外谋生。民国时期，或避战乱，或逃壮丁，或谋生路而成华侨者各乡都有。"（福清市志编纂委员会，1994）

　　由于年代久远，我们已得不到与蒜岭相关的华工资料。陈振元老先生告诉笔者，他所知道的"走番"的人都是自愿出去的。但是，蒜岭老一代村民对"卖猪仔"一词并不陌生。在他小时候，村里传说有两个人被一个从南洋回来的乡亲卖了"猪仔"。原因是这两个人（一个姓陈，17 岁；一个姓林，30 岁）于 1925 年（或是 1927 年）跟随那个乡亲去南洋后没有了音讯。而那个乡亲又比较奸诈，所以人们产生了这种怀疑。这说明蒜岭村民知道契约华工之事，但在 20 世纪 20 年代已没有了这种方式的"走番"了。另外，可以确定的事实是，在这一时期，蒜岭海外关系网络已经逐步形成，这为蒜岭人 20 世纪后相继援引向海外迁移打下了基础。从陈金煌（详见本章第五节）记录的、由其第四子陈瑞金手抄的《旅印尼蒜岭乡同人简单经历记录册（1）》①

---

　① 《旅印尼蒜岭乡同人简单经历记录册（1）》是陈金煌先生编写的，其中记录了从 1953 年开始至 1981 年 7 月为止，旅印尼蒜岭乡同人集资援建家乡蒜岭各项公益事业的经过，抄录了为重建武当院从 1980 年 4 月 12 日至 1981 年 7 月 16 日为止的家乡方面与旅印尼同人之间的来往信件，以及数十位为家乡建设捐资出力的华侨华人的简历。

（以下简称《记录册》）中，对曾经为建设蒜岭小学（1953年）、重建武当别院（1980年）捐过巨款，出过大力的34位旅印尼蒜岭同乡所写的简历中可以看到，这些蒜岭华侨华人已不是华工出身，而是20世纪20年代以后，在十来岁时由父母带到海外，或亲戚、同乡以直系亲属（多以是自己的子女）的名义带到印尼去的。如陈德发（详见本章第六节）是1937年19岁时由其姐夫江光华带去印尼的；陈金裕是由父母带到南洋的；而陈金煌是1930年17岁时，由岭边村姐夫郭能福的亲人郭金裕的母亲（郭陈硔灶婶婶）以母子关系担保入境印尼的。为此，陈金煌当时登记为郭美仔，并且后来连子女、孙子、孙女也均沿用郭姓，直至1973年，即43年后才更改过来，而郭美仔则作为别名使用。另外，许多人在《记录册》中虽然没有被写明由谁带到印尼，但从到印尼后，最初是在叔叔、舅舅，或在兄长、姐夫的店里学艺一段时间后才自立店面，独自经营这一点推断，他们实际上就是由这些亲人援引到印尼的。如陈玉麟到印尼后，先在胞兄陈太麟店里工作，数月后，到叔父陈见龙店里工作；陈德发先是在姐夫江光华店里学艺；陈明亮在其姐夫的布店工作；陈丰美在其兄陈学忠店里学艺；陈金坤到印尼后在叔父陈郭亚业店里学艺；陈芝雅到印尼后在母舅店里，或堂叔店里（未详）工作……在这些海外蒜岭人中甚至已经有了出生在侨居地的第二代，如陈子兴（详见本章第七节）是陈德发之子，1943年出生在印尼望加锡；陈瑞春是陈金煌之子，1940年出生于印尼中爪哇。

第二节　纷纷"走番"的原因

一　人地矛盾是"走番"的首要原因

据陈振元先生介绍，除了第二次世界大战中，由于太平洋封锁了五六年，人们出不去，也回不来外，清末民国初、"二战"前后出国到南洋的村民很多。陈振元11岁的时候，即1931年从私塾改念区立蒜岭小学，班上共有16人，班长林金康，副班长陈松福和关宣临。一条长凳子坐三个人，当年读书时的座位如下：

林金康（印尼）、陈松福（新加坡）、关宣临（印尼）；

陈德发（印尼）、陈尔发（印尼）、林金玉（早逝）；

林紫标（印尼）、陈振元（本地）、黄当友（印尼）；

黄金树（新加坡）、黄当茂（印尼）、林凤荣（早逝）；

郑志高（马来西亚）、陈文星（新加坡）、陈文新（本地）；

黄当宜（印尼）。

如名单所注，几年后除了两名同学早逝外，只有他和另一名同学留在村里，其他同学均先后到了南洋。除去早逝的两名同学，等于85.7%的同学都"走番"了。

蒜岭村民纷纷"走番"的原因，按照老年人的说法归纳起来有以下三点：一是为了获得现金收入，改善生活；二是为了逃避当壮丁；三是为了躲避土匪。

"为了获得现金收入，改善生活"而"走番"这句话说得更具体点，就是靠村中有限土地的产出，只能维持一口饭吃，而难有多余的农产品可以换取现金。没有现金，穿衣、购盐、治病、念书等都成问题。要想获得现金过上正常生活，就必须在土地之外想办法，必须离开蒜岭这块土地有限的地方，到别处去寻找挣钱的机会。在对蒜岭历史的调查中，笔者看到，逼着蒜岭人离乡背井、漂洋过海主动"走番"的最根本、最本质的原因和最准确的说法是：人们要摆脱地少人多日益严峻的现实所带来的生活困境。这与蒜岭人的祖先迁徙到蒜岭来是同一个道理，即为了解决人地矛盾。按照刘朝晖的说法："一旦人地矛盾突出，直接的结果就是造成人与地的被迫分离，生活在土地上的人选择新的生产生活方式。"只不过"走番"的收入一般以现金兑现，可以带回、寄回蒜岭，可以不必举家迁徙。因此，说"走番"是为了获取现金仅仅触及问题的表面而已。

福建山多平地少，俗称"八山一水一分田"，人地矛盾非常突出。1950年土改时，蒜岭全村约200户，1000余人口（其中有100余人在南洋，只有800余人在村），村民每人平均只能分到约7.6分土地，低于联合国规定的最低生活保障土地面积标准，[①] 而且其中一半还是旱地，不能种水稻。蒜岭

---

① 联合国规定的最低生活保障土地面积为人均0.8亩。

的耕地除了数量少外，还十分贫瘠，产量非常有限。虽然地处亚热带，但福清县是个"十年九旱"的地方，尤其沿海地区更为严重（福清市志编纂委员会，1994）。蒜岭没有河流，仅靠山上的溪水灌溉，围垦的海田碱性大，因水源不足和投入的肥料有限，大部分只能种单季稻；一部分已经围垦种植长久的田地才可以种双季稻；而只有少量非围垦的水田可种3季。调查中我们感受到，数百年来虽然蒜岭人的祖先迁徙、拓荒、围海造田等作了种种扩展耕地的努力，但怎么也赶不上人口的增长。并且，近代以来土地的开拓已达到了极限，而人口的增长却遥遥无期。蒜岭人世世代代一直挣扎在尖锐的人地矛盾的胁迫之中。

蒜岭的耕地几乎全部用于种植粮食作物。水田除了种稻子外，能种3季的田地在立冬前收割完双季稻后，再种大麦、小麦或蚕豆、豌豆等；旱地则种番薯、黄豆、花生①等作物，而只有极少量的土地用于种植咸菜或自食的萝卜和芥菜等蔬菜。究其原因，是人多地少造成的。由于土地少，种粮食不但可以保证人的生存的最基本需求；同时，由于粮食的价格比蔬菜高，利用有限的土地种粮比种菜可以换取更多的现金以解决生活的基本需要。所以，昔日蒜岭人几乎不种菜，不吃炒青菜。

尽管蒜岭人已最大限度地将土地用于粮食生产，但实际上仍难以满足人们的生活需求。从调查中知道，长期以来蒜岭人平时3餐吃的都是大米掺番薯的稀饭。番薯收成后的一段时间吃的是鲜番薯稀饭，从农历二三月以后到七八月吃的是干番薯片煮成的稀饭。有时也吃大麦糊、面疙瘩等。虽然村民们说，吃稀饭是他们的习惯，但是，从"只有过年过节时才吃掺鲜番薯丝的干饭和肉"和20世纪50年代初干部动员村民搞集体化时说的"集体化生产发展了，就可以天天吃干饭"这两句话中可以知道，吃干饭对于蒜岭人来说，实际上是一种奢侈。天天吃稀饭与其说是习惯，不如说是粮食太少才不得已养成的习惯。老人们告诉笔者，如果没有其他手艺，没有华侨关系，新中国成立前为了生活开支，家家户户都要省下口粮用于出售。一般中农家庭一年需出售10担左右的谷子，贫下中农家庭一年也得出

---

① 在蒜岭花生也属粮食作物。

售三四担谷子作为生活开销。由于稻米比番薯贵，白米比红米贵，为了多得现金，就必须多吃番薯，多吃红米。即使稻子生产较多的家庭也尽量吃番薯稀饭，省下稻子用于出售。改革开放后的今天蒜岭人才终于吃上了白米干饭。

这里必须一提的是，蒜岭的老人们告诉笔者，新中国成立前种植龙眼也是蒜岭人依靠土地获得现金的手段之一。据村民介绍，龙眼树耐干旱，很适宜于蒜岭的气候。而且花工少，价格高，第二次世界大战前，一担鲜龙眼的价格相当于4担谷子（一担谷子3块大洋）。但是，奇怪的是它不但没有成为蒜岭人换取现金的最重要手段，而且，据村民介绍只有最坏的土地才用来种植龙眼。即只要种了庄稼不会被牛羊啃食的话，土质再差，蒜岭人就还是用来种庄稼，而舍不得用来种龙眼。这是为什么呢？笔者曾经十分迷惑。询问村民，他们认为那是因为栽培一株龙眼树，需7~10年后才有收成。换句话说，村民只能看到兑现快的利益。但是，仔细琢磨，笔者认为这个问题应该从中国经济社会发展水平的历史角度来理解。

龙眼既甜美爽口，又对人体有很好的保健功能。早在汉代我国就已将其作为药用。在《神农本草经》、《本草纲目》等著名的中药书籍中都有记载。龙眼具有滋阴补肾、补中益气、润肺、开胃益脾、养血安神等功效。所以，一般作为治疗病后虚弱、贫血萎黄、神经衰弱、产后血亏和强身健体等的滋补品而十分名贵。新鲜的龙眼焙成龙眼干，也称桂圆干或宝元，有利于保存和远销。陈振元老先生介绍说，新中国成立前，以龙眼干馈赠亲友，一盒只装6大粒，送两盒就是十分气派大方的礼品了。既然如此，蒜岭人为什么没有积极发展龙眼生产来获取现金呢？笔者认为，第一，既然龙眼是滋补品，就属于生活中可有可无的奢侈品。在人们的生活水平普遍低下的农业社会，龙眼价贵市场需求量少。"当时，周边农民买不起鲜龙眼，只有焙成龙眼干到远处出售，"陈振元先生说，"焙好的桂圆干要运到福州、上海、宁波等地出售。"可见只有大城市的市场才能接纳这样的商品。第二，在1936年324国道修通前，福清的交通运输全靠肩挑背负。蒜岭人靠步行将龙眼干挑到福州销售谈何容易？陈振元先生在23岁时，也曾挑龙眼干到福州出卖。挑一担龙眼干到福州得走两天路，并且得住在福州等卖完后才能回来。陈先生当时以每卖出 100 元就支付 3 元住宿费的方式，投宿在福州下杭路卖布匹的兴化人的店里。另外，出售龙眼干还得有人介绍，所以，每卖出 100 元便向介绍买主的中介人支付 2 元钱。店主除了提供住宿外，也负责向买主催款。可见在当时的交通运输条件下，出售龙眼干不但要体力、时间，还要有福州的人脉关系。这并不是蒜岭人家家户户都能具备的。第三，也是最重要的一条，就是直至 20 世纪 50 年代农业集体化之前，中国广大农村都还是自给自足的小农经济社会，像蒜岭这样处于福州、福清和莆田中间，远离商品经济地方，是很难孕育出资本主义商品经济的萌芽的。所以，珍惜每一寸土地生产粮食，以填饱肚子和维持最低现金开支是村民唯一的选择。更何况至少在 19 世纪末开始，蒜岭人就已经开辟了靠"走番"缓解人地矛盾，补充生活资源的途径。这从某种意义上说，或许起到了抑制龙眼商品经济发展的作用。

总之，蒜岭的有限土地资源对人口的压力迫使一代代蒜岭人"走番"，而一代代蒜岭人的"走番"，最大限度维持了留在村中的蒜岭人勉强温饱的生活。百余年来，蒜岭人就是这样一代代通过"走番"的方式，使蒜岭的人地矛盾平衡在仅能糊口的极限状态上（详见本书第四章）。

20 世纪中叶以前，印尼还是荷兰的殖民地，1 块荷兰盾可以兑换两块大洋。如果在橡胶园锄草的话，一个月可有 12 块大洋的收入，可购买 4 担谷子。除去吃、住等开销，最多的可以剩下 200 斤谷子的钱带回国内。据老人们介绍，那时在新加坡、印尼有蒜岭和新厝、后屿、坂顶等周边村庄人开的人力车馆。家里有人生病，或赌博输了钱需要用钱时，就到南洋拉几个月"牵手车"（人力车、黄包车）回来是常有的事。有些人来来去去十几次。按照村民的说法，真正富裕的家庭是不会去"走番"的；另外，太穷的家庭则无法"走番"，因为支付不了路费和支付援引者的担保费。

20 世纪 20~40 年代是蒜岭人大举移居海外的重要时期。这一时期"走番"的原因已不仅仅是为了赚取现金改善生活，而多在于躲避因长年战乱而加剧的壮丁抽派及严重的匪患。首先，国民党政府为了平息新旧军阀的混战，后来又为了对付共产党和由于战乱而加剧的匪害，在农村大量抽派壮丁。被派到壮丁的人，如果不想去的话，得支付相当于十几担谷子数额的款项请别人顶替自己去。① "二男抽一丁，三男抽二丁"的政策使许多有两个或两个以上男孩的家庭，为了避免当壮丁，不得不将到年龄的男孩送往南洋。陈开政的大哥刚从印尼回来，为了逃避壮丁，其母把家里的一头小牛卖了作盘缠，又送他回到印尼；其次，当时土匪的频繁骚扰和绑架勒索也使村民不得不把男孩送往南洋。尤其是有父母在南洋的孩子，更担心土匪的绑架。第二章已提及黄金春的父亲当时常来往于印尼与蒜岭之间，其兄7岁时遭土匪绑架，所以9岁时其兄就被带到了印尼，不敢留在家乡。2002年从香港回村探亲的陈瑞临先生告诉笔者，他是1937年9岁时由其叔陈金煌带去印尼的。② 他小的时候，由于父母在南洋，怕被土匪绑架进行敲诈勒索，夜里一听到土匪进村的警报，便要急忙躲到番薯地里。匪患搞得村民人心惶惶，不得安宁。为此，尤其有海外关系的家庭，孩子稍大就被送到印尼。为躲避壮丁和土匪，笔者在《记录册》中看到写明出生和出国年代的有5个人是在15岁及之前就到南洋去了。如林金福1918年生，1929年11岁时被带到南洋；陈亚粿1918年生，1930年即12岁时被带到南洋；陈明光1925年生，1939年即14岁被带到印尼；陈玉麟1910年生，1925年即15岁时到了南洋；陈金辉（陈金煌的哥哥）1908年生，于1923年即15岁时就离开家乡到印尼做工了。这个时期更多的人与其说是为了现金，不如说是为了避难而逃往海外的。因此，许多家庭只要能送出去，就尽量将男孩子送到海外谋生，只留下一个儿子照顾父母。

根据上面的分析，笔者认为，长期以来把福建沿海地区农民到南洋谋生说成是：鸦片战争之后，我国逐步沦为半殖民地半封建社会，福建自给自足的封建经济体系迅速瓦解，福州作为"五口通商"的口岸之一，相邻地区，尤其是福、莆、仙地区经济受到了猛烈冲击，使大批农民失去土地，使小手工业者破产，从而这些群体被迫背井离乡，浪迹天涯；以及认为我国逐步沦为半殖民地半封建社会的同时，在清王朝统治下，土地兼并日益严重，农民失去了土地，再加上连年灾荒，广大劳动人民受到双重压迫，纷纷破产失

---

① 当时有人专门做这种买卖，拿了钱替别人去当兵，然后半路上又逃跑回来。
② 他于1960年代印尼排华时回国，20世纪70年代中期到香港定居。

业，致使福建沿海劳动人民以空前规模大量移居东南亚地区的说法至少对蒜岭人的"走番"是解释不通的（详见本书第四章）。

二　从"落叶归根"变成"落地生根"

如上所述，早先"走番"多数是为了赚现金，因此许多人在家乡与南洋之间来来去去，或赚够了钱就回来。而后来逐渐变成在南洋创业，成功后把妻子儿女接去。换句话说，"走番"从短期行为变成了长期打算。所以，这一带流传着这样的说法："十人去南洋，三死六留一回国"，即三人死在海外，六人留在侨居国，只有一个人回国。当然，笔者还认为，"走番"的人们从"落叶归根"变成"落地生根"不仅与国内时局相关，而且与不少人在南洋创办的事业逐渐获得了稳步发展相关联。

由于"走番"的村民落地生根的占多数，许多家庭在考虑送孩子出去时都要做长期的安排。比如，侨领陈德发的父母有5个儿子，其中第三位是为女儿入赘认养的。老大、老二、老四，三个儿子陆续到南洋后，原先也准备把第五个儿子送到海外，但是，考虑到自己年老以后，为自己送终的没有亲生儿子不好看，所以，最终把第五个儿子陈孙政留在了身边。

再如，陈金煌的父亲已故，其母最初让大儿子陈金辉和儿媳妇到印尼。后来，小儿子陈金煌也去了印尼。5年后，金煌回乡结婚后，只身回到印尼，留下妻子在家乡照顾母亲。直至母亲过世后，才将妻子带到印尼。

陈振元先生一生没到过海外也与父母的安排有关。本来陈金煌在振元16岁的时候就想带振元去南洋，但是，振元父亲固执不肯，要求必须等到18岁结过婚后再去。然而，17岁时抗日战争爆发，去南洋的路被封死了，所以，18岁结婚后也就没有再去海外打工了。其实，振元父亲要让他结了婚后才走，是有其安排的。振元是独生子，没有结婚就走了，今后父母老了身边就没人照料了。结了婚再走的话，媳妇可留在家乡照看老人。可见蒜岭人让孩子到南洋一般都考虑到家乡方面的老人赡养问题的。

刘朝晖在《超越乡土社会》中，列举了数本史料中对福建闽南一带多让非亲生子去南洋闯荡的记载，并且在位于福建"漳州府与泉州府的'边界'"的侨乡——新江的调查中也证实了该处"以前下南洋的人多是两类人，一类是入嗣子等不是自己亲生的，另一类就是家里的'浪荡子'，父母难以管教，不能指望他们读书中举，但是这类人往往性格上敢于闯荡冒险，于是就让他们外出，指望他们能够在外面闯出名堂来，光耀门庭"的事实。2004 年笔者在日本的"神户华侨研究会"举办的一次学术报告会上，听来自福建泉州海外交通史博物馆的馆长王连茂先生也介绍过同样情况，他指出，出现这种情况的原因与史料所述一致，即下南洋走的是海路，风险较大，有可能丧生，因此，让非亲生子去南洋，万一出事不心疼。不过，蒜岭的情况正好与他们所说的相反，一般都让亲生儿子"走番"，让养子留在家乡，正如上述侨领陈德发的父母的安排那样，亲生儿子们几乎都"走番"了，而把养子留在身边。在蒜岭，还有一些家庭让男孩子去了南洋，将一个女孩子留在家里，入赘一个女婿当儿子，让他们在家乡照顾老人及耕种田地，第四章要提到的富农陈玉森就是这种情况。另外，在蒜岭，就连独生子也不忌讳"走番"。林某 1929 年生，其祖父民国初年就到新加坡拉"牵手车"，后知道印尼更容易挣钱，便又到印尼做生意。1929 年林的祖父回村盖了房，让孙女林某留在村里，后来为其招女婿耕种着祖父（祖父有 5 兄弟）分家时分得的不到 1.6 亩田地并照顾祖父母，却让自己的独生子（林某的父亲）和其媳妇及除林某外的其他儿女都到印尼谋生。蒜岭属于福建闽中地区，笔者为是否忌讳亲生子"走番"的问题特地询问了许多蒜岭老人，但得到的回答都否定了闽南的现象。可见同样都是福建侨乡，各地的想法和做法不尽相同。

第三节　出国的方式

截至 20 世纪前半叶，到东南亚谋生，在手续上相对于现在要容易得多。首先，东南亚各国的出入境手续并不严格；其次，从福建沿海到东南亚已形成了一条专门的输送通道。因此，只要在东南亚有亲属和熟人关系，就不难出去。据了解，当时成年人出入境也需要护照，但拿着换了照片的别人的护照而成功入境者不少。侨领陈德发 1918 年生，19 岁去印尼时，就是拿着别人的护照，跟姐夫江光华入境的。而江光华最初去印尼时，则用的是其堂弟的护照；另外，对于孩子不要任何证件。由于当时的户籍管理不论在国内还是国外都不完善，没有严格的审查制度。于是许多已经定居南洋的华侨只要凭口头将一些邻居或亲戚的孩子说成是自己的孩子，就允许其入境。陈德发的二弟和四弟分别在1945年和1948年去印尼时，就是已在印尼的乡亲陈宗霖以他们是自己儿子的名义带入印尼的。前面已经提到，陈金煌也是以这种方式到印尼的。如果以已定居印尼的华侨华人的子女身份进入印尼的话，通常成功后，要付给援引者150印尼盾担保金作为酬谢。陈瑞临还告诉笔者一个小故事：其叔陈金煌和其父陈金辉都是由姐夫郭能福帮助进入印尼的，并且对方不收当时很有价值的这笔担保金。为了感谢这位姐夫，如前所述，陈金煌不仅改"陈"姓"郭"，而且，他们两家的儿子如按照"祥镇陈"的辈分起名的话，名字的第一个字应为"开"。但是，为了表示对这位姐夫的恩情，便按照这位姐夫的儿子的名字起名，把"开"字改为"瑞"字。新中国成立前，新厝一带的村民到南洋去已经形成了一条固定

当年村民走番口岸——双屿桥头

的通道。村民只要到邻村，即棉亭或双屿的码头，花两角钱乘上小木船开到停在深海处的汽船上。然后，花一块大洋乘汽船抵达厦门。再从厦门花七八块大洋就可以乘轮船抵达南洋了。蒜岭村附近的棉亭、硋灶和江兜村都有村民在厦门的打铁路头开客栈。去南洋的人一般都吃住在这些客栈等待开往南洋的轮船。在这些客栈不但吃住可以赊账，甚至也可以借到去南洋的船费。客栈老板隔一段时间会到南洋收回借款。老板也允许分批还款。老板不怕顾客躲债，因为来往于南洋和家乡之间的新厝人都必须走这条通道，除非你永远不回家乡。要回家乡就必然还会与客栈老板打交

道。当时，由国内南下的蒜岭人一般都在雅加达①上岸，在乡亲陈亚武所开的合和脚车（自行车）店投宿，很少人到旅馆住宿（陈金煌，1981）。因此，要去南洋的话，路费不成问题。最关键的还是南洋有没有人援引和接应。

蒜岭的海外关系网络主要在东南亚，尤其是印尼。所以20世纪前半叶的移民以流向东南亚为主，特别是今为印度尼西亚的荷属东印度群岛。陈金煌先生在《记录册》中几次把梭罗说成是蒜岭旅印尼同乡的发源地。据陈振元先生解释，最早时，蒜岭人都是先到印尼的梭罗，然后才逐渐分散到印尼各岛，所以梭罗便成为蒜岭旅印尼同乡的发源地。1931年后，东南亚各国开始对华人采取严格限制入境的政策，但仍然没能阻止大量的蒜岭人通过各种方式移居东南亚。毋庸置疑，此间，海外关系网络发挥了极大的作用。

海外关系网络掀起了蒜岭人向海外迁移的潮流。海外蒜岭人群体像滚雪球一样不断壮大。经过上百年时间的向外移居，如今的海外蒜岭人群体形成了较大的规模。据不完全统计，自20世纪初，从蒜岭村移居海外的华侨华人（不包括新中国成立后移居海外的）及其后裔已逾3000人，这个数目几乎是蒜岭村目前人口的两倍。与闽籍华侨华人在海外的地区分布相似，蒜岭籍侨胞中的80%，大约有两千人都集中在东南亚地区，其中又以印尼为最多。以蒜岭人的话讲："印尼的每一个岛屿上都有蒜岭人"。值得一提的是印尼的蒜岭人也是海外蒜岭人中最有成就的一个群体。其中陈子兴先生在整个福建乃至整个中国都享有盛名，这一直是蒜岭人引以为豪的事情。

第四节　旅印尼蒜岭人的创业和产业

蒜岭人到海外谋生的历史是一段充满着艰难困苦甚至血泪的历史。根据陈金煌的《记录册》对曾经在1953年捐资建设蒜岭小学和1980年捐资重建武当别院的34位蒜岭旅印尼华侨华人的简介中可以知道，早期移居海外的蒜岭村民大多是在家乡念了几年私塾就到印尼去的。他们的文化水平不高，

---

① 1945年印尼独立前称为吧达维亚。

因此绝大部分人到印尼后，在兄弟、叔叔、舅舅、乡亲等的店里以卖苦力或做学徒为业，逐渐积累起财富和经验之后转而经营小本生意，再逐步壮大和稳固起来的。

　　和散布在世界各国的华侨华人一样，由于是靠血缘和地缘的海外关系网络走出国门的，所以，不仅同乡人通常都侨居在同一个地方，而且所从事的行业也十分集中。从陈金煌的《记录册》中对34位蒜岭旅印尼的华侨华人的简介中可以知道，蒜岭人与福、莆、仙地区的华侨相同，主要以自行车修理和出售为业。在34人中，经营过脚车店者就有23人，占67.6%。如果加上曾经营过与自行车相关行业的，如经营自行车内外胎、自行车零件装配、自行车及其零件制造、自行车及其零件进口等，共有30人，占88.2%。此外，还有不少人虽然不经营自行车，但却经营与自行车同类型的行业，如三轮车、摩托车和汽车的修理、制造、进口、出租、出售以及相关零部件的生产和原材料生产等等。当然，也有个别人经营的是完全不同的行业。如有的经营布店、米粉店、百货店、缝纫机店、建筑材料店、批发商等。

　　《记录册》中所介绍的34位蒜岭旅印尼的华侨华人可以说基本上是有稳定收入者。但是，从他们在印尼的事业发展过程中可以感受到海外移民创业的艰辛。他们不顾颠沛流离，不怕挫折失败而勇往直前的拼搏精神感人至深。尤其是第二次世界大战前出国的人还在当地遭受了日寇三年半的黑暗统治，更是劫难逃生。许多人的生意受到市场竞争、政治局势（日寇入侵、反华排华）的影响，在失败和成功交替往复的磨难中才逐渐发展起来。

　　首先，从上述《记录册》中可以看到，几乎所有的人或为了生计，或为了生意，或因日寇占领治安混乱，或因排华骚乱，而曾搬迁移动过。陈亚粿就曾为了生计搬迁过六次。他于1930年初由家乡南渡印尼后，在中爪哇的梭罗坚埠他叔叔陈金标所开的脚车店学习工艺约三年。1933年到中爪哇的梭罗埠与堂兄陈学忠一起开设了脚车店。1935年又到中爪哇的直葛埠陈金煌所开的协丰隆脚车店工作了两年。然后在距直葛埠5公里的北坤江小埠开脚车店。几年之后，因生意不兴旺，便又搬至距该处9公里的斯拉伊小埠继续开设脚车店。后来，又由斯拉伊小埠搬迁到中爪哇芝拉扎埠与其舅舅一起开设脚车店。在此生意不错，但谁知好景不长，1941 年日本南侵，店里的货物被歹徒抢劫一空。因此，又从芝拉扎埠搬到了西爪哇的雅加达。

其次，由于日本侵占，治安混乱，一些华侨华人不得不从小地方搬迁到治安稍好的大城市。上述陈亚粿就从芝拉扎埠搬到了雅加达；陈亚春原先在中爪哇的达目小埠开脚车店，生意颇兴旺赚钱颇多。但因日本入境，其店中货物被抢劫一空，连人也几乎遭受杀害，"幸好吉人天相，货物虽然被抢一空，但人却有惊无险，也云幸哉"。为此，陈亚春由小埠搬迁到中爪哇最大的城市三宝垅；陈玉麟原先在距离梭罗 50 公里的梭罗笛加埠开设同兴脚车店约有 9 年，后因日本南侵，在该埠生意困难，便只好从该埠搬到梭罗埠，并改行做修补三轮车和脚车外胎生意；日本入侵之前，陈金鼎在相隔中、西爪哇一条河的鲁沙里小埠与父母一起做脚车生意。日本入侵后，因地方小，日本气焰嚣张，百姓不得安宁，而由鲁沙里小埠搬迁到东爪哇的泗水大埠。但是，在日本统治的三年半期间，民不聊生，泗水生意陷于半停顿难以为继的困境。他不得不安顿好双亲和妻儿，自己搬到雅加达做生意。从此，时而雅加达时而泗水两地奔波。陈丰美也是在日本侵占印尼后，与胞兄陈学忠一起从斯拉伊小埠搬到了雅加达，从原来的脚车生意改做三轮车出租生意的。

另外，印尼国内的排华骚乱频发，许多华人华侨只好从治安更差的小地方搬到大城市，或从印尼逃避到他国。陈振友原来与江口的乡亲陈瑞生、陈瑞贤兄弟二人在苏门答腊岛的棉兰埠开福兴汽车店，利润丰厚十分赚钱。但因棉兰发生反华排华骚乱，三人只好申请了新加坡公民权，从棉兰搬迁到新加坡。陈瑞生兄弟到新加坡开设树胶制造厂，而振友让家属住在新加坡，自己留在棉兰居无定所，时而棉兰，时而新加坡两地往返奔波；林金福先生原在中爪哇的古多亚尔朱埠开万协隆脚车店。1960 年因印尼反华排华，只好由该埠搬到雅加达，改行做三轮车出租生意，后又兼营汽车出租生意，虽然利润平平，但还算安稳可靠。

从 34 位蒜岭华侨华人的简历中还可以看到，为了能赚到钱，不少人不仅四处颠沛流离，而且还要不断变换经营内容，以适应市场的需要。上述陈亚粿迁到雅加达后，开始做三轮车出租生意，后来，才又在大街上开脚车店。以后，生意逐渐扩大，开始兼营缝纫机。发现缝纫机生意更好做后，便将脚车生意收盘而专营缝纫机及其零件的生意。不久，又开始兼营机动二轮摩托车的生意。

陈金煌的胞兄陈金辉在金煌 1937 年从家乡回到印尼接手协丰隆脚车店后，自己在该埠改为开设冰棒店。最初生意昌盛十分赚钱，但消息传开后，竞争激烈起来，渐渐地不但赚不到钱，反而亏本了。为了生存，只好搬迁到雅加达，那里城市大人口多，生意才又好起来。

在蒜岭旅印尼的华侨华人中拼搏出不少事业的成功者，如陈德发、陈子兴、陈金煌、陈德森、黄当富、黄当贵、陈光益、林尚美、林紫通、陈振友、陈金裕、林锦全、陈玉麟、陈裕久毡、陈芝雅、陈后山毡、陈明光、陈瑞春、林金标、陈子来、陈振芳、林文标等，《记录册》都作了记载。

陈光益是经营蒜岭人的传统行业——脚车店和出租三轮车而发家致富的。20 世纪 60 年代他逝世时，用于出租的三轮车竟达一百多辆。可见他每天收取的租金是相当可观的。

陈芝雅在中爪哇的古突士埠开雅兴脚车店，由于生意兴隆而"名震全中爪哇"。

黄当富和其弟黄当贵经营了多种生意，如电影戏院、冰棒店、脚车店及汽车零件等，从而生意发达收入可观。

陈金裕，即陈亚武的儿子，20 世纪 50 年代代理美国在印尼茂物埠开设制造丰年牌自行车内外胎的生意。那时，丰年牌自行车内外胎是属于管制货物，市价与官价相差悬殊。该货的第二手经营者都必须很有能力才可得到经营权，而他却是第一手经营者。因此，赚了大钱，建起了合和四层楼的大厦。

陈玉麟和陈瑞春（陈金煌之子）则都是从经营自行车零配件开始，发展成自行车的大型制造厂商。因此，"事业欣欣向荣，前途无可限量"。

林文标经营布匹生意，是第一手的大批发商。

陈金煌是从经营脚车店而发展成进出口商的。

在蒜岭旅印尼的华侨华人中，最有成就的是陈德发与其子陈子兴。尤其是儿子陈子兴的经营能力与财势在 20 世纪 80 年代初就已"凌驾福、莆、仙三县旅印尼及新加坡华侨华人之上"。改革开放后，随着父子二人进一步向我国国内投资的进展，他们已经成为福建省，乃至全中国的著名侨商和企业家。

每一位到海外的蒜岭人都肩负着赚钱致富振兴家庭的责任，他们都怀着这样一个梦想，即赚到足够的钱后衣锦还乡，回国过富裕而体面的生活，或在海外安顿之后将家中守候的父母和妻儿接到海外共同生活。然而，在旅印尼的华侨华人中，并不是所有的人都能如愿以偿，非常成功的。有一些乡亲的生意一般，没有发大财，但收入平稳，生活安定；另外，不可否认也有个别乡亲生活比较拮据。调查中笔者也得知，还有个别乡亲由于种种原因没能将家乡的妻儿接到南洋，在等待多年之后在海外重新娶妻成家，而留在国内的妇女则拖儿带女苦苦等待丈夫的归期，守一辈子活寡。

第五节　海内外架桥人陈金煌

陈金煌先生（1913～1989 年）是祥镇陈，是老一代蒜岭人最熟悉的华侨乡亲。他是第一次把旅印尼蒜岭华侨华人组织起来，集体捐建蒜岭的公益事业——蒜岭小学的华侨领袖。在陈金煌先生于 1957 年与其兄陈金辉一起在家乡所建的楼房二楼大厅，可以看到墙上挂着的一面锦旗上写着："荣旋志盛：把同乡拥护热忱带回祖国，将祖国建设事业告诉同乡"，署名是"蒜岭旅居印尼同乡敬赠"。这面锦旗恰如其分地点明了陈金煌先生作为家乡蒜岭和海外蒜岭旅印尼同乡之间架桥人的地位和作用。

陈金煌先生于 1929 年，即 16 岁到印尼后，先在东爪哇的吧礼埠郭能福姐夫开的丰美脚车店和距离该埠 21 公里的绒纲埠由胞兄陈金辉与郭能福共同开设的福兴脚车店学艺两年。1930 年离开吧礼埠和绒纲埠，与胞兄及嫂嫂一行 3 人前往中爪哇蒜岭同乡旅印尼的发源地梭罗埠共同开设新发兴脚车店。但开设不久，于 1931 年因受"九·一八"事变日本入侵东三省及世界经济不景气影响，将当时 1200 盾资本亏损了一半。所以 3 人由梭罗搬迁到中爪哇的直葛埠，开设美成隆脚车店，生意才好转起来。1934 年，他第一次从印尼回国结婚。翌年离开胞兄，自己单独开设协丰隆脚车店，生意不错。

1935 年冬因母亲逝世，他将脚车店交与胞兄管理，第二次由印尼回国料理母亲后事。1936 年第三次由家乡前往印尼，并于同年再由印尼回国进葬列代祖父母及父母亲于大墓中。1937 年 7 月，第四次由家乡返回印尼。这次他将妻子、女儿、侄儿和一位同乡的妻子一起带到了印尼。继续接手协丰隆脚车店。

　　1941 年日本侵占印尼，生意陷于半停顿状态。在日寇三年半的统治中，风声鹤唳、草木皆兵、人心惶惶、朝不保夕。因此，于 1942 年由直葛埠搬至西爪哇的雅加达。到雅加达的最初，与其说是开脚车店兼焊接三轮车的车架，不如说是徒有其名，而无其实，前者无货供应，后者无来料加工，只是聊以糊口而已。1945 年 8 月，日本投降后，华侨重见光明，重振旗鼓恢复正常的生意。

陈金煌先生

　　1946～1948 年期间，陈金煌与乡亲陈丰美合伙做生意，由印尼带货到新加坡，再由新加坡带自行车或用船运自行车到印尼出售。虽然有些盈利，但人必须在两国间奔波，十分不便，因此，于 1948 年终止不干了。

　　1950 年开始，陈金煌一改以往做生意的方法，从做零星生意变成了进口商。并且连招牌也不沿用蒜岭人喜欢用的"万"、"福"、"兴"、"隆"、"裕"、"丰"、"协"等文字，而起名为"永胜号"脚车店。向当时的日本、美国、德国、意大利、法国、荷兰等国进口自行车及其零件。

　　1956 年我国开始在广州举办出口贸易交易会。于是，陈金煌便向我国定购一些自行车零件，并且数量逐年增多。随着定购数量增多，1960 年开始他便回国参加广交会，在交易会上定购货物。由于从中国进口货物，因此有机会多次回家乡看看，并到祖国各地观光旅游，还到北京参加了祖国九周年国庆典礼。

正当生意十分顺利之时，1960年印尼发生了反华排华骚乱。陈金煌不得不放下生意，带着一家8口回国。在家乡和昆明小住后，在香港领取了住港居民证。在香港滞留了数月之久才回到印尼恢复生意。另外，为了让孩子们了解祖籍国的文化，也为了让孩子能继承他的事业，他送几个孩子和媳妇到昆明深造。1965年，印尼发生政变，很多华侨回国，但是为了生意，他不得不留在印尼。

1968年陈金煌开始到新加坡投资，因此，一家人从印尼搬到新加坡居住。1971年他在新加坡开设了永胜号进出口商行，目的是由国内定购自行车及其零件，先运到新加坡，然后再由新加坡转口到印尼。

1975年7月他曾赴上海洽谈代理自行车事宜，但因供方提出的条件比较苛刻，以致没有谈成。

到1980年10月为止，陈金煌共十二次往返于祖国与印尼、新加坡之间。自开始从国内进口自行车及其零件的生意后，他的事业稳步发展，不仅收入可观，而且心情舒畅。

陈金煌先生非常热爱家乡，对家乡的感情溢于言表。在《记录册》中，每当提到家乡，总是写道："温暖的家乡"；在介绍34位对家乡的公益事业作出巨大贡献的乡亲时，对一些从未回过家乡的侨贤，从心底发出遗憾之叹。如在介绍陈振友时，说到他在玛琅开设米粉制造厂，因技术精良出产的米粉颇受消费者青睐，因此生意兴盛发达，成为自力更生的小富翁。"但可惜者，自小离开家乡迄今尚未返回家乡一次，但望今后常常返国省亲……是所厚望焉！"在介绍为重建蒜岭小学作出巨大贡献的陈亚春时写道："已故者陈亚春可能自小南来从未返回伟大的祖国一趟，聆者大表悲悼矣！"他以能为家乡作贡献为荣耀。因此，在记述其兄陈金辉和陈亚春曾为重建蒜岭小学捐款出力，因其去世，没有能够为重建武当别院捐款时，感叹道："可惜有1953年建校发起人[1]之先，而无后继重建武当别院发起人之后，抚今追昔，不胜悲怆之至！"

---

① 凡捐赠5000以上印尼盾及对募捐出力者均称为发起人（陈金煌，1981）。

陈金煌是一个热心肠的人。每次回家乡都为许多旅居印尼的乡亲带回口信给他们在家乡的亲人，而返回印尼时，又把家乡家家户户的情况带到印尼告诉他们旅居印尼的亲人们。由于这个原因，他对家乡家家户户的情况十分熟悉，对家乡穷困的家庭十分关心和慷慨。20世纪50年代蒜岭十分贫穷，不少家庭老屋破旧又无能力盖新房。见到这种情况，陈金煌毫不犹豫地让这些家庭住进他于1957年与其兄新盖的楼房里。当时，那栋楼房竟住进了10户人家。陈光瑞先生一家当年就得到陈金煌的关照，那时他还是个孩子。光瑞先生的叔叔也在海外，但挣钱不多，帮不了他们。谈到陈金煌先生，陈光瑞至今仍对此感恩不尽。陈金煌先生还借钱给一些乡亲，帮助他们盖房。说是借，其实从一开始他就没有要他们还的念头。

新中国成立后不久，人民生活安定，百废待兴，许多侨乡在海外华侨华人的帮助下，新盖或修建了学校，开始重视文化教育事业。1953年，蒜岭村的几位关心公益事业的族老、乡老，如陈振元的父亲陈彦俸和陈开美的父亲陈明顺等看到周边的村庄在海外华侨华人的帮助下振兴了教育，便与村干部商量后去信陈金煌，希望旅印尼蒜岭同乡也能帮助重建破旧不堪的蒜岭小学。乡亲们去信陈金煌不仅因为他当时在蒜岭旅印尼同乡中生意做得大（当时，陈德发一家仍在印尼的望加锡，尚未迁到雅加达。陈子兴尚未开始做生意），而更在于大家熟悉陈金煌先生的为人，知道他热爱家乡，相信他会积极响应。正如大家所料，陈先生接到此信后，立即找蒜岭旅印尼同乡们磋商，接着马不停蹄地在旅印尼蒜岭乡亲中开始了募集捐款的行动。几个在雅加达的蒜岭同乡凑足了经费，一方面发信给散布在印尼各岛的蒜岭旅印尼同乡进行劝募；另一方面动用了两辆汽车，由陈金煌、其兄陈金辉、陈丰美、陈玉麟等人往返十多天，跑了约三千公里，穿越了整个爪哇岛，挨家挨户地到分散在爪哇各处的蒜岭同乡中进行劝募。在劝募途中，陈明亮等人也加入了劝募行列。在热爱家乡的蒜岭华侨华人的大力支持下，很快就募集到重建蒜岭小学所需要的款额。

陈金煌先生热爱家乡，他衷心希望旅印尼蒜岭同乡能团结一致援建家乡。重建蒜岭小学的费用为人民币4万元左右，这对于当时的陈金煌来说，由他一个人或少数几个人支出并不困难。但是，他认为"由旅外同乡人名义进行建设，更有团结性，更有意义，一可以团结海内外蒜岭乡亲；二能更有力地援助家乡建设"。于是，不辞辛劳挨家挨户地进行了劝募。据说，为了此次劝募，汽车轮胎也跑坏了许多。对于募集这笔款项，他在《记录册》中写道："论理无须向全爪哇每个角落按户劝募的必要的，然而顾及对有大赚钱而慨捐巨款而去，而小户捐少款而不去劝捐，有恐被其抨击你看有钱人家去，而我无钱被同乡看不起而不来，为了避免误会和旅印尼蒜岭乡全体男女老幼团结起见，所以才按户都去劝捐的。"

除了这次大规模劝捐活动外，根据家乡的需要，陈金煌先生在旅印尼蒜岭乡亲中先后又组织了两次大规模的劝捐活动。一次是 1958 年为了给蒜岭小学建围墙、购置办公桌，以及支付民办教师和学校工人工资等；一次是 1980 年为了重建家乡的古迹——武当别院。除这三次大规模劝捐活动之外，一些项目需求金额不是很大的时候，就在雅加达的几个大户人家中筹募资金。

回顾历史可以看到，1953 年由陈金煌先生发起的劝募活动对蒜岭海内外乡亲都具有重大的历史意义：第一，它结束了蒜岭华侨华人只资助自家亲人的历史，开启了海外蒜岭人团结一致、共同援建家乡公益事业的先河；第二，它促使海外蒜岭人重温了故土家乡的亲情，使海外蒜岭人共同援建家乡公益事业的义举成为一种传统一直延续到 50 年后的今天；第三，这次捐款活动也使侨居印尼的蒜岭同人之间的感情联络和互帮互助得到了空前的加强，促成了"旅印尼蒜岭乡同人"这一群体的建立（详见本书第八章），团结了海外蒜岭人；第四，它促成的蒜岭人的海内外密切联系，为 20 世纪 70年代末蒜岭掀起的出国务工热潮提供了强大的海外社会网络。

陈金煌先生被村民拥戴为第一个发起为家乡公益建设作出贡献的侨领。在海外蒜岭人共同援建家乡各项公益事业的活动中，陈金煌先生是海外劝募活动的牵头人，两地书信往来的海外方面的执笔者、信息的传递者。他成为名副其实的、人人信任的海内外联系的架桥人。

改革开放后，以陈金煌先生为首的旅印尼蒜岭乡同人进一步援建了蒜岭小学、蒜岭供电站、修村路、自来水厂等村庄的基础设施，使蒜岭村民的生活环境大大改善，一度成为周边村庄羡慕和效仿的文明村。在上述这些援助中，陈先生捐款达 20 万元人民币，重建武当别院出资 10 万元人民币，他还对兴建新厝侨联、桥尾医院、渔溪医院、福州华侨大厦进行了捐款和赠车。据不完全统计，陈先生捐献给国家和家乡共达 120 万人民币（福清市《新厝镇华侨史》编委会，2004）。

1989 年陈先生逝世。家乡人民为了纪念他对家乡的巨大贡献，在他亲自劝捐得以重建的蒜岭小学为他举行了隆重的追悼大会。

第六节　大慈善家陈德发

陈德发（1918～1991 年）的父亲是个勤劳而有头脑的农民，但是由于生育有 4 男 2 女，生活依然困苦。为了补贴家计，妻子便在蒜岭街开设磨坊经营豆腐和养猪，维持一家温饱。德发是兄弟中的老大，只读了 3 年私塾便辍学为家庭生活奔波了。1937 年，他为了减轻家庭负担，南渡印尼谋生。先在苏拉威西岛望加锡姐夫江光华的脚车店当学徒有 5 年之久。1942 年离开姐夫自己在该埠开设陈兄弟公司脚车店。在印尼，他工作刻苦上进，生活省吃俭用，来到印尼的翌年便汇款给双亲还清欠款，不久还在家乡购置了房产和农田。他最初经营的是自行车修理铺，实力雄厚后改为经营自行车零件、汽车零配件。1958 年搬到雅加达从事进口生意，也曾经营过银行。1973 年他彻底改行，开设了制造机动三轮车的工厂，产品卖与福、莆、仙同乡及其他工厂。后来又升级为经营生产摩托车的工厂。从最初经营手工业发展到 20 世纪 80 年代的经营金融业和现代工业企业。按照陈金煌 1981 年在《记录册》中的评价，陈德发的企业"论其工厂机器设备规模，在机动二轮摩托车业内首屈一指。至今不断增加机器设备，继续加强和完善制造摩托车辆的零件和配件，不愧是印尼机动二轮摩托车制造业的先锋，足见陈先生的远见、魄力和财势的非凡也"。20 世纪 80 年代中期，他勇敢地迈出侨居地印尼，在香港也设立了公司，并与其三子陈子煌一起积极投入祖国的建设事业。在家乡福建创办了福建省最大的外资独资企业——莆田金匙玻璃制品厂和莆田金匙啤酒厂。还与国内有关部门合资兴办福州金匙摩托车厂，与莆田市合资创办了金匙养鳗场，与蒜岭村合办了德发果林场和养猪场等。事业越做越大，行业越跨越广。

陈德发的成功是与他坚忍不拔的精神分不开的。正如所有的成功者在前进的征途中都不可能没有停顿和失败一样，陈德发也经历过失败和挫折。只是他能正视挫折，重振旗鼓，以失败为借鉴去迎接新的挑战。市场经济受市场和国际金融变动的影响很大。陈德发的投资基本上是贷款，有一个时期，原先在贷款的时候美元比较便宜，但后来美元升值了，比原先涨了好几倍，结果陈德发还不起贷款，他办的椰城金城银行只好倒闭了。但是，这只是他事业发展中的一个小插曲，经验积累中的一个小波折。

陈先生虽然事业获得巨大成功，但却从不骄奢傲人，他禀性纯厚、待人和气、胸怀旷达、处世稳重、心地善良、乐善好施。在印尼经常赈济和帮助华侨解决各种困难，帮助贫苦华侨渡过难关。华侨或贫苦华侨求助于他时，总是有求必应。有的华侨因缺资金经商，他便慷慨赠以款项；有的华侨经商失意去找他时，他总是千方百计为其解决经商所需生产资料与资金。乡亲陈姑蕊妹家庭生活困难，陈德发赠送她100辆三轮摩托车，让她做三轮车出租生意，使她生活有了保障。祥镇陈的陈瑞临也得到过陈德发兄弟般的关照。陈瑞临告诉笔者，他与妹夫等三人合伙办过一个公司，但是，由于竞争激烈倒闭了。此时，陈德发不仅收留陈瑞临到自己的工厂工作，而且答应帮助陈瑞临重新开办自己的工厂。当陈瑞临出来办工厂的时候，陈德发送给了陈瑞临一笔钱，并且不要陈瑞临归还。所以，在印尼社会上流传着这样一句话："去找陈德发，包你不会错"。他的热心助人使他获得"救济总部"的美称。陈先生有一句至理名言，他常对人说："做人可以做财'土'（莆田话笨的意思），不可做财'虎'（莆田话欺负人）"可见他为人

陈德发先生

的忠厚。由于他的忠厚，也常常上了一些人的当，有人也会扮猪吃老虎，编造故事来博取他的同情。他虽上过不少当，但都不以为然。他说："让人家占一点便宜，无伤大雅，但不要去占别人的便宜"（《融侨史》编写组，1997）。

陈先生对宗教十分虔诚，对慈善组织和寺庙洞祠等都是出钱出力不遗余力。在印尼华侨界德高望重，为印尼华侨同胞所敬佩，被选为印尼广化寺和福、莆、仙总义祠基金会名誉主席、印尼九鲤洞名誉董事长、印尼雪峰寺汾阳庙光贤亭董事长、印尼新灵洞建华祠堂名誉董事长、蒜岭同乡会椰城大众福利诊疗所赞助人等（陈孙政、陈子滨、陈子涛，1998）。

在侨居国印尼，陈先生是个大慈善家，对于出生地的家乡，他同样慷慨解囊，为祖国、为家乡的公益事业不遗余力。早在1959至1961年的三年经济困难时期，陈先生多次从印尼经香港寄回大量食品、副食品、食用油、日用品和衣物等，分赠给家乡的亲友们渡过荒年，使许多受益者感恩不尽，至今仍念念不忘。

"文化大革命"期间，由于极"左"思潮泛滥，华侨华人担心家乡亲人受连累，不得不断绝了与家乡亲人的联系。1976年以后，也就是"文化大革命"的极"左"思潮稍有消退后，陈先生按捺不住对家乡的思念，直至1990年也就是他逝世的前一年为止，几乎年年都经香港汇款回来分赠给家乡的族亲、朋友和困难家庭。1984年以后，他每年赠送给乡亲们的红包扩大到他家所在的第8生产队的每家每户，和生产大队列出的全村困难家庭。因此，除了外乡的亲朋好友外，当时全村约有三分之一的家庭得到了陈先生的资助（陈孙政，2004）。

1981年11月，陈德发先生在离乡44年之后，首次带领子孙数十人回到故乡。至1991年逝世前的10年间，他回国10次，几乎每年都要回乡看看，捐助各种公益和慈善事业。在第二章中已经提到，1981年、1983年和1985年他不分亲疏，分别给蒜岭村每户乡亲和全部亲友赠送蝴蝶牌缝纫机一台、金戒指一枚和100元人民币。在印尼华侨中，他的经济并不算太富有，但是仍然捐巨款在家乡修桥、建亭、铺水泥路、建影剧院、建幼儿园、科技文化中心、灯光球场、露天剧场、村委会办公楼——德发楼；为村卫生所添置器材、家具；为蒜岭侨兴中学、蒜岭小学的学生们做校服、购买书包；向村委会提供农田基本建设费用、老人会活动基金；还赠送给蒜岭村每个生产队和村委会各 1 台电视机等等不胜枚举。此外，他还和其他乡侨共同捐资兴建蒜岭村自来水厂、电站、小学宿舍等。使村庄面貌焕然一新，使全村乡亲人人受益。由于基础设施齐全，蒜岭村曾一度成为全省的模范侨村，本省和外省来蒜岭村参观、采访的宾客络绎不绝。为了村委会能接待好各地宾客，陈先生又给村委会捐赠了招待费（陈孙政，2004），可见他对家乡关爱之良苦用心。

蒜岭华侨影剧院

除了对蒜岭村的建设和发展倾注全力外，陈先生还独资捐建了新厝镇卫生保健院、新厝镇电视差转台、新厝镇科普楼等，并和其他乡侨共同捐资兴建了新厝镇侨联大厦，使新厝镇面貌大大改观，造福于全镇人民。此外，福建省侨务办公室、福州市侨联、福清市侨务办公室、涵江侨联、福州侨联大厦、莆田地区华侨大厦、涵江侨联大厦、福建省卫生防疫站、莆田平民医院、福清市贫侨基金会、福州市公安局、新厝派出所、福建师范大学、福清市渔溪虞阳中学、江口中心小学、界下村，以及福清建市庆典、福清国际龙舟赛等许许多多的单位和活动也都得到过陈德发先生的资助和物质援助（陈孙政，2004）。

陈德发先生同样也特别重视家乡一带的寺庙等古迹的修复和重建。他在家乡蒜岭独资重建了本宗族供奉的霞渡宫、古待南头的佛公堂；在莆田阔口独资修建了民族英雄陈文龙祖祠（玉湖陈氏祖祠）；又在本镇的岭边村独资修建了香火旺盛的光贤亭；还主动与其他乡侨共同捐资重建了家乡蒜岭的武当别院、雪峰寺，以及本镇界下村的永吉社、永吉寺等。莆田的广化寺、东岳观等也都得到过他的资助。他在逝世前50天还亲自去国际名刹——福清市黄檗山万福寺，与福建省佛教协会负责人、福清市市长等有关人士商谈，并答允独资重建万福寺大雄宝殿、天王殿等（陈孙政、陈子滨、陈子涛，1998）。1991年6月，陈德发先生仙逝后，其三子陈子煌慨捐816.55万元人民币，重建了万福寺的大部分建筑和神明雕塑等，实现了陈德发先生的遗愿（陈孙政，2004）。

据不完全统计，陈先生在逝世前的10年间捐资赠物兴办公益、慈善事业的金额约达2500多万港元（陈孙政，2004）。由于他不但热心于侨居国印尼和出生地家乡的公益慈善事业，对家乡附近的福清、莆田等地的公益慈善事业也同样给以大力支持和资助，因而成为家乡一带老幼妇孺皆知的大慈善家。为了表彰陈德发先生对家乡教育和卫生医疗事业的贡献，福建省政府于1984年授予陈德发先生"捐资办学"金质奖章和"乐育英才"奖匾。于1993年授予陈先生"捐资办医"金质奖章（福清市《新厝镇华侨史》编委会，2004）。

陈先生的爱国、爱乡事迹令人感动，但最令笔者感怀的是他的慈善家的旷达胸怀。20世纪50年代初的土改中，陈先生的家庭曾有过不愉快的事情——其父母被错划为富农。虽然1978年时被告知已于1956年改评为中农，但是，自土改后的一长段时期中，其家庭被视为阶级敌人，失去言论行动自由并备受社会歧视，以至于1955年陈德发不得不将父母接到印尼生活。虽然曾发生过这么不愉快的政治事件，但陈先生仍遵照父母与先祖遗训，没有去计较那些往事，对祖国，对家乡充满爱心，全力以赴为祖国和家乡慷慨解囊。

陈先生的这种慈爱胸怀，与他幼小时期的家庭教育和先祖遗训是分不开的。陈德发的祖父陈虞书就曾收留过流落他乡的疯癫和尚达3年之久；每逢盛夏，其祖父都在蒜岭街免费为过路人供应凉茶，年年如此，从不间断。"宁被人欺决不欺人"是其祖父的做人准则。在蒜岭古街上，现在我们还可以看见二楼低得令人奇怪的陈先生的祖屋。那是其祖父于民国初年在古街的南头盖的。因家口多，原打算盖二层楼房，但在建造过程中，有人以破坏风水为名不让建高。其祖父不想与人争执，便将二楼建成像阁楼一般，只有一米出头，需弯腰才能进入（陈孙政、陈子滨、陈子涛，1998）。

陈德发先生的乐善好施的性格也像其父母。陈先生的父亲陈金瑞性情豪爽，遇不公平敢仗义执言。他热心公众事业，凡乡中举办的公益活动必全力以赴。家中经济虽不富裕，但能赈济穷苦乡亲，扶持贫困百姓。陈先生的母亲温和贤慧，待人以诚，见贫穷患难者总是千方百计给以帮助。其母于1966年、1972年、1974年、1978年4次从印尼回乡省亲，均谆谆教导子孙后代："毋以富贵骄人"和"宁被人欺决不欺人"。在家庭经济好转和政治地位逐步被社会重视以后，她主动和过去与她家不友好的亲友来往，并尽力扶持他们，资助他们（陈孙政、陈子滨、陈子涛，1998）。正因为有慈爱旷达的先祖的榜样和遗训，陈先生才成为人人尊敬的大慈善家。

陈德发先生不但自己热爱祖国，热爱家乡，而且也希望子孙后代不忘祖籍国。他送子女进华文学校念书；带领在海外出生而没有到过家乡的里里外外的子孙回家乡省亲拜祖；让他们深入祖籍国了解家乡，品尝家乡各种产品，增进下一代华裔华侨对家乡、对祖国的热爱。1984年1月和1985年2月，陈先生两次带领长子陈子兴和三子陈子煌共同出资送红包给家乡的亲友和困难户；1985年12月以后，他甚至每年又邀上胞弟陈德森和二子（赘婿）陈子富，5人共同出资给家乡的亲友和困难户送红包。胞弟陈德森历年来也为家乡捐款赠物达300多万港元（陈孙政，2004）。现在陈德发先生、胞弟陈德森先生、长子陈子兴先生都已仙逝，但其三子陈子煌先生已接过父兄的慈爱传统，除了捐建上述的黄檗寺外，还捐资给蒜岭村、莆田江口镇的名胜古迹和兴化大学（福清市《新厝镇华侨史》编委会，2004）。他说："爸爸留下来那么崇高的声誉，我可不能让人家瞧扁"（《融侨史》编写组，1997）。

第七节　商界奇才陈子兴

陈子兴（1943～2003 年）是陈德发先生的长子，出生于印尼望加锡，已是蒜岭旅印尼华侨华人的第二代。1981 年时，陈金煌就对陈子兴赞叹："其生意之大冠及旅印尼及星洲之上，目前甚至驾临福莆仙三县旅印尼及星洲之上"（陈金煌，1981）。1982 年，即他从商才 20 年，就已被国际媒体誉为"印尼十大富豪"。1997 年 1 月 20 日，即在他从商 34 年时，具有 160 年历史、以学生素质高而赢得崇高声誉的、美国 60 所名校之一的爱荷华州卫斯廉大学校长卜霍在大礼堂的乐曲声中，为陈子兴戴好博士帽，颁发了荣誉博士学位证书，以表彰他在企业经营及管理上的杰出成就（倪政美，1997）。1983 年，一位外国记者问陈子兴有多少财产时，他答道："不知道，我实在没有时间去计算，也无法计算。"（1985 年 6 月 2 日《福建侨乡报》）在蒜岭调查中，笔者也听说，他捐赠给家乡福建的款物同样无法计算，他自己也没有一一记住（蒜岭侨兴中学副校长郭礼文）。据不完全统计，从 1975 年起的 28 年中，他给家乡福建各方面的捐赠达近亿港元（陈孙政，2004）。他的才能令人钦佩，他的贡献令人感动。

陈子兴少年时代就读于雅加达的华文学校，深受中华文化的熏陶。1962 年 19 岁时，由于学校停办他不得不弃学从商。但是，在工作中他凭着自己的聪明才智，学习了英语、工商管理、工业机械、金融投资、建筑工程等专业，为他的经营伟业奠定了坚实的知识基础，从而事业一鸣惊人，令人叹服。

刚开始做生意的时候，陈子兴和蒜岭的旅印尼华侨华人一样，在雅加达买卖各种不同牌号的电单车。1953 年，好莱坞影片《金枝玉叶》在东南亚上映，片中女主角驾着意大利产的"威士霸"电单车飞驰的镜头给人留下深刻印象，观众争相效尤，这使陈子兴的生意兴隆。1966 年，他创建了哈拉班（印尼语"希望"之意）电单车有限公司，并获得了在印尼经营和组装生产日本雅马哈电单车的特许权，从经销商变为制造商。十几年时间里，这家工厂发展到拥有 6000 名员工，年利几千万美元的大公司（1985 年 6 月 2 日

陈子兴先生

《福建侨乡报》），几乎垄断了雅马哈在东南亚的市场。工业上的成功，给他铺就了锦绣前程。

1974 年，陈子兴预感到房地产业发展的无限商机，果断投入房地产市场，购得了第一块地皮。1982 年在此地皮上建成总值 2 亿美元的，当时雅加达最高大，至今仍是雅加达最大型的购物商场之一的卡惹玛达 27 层大厦。此后，他看准时机，投资几亿美元，一口气在雅加达、万隆、泗水和爪哇其他地区收购了几十段地皮，精心策划，分片分类发展。在雅加达商业中心，哈拉班集团还拥有一座富丽堂皇、楼高 17 层的"华士满哈拉班大厅"；在雅加达市郊也有许多产业，包括一座 500 个客房的五星级酒店和许多规模巨大的高级住宅区（1985 年 6 月 2 日《福建侨乡报》）。20 世纪 80 年代末，印尼经济突飞猛进。进入 90 年代，房地产业蓬勃发展，地价剧增，陈子兴在这

方面的资产总值以两位数以上的速度攀升，他的事业再次取得了巨大成功
（《融侨史》编写组，1997）。

1980 年，陈子兴又涉足于金融业，先后收购了棉兰和泗水的两家银行。
1982 年将其合并为恒荣银行，把中枢迁往雅加达。尔后又收购了库拿银行、
山革银行。这 3 家银行在印尼各地有 250 余家分行，从事储蓄、财务、信
贷、投资、保险等业务。1992 年 6 月，恒荣和美国政府达成一项银行装置的
技术协议；1993 年 7 月，恒荣又和美国运通信用卡签订合约，代理在印尼发
行运通信用卡金卡业务，加速了恒荣的国际化进程；尔后，他在美国成功收
购了太平洋银行，受到金融界瞩目。哈拉班集团已成为印尼金融的重要支柱
之一（《融侨史》编写组，1997，1998）。

摩托车、金融和房地产成为哈拉班集团的 3 大支柱产业。20 世纪 80 年
代末以来，哈拉班集团的商业活动范围进一步扩大到了香港、美国、中国和
澳大利亚。除了摩托车、金融和房地产外，又增加了商贸、工业和种养业
（福清市《新厝镇华侨史》编委会，2004）。陈子兴通过他的哈拉班集团，
已涉及两百多项产业发展计划。仅在印尼，哈拉班集团就通过属下 21 个分
公司经营各地产业；在雅加达，这个人口八百多万的都市里，他便拥有 5 个
大产业工程，价值逾 10 亿美元（《融侨史》编写组，1998）。面对哈拉班集
团的辉煌成就，陈子兴说："当初，我把我一生的希望都放在生意上。后来，
我的生意的发展，一直远远超过了我的希望。"他谦虚地说，这是他的运气。
但是，笔者认为事情并非这么简单。正如《福建侨乡报》（1985 年 6 月 2
日）所言："运气者，机会也。好机会人人皆能遇到，但善于抓住机会发财
致富却远非人人皆能做到。"笔者认为，陈子兴的成功，除了他有聪慧的头
脑，能敏捷而准确地洞察和判断市场的变化和未来发展趋势外，还和他的性
格紧密相关。他在决策上刚毅果断；在工作上不辞辛劳，一丝不苟、雷厉风
行；在交往上言出必信、豁达大度；在对待员工方面，他知才善用、礼贤下
士。正因为有这些品格，他才能及时把握住机会，才能深受属下广大员工的
敬佩和爱戴，运筹帷幄，事事得心应手，项项欣欣向荣。在激烈的竞争之
中，纵横捭阖，创出辉煌。正因为陈子兴是人而不是神，他也有看错时机的
时候。1978 年他曾到新加坡进军房地产业，兴建了 3 家大酒店。正当《海

峡时报》称他为新加坡"酒店王"的时候，新加坡经济面临了独立以来最严峻的衰退困境，客房过剩毁掉了他想成为新加坡酒店业大王的理想。新加坡酒店业的萧条虽然使陈子兴蒙受了严重打击，但是，他不屈不挠，于1987年底迅速撤回印尼，重振雄风，成为印尼最大的产业发展商之一（《融侨史》编写组，1998）。

陈子兴经常说："取之于民，用之于民，为商之道，在于为社会多作贡献。"所以，他和父亲陈德发一样，虽然工作繁忙，但极其热心社团工作，热心社会公益事业，关心祖籍国和故乡的建设与福利事业。乐善好施、慷慨大度，每年都捐款无数，"是个真正想把光明的'希望'带给社会、造福人间的人"（《融侨史》编写组，1997）。他被公推为世界福清同乡联谊会第二副主席、香港福清同乡会名誉主席、新加坡福清会馆永久名誉主席、福莆仙公会永久名誉会长、马来西亚曼绒福清会馆永久名誉主席和福清市新厝侨联名誉主席（福清市《新厝镇华侨史》编委会，2004）。

陈子兴对家乡的捐赠早在1975年就开始了，但是由于工作繁忙，他于1979年才首次在香港和家乡的领导人会面，1991年3月才首次踏上了返乡探亲之路，回到父母之邦。如前所述，他的捐赠不胜枚举，在这里只能列举一部分以便对他有所了解。自1975年以来，陈子兴捐资兴建了蒜岭侨兴农械厂、福建省侨兴轻工学校、蒜岭侨兴初级中学、福州大学轻工学院、新厝镇政府办公楼、新厝派出所；与乡侨共同捐资兴建蒜岭村自来水厂、粮食加工厂、供电站、蒜岭小学宿舍、福清市医院、福清华侨影剧院、新厝侨联大厦、武当别院、霞渡陈氏宗祠、兴化大学、福清市闽江调水工程；赠送省、市、镇、村有关单位雅马哈摩托车36辆，彩电18台，高级小轿车和旅行车、中巴20辆，凤凰牌自行车746辆；此外，蒜岭村、虞阳中学、福州市侨联、莆田市医院、广化寺、涵江侨联等许多单位都受到陈先生的资助（福清市《新厝镇华侨史》编委会，2004）。

为了表彰陈子兴先生对家乡人民的贡献，1984年福建省政府授予他"捐资办学"金质奖章和"乐育英才"奖匾；1993年省政府又授予他"捐资办医"金质奖章；省政府还为他立碑，纪念他对兴办公益事业作出的重大贡献；1992年10月，我国轻工业部为表彰他对我国轻工业教育事业的突出贡

献，授予陈子兴先生第四届"国际合作奖"。该届国际合作奖获得者仅有 3
人，其他两位均为外国人，陈子兴是东南亚地区获此殊荣的唯一华裔。

2003 年 1 月 26 日，陈子兴先生因病在澳大利亚悉尼逝世，终年 61 岁。
家乡政府与人民于 3 月 15 日在陈子兴先生创办的蒜岭侨兴中学大礼堂隆重
举行了追悼大会，沉痛悼念为家乡人民作出巨大贡献的一代华商奇才。

第八节　蒜岭社会的异国移植

一百多年来，尤其是上个世纪前半叶"走番"的蒜岭乡亲回乡的为数不
多，大部分人留在了侨居地。到了 21 世纪的今天，旅印尼蒜岭华侨华人已
经发展到了第四、第五代。他们一方面融入了印尼社会，与当地人民共同建
设、发展印尼经济和社会，一方面依然或多或少地保留着中国文化，以家乡
的亲情联系着他们之间的关系。

旅印尼华侨华人热爱自己的家乡，尊重家乡习俗，第二、第三代华侨华
人由于几乎都是在华侨学校接受的教育，所以他们对祖籍国的文化依然十分
熟悉。陈基梅兄弟姐妹已是蒜岭第三代旅印尼华人，但是对家乡的岁时节
日、人生礼仪、生活习惯了如指掌。陈基梅说，30 多年以来，印尼政府一
直禁止印尼华人办报纸、办期刊、办学校。印尼政府采取这一措施的主要目
的在于促使中国侨民的同化。但是，文化这种东西不是靠人为的手段可以改
变的，所以在印尼华侨华人中依然保留着许多家乡传统的东西。

在岁时节日方面，如过年过节也如中国一样，讲究礼尚往来互送礼物；
也进行一些传统的中国节庆的表演，如舞龙、舞狮等。舞龙舞狮的表演甚至
感染了当地印尼人，在印尼很受欢迎，许多人都喜欢这一中国的传统艺术。

在人生礼仪方面，印尼华侨华人还保留着传统的庆贺生日的习俗。如给
孩子举行"满月"、"周岁"仪式等。老年人也仍有"做寿"的习惯；葬礼
与国内一样，许多老一辈华人还是保持着当年国内传统的土葬法，有钱的人
还保持了传统的"停尸"、"做忏"、"做七"等传统的仪式。而有些习俗则
是中印尼皆有，或半中半印尼。比如结婚仪式，如果娶的是中国太太，则一
般多采用中国仪式，而如果娶的是印尼太太，则采用印尼仪式。但如果男方

是中国人，又比较有钱，即使娶的是印尼太太，也会采用中国仪式同化印尼太太。不过，陈基梅女士在印尼的结婚仪式可以说是半中半印尼式的。她的结婚仪式中也有闹洞房等，但穿的却不是中国传统的红色新娘服，而是婚纱。虽然印尼政府一直主张印尼人与华人通婚，但是华侨华人的择偶一般还是局限在华人的圈子里面。

在交往方面，旅印尼华侨华人之间的交往基本上还是中国式的，但也或多或少受到了印尼人的一些影响。比如在交往中喜欢直来直去，不喜欢拐弯抹角。

值得一提的是，在印尼，老一代华侨华人与年青一代已经有些差异，老一代华侨华人保留着较多的中国传统、中国文化，而年青一代则已经接受了更多的印尼文化。许多中国传统的东西年轻人已经不清楚了。如许多年轻人已不知道中秋节、元宵节是怎么回事；老一辈华侨华人信仰佛教、道教的比较多，但年轻人则信仰基督教的比较多；在印尼，华侨华人的早餐已经被咖啡和牛奶所替代，午餐和晚餐与中国差不多也吃米饭，但如果是第四、第五代，生活的习惯就与印尼人差不多了。

从上述旅印尼华侨华人的生活方式和风俗习惯的变化中可以看到，文化这种东西虽然难以改变，但是随着时间的流逝，还是会不断被侨居地的主流文化所慢慢同化的。但是，细读陈金煌1981年完成的《记录册》，我们可以看到，一种来自祖籍国地缘纽带所结成的情感却似乎永远不会淡化，似乎是长久不变的。虽然看不见也摸不着，但我们却实实在在地感受到蒜岭的华侨华人在经营上共同合作，在生活中互帮互助，在文化上相互认同的亲密的家乡地缘意识。

首先，在经营上共同合作。蒜岭华侨华人合伙做生意时，除了与兄弟、亲戚合作外，许多人也找乡亲合作。如庄霖宝就曾与乡亲陈明亮和陈伯珠三人在泗水合开汽车修理工场；许多乡亲经营的都是脚车店等相同的行业，因此，相互之间生意往来也很密切；陈明光曾在乡亲陈我毡的店里工作过，也在乡亲陈新霖的店里和乡亲陈新论的店里工作过；陈金煌的协丰隆脚车店曾雇佣过乡亲陈金鼎、陈亚粿和陈丰美等乡亲；陈德发也曾雇佣过陈瑞临等乡亲，并资助陈瑞临开办企业；另外，陈德发于1973年开始制造机动三轮车，而福、莆、仙同乡则向他购买进货；陈子兴是日本雅马哈机动二轮摩托车的总代理商，许多乡亲从他那里批货，做二手代理商。

其次，在生活中相互帮助。蒜岭旅印尼华侨华人相互来往密切，用第三代华人陈基梅的话说："在印尼，华侨比较团结有如一家人。"大家在密切的共同生活中，产生了一些为这一群体服务的特殊人才。如陈金坤先生不仅写出来的文字苍劲有力，整齐美观，而且熟悉婚丧喜庆的应用文章，所以，在雅加达的蒜岭华侨华人凡举办这类仪式或书信往来等时，基本上都请他起草执笔。1953 年蒜岭旅印尼同乡捐款建设蒜岭小学、1958 年为蒜岭小学建围墙、添置办公桌等和 1980 年筹集捐款重建武当别院时，各方捐款的出入簿记等也多由陈金坤经手入账（陈金煌，1981）。

陈伯珠先生为人热情诚恳、平和公正，在旅印尼华侨华人中有一定威信。蒜岭同人中间如果发生什么纠纷，大家多请他当鲁仲连（陈金煌，1981年，125）。

林绪先生对印尼文化十分了解，并对印尼政府部门的各个方面比较熟悉。因此，蒜岭华侨华人中，如果有什么事需要找相关政府部门处理时，大家便请其出面奔走解决（陈金煌，1981）。

尤其是哪家有婚丧喜庆时，大家便聚在一起帮助制作布联、购买礼品、登报道贺等。因此，在几次为家乡蒜岭建设筹募资金时，除了大部分款项汇回家乡外，都留下一小部分作为旅印尼蒜岭同人在举办这类活动时的公共支出经费。

在印尼，蒜岭的陈、林、黄这三姓都有自己的宗族组织，但是，与家乡的村民一样，宗族意识并不强。陈基梅在印尼与几个朋友一起办了个"陈氏宗亲会"，主要的目的是联络感情，不搞政治。三四个月聚会一次，大家互相认识认识、聊聊天。会员交会费。该会一个功能是给非会员的印尼人提供免费的医疗，目的在于缓解印尼人与华人之间的紧张关系，消除种族隔膜。

与宗族感情相比，旅印尼蒜岭华侨华人更注重祖籍国地缘纽带结成的亲密关系。而且有趣的是，为了加强这种地缘关系，华侨华人常在侨居地建起与家乡相同名称的寺庙宫观，以这些寺庙宫观为媒介，团结起来自同一信仰圈的乡亲。20 世纪 60 年代，蒜岭旅印尼华侨华人联合邻村即岭边村和新厝镇的旅印尼华侨华人，在雅加达建起了一座三庙连成一体的宫庙。即有三个拱门，中间是蒜岭村的雪峰寺，右边是岭边村的汾阳庙，左边是信仰圈辐射到整个新厝镇的光贤亭，供新厝镇的乡亲朝拜。宫庙的第一任董事长就是蒜岭的侨领陈德发先生。该宫庙不仅成为新厝华侨华人民间信仰和文化活动的场所，也成为祖籍新厝一带的华侨华人团结互助的核心。印尼还建有广化寺、九鲤洞等莆田地区的寺庙宫观。由于蒜岭方言属于莆田、仙游语系，因此，旅印尼蒜岭华侨华人也团结在这些寺庙宫观组织的周围。正像陈基梅与朋友一起办的"陈氏宗亲会"一样，以地缘纽带结成的华侨华人组织并非为了与印尼原住民对立，相反是为了一方面帮助解决华侨华人中的问题，团结华侨华人，另一方面是为了更好地、更有组织地与印尼的原住民和睦相处，共同发展。

旅印尼华侨华人不仅有上述这种通过家乡寺庙，结成的地缘组织，还有以祠堂名义结成的各种代表不同地域范围的地缘组织，如印尼新灵洞建华祠堂、福莆仙总义祠等跨越福清、莆田和仙游三地域的组织。除了以寺庙、祠堂为中心的地缘组织外，还有玉融①公会（福清地域）、兴安会馆（跨越福清、莆田和仙游三地域的组织）、福莆仙公会等地缘组织。这些不同类型、不同层次的大大小小的地域组织和团体的宗旨和目的都一样，都是为了联络同乡感情，沟通家乡信息，兴办社会福利，团结自身并团结侨居地人民。

---

① 玉融是福清的雅称。

第四章　传统土地制度及其
政策性变迁

第一节　传统土地制度

一　人口对土地惊人的吞噬速度

　　曹锦清等人认为，旧中国农村最严峻的问题是人口问题。他们根据陈翰笙先生在《解放前的地主和农民》中所指出的，南方稻产区每户平均至少要 6～10 亩，即人均需 1.2～2 亩土地才能维持起码的生存条件这一论点，用纯理论方法计算出在旧中国农村一个人均土地 2 亩的村庄，在繁衍到第二代时，人口就会增加近一倍，人均土地便减缩近一半；繁衍到第四代时，人口会增加近 2 倍，人均土地进一步减缩到只有 0.7 亩。为了了解这一推算的合理性，笔者不妨将其推算过程抄录如下。

　　"一个拥有 100 亩土地、10 户（户均五口）农民所组成的村落，假如 100 亩土地由 10 户均分，人均 2 亩，在传统的农业生产技术条件下刚可维持最基本的生存。我们再假定每户的成员结构是一样的，都由父母及三个子女共两代人所组成，第二代婚嫁并未改变村庄人口总量，但增加 15 对夫妇。我们还假定每对年轻夫妇各生三个子女，村庄人口增加 45 人。这就是说，村庄经过第二代繁殖，人口将增加一倍，相应的，人均土地也将缩减近一半。当第三代人口进入婚龄，22.5 对夫妇也按平均生育了三个子女计算，则将增加 67.5 人口。假如第一代老人此时已全部自然死亡，那么到第四代时，该村人口已增至 142.5 人，几增二倍。六七十年时间，该村人均土地从 2 亩减少到 1.05 亩，再缩减到 0.7 亩。"（曹锦清、张乐天、陈中亚，2001）不算不知道，一算吓一跳，在仅仅六七十年时间里，一个能维持起码的生存条件的村庄，因人口的繁衍，而将变成一个无法靠土地生存的村庄，人口对土地的吞噬速度是如此惊人。

在本书第一、第三章中我们已经知道，长期以来，蒜岭最基本、最尖锐的问题也就是迅速增长的人口对有限土地资源的压力。一百多年前，蒜岭人的拓荒和围海造田就已达到了极限，最终通过"走番"的方式，实际上也就是通过移民的方式，使留在村中的人口一直平衡在土地资源可以勉强维持生存的范围内。除此之外，20 世纪 50 年代之前，蒜岭人依靠人均 0.76 亩的土地能够勉强生存下来，实际上靠的也还是"走番"的经济支撑。当时，全村约 200 户，1000 人口中，有约 160 人在东南亚，村中实际上只有约 800 人。也就是说，近 80% 的家庭都有人为了家庭生计而在海外打拼。

二　从土地使用权的暂时转让到所有权的事实转移

根据上述曹锦清等人的理论计算和推理，按理蒜岭家庭的土地拥有量应该极其细碎才对。但奇怪的是，从土改结果及村民介绍知道，蒜岭的大部分村民都被评为中农（见表 4 - 1），贫雇农多是在古街上做小生意或打工的、新

表 4 - 1　蒜岭村阶级成分结构

家庭成分	户　数（户）	家庭成分户数百分比（%）	人　数（人）	家庭成分人数百分比（%）
雇　　农	1	0.40	2	0.17
贫　　农	65	25.79	310	27.05
下 中 农	64	25.40	276	24.08
中　　农	90	35.71	404	35.25
富裕中农	21	8.33	101	8.81
富　　农	6	2.38	34	2.97
其　　他	5	1.98	19	1.66
合　　计	252	100.00	1146	100.00

说明："其他"中包括 1 户小土地出租者及若干小手工业者和不知道自己成分的人。

资料来源：根据蒜岭村委提供的 1964 年的户籍资料统计制作。

中国成立后留在了村里的外地人。由于土地的珍贵，蒜岭人轻易不会出卖土地，"只有劳动力病了，或赌博输了才可能卖地"，换句话说，只有丧失劳动力者或不务正业的败家子才出卖土地。而且，这里的规矩是，出卖土地也要先卖给亲缘关系近的人。既然这样，就说明在蒜岭要想拥有较多土地是难以靠金钱购买到手的。那么，蒜岭的传统土地制度到底是什么样？百余年来，蒜岭人的"走番"又是如何缓解了蒜岭的人地矛盾，并且使多数留守村庄的家庭仍然拥有相对较多的土地面积呢？

在调查中，笔者发现了一个或许只有蒜岭才有的现象：蒜岭的许多家庭都免租耕种着已举家定居南洋的或兄弟、或叔伯，或堂兄弟、或堂叔伯等亲属的土地。作为免租耕种的条件就是：第一，不能擅自出售其土地。第二，清明、重阳及逢年过节要祭祀土地所有者的祖先。并且，各家各户出钱举行宗族活动、寺庙活动时要为土地所有者出一份钱。陈某是独生子，家里共7口人，自家虽只有6亩地，但还耕种着堂叔给他免租耕种的3亩多地；黄某9口人，自家仅有2亩地，但还耕种着堂兄给他耕种的3亩地。笔者了解到有些人家甚至免租耕种两三家、三四家亲属的耕地（见本章第二、三节）。据村民们估算，免租耕种到南洋去的族亲耕地的情况在蒜岭十分普遍，大约1/3的家庭都有这种情况。陈振元先生回顾说，新中国成立前，祥镇陈有62户全家在海外的，但有土地由别人耕种、宗族活动有交钱的有近20户。也就是说，定居南洋的亲属将土地的使用权交给了留在村中的亲人，而保留着土地的所有权。[①] 不交出土地所有权是为了以防万一，如果在海外过不下去，随时可以回来，有个退路。这是可以理解的。[②] 但是，据老人们介绍，全家去南洋的人，有回来探亲的，有回来结婚的，但没有长期回来的。除了20世纪60年代印尼发生反华排华这类特大非常事件外，已经举家定居海外的蒜岭人通常是没有人会再举家重返蒜岭走回头路的。这就使笔者产生了这样一个疑问：定居南洋的蒜岭人他们的土地所有权一般保留多久？最终是如何

---

① 据村民介绍，国民党时期已经有土地证。举家去南洋的人会把土地证带到南洋，但把土地给亲属耕种而不立字据。

② 由于这一理由，土改计算土地拥有量时，除了被评为富农和华侨地主者外，均剔除了为华侨代管的这一免租耕种的土地。

转让给家乡亲人的呢？笔者没有收集到这方面的数据，但是笔者推断，是岁月流逝、世代更替使"走番"者暂时转让的土地使用权最终变成所有权的事实转移的。

我们可以推断，接受土地使用权的这一代人是很清楚哪块地是自己的，哪块地不是自己的。但是，当这一代人死亡或他的子嗣分家后，随着土地切割细分或连片使用等，哪块地是自己祖先的，哪块地是海外亲属的，已经开始模糊。到了第三代，即孙子这一代分家后，土地的所有权进一步模糊。而到了第四代分家时，接受土地使用权的第一代人基本已自然死亡，自家土地与亲属的土地早已混杂在一起，事实上已经被子孙视为自己的土地了，即海外定居者的土地所有权事实上已经转移到了免租耕种者的子孙名下。在第一代人接受的免租耕地所有权逐代模糊的同时，第二代人，第三代人、第四代人……也在不断地"走番"，从新的海外定居者处接受免租耕地，他们获得的新的免租耕地也在岁月的流逝中，从使用权的暂时转让逐渐变成了所有权的事实转移……如此循环往复，百余年来，蒜岭人就是这样因为分家，土地减少，一部分人去了南洋，留下的人从海外定居者处获得了他们的耕地使用权，而这使用权在世代的分割传递中，模糊成了所有权，虽然户与户之间不可能均衡，但大致维持了大部分在村蒜岭人家庭的土地拥有量和生计。这里还必须指出的是，由于真正富裕的家庭是不会去"走番"的，所以，免租耕地的面积一般也都不大。

笔者认为，近代以来由于"走番"的出现，蒜岭自然地形成了上述这种独特的土地流转制度，从而勉强解决了地少人多的矛盾。由于有钱也难买到土地，而免租耕地又基本上是在亲属中进行的，在古街上做小生意或打工的外地人不可能获得免租耕地，所以蒜岭本地人多数拥有相对较多的土地，而古街上的外地人多为贫雇农。

三 低地租率对缓解人地矛盾的贡献

除了上述"走番"者提供的免租耕地缓解了蒜岭的人地矛盾外，"走番"者的土地出租也大大缓解了蒜岭的人地矛盾。

虽然不少蒜岭人都从"走番"的亲属那里得到少量土地，但是，如果按照陈翰笙先生提出的南方稻产区人均需 1.2~2 亩土地才能维持起码的生存条件这一土地拥有量来看，不仅许多在土改中被评为中农的蒜岭人达不到这一水平，并且即使加上免租耕种的土地也不一定能达到这一水平，或只能勉强达到陈翰笙提出的人均最低水平，即 1.2 亩左右。以上述陈某的土地为例就可以看到蒜岭人的土地少得可怜。陈某因是独生子，不存在分家问题，自家有土地 6 亩，一家 7 口人，虽人均不到 0.86 亩土地，但土改时被评为中农。如果加上堂叔给陈某代管的免租耕种的 3 亩多地的话，陈某家也仅达到陈翰笙先生提出的人均应有土地的最低水平，即人均约 1.3 亩。而一个全劳动力一般能耕种多少土地呢？据村民估算，一个靠牛耕地，手工劳作的全劳动力一般可以耕种 4 亩双季水田，还可以冬种蚕豆等；如果又种双季水田又种旱地的话，可以各种 2.5 亩，即合计可耕作 5 亩地。陈某家共有 4 个全劳动力，只耕种 9 亩多土地的话，就会闲置两个以上的劳动力。所以他还租种了 6.5 分水田和 7.5 分旱地。

由于地少人多，蒜岭人一方面生活拮据，另一方面却劳动力闲置。因此，租种"走番"者的土地也成为蒜岭人缓解人地矛盾的方式之一。据曹锦清等人在《当代浙北乡村的社会文化变迁》中说："通常的地租率为 50%"，但据了解蒜岭的地租率通常只有不到 20%。因此，对改善蒜岭人的生活起了很大作用。

据村民们介绍，地租多少一般根据当年的气候，根据土质好坏，由出租较多土地的人家与租种者协商确定后，其他人家照搬采用。

租种水田，公粮由出租者负责缴交；种子、肥料和农具由租种者自备。可种双季稻的水田一般情况下年亩产 850 斤干谷，出租者收租 150 斤，即地租率约为 17.6%。新中国成立前公粮要缴交实物，一亩约合 16.7 斤干谷，所以，土地出租者出租一亩水田一年实际只获得 133.3 斤干谷，而租种者可得 700 斤干谷。蒜岭秋旱频繁，并且夏季气温高，晚稻病虫害较早稻严重（过去不使用农药），所以，早稻亩产较晚稻高，可收 500 斤干谷；晚稻产量低一般只有约 350 斤。因此，租金也按早晚稻分两次收取。根据村民们的介绍计算，早稻的地租率为 16.2%，即从收成的 500 斤干谷中只抽取 81 斤，晚稻的地租率为 19.7%，即从 350 斤收成中只抽取 69 斤；而租种者可获得余下的早稻419斤，晚稻281斤。如果冬季还能够种小麦、大麦、蚕豆、豌豆或油菜等作物，则不收地租。

围垦的单季水田碱性大、土地贫瘠而且高低不平，离村子远灌溉设施跟不上，遇到灾害可能颗粒无收。所以，这种土地人们不把它视为耕地。极少人租种这种土地。如租种，收成的三分之一割倒后留在地里让出租者自己来挑；三分之二属于租种者。按此分成计算的话，地租率是33.3%。为什么租种不好的土地地租率反倒更高？笔者曾就此询问过村民。他们的回答是，对这种地人们是粗放型种植，播下种子不施肥也不除草，投入的成本只有种子。

旱地由于灌溉条件差，因此，收成与气候及土质好坏关系很大。在气候好、土质好的情况下，可以至少收成5担番薯干。这时，一般土地出租者可得1担番薯干，租种者至少可得4担，即地租率约不到20%。如果遇到干旱等灾害，或土质不好收成不好时，地租率则酌情降低。上述陈某租种的6.5分水田年交租金85斤谷子，地租率仅不到15.4%；租种的7.5分旱地年交租金100多斤番薯干。陈某说，那块旱地土质太好了，亩产不止500斤番薯干。以至于1946年土地出租者从南洋回来后，他又请求让他继续租种一年。

虽然蒜岭的地租率较低，但是可以看到由于土地太少，人们仍不可能按照生活所需和劳动力的能力范围租得足够的土地。上述黄某家有9口人，3个劳动力。从生活需要讲，至少应有10.8亩地；从劳动力的可承受量看，至少可以耕种12~15亩地。但除了自家2亩地和免租耕种3亩地外，仅租种了2亩地，即合计耕种7亩地，人均不到0.78亩，因此闲置了至少1.5个劳动力。

蒜岭为什么会形成免租耕地和低地租的传统土地制度呢？询问村民，得到的回答是："历史以来就是这样"。但笔者认为，这依然与地少人多及因此而产生的"走番"密切相关。由于定居于南洋的人家与家乡如此遥远，在交通不便，而且商品经济不发达，地租以实物兑现的年代，定居南洋者即使因生意不顺利生活一时出现困难，也难以靠家乡的地租获得解救。也就是说，"鞭长莫及"。另一方面，真正富裕的人是不"走番"的，换句话说，"走番"的人土地都不会多，一般都只有二三亩地，举家定居南洋者靠家乡少量土地的地租又能解决什么问题呢？也就是说，"杯水车薪"。另外，如是举家定居南洋的话，要出租土地还得请人代管，还需支付代管报酬或人情。因此，不如以暂时转让土地使用权的方法来保存土地所有权，对自己既省事又做了人情。据村民们说，举家"走番"的华侨把土地、房屋、龙眼等托付给家乡亲人管理时，一般是不会要求家乡亲人应如何如何使用这些财产等的，而是由家乡亲人根据自己的需要或自种，或出租，但不能出卖。那些出租土地者一般是无劳力再耕种者，或代管土地的亲属在外村，离土地远，又已经不太需要土地时，他们才出租土地。土地不是自己的，土地主人又不要求地租，因此，也就没必要苛求地租率，不使土地荒芜，保持耕地的活力才是出租土地的目的。

第二节　土地改革与爱国爱乡的华侨地主

一　自耕农占优势的社会结构

蒜岭是以种植业为主的村庄，土地是村民的命根子。如果排除华侨汇款，土地的多少基本决定了村民生活水平的高低以及社会地位的高低。

1949年中华人民共和国成立之后，中央政府在新解放地区也推行土地改革政策。经过新中国成立之前在老解放区进行的数年的土地改革运动，中央政府从中汲取了许多宝贵的经验和教训，结合新中国成立之初的国内外形势和国家建设目标，对于在新解放区的土改运动有了更成熟、更具体、更富针对性的思路。对蒜岭村来说，最具意义的是有了专门指导侨乡土改工作的政策法规。1950年11月6日，中央人民政府政务院对如何对待华侨土地财产问题专门公布了《土地改革中对华侨土地财产的处理办法》。1953年中共中央又转发了华侨事务委员会制定的《关于土改中处理华侨土地、财产的九点办法》等规定。对华侨成分的划定和华侨土地财产的处理方面，制定了适当照顾的政策。

在传统中国农村，人们都是以亲族关系、邻里和村落，而不是按剥削阶级和被剥削阶级的关系互动的。要保证土地改革得以顺利进行，首先要让农民学会正确划分农村的阶级。如曹锦清、张乐天、陈中亚三人所说，要把传统村落内部基于财产为基础的社会分层从宗族血缘关系和亲属关系中分离出来。1950 年 8 月 4 日中央人民政府政务院第四十四次政务会议通过的《关于划分农村阶级成分的决定》，专门对土改中的阶级划分作出规定，凡占有土地，自己不劳动，或只有附带的劳动，而靠剥削为生的，叫做地主。地主剥削的方式，主要是以地租方式剥削农民，此外或兼放债、或兼雇工、或兼营工商业，但对农民剥削地租是地主剥削的主要方式。富农一般占有土地。但也有自己占有一部分土地，另租一部分土地的。也有自己全无土地，全部土地都是租的。一般都占有比较优良的生产工具及活动资本，自己参加劳动，但经常以剥削为其生活来源之一。富农剥削的方式，主要是剥削雇佣劳动（请长工）。此外或兼以一部分土地出租剥削地租、或兼放债、或兼营工商业。假如富农出租的田地超过其自耕和雇人耕种的田地数量，即定位为半地主式富农。许多中农都占有土地；有些中农只占有一部分土地，另租入一部分土地；有些中农并无土地，全部土地都是租入的。中农自己都有相当的工具。中农的生活来源或完全靠自己劳动，或主要靠自己劳动。中农一般不剥削人，许多中农还要受别人小部分地租、债利等剥削，这是下中农。但中农一般不出卖劳动力。另一部分中农则对别人有轻微的剥削，但非经常的与主要的。这些是上中农或富裕中农。贫农有些占有一部分土地与不完全的工具；有些全无土地与只有一些不完全的工具。一般都须租入土地耕种，受人地租、债利与小部分雇佣劳动的剥削。这些都是贫农。一般全无土地与工具，有些人有极小部分的土地与工具，完全地或主要地以出卖劳动力为生。这是雇农。

　　至于华侨及其在国内农村中居住的家属的阶级成分的划分，根据《对华侨土地财产的处理办法》第十条规定："统一按中央人民政府政务院关于划分农村阶级成分的决定划分之"外，还必须严格遵照上述两个处理华侨土地、财产办法的有关条文精神进行。上述两个处理华侨土地、财产办法的有关条文明确指出：在侨区实行土地改革时"应注意把国外和国内区别开来，把华侨地主与一般的地主区别开来，把封建剥削与资本主义剥削以至被资本主义剥削区别开来"。"严禁以侨汇收入之多寡而任意提升和任意确定侨眷的阶级成分";绝不能把侨眷因主要劳动力在国外而出租少量土地者简单划为地主,也不要把出国后因在国外从事其他职业,积蓄点钱汇回国内购置少量土地出租者划为地主,即其国内眷属的主要生活来源是靠地租生活,只要他占有土地的数量在当地小土地出租者的最高标准数以下,均不应划为地主,即使"有的占有土地稍高于当地小土地出租者的最高标准数,但超过不多亦可不定为地主,而按小土地出租者对待"。从这一政府对待侨乡的阶级成分划分政策的阐述上看,似乎不仅不希望侨眷被评为地主,而且不希望其被评为富农,最高也只评为小土地出租者。

1950 年农历九月蒜岭村开始了土地改革。土改工作队进驻村庄,首先在本村村民中物色那些土地少,生活较贫困的村民作为骨干,通过他们在每一个自然村组织该村自耕农及生活水平低下的村民成立"农民协会",简称"农会",由农会干部组织土改运动。詹日升是江西人,在 324 国道上当过养路工,后入赘到了蒜岭村,靠拉板车等生活。他是工作队首选的土改骨干。林福星、黄阿细等本村村民也成为工作队依靠的对象。农会的主要工作就是配合土改工作队统计村民土地与财产,依据村民拥有的土地数量、农具状况和通过出租土地或雇用劳动力获得的剥削收入在全部收入中所占的百分比,划分各家各户的社会阶级成分。蒜岭阶级成分划分的结果,评出的剥削阶级有 6 户,即两户华侨地主和 4 户富农。在该村能够体现阶级构成的最早的资料是 1964 年的户籍,详见表 4 - 1。其中没有地主,因为 2 户都是华侨地主,全家人都在南洋;而富农有 6 户,那是因为 1964 年之前已有两个家庭分家。另外,虽然黄娘鼻于 1956 年已从富农改评为中农,但户籍上仍为富农。撇开土改时蒜岭的阶级划分是否准确、合理,借助表 4 - 1 的阶级成分结构也可以看出,第一,蒜岭以自耕农为主,中农和富裕中农占总户数的 44.04%,如再加上下中农,占总户数的 69.44%,而富农只占 2.38%,贫雇农只占 26.19%,而且大多数是在古街干体力活的外地人。地权分散,阶级剥削并非突出,阶级矛盾并非激烈,人们通过传统的"走番"型土地制度,保持了村庄的可持续生存。第二,说明仅靠村庄的土地是难以真正富裕的,因此,蒜岭没有封建地主,评出来的 2 户地主和 4 户富农中的 3 户均为华侨、归侨或侨眷,因此可以说,去了南洋才有条件被评为剥削阶级,即去了南洋才有可能富裕，去了南洋留在村的亲属才会有更多土地。

对于两家华侨地主，村民们告诉笔者，其实这两家人如果没去南洋在村里，就不可能被评为地主。因为他们各家也仅有十来亩土地，用家庭人口一平均，一个人没有多少地。首先我们来看看华侨地主黄当富：黄当富有兄弟4人，他排行老大，4个兄弟均在海外。在调查中知道，黄当富兄弟4人实际上只有数亩地，另外的数亩地是亲属黄当丙托管的免租耕地。黄当富1904年出生，15岁时，即1919年就由舅舅带往当时荷属东印度群岛的马雅多埠谋生。如果没有"走番"，土改时黄已46岁，4兄弟夫妻共8人，加上4兄弟的母亲，以及外加老大、老二、老三各自在1950年前出生的16个子女，土改时共计25人，即使十余亩地全属于他们的话，人均也还达不到蒜岭当时的人均0.76亩的标准，因此不可能是地主。另一家是被村民称为"同春"的华侨地主。他约20来岁时，即20世纪20年代便去了南洋，其后不曾回来过，因此连村里的老年人也不清楚他的名字。因为其养父曾经在村中开过一个"同春杂货店"，所以，人们便称他为"同春"。其养父是蒜岭的祥镇陈，养母是玉屏山背后属于莆田县的东大村人。由于养父母没有生育，养母便把他，即东大村自家兄弟的侄子抱来当养子。养父母早在土改之前就已过世，他的十来亩地交由玉屏山背后东大村的亲戚管理。这十来亩地是否全是自家的，有否包含"走番"亲属的土地，无从考证。但是，如蒜岭人所说："真正富裕的人是不会'走番'的"，靠地租能过上不劳而获的生活，他就没有必要漂洋过海外出谋生了。因此可以推断，在他"走番"之前他家并不富裕。另外，如果他不"走番"，1950年土改时也已是上50岁的人了，人口的增多和子嗣的分家也同样会使他与地主无缘。

蒜岭村评出的4户富农为林金顺、陈金瑞（印尼侨领陈德发的父亲）、陈玉森、黄娘鼻。其中，除了林金顺外，陈金瑞、陈玉森和黄娘鼻都有涉侨关系，都是侨眷或归侨。陈金瑞的情况在第三章中已略谈及。1937年他的长子陈德发19岁到印尼时，家里还欠着债。后来是陈德发在印尼勤奋打工，省吃俭用，汇款回来还清了债务，后来又购置了房屋和土地。土改时陈金瑞有三个儿子在印尼，陈金瑞差点被评为地主，但因为有一外地人有一亩半土地在其家附近，陈将该农户的土地租去耕种，他提出："哪有地主租种别人土地的?"因此，被划为富农。陈玉森是棉亭人，入赘到蒜岭村来的。他妻子的父母兄弟等都在海外，只有祖母留在蒜岭，为此招他上门照看祖母。陈除了自家的土地外，代管了妻子的父母与兄弟的土地，除此之外，4户海外亲人（叔父）的土地也由他代管，因此有20余亩地，大忙时节需雇人帮忙。总之，阶级成分划分的情况表明，在蒜岭没有"走番"是很难富裕起来的。另一方面，正因为大部分家庭世代都有多数人去了南洋，才使得蒜岭保持了自耕农占优势的格局。土改以后少地无地的村民也获得了人均0.76亩的土地，蒜岭的地权进一步均衡了。

二 伟大革命中的瑕疵

土改的总政策是："依靠贫雇农，团结中农，中立富农，消灭地主阶级。"蒜岭村中农占大多数，由于中农是土改的团结对象，土地等财产不会被征收，部分地少的下中农还能和贫雇农一样分得土地，所以绝大多数人对土改持拥护态度，蒜岭的土改运动进行得十分顺利，于翌年年初就完成了。

但是正如一些学者所指出的，在乡村家家户户的各种情况复杂多样，划分阶级成分的标准即使已相当精细具体，但操作起来仍然是"一项艰巨的任务"。比如，为了确定土地财产的真正价值，必须考虑这块土地肥沃部分和贫瘠部分的百分比，"由于一个村庄的土地常常以小块的形式分散在四周，要作这样的估价就异常困难"；"一个家庭曾有多少'剥削'收入？在缺少系统的书面记录的情况下，也很难作出估计"（罗德里克·麦克法夸尔、费正清，1992）。所以，划分得不够客观、不够合理的情况时有发生。尤其是其中若掺入了个人恩怨，甚至可能成为个人报复的工具。另外，若追求意识形态绩效，也会影响对政策制度的把握，后一种情况在当时全国十分普遍，即使侨乡也不例外。如上所述，针对侨乡土改1950年11月政府专门公布了《土地改革中对华侨土地财产的处理办法》的法规，但是土改开始以后，由于受"左"的思想的影响，一些侨区依然出现了偏差，特别是在划定华侨成分，处理华侨土地财产方面出现的问题偏多。这不仅减少了国家的侨汇收入，而且在一定程度上打击和挫伤了华侨和归侨、侨眷的爱国爱乡、拥护土地改革的积极性与热情，同时也严重地影响新中国成立初期国外侨务工作的顺利开展。为了纠正这种"左"的偏差所带来的不良后果，1953 年中共中央转发了华侨事务委员会制定的《关于土改中处理华侨土地、财产的九点办法》等规定（毛起雄、林晓东，1994）。不过，这一规定是在蒜岭村土改结束后颁布的，因此，对该村只能起到亡羊补牢的作用。对于土改中出现的一些问题在调查中我们也略有所闻。

　　由于我们没有收集到当时各家各户土地占有，土地好坏或出租情况等数据，无法分析当时划分成分的准确程度。但是，从村民们回忆当时情况的口气上可以感觉到有些成分的划分并非十分符合政府政策。比如，对于前述两家华侨地主的评定，村民们就认为不太合理。对于富农，村民也说："如果与其他地方比，不能算富农，因为他们本身都有参加劳动。而且劳动很好，粮食吃不完，就换成钱，拿去放债，结果被划为富农。"、"村里的富农实际上不是真正的富农，是被人'敲'的，其实是替人代管的，地是别人的。"

　　在具体提到富农林金顺和黄娘鼻时，虽然被调查者的具体说法不一，但大家都认为他们是被冤枉的。对于林金顺，有的村民说：林金顺"他被评为富农是村里最冤枉的。并不是他富有，土地多，他夫妻俩天天在田里干，省吃俭用，有一点钱，关系好的人向他借钱就借给他，关系不好的就不肯借，人家有意见，乘机给予报复。土改时，贫下中农一句话像打雷一样，很有用的"；有的村民说："林金顺被评为富农主要就是因为放高利贷。其实他自己非常勤劳，为了生活得更好就拼命做农业，挣了一些辛苦钱，用不完就拿去放高利贷，群众看着眼红，就评他为富农。"也有的村民说："林金顺被评为富农是因为人际关系问题，他得罪过两户农会干部，他与农会干部黄某曾有过矛盾。"还有的村民说："林金顺被划为富农是被强拉到富农行列的，他都是夫妻劳动，没有雇工。"

　　至于黄娘鼻被评为富农，村民们认为是他的近亲黄某"告发"所致。村民反映，其家境并不好，根本不能算是富农。土改时，他家只有 1 亩多水田和 1 亩多旱地，还租种着别人的 1 亩多水田。当时家里有妻子、次子、媳妇和女儿，共 5 口人。按照蒜岭人均 0.76 亩地的话，5 口人，至少也应有 3.8 亩土地，而他家人均还达不到 0.76 亩土地。黄娘鼻本身是归侨，同时也是侨眷，他的大儿子于 1947 年从南洋回国。由于与大儿子已分了家，土改时大儿子被评为贫农,他自己却被评为富农。黄娘鼻被评为富农的经过是这样的:黄有一个近亲因抽鸦片,把仅有的3间房屋与1亩多水田卖了。这时,正赶上黄娘鼻从新加坡回国,按照这里的规矩土地应卖给近亲,所以,黄娘鼻用钱买回了土地和房屋。没想到几年后便遇上了土改。在外当乞丐的出卖房屋和土地者的儿子黄某回到村里,黄娘鼻无偿让出一间他买回的房间让黄某住,并给他五六分地耕种。但是,黄某想要回所有土地和房屋,便到工作队"揭发"了黄娘鼻的"罪行"。因此黄娘鼻被评为富农,而黄某则评为了雇农。当时为此黄娘鼻还出了一个笑话。工作队责问黄有没有坦白,而黄娘鼻第一次听到这一陌生术语,不明白是什么意思,肯定地回答:"我一点坦白也没有!有坦白我就会死掉!"黄的这句"经典"至今还有人当作笑话提起。有一位村民在笔者询问他关于黄娘鼻评为富农一事时,他忍不住笑了起来说:"他也够评上富农?搞运动嘛,总要搞出点成绩嘛。"

　　划分阶级成分的工作完成后,就开始了"损有余而补不足",将地主、半地主式富农的多余土地与财产分给地少的下中农、贫农和雇农。在华侨土地财产的处理方面,对华侨地主、华侨小土地出租者和华侨工商业者等中央政府都作了明确规定。

　　对于华侨地主,不仅指出要把华侨地主与封建地主进行区分,而且指出:"不要把出国前原系劳动人民,出国后上升为地主者与出国前原系地主者混为一谈。"要把两者严格区分开来,分别采取不同的方法进行处理。在此我们暂且将本人出国前、家庭原系地主者称为甲类华侨地主,将本人原系劳动人民,出国后上升为兼地主者称为乙类华侨地主。《土地改革法》第二条规定:对封建地主"没收地主的土地、耕畜、农具、多余的粮食及其在农村中多余的房屋。但地主的其他财产不予没收"。而对于甲类华侨地主,虽然其在农村中的土地及其他财产与封建地主一样处理,但除原由农民居住的房屋外,其他房屋不动。也就是说,甲类华侨地主即使有多余的房屋也不没收。对于乙类华侨地主的处理则更为宽松,只有土地和房屋与甲类华侨地主的处理方法一样外,其他财产一律保留不动,即不没收其耕畜、农具、多余的粮食等。

　　对于在农村中出租小量土地的华侨及其家属实际上是给予了和出租小量

土地的革命军人、烈士家属以及依靠出租小量土地生活的鳏、寡、孤、独、残疾人等弱势群体以相同的待遇。《土地改革法》第五条规定："革命军人、烈士家属、工人、职员、自由职业者、小贩以及因从事其他职业或因缺乏劳动力而出租小量土地者，均不得以地主论。其每人平均所有土地数量不超过当地每人平均土地数百分之二百者（例如当地每人平均土地为二亩，本户每人平均土地不超过四亩者），均保留不动。超过此标准者，得征收其超过部分的土地。"该条继续指出："如该项土地确系以其本人劳动所得购买者，或系鳏、寡、孤、独、残废人等依靠该项土地为生者，其每人平均所有土地数量，虽超过百分之二百，亦得酌情予以照顾。"而《对华侨土地财产的处理办法》第六条规定："华侨及其家属在农村中出租小量土地者，均按土地改革法第五条的规定处理。"并补充指出："如本人出国前原系劳动人民，其出租土地虽超过当地每人平均土地数百分之二百，其超过部分的出租土地，亦得酌情照顾，不予征收。"即对华侨出租小量土地者也予以更多的照顾。

对于华侨工商业者除了按《土地改革中对华侨土地财产的处理办法》第五条及《土地改革法》第四条之规定，"征收其在农村中的土地及原由农民居住的房屋外，其他财产不得侵犯"。

由于华侨地主"同春"在村中只有土地和房屋，因此，在划分成分之后，所有的田地被没收，留下房屋、家具等没动。不过，在20年的人民公社期间，家具、物品等陆续被公社或大队挪用，房屋也曾被当作仓库、卫生所等使用过。现在只剩下空空的房屋。而另一个华侨地主黄当富则除了土地外，耕牛、犁、耙、水车、纺车，甚至房中的部分家具和物品等也都被没收了。由此看来，土改时黄当富是被作为甲类华侨地主来处理的。即本人出国前，家庭原系地主。但据了解，黄家十分贫穷。正因为贫穷，他家的两个妹妹一出生便送了人家，实际上是当了童养媳。黄当富7岁时到水塘提水，不慎落入池塘生病后，因无钱治疗，其父感到自己无能，一气之下跑到福清的石竹山当和尚。几个月后，经劝阻才回到家中。由于贫穷，黄当富本人及二弟黄当贵、三弟黄当喜都不得不在少年时便前往南洋谋生（详见本章第二节四）。因此，即使被评为地主，也应以乙类华侨地主对待才符合政策。另外，据黄金春老师介绍和《记录册》记载，20世纪40～50年代，黄当富兄弟在印尼的商业经营范围已相当广泛，相当富裕，当时每年黄当富还从印尼汇款数千元给在村里的堂兄（黄金春老师的父亲）和妹妹们的家庭使用。因此，他们不可能在乎村里的那点地租，只靠印尼方面的收入生活就绰绰有余了。黄家兄弟即使是那十来亩土地的所有者，但并没有仰赖地租生活。因此，当时被评为地主的确欠妥。后据黄的外甥女介绍，黄一开始被评为封建地主，后来被改为华侨地主，但最后是被告知被评为工商业者。由于黄的外甥女没文化，当时也没有给她们文字凭据，她已记不清是何时被改评为工商业者的。但是，如果是工商业者，根据《中华人民共和国土地改革法》第四条规定，"征收其在农村中的土地及原由农民居住的房屋外，其他财产不得侵犯"。可是，黄的耕畜和农具等却被没收了。根据这一处理情况判断，土改中他是被视为甲类华侨地主，土改过后，才被改为工商业者的。笔者作出这一判断的另一条根据是，所有被调查者均不知道黄被改评为工商业者一事。因此，可以推断出黄在土改过后才被改为工商业者的可能性较大。

对于土改，村民们还认为有一个不合理的地方，即没有按照土地单位面积收益高低，而只按亩数来划分成分和损补。土改时，蒜岭是和周边另外7个村庄合在一起分地的。蒜岭有围海造田，土地相对较多，所以中农评得多。其实如第三章所说，当时有的地好，可种三季；有的地种两季；有的地极差，只能种单季，围垦的海田大部分都只能种单季。祥厝、塘头、双屿、岭边、坂顶等村没有海田，他们的田地虽少，但是土地肥沃，产量高。因此，"与没有围垦的村庄比，蒜岭人是吃亏了"。

三　极"左"引发的土改"后遗症"

1950年后进行的土地改革与之前在老解放区进行的土地改革有一个显著的不同，这就是中央政府强调了要保存富农经济，认为"现在我们所遇到的困难的性质，已经不同于我们在过去战争中所遇到的困难，现在的困难主要是在财政经济方面的困难，是恢复、改造与发展社会经济上的困难"。如果人民政府实行保存富农经济的政策，一般的能够争取富农中立，并且能够更好地保护中农，去除农民在发展生产中某些不必要的顾虑。所以，"在今后的土地改革中，采取保存富农经济的政策，不论在政治上和经济上就都是必要的，是比较地对于克服当前财政经济方面的困难，对于我们的国家和人民为有利些。"（刘少奇在中国人民政治协商会议一届二次会议上所作的《关于土地改革问题的报告》，1950）为此，1950 年新发布的《土地改革法》中的第六条明确规定："保护富农所有自耕和雇人耕种的土地及其他财产不得侵犯。富农所有之出租的小量地，亦予保留不动。"只有半地主式富农，即富农出租大量土地超过其自耕和雇人耕种的土地数量者，才应征收其出租的土地。这里顺便一提的是，在有关土地改革的政策文件中，"没收"和"征收"二词频繁出现，凡剥夺地主的土地、耕畜、农具、多余的粮食等时称为没收；凡剥夺富农、半地主式富农的多余土地及祠堂、庙宇、寺院、教堂等的土地时称征收。虽然二词的行为结果一样，但政治意义不同，体现了在政治上比起地主对富农的宽容。

　　由于上述新颁布的土地改革法强调了要保护富农经济，蒜岭村评出的 4 户富农除了黄娘鼻①外，据说在经济上没有受到明显的影响。但是，在政治上的影响却是众所周知的。在土改工作队宣布成分划分结果和后来的土改庆功大会上，富农们甚至富农家属也被押到村里的群众大会上，与地痞流氓、反革命分子、国民党特务等一起接受村民们对他们的揭发与声讨。从此，他们实际上失去了公民权，被剥夺了政治地位和社会地位。这一后果显然与当时人民政府为鼓励农民发展生产创造财富而特别实行了保存富农经济政策的良苦用心相悖。

　　另外，由于后来近 30 年宁"左"勿右的思潮占主流地位，使得土改时划分的阶级成分不仅成为决定谁将获得土地，谁将失去土地的一时的标准，而且还变成了以后数十年中一个人和他的子孙在政治上是否可靠的标签，从而影响到一个人和他的子孙的人生轨迹、社会地位。土改中被评为地主、富农的村民被剥夺了做一个正常人的权利，在村中由已翻身的阶级随意调遣，从事最没人干的活。虽然根据《关于划分农村阶级成分的决定》的第十一条精神，凡地主成分或富农成分，在土地改革完成后，完全服从政府法令，努

---

　　① 黄娘鼻用钱赎回的黄某的三个房间在土改时和 1966 年的"四清"中，分别无偿送给了黄某。

力从事劳动生产，没有任何反动行为，连续五年以上者，经乡人民代表大会通过，县人民政府批准后，得按照其所从事之劳动或经营的性质，改变其地主或富农成分为劳动者的成分或其他成分，但是，实际上这一规定并没有得到很好的落实。第三章中已经提到，1956 年陈金瑞的成分已从富农改成为中农，而这一更改并没有及时通知其本人及其家属，直至 1978 年他们才得到这一更改的书面通知，其子孙因此背了 28 年五类分子（地主、富农、反革命、坏分子、右派）的黑名。其他三个富农中只有黄娘鼻在 1956 接到县里有关部门通知他被改评为中农外，另外两人直至死亡也没有摘掉富农的帽子。并且，尽管黄娘鼻已被改为中农，但是，在"文化大革命"中，仍被一次次拉上批斗大会陪斗。其子黄当书在"文化大革命"中，也被诬告隐瞒富农成分，后经工作单位到福清县调查确实为中农，才免遭诬陷。总之，这些人遭到的政治歧视的阴影直到改革开放后才逐渐消失。

土改以后，尤其是农业集体化后，随着农民的经济生活开始逐渐均一化的同时，"左"的意识形态愈趋浓厚，农村传统的以经济为特征的社会分层淡化，而以阶级成分为标志的政治分层主宰了社会生活，人们对阶级成分耿耿于怀，以至于 15 年后还有更改成分的事情发生。蒜岭侨兴中学退休的炊事员陈玉山告诉笔者，土改时他被评为中农。1965 年四清工作队进村住在他家一个星期，看到他家的生活情况，将其成分改为下中农。

四　爱国爱乡地主黄当富

一个人、一个家庭富裕与否，取决于许多复杂因素，并不是阶级剥削所能简单概括的。但是，在长期关于阶级斗争的意识形态宣传中，富裕者等于剥削者等于阶级敌人。已没有了公民权的地主、富农们无论怎么努力表现，也无法洗刷他们的污点，并且他们的罪名还被传给了子孙后代。但是，和全国其他村庄不同的是，在蒜岭侨村，由于地主本人及地主、富农的一部分子孙在海外，幸免了被剥夺公民权的遭遇。日后，他们以具体的爱乡爱国的感人举动表现了自己的个人品行和内在觉悟，成为对极"左"的非理性的意识形态宣传的有力讽刺。第三章中已经介绍过的富农陈金瑞的儿子陈德发、陈德森和孙子陈子兴、陈子煌就是生动的例子。另外，地主黄当富兄弟四人也是村民们至今仍传颂着的爱国爱乡的华人。

　　黄当富出生于 1904 年。由于家庭贫困，15 岁时，即 1919 年就由舅舅带往当时荷属东印度群岛的马雅多埠谋生。后来他与弟弟黄当贵等亲人分别在该埠经营了好几种生意。据陈金煌的《记录册》记载："聆听开有电影戏院、冰棒店、脚车店及汽车零件等。生意发达而赚大钱"。黄金春老师的父亲是黄当富的堂兄，黄老师也听其父说过，印尼的北苏拉威西的一条街都是他家开的店。1953 年旅印尼蒜岭同乡集资重建蒜岭小学时，黄当富和弟弟黄当贵就慨捐 10000 印尼盾，因此，被作为发起人（捐资 5000 印尼盾以上者）写入《记录册》。蒜岭、新厝和后屿的黄姓原是同一个祖宗，因此，20 世纪50 年代初，黄当富也与新厝的旅印尼乡亲一起捐资建设了新厝小学。1958年时，他购买了许多化肥送给蒜岭所属的生产大队。1959 年、1960 年经济困难时期，他寄回或让家乡亲属用侨汇券购买了大米、食油等许多食物分送给他所在的第 8 生产队的各家各户。1959 年他随同印尼旅游团回国参加北京的中华人民共和国成立 10 周年大典，周恩来总理亲自接见了该代表团，廖仲恺夫人何香凝赠送给黄当富两幅亲笔画。1971 年他回家乡探亲，一回来便在村中到处察看，为村庄建设想点子，提建议。蒜岭村厝后园的 100 多亩地由于在山坡上灌溉困难，常常因干旱影响番薯、黄豆、花生等的产量。黄当富建议由他出资，敷设一条管道，将东方红水库的水引到后厝园后，用水泵将水打到山上，然后再让水从山上流下来浇灌这片旱地。这一设想在他的大力援助下，终于实现了，解决了第五、六、七、八四个生产队在后厝园的土地灌溉问题。1972年，黄当富又赠送给第 8 生产队一台拖拉机和一台打谷机。陈金煌的《记录册》中写道："黄当富自解放后也

黄当富先生

有一或二次返国，但每次返国时，都对家乡的公益事业大表关怀，而慨献巨金，如购买抽水机等等，甚获好评。"

至于黄当富先生的为人，从《记录册》无意中写上的一段话中也可以略知一二："黄当富于 1980 年患病，由原籍马雅多埠来雅城入医院住医，此时，每天都有亲朋好友们尤其是旅印尼的蒜岭及后屿二乡的人士往医院探视。由此看之就可知他对人平生的友爱可亲。一旦有事特别有病时都获得亲友们的探慰。"

黄当富和弟弟黄当贵、黄当喜为了让子女接受中国文化教育，从 1940 ~ 1950 年期间，陆续有 8 位子女回国就读，并在国内就业。至今仍有 5 位子女居住在中国内地。

因此，亲眼看到华侨地主、富农及其子孙的杰出表现，并从他们对家乡的巨大贡献中获益的侨村蒜岭村民，对土改以后几十年来愈演愈烈的唯成分论的荒唐可笑的体会，比起中国其他数百万个普通村庄的农民来说，应该是深刻得多。

第三节　激进的农业合作化运动

土地改革从经济上说，是"损有余而补不足"，造就了一个地权普遍均匀的小农社会；从政治上说，是摧毁了寄生的封建地主阶级，重构了中国乡村的社会权力结构，实现了穷人扬眉吐气，翻身做主人的无产阶级专政。除此之外，土地改革的另一个影响深远的政治意义还在于：①"地主阶级的消失，使得国家权力能够直接渗透到乡村当中，而这点在旧社会是从来没有过的"（Potter, Sulamith Heins and Potter, Jack M., 1990）。几千年来中国中央集权的封建统治力量止于知县，乡村社会由宗族首领、乡绅、地主所掌控。土地改革则使这种格局彻底崩溃。②完全不必凭个人的努力和土地交易，而受惠于国家组织的政治运动获得了土地所有权的贫雇农和部分中农成为国家的力量。这些新要素为中央政府将中国数百万个村落纳入政府倡导的全新的意识形态及其统一政策的强力引导之中铺平了道路。中国乡村农业合作化运动就是在这种社会环境中以迅雷不及掩耳的速度实现的。

一 农业合作化运动的历史背景和三个阶段

通过农业合作化的途径对农村的个体经济进行社会主义改造，即把农村的个体经济变成集体所有制经济，这是马克思、恩格斯、列宁的主张。恩格斯在《法德农民问题》一文中说："无产阶级在掌握国家权力之后，应当把农民的私人生产和私人占有变为合作社的生产和占有，即农民集中生产和占有。待各方面条件成熟以后，还要领导农民逐渐把合作社转变为更高级的形式"（《马克思恩格斯选集》第4卷，人民出版社，1972）。列宁也说："倘若我们照旧地坐在小经济里面，虽然是自由民坐在自由土上，但我们终究免不了遇到灭亡的危险。""必须转变到大规模经济中的公耕制度，因为不这样做……就不能解脱那种简直是绝望的情形。"（《马恩列斯毛论农民土地问题》苏南新华书店，1949）意思就是，集体农场是免除贫苦和黑暗的独一无二的方法。党中央认为，就农村来说，土改已经结束了民主革命，下一步是领导农民搞合作化，即搞社会主义革命。农业合作化运动是依据马克思列宁的理论和参照苏联的实践进行的。

在农村开展合作化运动的历史背景有两个：一是在国民经济发展方面，随着国家经济的全面恢复和发展，党中央觉察到在社会主义工业化和农业生产之间存在着日趋紧张的矛盾。要实现工业化必须迅速发展农业生产，而要发展农业生产，党中央认为唯一的出路是发展互助合作。毛泽东在农业合作化全过程中一再强调，社会主义工业化是不能离开农业合作而孤立地去进行的。如果不使农业社会主义改造的速度和社会主义工业化的速度相适应，则社会主义工业化不可能孤立地完成，势必遇到极大的困难。二是在社会政治方面，土地改革基本完成后，党中央对农村中出现的两极分化现象和资本主义自发倾向极为关注，认为必须实行合作化，逐步消灭农村中的富农经济制度和个体经济制度，使整个社会立足于公有制的基础之上，才能根绝资本主义的来源，巩固工农联盟。毛泽东告诫说，要阻止农民卖地，办法就是合作社。互助组还不能阻止农民卖地，要合作社，要大合作社才行。大合作社就可使得农民不必出租土地了，一二百户的大合作社带几户鳏寡孤独，问题就解决了。

我国的农业合作化运动大致经历了互相衔接但又相互交叠的三个阶段。即经过社会主义萌芽性质的互助组，到半社会主义性质的初级农业生产合作社，再到完全社会主义性质的高级农业生产合作社的逐步过渡的三个阶段。从新中国成立到 1953 年底，是以发展互助为主的阶段。互助组一般由三五户或十几户组成。加入互助组的农户仍然各自占有土地和其他生产资料，进行独立经营。他们只是时常进行集体劳动，共同使用耕畜和农具。进行集体劳动并有公共财产，使互助组具有社会主义萌芽的性质。

1954～1955 年，是以发展半社会主义性质的初级农业合作社为主的阶段。初级社每社一般只有二三十户，其土地、耕畜和农具仍归社员私有（条件具备的社，耕畜和主要农具也可以作价归社），由社统一使用，社里给以报酬。也就是说土地和其他生产资料的所有权和使用权分离，所有权仍为个人，但使用权转归集体。因此，初级农业合作社为半社会主义性质的组织。

1956 年我国农业社会主义改造运动进入办高级社的高潮。高级社的平均户数约为二百余户。从初级社到高级社，关键是两条，即取消土地报酬和实行耕畜、大农具归公。也就是说不仅生产经营由集体组织，而且土地和其他生产资料的所有权也全部归集体所有。这样，农村的个体经济彻底变成了集体所有制经济，从而完成了农村个体经济的社会主义改造。

二　响应号召成立互助组

1951 年 9 月 9 日，党中央召开第一次农业互助合作会议，通过了《中共中央关于农业生产互助合作的决议（草案）》，并于 12 月 15 日颁布执行。决议指出，土改后的农民中存在着发展个体经济和实行互助合作的两种积极性。中央应特别注意发挥农民的这两种积极性，一方面不能忽视和粗暴地挫伤农民个体经济的积极性，另一方面要在农民中提倡组织起来，按照自愿和互利的原则，采取典型示范逐步推广，由小到大、由少到多、由低级到高级，逐步引导农民走集体化道路。决议提出农民生产互助合作的主要形式是：简单的临时性的劳动互助，常年互助组和农业生产合作社。现阶段以发展互助为主，有重点地发展初级农业生产合作社。在政府的号召下，到 1952

年底，农业互助组就发展到 800 万个，农业生产合作社试办了 3600 多个，组织起来的农户占全国农户总数的 40%（高平平，2005）。

在蒜岭，农业劳动中家庭与家庭之间的互助历来就有。插秧、割稻、插番薯苗、种花生等农忙时节，经济条件好的家庭雇人帮忙；经济条件差点的就在亲戚之间、邻里之间互相帮助，或互借耕牛、农具是常有的事。尤其是土改以后，贫苦村民一方面分到的土地较多，劳动力需求较大，另一方面缺乏耕牛和农具，组织互助组对他们十分有利。因此，上级一号召，1953 年上半年便普遍成立了互助组。根据自愿和互利的原则，互助组的成员都是自愿组合而成的，一般是合得来的五六户、八九户合成一组，相互帮助。据了解大部分村民参加互助组的原因，主要还在于响应上级号召。但也有几户不愿参加的，原因是有的组有懒汉；有的则因为组员的土地有好有坏，地好者怕被人占了便宜。总之，蒜岭村互助组的成立并不困难，一方面是由于一部分家庭需要互助；另一方面则是因为蒜岭村民对新政府十分信任，积极响应上级的号召。据说当时互助组作为村民的互助组织，不允许富农加入（罗德里克·麦克法夸尔、费正清，1992），蒜岭村也是如此，因此，能加入互助组还带有政治上的光荣感。

三　率先完成社会主义改造的蒜岭初级社

1953 年 10 月 15 日和 11 月 4 日，毛泽东两次同农村工作部负责人谈话，强调个体农民增收有限，必须发展互助合作。农村的阵地，社会主义不去占领，资本主义就必然会去占领。互助组不能阻止农民卖地，要合作化，大合作社才行。冒进是错误的，可办的不办也是错误的。12 月 16 日，中共中央通过了《关于发展农业生产合作社的决议》，从此，农业合作社由试办阶段进入发展阶段。特别是 1954 年秋到 1955 年春，由于深入宣传过渡时期总路线和《关于发展农业生产合作社的决议》，农业合作化运动在全国普遍开展起来。

1954 年下半年，蒜岭成立了 8 个初级社，一般都是由几个互助组组合而成。分别是：爱国社、增产社、新建社、和平社、新华社、联合社、新星社、胜利社。从全国大部分农村来看，当时的初级社属于半社会主义性质组织，土地和其他生产资料仍为农民个人所有，但由于农业生产组织方式由家庭各自经营变为由集体组织经营，因此土地等生产资料将交由集体调配安排，即以合作社租用农民个人的土地等生产资料的形式交由集体使用。合作社社员除了按每个人的工作量（以工分计算）分得合作社纯收入的一部分外，他还能得到土地等财产的一定租金。政府规定租金的数额必须低于社员的劳动报酬。社员收入中来自劳动和来自土地等生产资料出租的比率各地差别很大，从大约60%的劳动收入和40%的租金收入，到80%的劳动收入和20%的租金收入不等。条件具备的初级社，耕畜和主要农具也可以作价归社（朱育和、杨洪波，1991）。但是，从当时任爱国社社长的陈振元先生介绍的情况看，蒜岭村的初级社比全国大部分村庄的初级社的做法超前一大步：不仅耕畜和主要农具作价归公，而且土地也折价归了公。入社社员的土地按质量好坏或折价为每亩6担谷子，或5担、或4担、或3担谷子归公，待合作社收成后分数年逐次归还给社员。除了土地折价归公外，每个入社劳动力必须交缴25元股金。这25元股金可以农具、耕牛、肥料、种子等折价支付。如一头耕牛根据大小壮弱，有的值三四十元，有的值五六十元。犁一副值8～10元。一般家庭都是先将农具、耕牛、肥料等拿出来抵股金，不够时再拿出种子，还不够时只好拿出现金。没有现金者只好向信用社贷款。为了表示对政府号召的积极响应，爱国社土地归入初级社的仪式特意安排在1954年10月1日，即新中国成立的国庆节举行。如果生产资料的集体所有制就是社会主义与资本主义的分水岭，那么在蒜岭村，实际上可以说1954年成立初级社时就已完成了农业的社会主义改造了，比全国绝大多数村庄提早了至少一年。土地的集体所有制替代了几千年延续下来的土地私有制。而这时，由村民代为管理、耕种的定居海外的亲属的土地也无偿地变为集体的土地。

在调查中了解到，由互助组变成初级社时，因为土地要归公，许多农民就不是很乐意了。几千年来，中国的每一个农民的目标都是尽最大的可能拥有自己的土地。而对蒜岭人来说，土地多了意味着不必背井离乡，可以在家乡过安定生活，因此怎能轻易放弃？！上级宣传说，合作社可以合理安排土地和劳动力的使用，可以提高劳动生产率从而提高大家的收入。但是农民对这些美好的描绘半信半疑；另外，上面还宣传说土地归了公，就没有了私心，可以一心一意地为集体出力，可以真心实意地走社会主义道路。这使得入不入社与政治态度挂上了钩。但是，最终迫使村民迅速加入初级社的力量还主要来自于对粮食征购的畏惧。据多数被调查者介绍，当时全国粮食已实行统购统销，对于不愿入社的家庭，上级部门会提高征购的粮食数额，从而使单干的家庭无法生活。例如正常亩产如果是 100 公斤，那么就会把每亩征购的粮食定为 120 公斤，使得那些不愿入社的村民连统购都完不成，更别说留有口粮。如果收成好，亩产更多的话，上级部门可以用同样的办法，提高征购粮的数量。当时粮食市场已经取消，即使有钱也买不着口粮。这样一来，许多农民迫于粮食征购的压力就都加入了初级社。笔者在陈某家的族谱上看到这样的记载："1954 年国家实行粮食统购统销政策，家里所有粮食均被统购，颗粒不留，这时家里生活处于极度困苦中。"村民们也给笔者讲了这样一个故事：一个嫁到江兜村的陈姓妇女，代管着蒜岭娘家在海外定居的三个弟弟的 8 亩地。这 8 亩地中 3 亩是海田种单季，4 亩是旱地，只有 1 亩是双季水田，收不到多少地租，但上面要她一年完成十几担统购粮，因此，她当场失声痛哭说，地不要了。初级社时蒜岭村的土地就归了公，但至今没有让村民上交土改时发放的土地证，村民说："交不交都一样，国家要农民集体化，就得集体化。"

据罗德里克·麦克法夸尔和费正清的调查，由于在土改中富农的生产资料大部分得以保存，加入初级社可以使他们的财产让土改中虽分得土地但耕牛、大农具等其他生产资料依然很少的贫雇农分享，因此，原先被排斥在互助组之外的富农这时则被强迫加入农业生产合作社。蒜岭的情况也大同小异，当时的政策是不管成分多高都得加入一个集体。工作队让贫农杨亚连和贫农积极分子陈文龙等把成分高的和成分低的家庭组织在一起成立初级社。正好古街这一片贫农、雇农和富裕中农多，还有陈金瑞和黄娘鼻两户富农也住在这里。开始时富裕的家庭不愿意入社。富裕中农陈某说："情愿把肥料浇在石头上，也不给公家。"结果被抓去批斗。这些富裕家庭最终都加入了初级社。杨亚连任增产初级社的社长。该社土地很多，水田接近 200 亩，旱地也有 200 余亩，而且土质肥沃，附近又有一个昆仑底小水库；另外，农具齐全，耕牛有十三四头，为了不浪费饲养耕牛的劳动力，还变卖了几头体力差的老牛和牛犊。增产初级社一方面水土资源好，另一方面领导好，大家也肯干，年亩产稻谷 800 余斤。与陈振元领导的爱国社并列，居于蒜岭 8 个初级社的前茅。

四 两个行政村规模的高级农业合作社

1955 年 10 月 4～11 日中共央召开了七届六中全会，通过了《关于农业合作化问题的决议》。会议把党内在合作化速度上的不同意见当作右倾机会主义进行了批判。毛泽东把这场速度之争，说成是路线之争，是"反资产阶级、反富农反抗的阶级斗争"。这次全会进一步助长了合作化运动中急躁冒进情绪。会后，农业合作化运动在全国范围加速发展，1956 年 1 月，在初级社刚刚建立尚未站稳脚跟的情况下，全国掀起了办高级社的热潮。

1955 年下半年蒜岭村就率先进入高级社阶段，初级社只成立了一年就撤销了。原来的 8 个初级社，即爱国社、增产社、新建社、和平社、新华社、联合社、新星社、胜利社联合起来成立了八一高级合作社。但八一高级合作社牌还没挂起，1956 年就又与新厝、棉亭、双屿、界下等 8 个村合并在一起成立了新厝高级农业合作社。新厝高级农业合作社中的棉亭与东楼讲的是福清方言，蒜岭、后屿、新厝、坂顶、岭边与界下讲的是莆田方言，[1] 管理十分不便。不过，该高级社运行了不到一年，在 1957 年下半年又拆开，分为四个高级社：东楼称"东升高级农业合作社"；棉亭称"棉亭高级农业合作社"；双屿与界下合称"南星高级农业合作社"；蒜岭与后屿、新厝、坂顶、岭边合称"五星高级农业合作社"。上级宣传成立高级社的理由是：初级社是小集体，高级社是大集体，集体越大越优越，即援引了毛泽东的看法。由于初级社时蒜岭的土地就已经归公，所以成立高级社便只需一道命令就完成了。高级农业生产合作社的基本特征是土地等生产资料归集体公有，统一经营，按个人投入的劳动进行分配。因此，初级社时土地折价的款项才归还了10%，剩下的便不了了之了。高级社的建立，标志着农业社会主义改造的完

---

① 此两种方言差异甚大，难以沟通。

成，至此，蒜岭传统的土地所有制在政府的政策强制中，从家庭所有制变成了相当于 20 世纪 80 年代家庭承包制后的两个行政村规模的集体所有制。

第四节　人民公社时期的土地所有权规模变化

1958 年兴起的人民公社化运动是"大跃进"的产物。从政府政策来看，人民公社经历了两个时期。初期阶段为 1958 年秋到 1961 年春。这一时期是"大跃进"和追求"一大二公"的举国狂热时期，高指标、浮夸风、"共产风"泛滥，国家的社会经济生活陷入了严重混乱状态，导致了 1959～1960年国民经济的严重困难。由此，政府总结了经验教训，缩小了人民公社的规模，即降低了土地所有制的级别，确定了三级所有（社、队、小队），队（当时指大队后实际上变为小队）为基础的管理体制，这一体制一直延续到了 1983 年联产承包责任制的确立为止。

1958 年 8 月 29 日，在北戴河召开的中央政治局扩大会议通过了《中共中央关于在农村建立人民公社问题的决议》，决议宣布："人民公社是建成社会主义和逐步向共产主义过渡的最好的组织形式，它将发展成为未来共产主义社会的基层单位。""共产主义在我国的实现，已经不是什么遥远将来的事情了。"这样，一个大办人民公社的全民运动在全国农村普遍开展起来，并迅速达到了高潮。当年 10 月蒜岭村所在的五星高级合作社成为渔溪人民公社的一个生产大队，叫新厝生产大队。

毛泽东把人民公社的特点概括为"一大二公"。一大就是规模大，全国平均 28.5 个合作社变成一个公社。有的甚至一个县并成一个大公社（高平平，2005）。蒜岭所在的渔溪人民公社相当于现在的四个镇，即由江阴镇、上迳镇、渔溪镇和新厝镇组成。二公就是公有化程度高。人民公社建立之初，实行单一的公社所有制。把原来数十个贫富不同、条件各异的合作社合到一起财产全部上缴公社，由公社统一核算、统一分配。为了保证公有化程度，蒜岭在成立初级社时分的人均 3 厘自留地全部归公社所有，家庭副业被取消。各家各户饲养的鸡鸭强制由供销社收购，家庭饲养的猪收归集体饲养。在 1956 年全国办高级社的热潮中，蒜岭村的最大宗的副业——龙眼树也曾归了公，但是，由于一般只有老中农才有龙眼树，他们认为这样做对他们不公平，于是翌年龙眼树又归还给了他们。但是，好景不长，1958 年成立人民公社时，龙眼树终于还是无偿归公了。这样，土地所有制的规模从高级社时的相当于现在两个行政村的范围一下子升级到了相当于现在的四个镇的规模。

人民公社成立后刮起了一股"共产风"。其主要表现为穷富拉平，无偿调拨，即"一平二调"。引起了广大农民的很大恐慌。另外，"大跃进"滋长了追求高指标、浮夸风和瞎指挥。违反客观规律的高指标、瞎指挥、盲目蛮干和"一平二调"不但使村民的劳动积极性受到打击，而且造成了人力、物力、财力的巨大浪费和破坏，导致农业生产直线下降。村民告诉笔者一些当时的极端例子，例如小麦通常一亩地播 20 来斤种子，但是，上面要求密植，在第 4 生产队的 8 分地里播下了 320 斤种子。幸好后来上面又传达下来说，这样做不行，急忙把过磷酸钾撒下去，使大部分种子烂掉，才得以挽救。为了让夏收前来估产的上级领导看到丰收景象，上面要求将五亩地的单季稻拔起，集中到一亩地里，将 3 亩地的番薯拔起并到一亩地里。当时大队会议已开过，准备动手之时，幸好上面传来指示："这不对，不要做了"才免遭损失。

村民对当时全民大炼钢铁造成的损失也仍记忆犹新。人民公社成立之时，正逢全国掀起了全民大炼钢铁的热潮，蒜岭村也被卷入大炼钢铁的漩涡，村里盖起了 2 座高炉，十余座小高炉，楼板拆下来做风箱。家里的锅、农具砸了炼铁，窗户的铁栏杆拆了炼铁，还到江阴海边洗铁砂炼铁。整个村庄除龙眼树外，其他树都被砍来烧炭炼铁。还抽调了 30 余名青壮年到大田砍树烧炭炼铁。村民至今仍惋惜地告诉笔者："村中原有几百棵蜡子树，是解放前蒜岭人获得现金的副业之一，也都被砍光了，很可惜！"。当时的口号是"三年不种作物，炼铁是压倒一切的中心任务的中心任务！一切都要服从炼铁，集中力量炼钢铁！""要用铁水淹死美国佬！"村民描述了当时蒜岭炼钢铁的情景：土法上马的高炉流不出铁来，就拆了重砌，再炼，终于流出铁来了，大家欢呼雀跃。可是一会儿又不流了，又要拆，因此，大家戏称这是炼"乌龟铁"，爬不出来。炼钢铁的蒜岭人也和全国各地一样折腾了数个月，此时正值秋收秋种，青壮年劳动力，甚至中学生也全部投入炼铁，田里的活只有老人和妇女做，晚稻烂在水田里，旱地里的番薯没人收，小麦无人种……甚至据说，隔壁棉亭村村民将田里的稻子割了挑回来，支部书记叱责说，炼铁期间不准收稻子，命令村民将挑回的稻子重新挑到田里。

在"一大二公"的狂热中，公社宣称对村民生活实行"十六包"：包剃头、包穿衣、包治病、包子女念书、包吃饭、包生老病死，等等。但真正付诸实施的是办起了公共食堂，宣称"放开肚皮吃饱饭"。1958 年下半年开始吃食堂，为了办食堂，大队干部到各家各户强行拆除炉灶。一座大房子只留一个灶烧开水和给生病不能起床的老人做饭。为了盖食堂、做风箱等，村民准备盖房的木头也被迫无偿捐出。各家各户把饭桌搬到食堂里使用。蒜岭小学后面"大厝里"的 7 户人家被迫到其他人家里居住，5 个生产队的群众在"大厝里"用餐。被迫搬走的村民不敢说什么，接纳他们的房东们更不敢说什么，因为有怨言就会被认为是觉悟不高，就有可能被批斗。后来，由于一个食堂实在容不下 5 个生产队的社员，便又在杭下前办了一个食堂。北头岭办了两个食堂，也有 5 个生产队在那里用餐。最初吃饭不限量，吃饭的锣一敲，村民们丢下手里的活就往食堂赶，走得慢的说不定就没饭吃。并且，浪费严重，比如本来只吃一碗的，他就盛一碗半，吃不完的就倒掉。后来改为用勺限量盛饭。但是，食堂前后只持续了几个月，因为粮食已经几乎没有了，1959 年 6 月、7 月就办不下去，解散了。因饥饿引起的水肿病开始蔓延。

从 1960 年夏开始，党中央和毛泽东意识到农村形势的严峻性，对 3 年"大跃进"运动进行了反思。同年 11 月 3 日中央下发了《关于农村人民公社当前政策问题的紧急指示信》和《中央关于贯彻执行"紧急指示信"的指示》，明确提出要建立"三级所有、队为基础"的集体经济制度。文件指出："三级所有，队为基础，是现阶段人民公社的根本制度。"这里所讲的"队"指生产大队。文件还指出："劳力、土地、耕畜、农具必须坚决实行'四固定'，固定给生产小队使用，并且登记造册，任何人不得随便调用，小队与小队之间组织劳力协作的时候，必须自愿两利，等价交换，为了便于机耕，需要调整插花地的时候，也必须使小队与小队之间互不吃亏。"这就是说，土地、劳力、耕畜、农具的所有权属于大队，但生产小队拥有使用权。

该文件还规定："允许社员经营少量的自留地。凡是已经把自留地全部收回的，应该拨出适当的土地分给社员，作为自留地。"自留地"一般不要超过当地每人平均占有土地的百分之五"。

1961年5月蒜岭所在的渔溪人民公社分割成4个人民公社，蒜岭属于新厝人民公社，并且蒜岭所在的新厝生产大队也被拆散，蒜岭村独自成为新厝人民公社下属的一个生产大队。也就是说，人民公社和生产大队的规模都缩小了，生产大队的规模退回到初期成立的高级社的规模，蒜岭生产大队实际上就是高级社初期成立的八一高级合作社，即现在的一个行政村的规模。蒜岭大队按居住地划分组成了10个生产队，一个生产队大约大包干100多亩水田，旱地90多亩。各个生产队土地和人口不尽相同，因此各个生产队按人口分给各家各户的自留地也不尽相同，人均3～5厘的自留地。1959年以后由于吃不饱，还没有自留地，农民自己偷偷开荒。刚开始上面不允许，因为影响集体劳力，后来才放开了。但是，1962年中共八届十中全会后，在"左"的阶级斗争理论指导下，农村开展了社会主义教育运动，即"四清运动"，割资本主义尾巴，开荒地上种着的私人的芋头、青菜等被强行拔掉，收归生产队所有。结果一部分边边角角、零零星星的开荒地因牛也无法耕种，抛荒在那里。不久，又将这些零星开荒地按人均2～3厘分给个人作为菜地。因此，后来蒜岭村民既有自留地又有菜地。自留地是好地，可用牛耕种，菜地是零星的开荒地，小得只能用锄头耕种。

中共中央"1960年的调整①包括了截然不同的两种内容。其一是维系人民公社的制度框架，但作出大幅度的政策修补，如收缩人民公社的规模并确立生产队为基础的所有制，约束上级行政官僚无偿平调下级和农民的财产（批判共产风），解散公共食堂，改善工分制和生产队的内部管理。其二是承认农民家庭经营在集体经济中的地位（自留地、自留畜和家庭副业），开放城乡自由市场，允许包产到户甚至分田单干。这两组长期方向完全不同的调

---

① 即中央下发的《关于农村人民公社当前政策问题的紧急指示信》和《中央关于贯彻执行"紧急指示信"的指示》中，对前阶段规定的人民公社的规模、生产资料的公社一级所有、公社统一核算、统一分配否定任何家庭经营、否定城乡市场等"一大二公"、"一平二调"的制度政策进行的修改。

整政策，表明国家不得不在农村经济政策上全面退却。但是，国家在收益曲线突然大幅度下降的压力下作出的退却是短暂的。等到农业总产出恢复到原来水平（1964～1965年），许多见效的政策都被当作权宜之计而弃之不用。短期的总收益下滑并没有根本动摇原有制度安排的保护结构，人民公社作为国家控制的农村经济组织在制度上仍然得以保留和延续"（周其仁，1994）。1962年9月7日中共八届十中全会通过了《农村人民公社工作条例（修正草案）》（简称"农业六十条"），它是在《紧急指示信》的基础上制定出来的。其突出特点就是对人民公社的每一个层级的权利与义务都作了非常详细的规定，以避免出现"大跃进"那样的偏离。"农业六十条"出台以后一直到1983年联产承包责任制之前，我国农村基本是按照"农业六十条"来行事的。不过，正如周其仁所言，后来，包括包产到户在内的一些制度措施因遭到批判而未能得以推广实施。蒜岭村人民公社制度的实施基本上也是如此。

总之，20世纪50年代开始的农村合作化运动和人民公社化实际上都体现为国家设计、决策、控制、实施的自上而下的一系列政府决策的推行过程，广大农村被纳入强制性制度变迁的轨道。西方有些学者也指出，1955年之后，中国放弃了当初既定的渐进式社会主义改造的路线，出现了非自愿的"动员式集体主义"（mobilizational collectivisim），由国家力量强制农民走集体主义的发展道路（Selden，Mark.，1988）。因此，我们看到蒜岭村的命运完全掌握在国家手中。

第五节　改革开放时期的"家庭承包制"

一　中国农民的伟大创造——"家庭承包制"

中国改革的突破口在农村，而农村改革的突破口是实行家庭承包制。家庭承包经营没有改变土地的集体所有制性质，只是改变了土地经营方式，由原来高度集中的统一经营改成以家庭为单位的分户经营。家庭承包制也可以理解为，把土地的使用权从集体所有制中分离出来归于农户，即集体仍掌握着土地所有权，但把生产和分配职能交给家庭。这一变革给中国农村带来了巨大变化，成为土地改革以来中国农村土地制度最深刻的一次变迁。

家庭承包制起源于农民的自发行为，从全国情况看它经历了三个发展阶段，一是实行包工到组、包产到组的生产责任制；二是实行包产到户的生产责任制；三是实行包干到户，即现在的家庭承包制。

包工到组是指生产队按作业组完成的定额工作计算报酬，超产奖励，减产受罚。包产到组是生产队按作业组承包的产量计算报酬，超产奖励，减产受罚。1979 年 9 月，党的十一届四中全会通过的《中共中央关于加快农业发展若干问题的决定》在强调进一步扩大生产队自主权的基础上，肯定了包工到组和包产到组的合法性。

包产到户的生产责任制指生产队保留统一计划和统一分配，农户按照产量承包合约生产，完成任务后，包产部分上缴生产队，由生产队按指标计算工分，统一分配。超过承包产量的部分，由集体予以分成奖励。1979 年 9 月，党的十一届四中全会通过的《中共中央关于加快农业发展若干问题的决定》对包产到户仍持反对态度，但对某些从事副业生产的特殊需要和边远山区交通不便的单家独户给予了"许可证"。1980 年 9 月，中央印发的《关于进一步加强和完善农业生产责任制的几个问题》的通知中，把包产到户的许可范围扩展到边远山区和贫困地区，包产到户虽只得到部分肯定，但却很快在全国范围内得到推广。

包干到户是由农户承包集体土地，条件是完成按土地常年产量应当负担的向国家的上缴和集体的提留以后，产品完全归自己所有，即所谓"交够国家的，留足集体的，剩下都是自己的"。比起以上两种责任制它不仅能大大调动农民的生产积极性，而且节约了集体对承包产量和超额产量的计量和监督费用，对国家、集体和个人都有利。1982 年 1 月，中共中央批转的《全国农村工作会议纪要》肯定了包括包产到户、包干到户在内的各种生产责任制都是社会主义集体经济的责任制。从此，发展包干到户走上"快车道"。1983 年 1 月，中共中央在《当前农村经济政策若干问题》中把包干到户正式命名为"家庭联产承包责任制"。其实，由于采取"交够国家的，留足集体的，剩下都是自己的"的分配方式，到包干到户时，生产责任制已经不再"联产"。1998 年，十五届三中全会通过的《中共中央关于农业和农村工作若干重大问题的决定》正式取消"联产"和"责任"这两个词，从此，我国农业的基本经济制度更名为"家庭承包制"。

1978年后我国的土地制度变迁，与改革开放前的强制性制度供给不同，是以底层农民对潜在的获利机会的积极追求为主因，推动政府决策者给予合法化，从而实现制度化的一场诱致性变迁。

二 蒜岭也开始"闯红灯"

人民公社时期，社员在统一的安排下劳动，个人的劳动所得是按劳动工分分配，这种生产组织形式和分配方式因对其成员劳动监督的困难和计量的不完全，从而导致对社员努力的激励不足，窝工现象严重，致使农业生产发展缓慢，农民生活的改善基本处于停滞状态。搞集体制的时期，蒜岭人的生产积极性很低，催开工的时候，大家你看我，我看你，如果在聚集出工的地方没有人，那么谁也不会带头出工。在地里干活也不出力，"你休息我也休息，你去玩我也去玩"，"特别是妇女，一上厕所就是一大帮，去了迟迟不回"。"收工的哨声一响，大家扔下了手里的活跑得一个比一个快"。所以蒜岭当时有这样一句顺口溜："出工1（dou）、2（le）、3（mi），慢悠悠；收工打火机，一收就完。"生产大队和生产队采取了种种措施，也无法扭转这种状态。

1977年，公社派到村里的包片干部陈玉坤（他本身也是蒜岭人）在报纸上看到一则介绍某地实行小组包干生产很有成效的报道，建议大队长和会计到该地去学习学习。可是，两人在火车途中就听说，不行了，该做法已在报纸上被批判了，认为这是搞单干，走回头路，只好，中途返回。但是，在陈玉坤的支持下，有的生产队还是实行了"分组三包一奖建制"。具体做法是，把一个生产队分成三个或四个小组，一组10个人左右，包土地、包产量、包工分，完成任务，剩下的全奖，完不成任务，不足的全赔。分组三包一奖建制实施以后，社员的劳动积极性大大提高，当年的产量就提高了30%左右。原先有两个生产队在上半年的时候还担心"枪打出头鸟"比较犹豫，后来看到确有成效，也开始模仿。

另外，第1、第2、第4、第9生产队长期以来人际关系不是很融洽，在"分"就是资本主义，"合"就是社会主义的观念下，大家既然被拢在一起，也只好硬着头皮在一起干活，因此常常发生纠纷。看到一些生产队已实行包组联产，便提出拆队要求。于是这几个生产队陆续拆成两个生产队。第9生产队拆成第9队和第11队；第1生产队拆成第1队和第12队；第4生产队拆成第4队和第13队；第2生产队拆成第2队和第14队。这样，原来只有10个生产队的蒜岭大队从20世纪70年代末开始变成了拥有14个生产队的大队。

新中国成立前蒜岭有约3000株龙眼树，人民公社后成为集体的财产，由一些老年人组成的专业队管理。由于国家长期重视粮食生产，对种龙眼这桩省工、省肥，害虫少，最适合蒜岭地气的副业不重视，所以一直没有扩种，也没进行品种改良。甚至也不施肥，只是看到开花了，才去管理（修剪枝条），不长花就任其自生自灭。并且集体管理常常被偷，成为集体的累赘。1977年在陈玉坤的提议下，全部龙眼树作为社员的自留果分给了各家各户。村民告诉笔者："凡是公家的东西都不好管，自己的东西都好管"，分给村民后，龙眼树得到了精心的照护。

然而，陈玉坤在蒜岭村的一系列创新做法不但没有得到鼓励与表扬，反而受到了上级的批评。当时的省委书记在开完十一届三中全会以后还在大会上批评了陈玉坤的做法，福清县也批评了他，还放出话说要进行批斗。

陈玉坤在蒜岭还做了一件大好事，这就是推动村民种植甘蔗。1977年，陈玉坤从报纸上得知甘蔗的产量很高，并且可以替代粮食统购。蒜岭的征购任务繁重，年年完成了统购，口粮就不够吃了。于是他带人到各地参观，学习甘蔗种植技术，回到村里向村民宣传，并在大队成立了甘蔗专业队，帮助生产队推动甘蔗种植。于是，全村开始种植甘蔗。以往，靠近山坡的旱地都是种花生、黄豆，产量低，价格也低。因此，陈玉坤提议改变以前的土地种植模式，在靠近山坡的地方种甘蔗。甘蔗亩产可达6~8吨，一吨甘蔗的价格在当时相当于200斤左右的粮食。作为奖励，糖厂还会赠送给大队平价的肥料、糖、稻谷票。这样一来，收成的甘蔗抵粮抵统购还有余，旱地的甘蔗完成了统购任务，平坦的水田就可以腾出来生产口粮了。肥料、糖票用不完，还可以出售，增加收入。而且，甘蔗的叶子可以当柴烧。以前大队为了看护林木，防止有人上山砍柴，要专门派几个社员当护林员在山上巡逻，现在则不要了。可以说种甘蔗是一举多得。

不过，甘蔗的种植很费工，3 月份种下去，5 月份施肥，甘蔗需要大量肥料，尤其是磷肥。6 月、7 月份是甘蔗的生长期需要水，甘蔗地没有灌溉设施，要用抽水机抽水浇灌。甘蔗还很容易生虫，因此，根据甘蔗专业队的测报需要经常打农药。另外，在生长期间还要剥去下方的叶子予以培土，即把甘蔗周围的土堆高，6 月小培土、7 月中培土、8 月高培土、9 月实培土，要培到膝盖以上的高度，否则甘蔗会倒掉。这样到了 11 月份才可以砍甘蔗。甘蔗种植初始全部由集体经营，但因其种植管理麻烦，集体经营弊端很多，收成不理想。为此，5 队的生产队长陈通凤首先提出把甘蔗分给个人管理，这种想法在当时是冒犯上级规定的，遭到很多人批评，说他破坏集体，搞个人主义，但也有一部分人表示赞同。1980 年 5 队率先把甘蔗分给了个人去种植，结果行之有效，亩产最多可以达到 9 吨。后来各个生产队纷纷效仿，最后全大队的甘蔗都分到家家户户，个人负责种植、管理，大队派技术员指导，并由大队负责销售，实行"三代"即"代收"、"代运"、"代结账"。

1979 年福清县在渔溪镇办起了糖厂，这为蒜岭的种蔗业提供了更大的商机。村民通过自筹资金，开始更大规模地种植甘蔗，村里几乎所有旱地都种上了甘蔗，为了提高土地利用率改善生活，还开发了洋葱套种甘蔗、黄豆套种甘蔗等技术。另外，因为蒜岭甘蔗产量高，含糖高，蔗苗好，福清县各地都到蒜岭买蔗苗，所得的收入由生产队负责以现金或糖的形式奖励村民，村民的生活大有改善。可以说，"包干到户"使蒜岭的甘蔗种植获得了巨大成功。

因为种植甘蔗成效突出，1982 年全省甘蔗会议在蒜岭召开。实行家庭承包制以后，蒜岭人也继续种植甘

种植甘蔗喜获成功

蔗，但是遗憾的是 1997 年在渔溪的清华糖厂倒闭，甘蔗没有了销路，蒜岭村从此再没有人种植甘蔗了。

三 分生产队集体的"家产"

家庭承包制时，蒜岭全村有耕地 1225 亩左右，人口 1671 人，[①] 平均每个人口约可分到田地 7 分。不过，"分地单干"是由各个生产队各自进行的。有的生产队在 1980 年冬，种小麦时就分了一部分地了。正式分地是 1981 年 12 月晚稻和番薯收完后各个生产队同时进行。各生产队根据本队水田、旱地的总面积和想要土地的人口，算出人均可得土地的面积进行分配。因此，各个生产队的人均土地面积并不相同，但基本都在 6~8 分之间。

首先，在分地人口方面，各个生产队的表现各不一样。笔者以为从历史来看，农民谁不想多要土地，但是，调查中才知道，由于税收是按照分地者的人头来分摊的，不要土地就可以不必缴税。而当时蒜岭各个生产队年人均税收虽不一样，但都已人均高达一百数十余元。一些人考虑到税收太高，想放弃土地。如第 8 生产队第一次分土地时税收已达到人均 130 余元。当时人口虽有 193 人，但仅 186 人要求分土地。在 1985 年重分土地时，人口已增加到 200 余人，但仍只有 186 人分土地。实际上，当时有地的 186 人中又有人不想要土地了，但是，大家不允许这些人退出，因为少一个人分地，这个人的税收就必须分摊到其他分地者的头上，分地者的税收就更重了。第 1 生产队有近 90 人，但只有 78 人要求分地。不要土地的人主要是一些有其他收入、家庭经济好的家庭，或子孙在外面工作，家里只有不能劳动的老人的家庭，分了地种不了还要缴税，当然不想要。总之，不要土地的本质原因主要在于高税收制约了农民拥有土地的欲望。不过，也有的生产队对土地看得较重，尤其是最后一次分地，考虑到政府宣布 30 年不变，所以有些人要求替将来要娶进的媳妇，要出生的子孙也留下份额。第 6 生产队只有约 120 人，但却分了 148 人份的地。第 7 生产队在第一轮分地时有 171 人，分了 171 份土地，没有人不要地。当时的人均税收是 152 元。1995 年第二轮分地时，因

---

① 根据蒜岭村委提供的户籍本统计。

自然死亡、出嫁、赴香港定居等实际人口是 182 人，但却分了 195 份土地；第 10 生产队据说是全大队最看重土地的生产队，最后一次分地时，出现了 170 多人分 220 份地的情况。

其次，在分地次数方面，各个生产队的情况也各不一样。有些队按照国家规定，数年分一次土地，1985 年时是按国家的 15 年不变再分土地，2000 年时是按 30 年不变最后一次分土地。而有的生产队如第 1 生产队在与社员磋商后，决定一次性分完永久固定。当时，这一决定遭到大队的非议，认为必须按规定不断重分，不能在合同中写入"固定"二字。但是，事实证明社员的"一次性分完永久固定"在防止使用土地上的短期行为等方面有它的合理性。智慧来自于农民的实践。

再次，在土地划分范围和方式方面，各个生产队也不一样。有的生产队只分集体土地；有的生产队将各家各户的自留地也合并进来重分；有的生产队所分土地在下次重分时，全部变动；有的生产队大部分土地分后固定，只留下一块流动田用作今后重分时变动。靠近村庄的田称为上洋地，土质好，并且排灌方便。在离 324 国道较远的东面的田地叫下洋地，排水较差；旱地则按能否得到水库灌溉分为好坏两种。因此，每家每户的土地至少分布在 4 处。

最后，是分生产队的财产。生产队的农具、水车、板车、拖拉机，及不动产的仓库、晒谷场等估价后，由社员抽签购买。卖得的款项分给社员。耕牛则数家分一头合养使用。

这样，一场和 30 年前初级社时过程相似，但方向相反的经济制度变迁完成了。初级社时全国的情况是土地所有权归个人，使用权归集体；而这次则土地所有权归集体，使用权归个人。2007 年 11 月，笔者在村中进行补充调查时询问一位生产队长："分田时大家认为好不好？"他不假思索地回答："太好了！"并诙谐地补充道："分田时，100 个人中有 100 多个人说好"，他凭着一个老生产队长的经验说："做公家比作私人会差半天，做私人比作公家会快一倍，至少快一倍。"这一评价正好与曹锦清他们在浙北乡村用各种数据计算出来的集体生产时全年产生 50% 以上的窝工量（曹锦清、张乐天、陈中亚，2001）不谋而合。蒜岭的实践确实也证明了这一点。村民说："公社时期插秧时，大队下命令：'这一段要集中力量搞好插秧，大家不能出门'，并且工作队下乡检查等，头尾 20 天才插完；但承包以后，（全村）头尾只八九天就插完了。"

四　家庭承包制带来的问题

废除人民公社实行家庭承包制，赋予农户相对独立的自主经营权利，释放了被集体制长期压抑的生产力，农业生产出现了前所未有的高速增长，农业经济结构得以改善，农村经济结构也发生了翻天覆地的变化。但是，在农村令人振奋的变化中，也显露出某些制度供给不足的弊端。

由于各个家庭的生命周期不同，对土地的需求和应对能力也不同，按人口均分土地，造成有的家庭劳力剩余不够种，有的家庭土地过多无法种。土地承包后的头几年，有人把土地给劳力多的人家耕种，一年一亩获得 100～150 斤谷子，回到了新中国成立前蒜岭的通常做法。后来，有的因缺乏劳力把土地抛荒了，结果镇里出台了抛荒罚款的制度来惩罚这些家庭。家庭承包制实施三四年后，包括蒜岭人在内越来越多的新厝人继承祖先"走番"的传统，一批批走出国门到海外闯荡，抛荒现象越发严重起来。结果，镇政府加大了惩罚力度，每亩罚款 500～800 元。为了避免罚款，村民不得不以每亩 200 元的价格雇人种地。出现了地主不要一分收获，倒贴 200 元雇工费，还要自缴农业税的史无前例的怪现象。

家庭承包制后，蒜岭村的一部分土地盖了新房，一部分土地被华侨和村民私人所购买，一部分土地承包给天生林艺有限公司，一部分土地被国家征用来建高速公路、铁路，一部分土地被镇政府征用来建工业小区。至 2007 年 11 月 16 日止，蒜岭村水田只剩下 370 亩（包括承包给天生林艺有限公司的 20 亩），旱地剩下 203 亩。这看起来是好事，可以解决土地抛荒的问题，但是，2007 年底笔者到村中进行补充调查时，人们正在为镇政府征地之事议论纷纷。一部分人同意征地，一部分人不同意征地。已经在外工作的人、在海外务工的人、有钱的人、无劳动力的人同意征地；靠田地生活的人、有点劳动力的人希望至少能种点口粮，"手中有粮，心里不慌"，不同意征地。年轻人不想种田，要么到工厂打工，要么出国务工，同意征地；45 岁左右到

60 岁出头的人还能劳动不同意征地;儿子在海外的人说:"我老头也做不了地了,卖掉卖掉!"但儿子虽然也在打零工,或在工厂工作没种田、却住在村里的人就担心没了地,万一儿子没了工作怎么生活,有田地总有一个后路保障,"但存方寸土,留予子孙耕",所以不同意征地。另外还有一部分人认为地可以征,但镇政府给的价格太低,应该高一点才行,"现在一担谷子200 元,一亩地只征 2.6 万元,够吃多久?!"他们认为镇政府是在做贱买贵卖的生意,低价买来,将来招商引资时高价出售。据一些村民估计,不想卖地的大约只占15%。但据另一些村民认为,包括认为地价太低的人在内,有70% ~ 80% 的人不同意征地。笔者询问了家里无子女在外工作,全家靠农业收入生活的林某户对土地出售的看法,她说:"征地的钱不想拿,还是自己干活更好。我们不希望卖地,孩子没有文化,只能培养种田。"村民黄某对笔者说:"蒜岭现在是泡沫经济,是出国务工造成的,家乡根本没有收入,这是假繁荣。外国经济如果发展不好了,怎么办?! 所以,我反对卖地。若干年后,社会还会变化,以后我们吃什么?! 断了子孙的路,要成为蒜岭的千古罪人。土地出租可以,但不能出卖!"但是,据几家不肯出售土地的村民说,他们的耕地已被上级派来的推土机推来的土给围住了,他们必须爬过高高的土堆才能进到田里作业。村长告诉笔者,别的村庄也有这种情况,但最终还是被镇政府说服同意出售了。看来,土地所有权是集体的,村民最终还是要服从政府的决定。

第五章　农业生产与经济
结构变迁

第三章已经提到，蒜岭是个人地矛盾突出的村庄，数百年来，自给自足的小农经济迫使人们将几乎所有土地用来种植人类生存的最基本的物资——粮食。因此，农业生产以种植粮食作物为主。不过，由于新中国成立前经营权掌握在各家各户手中，因此，根据各家各户的土地拥有情况，农业经营结构略有不同。到了人民公社时期，在"以粮为纲"的国家政策的强制下，粮食种植成为"一边倒"的产业。20 世纪 70 年代中期以后，随着国家政策的放宽，市场的逐步开放，蒜岭才开始根据市场需求变换农业生产结构。改革开放和家庭承包制实施以后，蒜岭的经济结构更加多元化。

第一节　新中国成立初的自给自足的小农经济

一　以粮为主兼营龙眼等的种植业

数百年前蒜岭坐山面海，西面是山，东面是海。村庄周围的山边地开垦为良田，山下的海围垦成水田。随着海田的世代耕种，靠山部分的土质渐渐好起来，而后垦的海田，即离村远的东面的田因种植历史短，土质较差，排水也困难。除了向海要田外，蒜岭人也不断向山要田，但是，由于蒜岭没有河流，只有靠山溪和雨水灌溉，所以，有水的地方可以开辟成水田，而无水的地方只能辟为旱地。蒜岭属亚热带气候，如果土肥水足可以三熟，但是，蒜岭大部分地方土质贫瘠，水量不足，而有的地方又排水不畅，因此新中国成立前大片海田只能种一季，一部分田地种两季，少部分土地种3季。由于土地少，粮食贵于蔬菜，并且是人的第一需要，所以，蒜岭人尽量多种粮食，而少种蔬菜。

新开垦的海田种单季稻。通常是谷雨播种，芒种至夏至期间插秧。秧插20天后耙草一次，霜降前收割。这是白米单季稻。如果是种红米的话，到霜降后才收割。收割后，下雨时翻土、晒地，第二年再种。种白米，用发酵后的黄豆当肥料；种红米则不施肥，雨水多时收成好，亩产可有五六百斤。遇到干旱①，地晒裂了、白了，就颗粒无收了。海田没有灌溉条件，所以只能听天由命。

可种两季的水田一般种植早晚稻。可种3季的水田收割了晚稻后，再冬种小麦、大麦、蚕豆、油菜或洋葱等。一般春分前浸种，8~10天后下种育秧，三四月时犁田、整地，谷雨后立夏前插秧，立夏至芒种间中耕耙草，小暑后大暑前割稻。这是早稻。另一方面，芒种时在别的地里播种。早稻割完后在立秋前插晚稻秧（有的地方立秋后插），20天后中耕耙草，"立冬满园空"，即单、双季稻立冬前均收割完毕了。这时如种3季的话，就种大小麦、蚕豆等，第二年清明前收割。风调雨顺时，早稻亩产约500斤左右。而晚稻的生长期间正是蒜岭旱灾易发的季节，同时气温高虫害多，新中国成立前还没有使用农药，因此，产量比早稻低得多，一般亩产350斤左右。

以上是水田的种植情况。旱地（也称园地）只能种两季。清明前种黄豆或花生。黄豆公历6月收，花生7月收。收后种番薯，种黄豆的地比种花生的地早一个月插番薯苗。所以，9月收番薯，而种花生的地是10月收番薯，收后就等第二年再种。风调雨顺时，番薯片（干的）亩产500斤以上。由于大部分村民是自耕农，农忙时，一些家庭忙不过来会雇一些外乡人来帮忙。蒜岭虽属福清县管辖，但讲的却是莆田话，所以雇工一般找莆田一带的人。

农作物的基肥一般使用自家的牛羊粪、垃圾、花生渣，购买东北运来的

---

① 蒜岭主要的自然灾害是旱灾。按村民的说法，十年七八旱。

豆渣，以及将蚕豆秆翻埋到土里作肥料。土质不好的地种"番仔绿"或"草豆"①翻埋土中，代替家用肥。水稻种得多的人家，稻秆的一部分当柴烧，一部分和土壤一起烧后成为肥料。也有的人家去海边割海树做肥料。新中国成立前，蒜岭人种黄豆也主要是用来当肥料，每年仅留下三五十斤做豆酱配饭、三五斤过年磨豆腐②和少量出售。单季稻田在插秧 20 余天后，每亩撒下三五十斤黄豆，黄豆会在水中涨成一分硬币大小，慢慢溶成肥料。种双季稻的田在插晚稻秧的 5 至 8 天前撒黄豆。旱地也用黄豆当肥料，这时要把黄豆蒸熟后撒到地里。新中国成立前，蒜岭人听说过洋肥（肥田粉），但说是用了就不能停，一直要用下去，所以人们不敢使用。

蒜岭人最大宗的副业是经营龙眼。蒜岭的龙眼是莆田品种，学名为乌龙岭，因为地理位置、日照以及土壤（红土地）的关系，这里的龙眼特别甜，口感很好。除了外地人外，本村人多多少少都有祖宗留下的龙眼树。种得多的家庭一年可收三四十担，而收十多担的家庭较普遍。1949 年新中国成立时，全村共有 3000 株龙眼树。在蒜岭人看来，龙眼种植与粮食种植不矛盾。它不需要平坦肥沃的土地，在什么地方都能生长，因此，蒜岭人在无法耕种的荒地上种植龙眼树；龙眼树不需浇灌，正好适合蒜岭缺水的环境；种龙眼省工，因它只长有一种虫害，平时不需要什么管理，一年只需要在树下除数次草；种龙眼省肥，一年只需施 3 次猪粪或花生渣等有机肥。第一次是在采摘后上肥，即 8 月③底 9 月初的处暑前后。第二次在春节前后，第三次在打龙眼④之后，即 6 月份。种龙眼最费工的要算打龙眼了。在大约 10 月份的时候，要修剪枝条。即把一个枝干上的数个分支剪掉 30% ~40%。不过具体要看该树生长的情况。长得好的、肥料足的、树叶大而厚的树就可以多留些枝条，如果肥料不足的就要少留些。除了 10 月份以外，当年 5 月开花后、6 月果实结出后也需要修剪枝条，因为果实太密太多会长得太小。种一棵龙眼树，要 7 至 10 年后才结果，但是一旦结果，价格不菲，新中国成立前一担

---

① "番仔绿"和"草豆"都是一种可作绿肥的草本植物。
② 如遇结婚办喜事，需留几十斤做豆腐。
③ 本文月份前如无注明"农历"就是指公历。
④ 为了让龙眼结的果实大些，就要剪掉一部分果枝，以保证留下的果实的养分。

鲜龙眼的价格相当于两三担谷子的价格。

龙眼的收成要看气候。一般3月份气温低的话较好，温度保持在20℃以下最好。这样花开得较多，结的果也较多；如果气温过高就会只长芽而不开花。通常处暑后就可以收成了。但如果当年雨水少，果实长得比较小，成熟也会晚。龙眼鲜吃，8月下旬处暑一过就可以采摘；焙干，白露前后采摘可以多焙重量，一担鲜果约焙33斤桂圆干。龙眼除了自己吃外，一般焙成龙眼干后运到福州出售。福州的商人再将其运到上海、宁波、东北等地出售，龙眼干一般在农历10月上市。

过去，偷龙眼是要罚演戏的，所以一般人不敢随便偷摘。而村民一般先摘离家远的，后摘离家近的，龙眼成熟后，村民每天早晚也会去巡视两次，以防龙眼被盗。

除了龙眼之外，水果方面蒜岭过去还有桃、李子、葡萄、香蕉、菠萝、橄榄、杨桃、杨梅、柚子、白枣、番石榴等，但这些一般较少，多半是送亲戚和自己吃，多了才出售。经济林方面，过去在武当别院的溪旁种有许多蜡子树，收下蜡子卖钱，也是蒜岭许多家庭的收入之一。但是，在"公社化"① 吃大锅饭时，这些树均被砍了拿到食堂当柴烧了。

二　牛、猪为主的养殖业

新中国成立前，蒜岭全村约饲养有上百头耕牛。一般有10亩左右土地的人家都会养牛。如果只有两三亩地的话，就借牛耕地，以后用人工偿还。蒜岭村养一头牛的家庭较普遍，有的是两三户合用一头耕牛，轮流喂养。少数家庭甚至养两三头牛，养母牛、公牛生小牛犊出售，但这种家庭不多。全村平均每户约有半头牛。

新中国成立前蒜岭家家户户都养猪，因为农业的副产品可以当猪饲料。养一头猪的家庭较普遍。番薯种得多的家庭养两三头猪。养猪的目的在于年底时出售获取现金，而不是留着自己吃。

村中也有养羊的人家，有三五户，一户养1至3只羊。也有个别家庭养

---

① 指1958～1960年刮"共产风"期间。

十多只的。养羊主要是为了出售，一般由老年人喂养。由于养羊常容易糟蹋别人家的庄稼，所以村民一般反对养羊。

一般的家庭每年都会养二十多只鸡鸭。主要是用于过年过节、妇女坐月子、华侨回来、招待客人等自家使用，出售的人不多。禽蛋也主要是给孩子吃。

蒜岭附近没有集市，村民出售农产品要挑到南边离村9公里的桥尾、11公里的江口，或向北挑到离村11公里的渔溪出售。

第二节　集体化时期的蒜岭经济

林毅夫认为：人民公社时期"生产队体制的不成功，不是由于它的社会主义性质，而是由于对劳动监督的困难"（1995）。以工分数来评价一个人的劳动付出，不仅忽视了农业劳动的多样性，也忽视了人与人之间各方面能力、体力、态度等的差异，结果，按劳分配变成为干多干少一个样，严重抑制了农民的劳动积极性，导致农民的消极怠工现象。每个社员关心的只是自己挣取的工分，却不在意集体的投入与产出效益。尽管大队或者各个生产队在具体操作过程中，想方设法做了某些修正，但仍不能从根本上提高社员的积极性使生产得到发展。

一　集体化的贡献

集体经营体制对于日常劳动监督有困难，成本高，效率低。但对进行大规模的农田基本建设、高科技推广等方面却有它方便之处。数百年来都没能解决的水利灌溉系统、土壤改良与土地平整、农业机械化、品种改良、植树造林等却在人民公社时期得以实现。

兴建水库和水利灌溉设施。福清境内溪流短促，水资源极为贫乏，被称为"十年九旱"，农民"靠天吃饭"。新中国成立以前只有依靠村民自己开挖的一些水沟、池塘，以备小旱时小面积灌溉。小小的蒜岭村在集体化之前，有一两分大小的蓄水池塘100多个。村民使用木制水车从这些坑坑洼洼的池塘里车水浇灌田地。1957年11月从建设大型的东张水库开始，福清全县范围内掀起兴建水库的高潮。公社根据各个大队的土地面积，按照比例分配名额抽调社员参加水库建设。"参加水库建设的农民还必须是政治上没问题的，有问题的人想去也没有资格去"。

1956 年蒜岭村抽调 30 余人到江阴建里喀底水库，同年也派人到上迳建虎喀底水库。1957 年蒜岭又抽调了 60 余人去福清龙江建设东张大型水库。1958 年抽调了 60 人去江兜建了后喀底水库。1959 年抽调 30 余人到江阴建古山底水库。1966 年抽调 60 余人去莆田建东方红中型水库。1976 年抽调约 40 人去渔溪镇建新中型水库，1978 还派人去棉亭建溪口亭水库。这些水库一建就是数月或数年。建水库的农民必须自带口粮。一个人一天挖土或运土两土方的任务完成了的话，公社才补贴给他半斤大米，如果没有完成，则扣补贴粮。任务完成与否是按一个个小组来评定的，因此，为避免拖小组的后腿，患病者也不得不勉强出工。建设水库的报酬一天为 10 个工分，记在各自生产队的账上，年底由生产队支付。因此，村民说："生产队是吃亏的。"蒜岭前后共参加了 8 个水库的建设，除了建设东方红水库时部队派来了挖土机、汽车帮忙外，其他水库建设全靠农民的一双手。当年担任蒜岭大队共青团支部书记的陈玉凤感慨万千地说："在那个困难时期，能建成那么多工程，凭的就是群众对命令的服从，一是一，二是二，命令下来要干什么，说走就要走，不去就是不走总路线，就要被批斗。那时候的工作真是很艰苦，一台机器都没有，一切都只能靠手工，那些工程就是人们用双手一点一点建起来的。说起来要不是那时候的高度服从，怎么调动得了那么多人，怎么能做得成那么多的大工程?!"

在组织兴修水利，建造水库的同时，社员劳力还十分频繁地被调派到各地参加与本地无关，甚至与农业无关的劳动。如 1954 年蒜岭被抽调了至少 50 人到渔溪填埋河塘治理血吸虫。1955 年 40 余位蒜岭社员被调派去建设福清龙田机场一年多。1956 年抽调 100 余人围垦海滩 1 个多月。1957 年抽调 20 余人去建设崇安机场 5 个月，以及 1958 年派人去建设鹰厦铁路等。对于这些劳务有的由国家支付报酬；有的国家补贴一点伙食费，他们的报酬则以工分的形式记在生产队的账上，成为生产队的负担；更多的是纯粹的义务劳动，没有任何报酬。福清龙田机场建好后，没有使用，据说是由于离台湾太近不好用。

实行家庭承包制以后，由于国家减少了农业投资，更重要的是由于领导思想上一度放松了水利和农田的基本建设，没有建立在新体制下如何管理维修和新建水利工程和设施的形式，因此，这些年来，不仅没有增加多少新的水利工程，原有的水利工程也老化、失修，有的甚至被毁坏了，灌溉面积不仅没有增加，反而减少了。蒜岭人也在埋怨，新中国成立前蒜岭利用山上的自然水，棉亭7分，蒜岭3分，虽然遇旱不免不够，但一般情况下总还是应付得了的。新中国成立后，自然水调给其他村使用，蒜岭人参与了8个水库的建设，仅得到使用东方红一个水库的使用权，而且它从南向北流经莆田和新厝13个生产大队，蒜岭是最后一个用到水的。结果20世纪90年代开始常常无水，比过去用自然水更困难。镇水利站王站长也承认，这与水渠老旧失修，渗透厉害有关。

改良土壤扩大复种指数。蒜岭的土地海田较多，土壤贫瘠，大部分海田种单季稻。但是，实行人民公社化以后上级强调要克服各种困难扩大复种指数。因此，必须改良土壤。那时候，早晚稻都是高秆品种，所以，稻子收割后，就组织社员在田里烧稻草覆盖田土，以及施猪粪、牛粪等来改良土壤。这样一来，以往的农闲变成了农忙，年复一年的土壤改良使农田的土质渐渐肥沃起来。另外，1959年开始使用化肥。蒜岭是侨村，外汇较多，所以国家对化肥曾给予特别供应，1969年（或是1970年）每亩供应60斤化肥。社员还不熟悉化肥的使用方法，氮肥下得太多，结果稻秧长不起来，后急忙用过磷酸钙中和，才挽救了过来。在公社的强制下，虽然有的地方第3季收成很差，如下洋的田地容易积水，春天遇下雨或多雾，麦子就会死掉，就没有收成。所以农民不愿种第3季。但上面强调："不管有收没收都要种3季"。因此大部分水田都变成了3季种植。并且有了水库后，少部分旱地也改成为水田。这是过去个体经营难以想象的。

平整土地。1964年，政府号召"农业学大寨"，掀起了改造自然进行农田基本建设的高潮。蒜岭原来耕地很零散，于是就把原来各家各户零散的土地平整成一块块约有3亩大小的大片田地，最大的一块有5亩。这不仅节省了田埂占地，扩大了耕地面积，也为农田灌溉和农业机械化创造了条件。如

第四章所述，爱国爱乡侨胞黄当富于 1972 年赠送给第 8 生产队一部拖拉机和一台打谷机，使该队成为全公社最早实现了耕地和收获部分机械化的生产队。黄当富还出资在蒜岭自然村厝后园敷设一条管道，安装了水泵，使厝后园 100 多亩地由于从东方红水库引水得到浇灌，解决了第 5、6、7、8 四个生产队在后厝园的土地灌溉问题。1975 年，旅印尼侨胞陈子兴也捐赠了上海 45 型大型拖拉机一部及其附属机件如拖斗、犁具等给蒜岭生产大队，同时还为大队建了一座拖拉机库。1977 年，陈子兴又先后赠送东风牌 12 匹马力手扶拖拉机 13 部及其附属机件如拖斗、犁具等给蒜岭生产大队，使蒜岭生产大队的机耕面积不断扩大，成为新厝人民公社中最早实现机耕的生产大队。为了方便拖拉机的维修等，陈子兴还在蒜岭村捐建了蒜岭侨兴农械厂。可以说，蒜岭村在新厝公社率先部分实现农业机械化得益于土地平整和海外侨胞的援助。

植树造林。从 1962 年开始公社组织村民年年上山植树造林，种植松柏、木麻黄、相思树等。1966 年，大队从各个生产队抽调 40 人到溪头亭种杉树（这里过去从未种过杉树）造林。由于都是义务劳动，没有报酬，大家做得马虎，造林的后期管理差，成活率低。公社林场也年年抽调各大队劳力去植树。村民开玩笑说："年年造林，年年不见林。"1971 年，福建省林业厅又以飞机播种造林。在多年坚持下终于有了成效，使在 1958 年大炼钢铁和因办公共食堂而砍光的玉屏山慢慢开始恢复了植被。

改良品种，普及杂优稻。1976 年公社要求水稻品种改为杂优稻。种杂优稻 1 亩只需 1.5 斤种子，而老品种 1 亩需 30～35 斤种子，育卷秧也要 20 斤种子。杂优稻插秧一束仅 1 棵或 2 棵，老品种插秧一束七八棵，因此，社员不相信杂优稻会比老品种高产。后经过试种，社员亲眼看到杂优稻的确高产，才开始把晚季水稻改为种杂优稻。老品种水稻插 1 棵，就只会长 1 棵，不会分蘖，而杂优稻 1 棵会分蘖成两三棵，再分蘖成五六棵、再分蘖成十二三棵。因此，杂优稻不仅节省种子，而且 1 亩最高可以收成 11～12 担。虽然生长期间，杂优稻要比老品种多施三分之一肥料，可是产量要比老品种高出至少 200～300 斤。但因为高秆老品种的早稻插下后只需 75 天就可以收成，而杂优稻需 110 天，比老品种迟一个多月。农民认为早季也种杂优稻，在杂优稻还没收割时,就会遇到台风、暴雨,造成损失,而且,因迟一个月收割,会影响晚稻插秧,因此,只有晚季改种杂优稻。不过,虽然仅一季改种杂优稻也使水稻亩产大大增加。部分缓解了村民的口粮不足的问题。

1957 年,高级社时还派遣蒜岭村民一百多人与新厝一起围海造田,干了至少一个多月,但结果围垦的田地全部归新厝所有;1972 年,公社要建造盐场,整个公社的所有大队都入了股,调派了劳动力去义务建设,但是,头几年还能分到一些盐,后来就没有了。现在盐场已出卖,但是,各个大队均没得到出售款;公社还曾调派各个大队的劳动力用两三年的时间建羊场,耗掉很多劳动力,也没有得到分红,直到 2005 年蒜岭一个生产队才分到 1.5 万元钱。但这笔钱还没拿到手就被村委截住,拿去建垃圾坑和垃圾焚烧场了。

二 拥有生产和分配自主权的初级社

从 1954 年下半年至 1955 年下半年蒜岭成立了 8 个初级社。蒜岭的初级社虽然土地和农具等已作价归初级社,但是,生产经营是自主的,分配方面除了公粮和统购外,也是自主的。只要领导认真、公平,社员肯干,加上风调雨顺,效益还是不错的。贫农杨亚连当年是增产初级社的社长,他向笔者介绍了该社的生产情况。1954 年杨亚连和贫农积极分子陈文龙在工作队的指示下,将集中居住在古街附近的多家富裕中农、两家富农与多为外地人的贫雇农联合成立了增产初级社。由于富裕中农和富农土地多,农具齐全,正好以其长处弥补了外地人的贫雇农土地少、缺乏农具的短处。当时,增产社有40 多个劳动力,400 多亩地,其中水稻田近 200 亩,旱地 200 多亩,富裕中农的土地很肥沃,田地附近还有一个昆仑底小型水库。在社长杨亚连和积极分子陈文龙的领导下,大家十分团结肯干。初级社时,种什么作物是自己决定的,每天应干些什么农活,由社里的村民们共同合计,然后分派给各个劳动力去完成。当时以牛粪作肥料,数量太少不够用,因此那年早稻收成较低,亩产只有 300~400 斤,早、晚稻合计亩产 800 多斤。该初级社谷子需统购 100 多担,番薯片 100 多担,黄豆、花生各统购 20 多担。谷子统购不够的话,可把大麦、小麦凑进去。扣除了统购任务、种子及其他生产费用外,剩余的就分给大家。社员分为 4 类分口粮:劳动力者、16 岁以上的无劳动力者、7～16 岁的人、7 岁以下的孩子。产量的 5%～10% 按工分的多少先分给劳动力者。一个劳动力可得早稻 200 多斤，晚稻 100 斤，番薯片 200 斤，大麦小麦 30 斤；无劳动力者可得早稻 150 斤，晚稻 100 斤，番薯片 150 斤，大麦小麦 20 斤。剩余的黄豆和花生每人分 10 斤，最后，剩余的产品再由初级社拿到市场出售。杨亚连说："如果遇上好年景收入还是颇多的。"但是很快，初级社又合并成立了高级社。

三　高管理成本低效率的集体生产组织形式

高级社和贯彻《农业六十条》以后的人民公社时期的生产大队与初级社的本质不同在于高级社事实上是县、乡之下的一级行政兼生产组织，人民公社的生产大队也是人民公社这一政社合一组织之下的行政兼生产组织，因此高级社和贯彻《农业六十条》以后的人民公社时期的生产大队的生产组织形式雷同，生产队执行高级社或生产大队制定的生产计划，没有生产自主权和分配自主权。正如当年蒜岭大队的老会计林金凤所说："蒜岭从高级社开始一直到实行家庭承包制前为止，都是二级分配。生产大队（以及高级社）对生产队是'三包一定'，三包是包产量、包工分、包成本；一定是定谷子、番薯、黄豆、花生的种植面积。收成后，产量超过的部分取出 30% 奖励该生产队；产量没完成的话，缺口的 20% 进行赔偿。"生产队长没有初级社社长所拥有的生产和分配的自主权。只是彻头彻尾的高级社或生产大队下达的生产计划的执行者和完成任务的生产组织者而已。为此，笔者不再介绍蒜岭高级社时期的生产组织状况，仅粗略介绍贯彻《农业六十条》以后的人民公社时期的生产组织形式中的一些特点。

1. 累得不得了的生产队长

郑亚炳，1952 年生，于 1976 年 24 岁时任第 8 生产队队长，到 1981 年分田单干时为止，共当了 5 年的生产队队长。他回忆说："这 5 年时间累得不得了。每天早上天一亮四点多就起来。""农忙时，有时候两三点起床。插秧期间，早上一般三四点就到处叫人去拔秧，然后，吃完早饭到地里插秧。晚上一般七八点才能收工。""那时候劳动很艰苦，一天至少要干 8 个小时，并且晚上经常开会，叫做'大会三六九，小会天天有'。劳动的时候要求很严格,是不能随便请假的。农历二月春分时种黄豆或花生,水稻下种育秧。农历三、四月时一般是犁田、整田、插早稻。秧插完了,又长出草来了,又要耙草,之后收黄豆,插番薯苗,割早稻。割了稻子又要再插二季稻。之后拔花生(花生收成要比黄豆晚20多天)。只见天天都要忙,整天在田里,生产队的活多得干不完,大家都不卖力,农活拖的时间很长,村民没有任何劳动积极性,干不出结果。一年中只有端午节和中秋节那两个月相对较闲,还有春节休息一天,其余时间都很忙。一般农历五月和八月还要到山上割草当柴烧。可一年忙下来,扣去口粮,每个人也只能分到一点钱。"

当时种的农作物都是由国家统一收购,统购统销。国家收购价是:100斤谷子、黄豆、番薯片按等级均在7~9元之间,100斤花生在12~13元之间。第8生产队①有水田、旱地共155亩,其中水田70亩左右,正常情况下一亩田夏季稻(早稻)收300~400斤,秋季稻收500~600斤(杂优稻),整个8队180人,生产队一年需征的公粮和统购任务是:

谷子和番薯片共200担,加上交爱国粮60担,总计260担。

黄豆20担,不够时,1担黄豆可用1.5担谷子或番薯片代替。

花生22担,不够时,1担花生可用2担谷子或番薯片代替。

由于黄豆和花生经常不够交,因此,一年合计交谷子或番薯片334担。"生产队的本意是早稻少统购些,留下一部分等晚季征购番薯片。这样大家可以少吃些番薯片。但是上级政府却希望早季就完成征购,那时候人们听话,先完成统购会得到上级表扬。统购不到位,生产队长天天晚上开会时被公社下来包片的干部责骂。"

一个生产队一年的收入要先扣去公粮、统购粮、种子、肥料、水利费、农药等各种开支,剩下的再除以生产队劳动力的总工分数。然后将每个劳动力一年所得的工分数乘以每工分可以得到的钱。当时,一个全劳动力一年一般挣1300工分。一个工分只有八九分钱,或1角钱,因此,一年也只有一百来块钱。其中还要扣去一年的口粮钱,剩下的才是最后农民拿到手的。就亚炳本人来说,当生产队长每年补贴200工分,折成钱也就是十几块钱。

---

① 在当时按人口算第8队与第3队是蒜岭最大的生产队。

"那时光靠赚工分连饭都吃不饱，而且有的家里孩子多，劳动力少的生活就更困难了。那时基本上生活只能要求饿不死。"

公社时期，通常16岁以上的成年人一年的口粮约450斤，其中包括谷子、大麦小麦和番薯片。最低时约350斤。由于那个时代几乎没有其他副食品，所以450斤口粮根本不够吃。"当时上级的要求是'先统购，二种子，三口粮，'即最后才考虑口粮，所以统购和留下种子后，经常平均不论大人小孩最高的年份每人一季只分得120～140斤谷子，最低的年份，每人一季只分得60斤谷子。1973年快收成时，稻穗都被害虫咬断了，全村几乎绝收。但照样要交公粮，要统购。针对这种情况国家有发救济粮，但救济的都是番薯片，而且只有没有收入的家庭，或成年人多，小孩少的家庭才给予救济。整个大队总共才救济十几担，分到生产队只有不到一担多。因此，只有五六户家庭得到救济，一户只有几十斤。但救济粮也还是不够吃，要到桥尾自由市场去买粮食吃。""公社时期，人们吃番薯片都吃怕了，差不多吃一顿米粥，就要吃3顿番薯片。"回忆起公社时期的事，亚炳时不时叹气说："那时当农民真苦！每天从鸡叫做到鬼叫。"笔者能想象到这位勤劳、朴实的生产队长当年的辛苦。最后，他换了轻松的口气说："分田地太好了！单干了，有时间挣钱，有工打（亚炳会泥水工）。经济好了，盖房多了，在村里打工机会也多了。现在给自己干，田也少，山上的梯田都改成种龙眼了，所以不怎么忙了"。

2. 伤脑筋的记工员

人民公社时期生产以生产队为单位集体进行，以工分的形式体现社员的劳动付出，并以个人工分的多少，决定个人分红的多少，即"按劳取酬"。这原本与初级社时的生产管理大同小异，但是，生产管理层次和分配层次的增加，模糊了社员直接的劳动投入与最终分配之间的关系，社员工分数越多，相对于他人获得的分红就越多，从而使社员产生了一种错觉：忘记了分红的多寡最关键的在于劳动的最终产值的高低。产值越高，一个工分的工分值就越高，那么同样的工分数就可以得到更多的款额，如果产值低的话，工分数即使很多，但每个工分的值小了，即使工分数不少，也不可能得到更多的款额。这就好比分蛋糕，蛋糕越大，即使切的块数一样，获得的蛋糕量就越多。要想分得多，首先蛋糕要大，如果蛋糕本身很小，切的块数很多又有什么用呢？但是，社员往往看不到整体，只看到自己的工分是否比别人多。这一错觉使社员格外在意自己获得的工分数，而不在意大家投入到劳动生产中的实实在在的数量和质量，即影响了社员的劳动生产积极性。

由于从形式上看，个人是通过工分获得分配，工分多，分配也多，因此社员个个都要为自己挣工分数，记工员也要对每个人的工分特别认真，一不小心就可能发生争执或纠纷。为了让每个人都能接受生产队给他评定的工分数，生产队不得不制定"严密"的评工分的标准和规则。这里笔者之所以把"严密"二字加上引号，是因为人的技能、体力、态度千差万别，农业劳动的种类千种万种，不像工厂的生产那么单纯划一，用工分实际上是不可能严密地体现一个人的付出的。蒜岭各个生产队评工分的标准与规则不同，但大体上把一个成年男劳动力称为全劳力，全劳力劳动一天通常最多只能得到8个工分；成年妇女劳动一天通常比成年男性少1个工分，即只有7个工分。不过，有的生产队如第8生产队则坚持男女平等同工同酬，成年妇女劳动一天也与成年男性一样，得8个工分；年轻人刚参加劳动是半个劳动力，劳动一天通常只能得到4~5个工分，干了一两年后，增加为6~7个工分。从这里我们可以看到，一个人干一天活的基本工分实际上是以年龄，或性别来决定的，很难体现人与人之间的劳动态度、熟练程度等差异。另外，由于农业总收入低，1个工分值只有约几分至1角，依靠工分的稍许差异起不了什么奖惩作用。在一天只有8分的区间中也很难对不同的劳动表现进行严密区分。结果，一方面变成"干多干少都一样"，另一方面，人人又对工分"分分计较"。正因为如此，每到算工分的晚上生产队都吵得不可开交。

在一般劳动中，社员的工分是按上述每个人的基本工分计算的，但是，在一些特别辛苦、特别需要技术的劳动中，又要另外设计一套评定的标准，不然，就可能出现干累活时不出工，干轻活时争着出工的问题。所以，像犁田、耙田、插秧的工分计算又需要有另外的标准。犁田、耙田是重活，而且需要一定技术，因此，干1小时可得1.2~1.4个工分。由于它是技术活，一个生产队也就那么十来个人能够胜任。而插秧不但在农业劳动中最辛苦，要技术，而且还需抓紧农时，要求社员起早摸黑地劳作，因此，插秧时节一个全劳力劳动一天最多有可能得到十五六个工分。为了不误农时，就必须调动社员的劳动积极性，要调动社员的劳动积极性，就必须拿出能够体现多劳多得"按劳取酬"的评工分的标准。第 8 生产队的队长郑亚炳和当年的会计介绍了该队不分男女插秧评工分的 7 级标准。

一级：插得最快最好。一般只评出一两个人，一天比别人可多得约 2 个工分；

二级：插得快但插得一般。一般只评出三四个人；

三级：插得快但不太直。一般只评出五六个人；

四级：插得不太快不太直；

五级：（已经无法用语言来区分了），多数人被评为四五级，队长和会计一般也只评到四五级；

六级：（也无法用语言来区分了）评出的人也少；

七级：是拔秧、送秧的杂工。

即使规定出这么详细的评分标准，为了把插秧工作搞好，还要考虑评级的时机。太早给社员评级，担心大家会互相看来看去，比来比去，不肯干活反倒把插秧工作给搞砸了；太迟评分，又起不了调动大家积极性的作用。结果，该队是把评级的时间安排在插了三天秧后进行。评完之后就一直沿用到这一季结束。等到下一季农活开始后，如需要的话又开始根据新农活的特点重新评级。这样安排是否有效？有多大的效力？谁也说不清。

为了评工分，记工员每天带着时钟出工，迟到的要扣工分。一般情况迟到 1 小时扣七八厘，插秧时节迟到一小时扣 1 个工分。第 8 队对工分数控制得相当紧，因此据说工分值在全大队中是最高的。尽管如此，人民公社时期，第 8 队工分值最低时 1 个工分只有 7 分钱，一个全劳力一天也只挣 0.56 元钱；最高时 1 个工分也只不过一角一二分钱，一个全劳力一天只挣 0.88～0.96 元钱；通常第 8 队 1 个工分值在 9 分至 1 角之间。有的生产队工分数量控制得不够紧的，有时 1 个工分值两三分。由于 1 个工分的价值太低，少几个工分，多几个工分对大家来说刺激并不大，因此以扣工分来调动社员的生产积极性作用很有限。

3. 忙坏了的生产队会计

原第 8 队会计黄某说："公社时的生产队会计比现在的企业财务总监还

要忙"。听了公社时期的生产队会计的介绍,的确感到,一个生产队的账目比一个企业还要多,还要繁杂。我们也来看看几个例子。

分番薯给社员作口粮就是一件十分麻烦的事。种在有水灌溉的地里的番薯和种在旱地里的番薯的折成谷子的比例就不同。前者水分多,一般四五斤合1斤谷子;后者水分少,一般三四斤合1斤谷子。

地里挖出来的小番薯,因为小,不能做番薯干,就要折算成谷子分给社员当口粮。小番薯又有不同的折算比例,一般是6斤合1斤谷子。

用于统购的番薯干晒好后,要剔除其中的番薯头和小片的番薯干,将其分给社员当口粮。这时又是以二三斤合1斤谷子来换算……总之,仅分番薯口粮就这么复杂。

再如向社员借生产用具时,要将其价值换算成工分进行登记,到年终结算时一并支付。如向张三借了一挑粪桶,用了多少小时,应记多少工分?向李四借了一个簸箕,用了多少小时,应记多少工分?都要有一定标准,不能随意登记。随意登记的话,到时社员发现有差错,就会认为你不公平。严重时整个家族出来闹,怎么受得了。

"庄稼一枝花,全靠肥当家",人民公社时期,尤其是20世纪70年代以后,虽然已经大量使用化肥,但人粪尿和家畜家禽的粪便仍是宝贵的不可或缺的有机肥。牛是公家饲养的,牛粪是公家的。但是,人粪尿和猪粪、鸡鸭粪则来自各家各户。生产队根据质量定价购买,先记账,等到年终结算时付款。

由于集体的生产搞不好,损失由大家一起分担,而自留地的生产如搞不好可是百分之百自己受损失,因此,人民公社时期自留地和集体土地争肥是必然的。为此,蒜岭曾批斗过几个不肯拿出自家肥料的落后分子。富裕中农陈某就是其中之一,他不把家里的粪肥拿到集体去,藏在偏僻的地方浇自留地,被人看见告发后,工作组把他抓出来批判。

蒜岭的猪是放养的,猪粪、鸡鸭粪质量容易辨别,一般分成两个等级,论担收购。而人粪尿容易掺入水分,不容易分辨质量的好坏。不过,生产队也有自己的办法,用波美度计插入人粪尿中,质量好的人粪尿度数高,质量差的人粪尿度数低,通常度数达到10度时,粪浓质量好,度数越低质量越差，因此，价格越低。笔者不禁想到：生产队要使出"十八般武艺"，处处提防并识破社员对集体生产的叛逆行为，集体生产的确很难搞得好。

4."大队，它是它的政策，我们做我们的"

1960年11月3日中央下发了《关于农村人民公社当前政策问题的紧急指示信》和《中央关于贯彻执行"紧急指示信"的指示》，明确提出要建立"三级所有、队为基础"的集体经济制度。这里的"队为基础"指的是生产大队。但是，在集体化的20余年间，尤其是到了20世纪70年代，集体经营的种种弊端严重阻碍了生产的发展，生产队不得不悄悄采取各种对策，修正来自上面的政策，使集体生产在一定程度上得以延续。

名存实亡的二级分配。上面已经提到，"蒜岭从高级社开始一直到实行家庭承包制前为止，都是二级分配"。大队受制于国家通过公社下达给大队的统购、征销任务，来确定各个生产队谷子、番薯、黄豆、花生的种植面积。并根据农业生产的传统习惯和经验确定各个生产队每年耕种这些面积的作物需要花费的成本量、需要安排的工分总数和必须完成的产量。收成后，产量超过的部分取出30%奖励该生产队；产量没完成的话，按缺口的20%进行赔偿。从这里可以看到，生产队既没有生产的自主权，也没有产品的分配权。生产大队（以及高级社）领导生产队，生产队仅仅是大队下达的生产计划的执行者和完成任务的生产组织者而已。生产队根据大队的规定，按社员完成多少任务，可以得多少工分，以这些工作的工分总数给今天参加干这个工作的社员按劳动力强弱评分。农作物收成后，大队根据产量处理完各个生产队的奖赔后，从总产值中扣除统购、公粮、公积金、公益金、办公费、参军补贴、肥料、种子等成本（原先定好的）等，剩下的纯收入除以全大队的总工分（亦即原先定好的）得出大队这一级一个工分的价值。把它乘以各生产队的既定工分数，就是各生产队的总收入。而各生产队再从这一总收入中，扣除自己实际所消耗的成本。最后，根据自己实际的工分总数算出生产队这一级的工分值。通常每年春分，即小麦收成后统计一次，农历6月早稻、黄豆、花生收成后统计一次，年底结算一次。结算结果向社员代表大会宣布，看看有没有遗漏，社员代表大会通过后执行。乍一看二级分配十分合理可行，但仔细琢磨，就可以看出它存在着漏洞，即制度化冲突。当生产队超产时，谁愿意将超额部分的70%上缴给大队呢？相反，当生产队没达到大队所规定的产量时，只需赔偿缺口的20%，这倒是对生产队有利的。因此，生产队完全可能采取这样的做法来应对这一制度。即当超产时，它可能隐瞒超产产值，偷偷地把超产部分分给社员；而当生产队没达到大队规定的产量时，它向大队多报缺口，以便达到少赔偿（上缴）的目的。在笔者向生产队会计了解"二级分配"时，他们的回答是，实际上二级分配并没有实施，[①]"大队它是它的政策，我们做我们的"，"少收成就少分，多收成也不上缴，就多分"，也就是说，《六十条》以后的人民公社时期，"三级所有、队为基础"的"队"在实际操作过程中，变成为生产队，而不是生产大队。生产队利用了"二级分配"的"制度化冲突"，进行"制度化逃避"（吴方桐，1998），使奖惩制度无法实施。

利用统购与市场差价增加生产队收入，解决生产队经费。生产队还利用国家统购的谷子价格低，市场上谷子价格高的情况，偷偷向市场出售谷子以保证生产队开销。国家统购的谷子按等级一担只卖7～9元，而市场上一担谷子却可卖约20元，高出了将近2倍。为了增加收入解决生产队各种开销的资金问题，许多生产队在留存种子时，一般比需要留存的种子数量（第8队需要留存共约100担种子）多留30%～50%，然后与粮贩子挂钩，把这多留下的谷子卖高价，将获得的现金用来购买化肥等生产队所需物品。

按工分分口粮，以提高社员劳动积极性。20世纪70年代中期第8队有33个劳动力但每天出工只有20来人，因为一个劳动力干一天只有8个工分，1个工分才七八分或1角，家庭有工资收入的，有海外关系的人，有其他手艺的人就不积极出工，尤其是冬天天气冷或下雨天等出工的人就更少。为了提高社员参加集体劳动的积极性，生产队采取了先按工分分口粮，然后再按人口分口粮的做法，以便使工分多的人可以得到更多的口粮。其做法是：收成的粮食完成了统购任务和留足了种子后，取出15%除以生产队的工分总数，得到每个工分的可分粮食数量，然后乘以每个劳力所得工分数，就得出

每个劳动力应该获得的工分粮的数量。按工分分完口粮后，余下的85%的粮食才用来按7岁及以下、8～16岁、17岁及以上的三个等级给所有人口分口粮。这样，工分多的人自然口粮就分得多了。

交副业金允许外出打工。公社时期，劳动力不能外出必须在家种地，即使农闲（几乎没有什么农闲之时）时出去打工搞副业也是走资本主义道路，要挨批评。"特别是1958～1962年抓得很紧，没有人搞副业，一个人都不能出去，在路上看到，都被抓回来种田"。20世纪70年代中期以后，生产队允许经批准后外出做工。在外面做工，一天收入1元或1.2元，生产队要抽取1角钱，有的生产队甚至要抽取3角钱。没有经过生产队批准而外出做工者要罚款30～40元，你不拿出来，就没有口粮，因此，大家都不敢乱跑。

5．"文化大革命"中的一场虚惊

"文化大革命"时，福清县分为两大派，"529"又称为"老区"或"好字派"；"829"又称为"革联总"或"糟字派"。蒜岭成立了红卫兵，村民绝大部分都是"糟字派"的。蒜岭的大部分村民实际上对两派之间的矛盾斗争也闹不清，只知道上面通知干什么就去干什么。基本上没有什么激烈的行动。

"文化大革命"初期，公社社长林金凯、书记林飞彪、公社办公室主任王先述、武装部部长黄主凤等作为"走资派"曾被挂牌，拉到各个生产大队游斗，因此，也曾被拉到蒜岭游斗过一次。当时村里的地、富、反、坏四类分子也被拉去陪斗。

1967年下半年，"好字派"与"糟字派"两派武斗吃紧时，福清县委的"糟字派"在县城待不下去了。因为蒜岭村民绝大部分都是"糟字派"，所以曾搬迁到蒜岭小学避难，在蒜岭待了有半年之久。

蒜岭村民曾在县"糟字派"总部的指挥下，派二三十人两次到江口的上后村某部队营地抢过两次枪。也曾在总部的指挥下。派出20余人到渔溪声援过武斗。

"文化大革命"期间，福清县一会儿是"糟字派"占上风，"糟字派"掌权，一会儿又是"好字派"占上风，"好字派"掌权。1969年，蒜岭成立了革命核心小组，办起了"一打三反学习班"有约百余人被关进学习班进行审查。当时的大队长陈开荣被叫去关在学习班交代有没有经济问题，跟的是哪条线；地、富、反、坏四类分子，甚至连其家属也被关进学习班，要他们交代有没有剥削，有没有什么反革命罪行等；搞过投机倒把的人被关进学习班交代自己的罪行；家庭社会关系复杂的人、较常发牢骚的人、有些疑点的人等等（其实现在看来都没问题的人）都被关到学习班进行审查，有的在里边还受到体罚。审查清楚了，有的三五天就被放出来，有的关很久。就这样一批批关进去又一批批放出来，大约办了一个多月，搞得人心惶惶，特别是不少有海外关系的人就更是担心。不过，因为蒜岭绝大部分家庭或亲或疏都有海外关系，加上这些海外关系中当时没有与台湾、香港有关系的，所以又会好一些。半年后，蒜岭革命核心小组解散，在此基础上又成立了蒜岭大队革命委员会。"文化大革命"期间，蒜岭村被卷入了"文化大革命"的旋涡，因此，农业生产多多少少受到了影响。但是，由于生产队对农业生产依然抓得很紧，局势的混乱并没有使生产受到太大的影响。

提起"文化大革命"，许多村民都谈到一件现在想起来很可笑，但当时却使全村人惊恐万分的事。

1967 年 8 月 13 日清晨，一辆救护车在福厦公路上边开边用高音喇叭通知说，"好字派"打过来了。村民们前一天就听说，大批"好字派"的人都拿着麻袋要到村里摘龙眼来了。全村人都吓得收拾了些贵重的东西，挑起箱子，有的全家十几口人都跑到莆田的亲戚家避难；有的没处去，只好藏到玉屏山上。黄玉英说，那天，她正和几个年轻妇女在山上砍柴，听说"好字派"要进村，个个吓得扔下柴草赶回家，拿了贵重物品就跑到莆田的亲戚家去了。黄淑梅拿了嫁妆的箱子躲到山上去了。全村人都跑光了。蒜岭小学最后一任校长陈文志回忆说，他当时是闽侯师范 68 届毕业生，刚好在这前一天从学校回来。自行车上载着箱子、衣物，一路上被"好字派"盘问检查了两次，一次在福清与闽侯交界处的福清镜洋，一次在福清宏路镇的下曹。从学校到家本来只要四五个钟头，但是那天早上 7 点钟出发，到了下午三四点钟才到家。一路上店门紧闭，连吃饭的地方也没有。到家后，哥哥们都为他捏一把汗，说他胆子好大，这种时候还敢跑回来。第二天，就发生了上述情况。听说"好字派"要进村，全村人都跑光了。陈文志家里人也都将稍贵重的东西带走，到莆田的亲戚家躲避。他和两个哥哥将缝纫机埋在地下，带上米、盐和鸟枪准备躲到后山去，整个村子静悄悄的。他们先来到田埂上，等了个把小时，不见任何动静。肚子也饿了，便回家煮午饭吃。后来一直不见"好字派"进村，三五天后，村民们也陆陆续续回来了。

6. 失败的集体养殖业

1958 年刮共产风吃食堂时，蒜岭家家户户的猪都收归大队（和新厝合为一个大队时）饲养，共有 100 余头猪。但是，由于管理不善，加上后来连人都吃不饱，何况猪呢？集体的猪一天死几头，有的快死的猪食堂煮了出售。最终，养猪场倒闭了。

1961 年、1962 年，为了增加大队集体收入，在上级号召下大队办起了养羊场，饲养了约 70 只羊。安排了两个社员饲养。饲养员以记工分的方式获得报酬。但是，也由于管理不善，只办了约两年就倒闭了。

四　未予发展的集体小企业

人民公社时期，蒜岭生产大队也曾办过几个小企业，如榨油厂、华侨粮食综合加工厂和砖瓦厂，但因为不同原因都停办或转包私人。由于规模很小，有的经营时间不长，并没有在解决剩余劳动力和增加社员收入方面发挥什么作用。

榨油厂。新中国成立前，蒜岭古街上就有一个数家合股的手工榨油作坊，1956 年高级社时无偿收归集体所有。人民公社时成为生产大队（当时蒜岭和新厝合为一个大队）的榨油厂。1961 年，蒜岭和新厝合成的大队拆成两个大队后，榨油厂成为蒜岭生产大队的集体企业。榨油厂只有 5 个工人，实行计件工资，即每榨 100 斤油给多少钱，每月发一次工资。当时，新厝公社只有蒜岭一家榨油厂，各村都会来此榨油，每天工作都做不完。1970 年前后，新厝公社建起了机器榨油厂。与机器榨油相比，手工榨油出油率低，效率也低。因此，蒜岭榨油厂生意少了，20 世纪 70 年代中期终于停办了。并且，自己的花生还要拿到公社榨油厂加工。

华侨粮食综合加工厂。华侨粮食综合加工厂是 1962 年创办的。当时的主要目的是方便社员加工口粮，不然，口粮要挑到二三里外的坂顶去加工；

另一方面也为了增加大队收入。华侨粮食综合加工厂的股本来自七八户侨眷，各户投入 1000 元或 2000 元人民币，合计 1 万多元人民币。投资户可以照顾一个人到厂里当工人。开始时，华侨粮食综合加工厂设在古街上废弃了的小学旧校舍里，为了便于扩展业务，20 世纪 80 年代初期，由蒜岭旅印尼侨胞集体捐资 1 万 ~2 万元人民币，把厂房建到了福厦公路边，并更新了旧式机器。

蒜岭华侨粮食综合加工厂除了碾米外，还加工面粉、番薯粉。最初，由于新厝的其他粮食加工厂没有加工面粉，并且蒜岭华侨粮食综合加工厂请来的莆田师傅技术水平高，加工的面粉比莆田江口粮食加工厂加工的面粉质量好，出粉率高，所以北至渔溪，南至江阴、莆田都有人来此加工粮食，尤其是面粉。另外，20 世纪 60 年代中期之前，福清县粮站的仓库设在蒜岭的武当别院、华侨地主"同春"的空房子以及蒜岭小学的旧校舍里，粮站的一部分谷子也在蒜岭华侨粮食综合加工厂加工。因此，蒜岭华侨粮食综合加工厂业务繁忙，晚上经常需要加班。一年纯利润约有 5000 元。华侨粮食综合加工厂当初有 12 个工人，他们是按工作量记工分，如加工 1 担谷子得多少工分，12 个人分。年终，以工分数乘大队的工分值获得报酬。后来，改为发工资。对于股东，三五年后算给利息，并归还了本金。

至 20 世纪 70 年代末，由于江口粮食加工厂机器设备更新，生产的面粉质量超过了蒜岭华侨粮食综合加工厂，蒜岭华侨粮食综合加工厂的生意少了，工人也削减了。1980 年代初，虽然华侨粮食综合加工厂厂房搬到了福厦公路边，并且更新了机器，但仍然赶不上江口粮食加工厂不断更新的技术与设备。因此，业务少，只有 6 位工人。蒜岭华侨粮食综合加工厂一直运营到1994 年，因为村里出国务工的人多了，土地没人耕种，粮食加工生意更少了，于是承包给了该厂工人林金美父子。1998 年林的儿子到阿根廷务工，华侨粮食综合加工厂又转给了王阿春。后来，王又将该厂转给了林元明，2002年，终于因为村民中吃商品粮的人口剧增，华侨粮食综合加工厂关了门。

砖瓦厂。20 世纪 60 年代后期，蒜岭大队办起了砖瓦厂。砖瓦厂雇了一位莆田师傅，有四五个工人。工人拿计件工资而不是工分。由于上级禁止继续挖土，于 1979 年（或 1980 年）停办了。

总之，在人民公社时期，讲的是计划经济，只要求完成任务和超额完成任务，追求利润是"资本主义经营"，是要被批判的。在这样的大环境下，蒜岭大队不可能意识到依靠侨资，把集体企业办大办强，从而一方面增加大队的工分值，提高社员收入，另一方面解决大量富余劳动力的出路问题。比如，蒜岭的榨油厂在当时是新厝唯一的一家没能充分发展的企业，十分可惜。另外，如将榨油手段也改造为机器榨油，也是可以继续发展下来的。事实证明，在公社榨油厂建立后，硋灶大队、漆林大队也都相继办起了机器榨油厂，它们也都能够生存。再比如华侨粮食综合加工厂，当初生意那么好，早该利用侨资搬到福厦国道边，并及时更新设备扩大生产，而不是到了20世纪80年代才搬出来。不过，在当时国家的经济体制环境下，蒜岭大队也与全国数百万个普通村庄一样，不可能具有抓住机遇，利用自身有利条件去发展壮大集体企业的创新思路。

本来，建立人民公社一是认为可以提高农业劳动生产效率，二是为了防止农村重新贫富分化，以达到共同富裕的目的。不过，20年的人民公社实践却表明，这些事先设定的目标最终未能实现。如果说得更精确些，第一个目标不仅没有达到，集体经营反倒降低了农业生产效率；第二个目标的前半部分是达到了，即农村没有了严重的贫富分化，但是，后半部分的目标不仅没有达到，而且"共同富裕的梦想成为共同贫困的现实"（曹锦清、张乐天、陈中亚，2001）。

第三节 家庭承包制后蒜岭农业经济的变化

自古以来农民哪有不爱土地的？人民公社时期，因为土地是集体的，农民自己做不了主，所以只关心自留地。家庭承包制实行之后，虽然土地仍是集体的，但可以任你经营，因此，农民又恢复了对土地的热爱，生产积极性空前高涨。不过，回顾家庭承包制实施20余年来蒜岭的经济发展变化过程，可以看到蒜岭农民已经不那么留念土地了。家庭承包制后蒜岭发生了三个变化。一是，从珍视土地的使用价值，到只为自给耕种，再到放弃土地；二是，从重视粮食生产，到只求生产口粮，再到购买口粮；三是，从发展多元农业，到"离农"办企业，再到离村出境出国务工的三个变化。

一 种植业的兴与衰

1. 粮食种植的衰弱

1981 年末开始，蒜岭实行了家庭联产承包责任制。当时一方面国家大幅度提高了粮食和农副产品的收购价格，缩小了工农产品的剪刀差，同时新厝公社（1984 年撤社建镇）和蒜岭大队也都十分重视粮食生产，强调土地仍必须种 3 季，必须种粮食。村里成立了农业服务公司，[①] 主要服务范围有调种，代购种子，代购农药、肥料等；并进行生产技术指导，引进、推广新品种，集体育秧，管理防治病虫害等。大队购买了珍珠米新品种（亩产可达 800~1000 斤），对水稻进行了品种改良，1985 年时进行了无土育秧，1990 年搞集体育秧，帮助村民增产增收。另一方面刚分到土地的村民生产积极性很高，十分珍视攥在自己手中的七八分地，恨不得在这七八分地里种出 12 分庄稼来。在这样的大环境下，农民生产粮食的积极性很高。前面已经提到，本来人民公社时期，因为种第 3 季庄稼靠天吃饭成分大，收获预期不稳定，农民不肯种第 3 季。另外，因为杂优稻比普通的稻子生长期长 30 余天，农民认为如果早稻也种杂优稻，晚稻将来不及种等，所以，不肯将早稻也改为种杂优稻。但是，分田到户后，大部分家庭都尽量种 3 季庄稼，而且，少部分农民还一改以往早季不种杂优稻的传统，双季都种杂优稻，[②] 使粮食产量大增。

但是到了 20 世纪 90 年代，一方面由于国家几度调低了粮食的收购价格，农民发现种粮远远不如打工利润高，种粮积极性下降；另一方面由于改革开放后，蒜岭人又开始走出国门到海外打工，不要说种田，就连国内打工的收益都不能同海外务工同日而语（见本章第五节）。因此，蒜岭人对于土地，只求获得口粮，其他收入则转为到非农产业，尤其是向海外务工去索

---

① 据前村主任黄玉飞介绍，蒜岭村的农业服务公司可能是全国、全省首创。

② 早季种杂优稻，如果土地不与别人的田连在一起的话，倒还方便；如果与别人的田连在一起的话，是件十分麻烦的事。一般割稻是先将稻田里的水排尽，15 天后才收割。割好的稻子先放在田里晒一两天，然后才挑回去打出谷子。然后，给水田灌水。但是，如果田地与别人的田连在一起而早季种杂优稻时，别人割完早稻在田里灌了水，他的杂优稻才开始收割。这时他只能在水中割稻，并且一割好就要挑回去，不能放在田里晒。但是尽管如此，仍有村民把早季改为种杂优稻，以便充分享用土地的使用权，增产增收。

取。这样，又出现了与新中国成立前相同的状态：即"口粮靠土地，花钱靠'走番'"的情况。不过这次与新中国成立前有明显的不同：新中国成立前蒜岭人几乎都是去东南亚；而现在却是面向全世界，哪里投入产出效益高，就往哪里闯。

2003 年时，村里还有 4 户人家是规模较大的水稻种植兼业户：林金煌（60 多亩），陈通广（40 多亩），陈玉兰（40 多亩），林金木（34 亩）。他们是捡别人抛荒不要的田地种植水稻的。而 2007 年 11 月再访蒜岭村时，由于田地一次次被政府征用，现在全村仅剩下水田 370 亩和旱地 203.5 亩。370亩水田中 20 亩以一年每亩 350 元的租金①于 2000 年时就出租给天生林艺有限公司，261 亩以一年每亩 400 元的租金于 2008 年 4 月出租给村民林维辉与外村人合办的公司种水稻，余下 89 亩分散在村民手中。出国务工普遍化后，村民手中现金多了，生活水平提高了，大约于 10 年前就没人种植第 3 季的大麦小麦了。旱地则几乎都种着龙眼树。因此现在村里连自种口粮者也所剩无几，绝大部分村民已靠购买商品粮生活了。

2. 甘蔗种植的消亡

第四章已经谈到，在 20 世纪 70 年代末，蒜岭人在公社包片干部陈玉坤的倡导下，将长期以来只用来种番薯、黄豆、花生的旱地几乎全都用来种植甘蔗，效益很好，村民生活有不少改善。尤其是把甘蔗分给每家每户自己种植管理后，产量有很大提高。有的村民还通过培育新品种甘蔗苗，一担 5 元多，"赚得很多"。甘蔗不仅增加了村民收入，而且为解决蒜岭的征购任务发挥了巨大作用。每年蒜岭全村要向国家上缴 3000 多担粮食（其中包括征购粮 2000 担，高价粮 1000 担），甘蔗可以替代粮食统购，为蒜岭人完成统购任务作出了很大贡献。

但是 1997 年在渔溪的清华糖厂倒闭，甘蔗没有了销路，于是蒜岭村从此没再种植甘蔗了。

3. 龙眼种植热情下降且后继无人

1985 年后，国家调低了粮食的收购价格，并且统购改为可以以现金替

---

① 出租给天生林艺有限公司的土地规定租金 3 年递增一次，目前已是每亩租金 460 元。

代，因此，蒜岭人在解决了口粮和家禽饲料自给的问题后，为求得投资的最大收益率，降低了对粮食生产的热情，开始根据市场需求调整种植内容。除了延续 20 世纪 70 年代末开始的甘蔗种植以外，蒜岭人也尝试种植蔬菜、西瓜、蘑菇等经济作物。不过规模最大，发展最稳定的要算龙眼副业。

前面已经提到，早在新中国成立前，蒜岭村就有 3000 多株龙眼树，是当时蒜岭村民最大宗的副业收入。1950 年土改时，一些被评为富裕中农的家庭并非因为土地多，而是龙眼收入多所致。如陈某家土地并不多，但一年可收龙眼 30 余担，因此被评为富裕中农。20 世纪 50 年代后，随着中央政府出台的一系列土地制度变革，蒜岭的龙眼树也是命运多舛，几经易主。如第四章所述，在 1956 年建立农业高级社的浪潮中，蒜岭村和新厝村合并成新厝高级农业合作社，蒜岭村的龙眼树曾归为新厝高级农业合作社管理。但是，由于新厝龙眼少，蒜岭龙眼多，而且蒜岭一般是老中农才有龙眼树，他们认为这样做对他们不公平，于是翌年龙眼树又归还了蒜岭的村民们。不过，1958 年成立人民公社时，蒜岭的龙眼树终于无条件归为蒜岭所属的渔溪人民公社新厝大队统一管理。当时蒜岭村民的意见很大，但迫于形势大家只能"哑巴吃黄连"接受这一事实。1961 年蒜岭成为新厝人民公社中的一个独立的大队，这时蒜岭龙眼重又划归蒜岭大队管理。大队从中取出 5%～10% 的龙眼树按株分给新中国成立前有龙眼的农户，新中国成立前种得多的多分，种得少的少分，没种的不分。已去南洋的家庭原来有种的话，也分，但由其亲属代管。余下的龙眼树则分给各个生产队管理。但是，由于蒜岭村各个生产队地理环境不同，有的队龙眼多，如第 3、5、6、7、8 队；有的队龙眼少，如第 4、9 队；有的队没有龙眼，如第 1、2、10 队。因此，原先有龙眼的生产队就不是很服气。到了 1970 年，所有龙眼（包括已分给个人的那些）又收归大队（当时是大队革命委员会）集体经营。但取出少量在村民房屋附近的龙眼树，进行估产，然后按一个人口一年 5 斤的标准分给当时在村的人口作为自留果。其他由大队管理。1976 年大队再次将龙眼返回给各生产队管理。后来在公社包片干部陈玉坤的提议下，1977 年最终确定按当时的人口将龙眼树全部分给各家各户，成为自留果树。从龙眼树几易归属可以看到：一是国家强调"以粮为纲"不重视其他农副业生产，但是蒜岭村民却知道龙眼是个宝，十分在意龙眼的归属。"文化大革命"中新厝公社社长林金凯遭到批斗的罪行之一，据说就是因为他有私心。他是没龙眼的蒜岭第2生产队的人，为了自己的生产队却赞同各生产队平分龙眼树。二是正如村民所说："凡是公家的东西都不好管，自己的东西都好管。"人民公社的20年中，龙眼不但没有给社员创造利润，相反，却成为集体管理的累赘，不得不最终下放给了农民。

龙眼在蒜岭人眼里一直是一个致富的宝。20世纪70年代有一年第3生产队一个工分值高达2.3角，就是因为那年该生产队龙眼大丰收，8成干的龙眼一担卖100余元，这一收入加进去计算后才获得如此高的工分值的。但是，人民公社的20年中，上级不重视副业生产，蒜岭龙眼树的归属虽然几易其主，但却没有扩种，也没有品种改良，处于"自生自灭"的状态。当时，土地是集体的，社员担心种植了龙眼树，什么时候又会被收归集体，因此，连房前屋后也没有人自种龙眼树。到了家庭承包制后的20世纪80年代中期，才有村民开始自种龙眼树。

1987年为了帮助挖掘潜力发展蒜岭农业经济，印尼侨领陈德发先生提出与蒜岭村合作开辟德发金匙果林场，利用村后半荒芜的玉屏山种植龙眼树。果林场采取股份合作制形式经营。协议规定：陈先生出资220万元人民币，由其经营管理果林场，而村里则以大约1000亩土地入股就可获得红利；果林场产出后，山地部分的果树由村集体（山地属于蒜岭村集体所有）占40%，陈先生占60%；其他在原先种番薯、花生、黄豆的山坡旱地的果树则相反，村民占60%，陈先生占40%；50年后这些龙眼全归蒜岭人所有。1987年德发金匙果林场种了小部分龙眼，大部分龙眼树则在1989~1990年种植完毕。一亩地可种龙眼树35~38株，因此，一共种了3万余株龙眼树，比过去增加了10倍。陈德发先生与蒜岭村民合办果林场为蒜岭村做了一件大好事。一是原来的荒山成为产生效益的花果山。二是山上灌溉困难，与其种番薯、花生和黄豆不如更适合种耐旱的龙眼。因此，德发金匙果林场办起来后，早先由黄当富先生捐建的厝后园的100亩旱地的灌溉系统便完成了它的历史使命。三是原来山上的梯田变成了果林，防止了水土流失，恢复了生态平衡。四是扩大龙眼生产规模，可以产生规模效应提高龙眼价格。村民告诉笔者，龙眼的价格与龙眼的数量相关。一般来说龙眼数量多，前来收购的商人的收购成本会降低，收购的商人会多起来，龙眼的价格也就会高起来。所以，陈先生与蒜岭村民合作办果林场的举动得到蒜岭村民一致赞成。村民们说："这个合作我们很拥护！"

陈德发先生的设想是要在玉屏山上办生态农业。于是，1989年陈先生在山脚开辟了一个养猪场，即将养猪产生的粪便用于果树施肥。当时，养猪场每年出栏3次，一年出售生猪3000~4000头。然而，20世纪90年代中期，由于国家建设高速公路，养猪场的土地被征用，养猪场被迫停办。陈德发先生的这个愿景不得不半途而废。1991年陈德发先生仙逝后，果林场和养猪场的经营交由其弟陈孙政和其子陈子煌负责。果林场投资是个收益比较慢的项目，龙眼树一般要7~10年才开始产出。德发金匙果林场虽然是蒜岭侨胞与村民的一个合作项目，但是，在某些素质低下的村民眼里却被视为人民公社时期的集体经济一般，"不拿白不拿"。果林场不但得不到大家的爱护，果树还常常遭到偷挖、偷剪（剪果穗去嫁接在村民自家的果树上，由于不内行，一剪就是一大袋）的破坏。难以得到良好的养护。1997年陈孙政先生离开金匙集团时，建议将果林场分开经营。原来种在旱地里的果树的60%分给各家各户，而种在山地上的40%龙眼树则由村集体经营。侨胞应得的部分仍属于德发金匙果林场。这不但使得金匙果林场经营管理的压力得到缓解，也极大地发掘了村民经营龙眼的积极性。

前面已经谈及，龙眼的价格一向较高，2000年以前鲜龙眼价格还在1斤5~6元。蒜岭扩种了那么多龙眼，本来是一件令人高兴的事。但是，从2000年开始，龙眼价格一路下跌，到了2002年价格跌为1.5元1斤。而特产税每年仍在递增，全村要上缴特产税10万元。当时，笔者正驻村调查，村民们对龙眼的跌价和特产税之高怨声载道。村民算到：扣掉雇人采摘的费用，等于1斤龙眼才卖1.2元，而一年一棵树农药、肥料的成本，以及打虫、施肥、耙草、打龙眼的工钱加在一起要35元，所以根本不赚钱。20世纪80年代末种下的龙眼正当收获时期，但是却碰上了价格下滑，这对于农民来说是增产不增收，严重地挫伤了他们的生产积极性。为此，村委们多次找有关部门反映情况，总算把2001年的特产税从11万元减至6万元（见第八章第四节三）。2003 年国家正式宣布免征特产税。蒜岭人投入龙眼的血汗总算得到了一定补偿。

龙眼干是一种高档的营养品，且易于保存，市场销售价格相当高，据说以往焙干的龙眼最好的时候可以卖到 70 元 1 斤，如果晒干价格会更贵，可达到 100 元 1 斤。但现在一般质量的龙眼干 1 斤只有四五元。村民告诉笔者，两年前蒜岭还有人焙龙眼干出售，但现在没有了。因为没有利润。村民给笔者算了一笔账：100 斤龙眼可焙 33 斤龙眼干。直径 2.7 厘米以上的是最大的龙眼干。1 斤七八元，即使算 8 元 1 斤，33 斤也只赚取 264 元。但是，直径 2.7 厘米以上的新鲜龙眼 1 斤 2.2 元，有时 2.5 元，或 2.8 元。就以 2.2 元来算，100 斤鲜龙眼，是 220 元。只比卖龙眼干少 44 元。但焙龙眼干是相当麻烦的事。首先要挑大的龙眼做才卖得贵；其次要用剪刀一粒一粒把龙眼从枝上剪下来，把外壳磨光（磨光颜色好看，但现在焙龙眼干都不磨光了）；最后将龙眼放在搁有竹廉的像土坑一样的炉上用火烤。过去用炭烤，现在多用煤烤。一灶要焙 10 个小时，放置十几天后，还要再焙两三个小时才算完成。如果雇人来干，44 元钱是绝对不够雇工的。现在村里也有个别人焙龙眼干，但这不是为了出售，而是自家龙眼卖不完，怕坏了，才焙成干留着慢慢吃。如果自家吃不完才考虑出售。

据村民们说，新中国成立前和人民公社时期，村民都是焙龙眼干出售。而现在人们则不焙龙眼干，直接出售鲜龙眼。其原因在于：第一，如上所述，与鲜龙眼相比，现在龙眼干没有利润；第二，新中国成立前人们生活水平低，周边的老百姓买不起鲜龙眼，鲜龙眼在周边卖不出去，需焙成干，挑到福州出售；第三，新中国成立前交通不发达，必须靠肩挑背负，所以龙眼焙成龙眼干后轻了，便于挑到城市出售。而现在交通方便了，清晨摘下的龙眼，雇辆汽车一个多小时就可以运到福州出售。所以，村民便不愿再做焙龙眼干这样的麻烦事了。

2006 年国家建设福厦铁路必须穿过玉屏山，征用了蒜岭 58 亩旱地，由于旱地里种有龙眼，国家不但要赔偿农民土地，还要赔偿地里的龙眼。根据该地里种着的龙眼树的粗细大小，最多的一株赔偿 1000 元，最低的一株赔偿 10 元（如树苗）。如按一亩地种 35 株计算，蒜岭人所得 1 亩种龙眼旱地的赔偿比纯粹旱地赔偿平均升值了至少 17675 元。[①] 这可以说是侨领陈德发先生建设德发果林场的结果，是蒜岭侨胞给蒜岭村民带来的意外馈赠。

如今村里的年轻人大都到海外务工或出村务工，对于农业不会干，也不想干。因此，龙眼管理不是老年人做，就是雇工来做。有些老年人因子女都在海外或外地，自己已做不动农活，也无法将龙眼运到城市出售，因此，在龙眼开花时干脆雇人将一部分龙眼树的花摘掉，保存龙眼树但不让其结果；只让部分龙眼树结果供老人自己和家中儿童消费及馈赠。另一方面，由于龙眼的价格太低，村民认为认真管理也赚不了大钱，因此，对龙眼的管理粗放了起来。如施肥、锄草、打虫的次数减少了。

二 养殖业的兴与衰

实施家庭承包制以后，潜藏在集体经营中的、新中国成立以来越来越严重的人地矛盾"浮出水面"。在第三章中笔者已经提到："一个靠牛耕地，手工劳作的全劳动力一般可以耕种 4 亩双季水田，还可以冬种蚕豆等；如果又种双季水田又种旱地的话，可以各种 2.5 亩，即合计可耕作 5 亩地。"实行家庭承包制后，蒜岭 20 世纪 70 年代中期开始的农业机械化又倒退到了牛耕和手工劳作。以一户四口，一个半劳动力计算，一个家庭可以耕种 7.5 亩地。但是，蒜岭人实际上一户仅分有不到 3.2 亩土地，剩余将近一个全劳动力。因此实施家庭承包制初期，村民除了精心经营土地外，每家每户几乎和新中国成立前一样，又将剩余劳动力投入到"离土不离农"的养殖业中，如养鸡、养鸭、养猪等。有的农户还养羊、养蜂等。有些家庭养殖规模相当大。但是，由于种种原因，除了大规模养猪发展较稳定外，其他家畜、家禽等的养殖前景均不看好。

1. 养鸭业的困境

陈枝清是 3 队队长，1979 年就开始养鸭。最初由于夫妻都要到生产队挣工分，只养了 100 只鸭，而且主要是靠当时 11 岁的大儿子照看。分田到户后，夫妻更是养了 2000 余只鸭。"不敢吃，不敢用，省下钱来"，于 9 年后

---

① 算式：(1000 × 35 + 10 × 35) ÷ 2 = 17675（元）。

的 1988 年盖起了全生产队第一座钢筋混凝土结构、外贴瓷砖的新式二层楼房。

不过从 2002 年开始村里已不让村民养鸭，理由是影响环境卫生。村民林世生原来是泥水工，1998 年开始养鸭子，最多的时候达到 1000 余只，少的也有 700 余只，放在自家老房子里养。一天能产几十斤鸭蛋，用三轮车运到界下，卖给福清人。一周运一次饲料，20～30 包，成本 2500 元。一年能盈余两三千元钱。由于上述环境卫生的限制，只好停止养鸭。

2007 年 11 月，笔者到村里进行补充调查时知道，村民林某还在养鸭。养了 1300 余只番鸭，1200 余只水鸭。利用村外已被征用的土地当鸭场，所以吃住都在鸭场。他家没人出国务工，因此只能靠农业为生。这块已征土地的买主尚未开始使用这块地，所以他打算能养多久就养多久。

2. 养蜂业的时断时续

家庭承包制前，蒜岭村里就有俞国章、王建华、林紫兴等几户人家养蜂。不过后来，除了林紫兴外，都不养了。家庭承包制后林金木等也曾养过蜂。最近，村中又有约四五户人家养起蜂来。

蒜岭村里真正称得上养蜂专业户的要数俞国章。俞国章老人 1925 年生，现年 83 岁。1964～1986 年养蜂，1964 年 10 月 1 日他在朋友建议下，用卖掉家里五六担谷子的 60 元钱（家里只留 2 担谷子作口粮。当时一担谷子 10 元钱）。买了两箱蜂种。至当年的大年三十就赚了 2700 元钱。他边养蜂边看书学习养蜂知识，靠繁殖蜂种和出售蜂王浆的收入生活。那时是人民公社时期，所有的劳动力都必须种田，如果做别的事算是搞资本主义。因此他是偷着干的，蜂箱分散藏在朋友家里，利用生产队劳动收工后的时间管理和舀蜜培养蜂种，村里人都不知道。因为养蜂，他几乎跑遍了整个中国，认识了很多外省人。那个时候虽然不允许农民自己养蜂，但是国家很重视养蜂产业（国营养蜂）。在交通方面有专门的运蜂车，到各个地方都有人接待、安排花场。当时全国有一张花场表，介绍某月到哪有什么花粉。他用蜂蜜培养蜂种，年景好的时候，仅蜂种每年最低也有 2000 元的收入。此外，卖蜂王浆还能收入 4000 元。由于养殖顺利收入高，那些年生活无需多费心思。

家庭承包制后，一方面自己身体不好，另一方面已可以公开不干农活，他就让老二、老三、老四三个儿子到各地养蜂。儿子们是采蜜卖蜜，从外地向他汇报情况，他本人在家里指挥，通过电报遥控。那时的养殖规模相当大，有150～160箱蜂，单单工具、蜜蜂、不动产就值十几万元。由于他养蜂出名，福建师大养蜂组教授龚一飞也来买过他的蜂种。

1984年后，国家放宽了对养蜂的限制。各地农村开始养蜂，竞争也激烈起来，价格开始下跌。所以，有的人就放弃了蜜蜂的饲养。俞家也因为儿子陆续成家，并且当时做生意更赚钱，便卖掉蜜蜂改做生意。养蜂业的收入时好时坏，所以，养蜂业就呈现出有些人停了，而又有些人开始养的时断时续的状态。

3. 养羊业的悲哀

与新中国成立前的蒜岭一样，家庭承包制后，有些家庭开始养羊。其中养得最多最长久的要数林某。10年前林某就开始养了数十只羊。为了节省成本，林某一边实践，一边向内行的人学习；羊苗自己培养，预防针自己注射，并且采取放牧饲养，所以除了劳力，没有花什么成本。一年通常可以获得3000～4000元。但是，2007年突然飞来横祸，60只羊陆续死亡，最终只存活了3只，损失惨重。据说，2007年因政府发给了预防针，打了针反倒得了疾病。蒜岭一带没有兽医站，因此，只好眼睁睁看着羊一只只死去。一位村民看到这种情况，感慨地对笔者说："养殖业在这里被社会边缘化了，鸡、鸭、羊不知什么时候全军覆没！"

4. 养牛业的危机

家庭承包制后，由于家家都有几亩地，养牛耕地成为普遍现象。但是，随着大批青壮年劳动力出国务工，以及因盖房、征地、出租等原因，土地越来越少，自家饲养耕牛就不上算了。2003年时，笔者就只见到几户种植商品粮的家庭各养着一头牛。另外还有数家合伙饲养的几头牛。而现在，据说全村只剩下七八头牛。自己生产口粮和鸭饲料的林某有一头牛；专门替别人耕地的陈孙林有一头牛；原蒜岭小学校长陈文志和其他十来户合养着一头牛；有一家是为了出售牛犊而养了一头母牛；还有一家是养牛出售而喂有3头牛犊。为了一点田地，养头牛的确不上算，但是耕起地来又需要牛，因此，据说陈文志和其他十来家合养的那头牛常被借用，甚至有时不打招呼被偷偷牵去使用。

5. 亏本的家庭鸡鸭养殖

长期以来蒜岭村民都有家庭饲养七八只或十来只鸡鸭供自家消费的习惯。目前村中也仍有 70% ~ 80% 的家庭饲养着一群鸡鸭。目的是过年过节、家里来客、烧香拜神时使用。鸡鸭生的蛋给孩子、孙子或自己吃。但是，村民告诉笔者，这实际上是亏本的，不如去买更划算、方便。村民向笔者算了一笔账：到市场买鸡，1 斤要 10 元。如果一只鸡 5 斤，则 50 元可买到一只鸡。如果自己养一只鸡的话，一只小鸡 2 元钱，至少要养 5 个月才能长到 5 斤。也就是说，一个月长 1 斤肉，即须花 10 元钱。那么，$10 \div 30 = 0.33$，即一天就是花 0.33 元。可是，一只鸡一天吃的米糠、饭和花的人工合起来何止是 3 角 3 分。尤其现在大家买口粮吃，没有米糠喂鸡鸭更亏本。2007 年 11 月在蒜岭调查时，一位村民说，他 8 月份养了 5 只番鸭，11 只鸡。不到 3 个月吃了两包麦糠（1 包 60 元，过去才 40 元，现提价了），已经花去 120 元。现又要去买麦糠，看来还要 3 包。如果 5 个月吃 5 包，就要花 300 元。鸡鸭刚买回来时，吃的是小粒饲料，1 斤 1.6 元，起码吃了 100 元。所以，16 只鸡鸭要吃掉 400 元饲料。5 只番鸭养成后，一只算 8.5 斤，1 斤 12 元，那么一只约 100 元，5 只合计 500 元；鸡一只 50 元，共 7 只，合计 350 元。留下 4 只鸡生蛋，一只也算 50 元，合计 200 元，那么总计 $500 + 350 + 200 = 1050$（元）；1050 元 – 成本 400 元 = 650 元。一天算工钱 5 元，5 个月共 150 天，工钱合计 750 元，750 元 – 650 元 = 100 元，结果亏了 100 元。

村民认为，除非搞养鸡场大量养鸡，吃人工饲料，三四个月就可出售才有赚头。

6. 稳步发展的养猪业

上面介绍了蒜岭养殖业中养鸭、羊、牛、鸡等的困难处境，介绍了养蜂业的时断时续。从上述情况看，蒜岭的养殖业前景黯淡。不过，值得欣慰的是规模养猪的前景不错。

家庭承包制后，由于最初村民十分重视粮食生产，饲料充裕，因此 80% 的家庭都饲养了一两头猪。不过，随着粮食生产的衰退，生活水平的提高，从十多年前开始，家庭养猪也悄然消失了。相反，20 世纪 90 年代初冒出的

3 户养猪专业户，他们的事业却方兴未艾。

蒜岭村有 3 户养猪专业户：陈文金、陈有才、黄三瑞（2003 年从已亏本的陈元茂处接手了养猪场）。猪场在村外的田里，不会影响村容村貌。陈文金与陈有才饲养的规模较大。陈有才 1991 年开始养猪，陈文金 1993 年开始养猪。他俩都是从喂养菜猪入手，发展到一定规模后，开始喂养母猪，自己繁殖幼猪，然后等幼猪长成菜猪出售。他俩告诉笔者，2003 年猪的平均价格在 3.7 ~ 3.8 元/斤，他们 5 ~ 6 天送一次菜猪到屠宰场，一个月可以出售 5 次，一次出售二十几头猪，一年最少可以出售 1200 多只菜猪。幼猪长成菜猪需要 160 天，一只菜猪大概 200 多斤，能卖 700 元，养猪的成本是 500 ~ 600 元，因此一只猪大约赚 100 元。但在价格低的年份，一只猪赚不到 50 元钱。陈有才心痛地告诉笔者："2002 年由于猪肉价格下调，仅个把月就亏了几万元。"

养猪实际上是很艰苦的工作。两位养猪专业户为了节省成本，猪饲料全部由自己加工。原料是用卡车从离蒜岭 11 公里的江口运来，主要有玉米、麦皮、豆粕。五六天运一次。玉米和豆粕 12 吨 2 万元钱。两三天加工一次饲料，尤其夏天不能隔太久。加工饲料的机器已经老旧，经常需要修理。

养猪最怕传染上疾病，因此对卫生条件要求特别严格。猪场要保持通风透气。猪场附近有水井，他们自己安了水泵，一般一天需要抽两次水。由于蒜岭经常停电，所以，他们还买了发电机以备停电时使用。每个猪圈都有水龙头，每天要冲洗至少三次。预防疾病的疫苗都是他们自己去兽医站买来自己注射。一头猪至少要打 10 多次疫苗。

当问及养猪技术时，他们表示主要靠交流经验，几家一起交流，经验是摸索出来的。有时也请其他养猪专业户传授经验，比如吃什么料，该打什么针。他们也买了些关于养猪的书籍自学养猪技术，很多知识还是要靠自学。

谈及对未来的希望，他们说猪肉价格下降不要紧，最重要的是安安稳稳，猪不要生病，另外，还要进一步提高饲养的技术水平。

据村民介绍，他俩的生活水平在村中算中等。

第四节 非农产业的兴起与衰败

一 村集体企业的兴与衰

在上面第二节中已经谈到了人民公社时期,蒜岭大队没能充分利用自身的有利条件发展壮大集体企业。20 世纪 70 年代末开始,全国各地乡镇企业蓬勃兴起。在社会大环境的影响下,蒜岭村集体也试图借助侨乡的资金优势,通过创办工业企业甚至创办金融业,盘活侨资,解决多余劳动力的出路和改善村民生活。但是,这些新型企业已与人民公社时期蒜岭大队所办的农产品加工企业,即榨油厂和华侨粮食综合加工厂有了质的不同,它对企业经营者们有了完全不同于前者的素质要求。前者产品技术含量低,供销市场最远也只在 30 余公里以内,市场动向一目了然;而后者产品技术含量高,供销活动至少与国内市场紧密相连。因此,不仅必须配备合格的专业技术人才,还必须配备对市场动向敏感,善于运用契约和法规与市场交往,和将人情、面子等非理性因素置于理性原则的控制之下的经营管理人才才行。而事实证明,蒜岭村委会成员并不具备现代企业经营管理者的素质,结果,轰轰烈烈办起的企业,最终,有的悄无声息收摊,有的狼狈不堪地收场。

1. 技术不过关的塑料厂

1978 年,蒜岭大队的支部书记陈文华为了解决多余劳动力的出路问题,他与门路广、热心肠、早年就离开蒜岭到泉州办企业的乡亲陈玉麟商讨决定,由陈玉麟与大队合办一个塑料厂。蒜岭大队出厂房,设在旧武当别院玄天上帝殿。据说,陈玉麟投入 2000 元,其他由村里 20 多位侨眷每人投股 1000 元,投资者既是股东又是工人,总共 2 万多元资本,办起了一个塑料半成品加工厂。

该厂是利用废旧塑料,如破塑料布、坏塑料拖鞋等,经过高温熔化,生产出塑料扁带,卖给莆田塑料厂作塑料产品的原料。开始一切正常,但没想到数月后,莆田方面不要这种塑料带了(据说是因质量问题而被拒收),工厂不得不停产。陈玉麟到处跑业务，终于找到了生产汽车电瓶外壳的生意。工厂买来了模具，请来了一位技术员指导，生产了一两个月，产品出来后，陈玉麟到江西、广东一带推销，但因产品质量不过关，卖不出去。结果，生产了1000多个汽车电瓶外壳，只卖得2000多元钱，亏损了。积压在厂里的汽车电瓶外壳最终散落到村民家中当板凳用。

陈玉麟为了挽回自己的声誉和对股东负责，经其儿子介绍，塑料厂改为了生产金属纽扣和塑料玩具小人的工厂，总算又开始恢复盈利。原先办塑料厂时，生产断断续续，工资一次也没发过。做金属纽扣和玩具小人后，开始发计件工资。不过，好景不长，因为当时私人还不能开办工厂，金属纽扣和玩具小人生产还不到一年，陈的儿子被逮捕，罪名是认为他开皮包公司。为此，塑料厂最终关了门。

工厂关门后，股东的股份一部分用生产金属纽扣和玩具小人的利润及变卖机器的得款归还，另外还欠下股东约8000元款项最终用村财政归还。

由于陈文华已于1980年定居澳门，陈玉麟已去世，我们无法得知当时他们决定创办塑料厂的依据，因此，也无从分析办塑料厂失败的本质原因。但是，很明显没有合格的专业技术人员，导致产品质量不合格是工厂受挫的重要原因之一。

2. 缺乏经营人才的农械厂

蒜岭侨兴农械厂创办于1979年，是华侨企业家陈子兴听取了叔叔陈孙政的建议，主动向蒜岭大队捐建的企业。起名为侨兴，寓意是华侨陈子兴捐建的。如前所述，1975年，为了发展家乡的农业生产，陈子兴捐赠给蒜岭大队一部大型拖拉机，1977年又捐赠了13辆手扶拖拉机。在替陈子兴联系如何从香港进口这些国产拖拉机事宜时，福清县（当时福清还未改为市）侨办主任俞建春向陈孙政提了一个十分合理的建议：既然蒜岭有那么多拖拉机，如果能够自己办一个农械厂，维修拖拉机既方便，又可以不必让别人来挣这笔钱。陈先生听后觉得有道理，就向陈子兴提出了援建一个农械厂的建议。从第三章对陈子兴的介绍中就可以知道，在捐赠方面，陈子兴是个有求必应的人，他马上接受了这个建议。

听说陈子兴要为村里捐建农械厂，蒜岭大队（当时尚未改为村委会）的干部们高兴不已。但是，迄今为止，大队还不曾有人办过这类工业企业，因此，决定认真对待，从零学起。大队召开干部会议，挖掘社会资源，邀请了该行业专业人员共同商讨办农械厂问题。当时请来了在福清农械厂当书记的郭说发、在永泰农械厂工作的乡亲黄当书、熟悉各种机床的蒜岭华侨粮食综合加工厂技术员，请来了上述合办塑料厂的陈玉麟，大家出谋划策，开列了办农械厂需要的最基本的机械设备名单：铣床、刨床、车床（一大一小两部）、钻床（一大一小两部）、电焊机、空压机、冲床和修配工具设备，5万元流动资金，以及一个翻砂车间和一个机修车间的厂房。不久，机器陆续运到，建在福厦公路边的新厂房盖好后，进行了机器设备安装。

决定建立该厂时，新厝公社要求占30%股份，蒜岭大队占70%。为此，公社安排蒜岭大队原大队长陈开荣当厂长，原桥尾农械厂厂长杨祖凤当副厂长，林金凤为会计，陈子文为出纳，刘孟汉为保管，陈玉毯为采购员，林紫东为电工。

当时，不知什么原因，一部冲床和5万元流动资金没到位。陈子兴先生已经为盖厂房和购买机器花掉了约11万元，因此，大队也不好意思再去询问这些问题。几个干部先凑了几百元，又向银行贷了一部分款，买来了变压器，拉来了电。在翻砂车间隔壁作了一个配电房兼办公室；还隔出了一个小仓库；盖房时的打石棚当厨房；翻砂车间隔出三分之一作宿舍。从莆田雇来了一位翻砂师傅和若干翻砂工人（根据工作需要有时雇十几人，有时雇七八人）；由蒜岭的每个生产队派一个村民进机修车间当工人。

最初，机修车间联系到铝合金水泵和油泵的来料加工，后来，还进行了拖拉机零部件加工，拖拉机修理、修配等。不过，业务断断续续，不稳定。由于机修车间没有冲床，铣床上一个立铣头到处配不到货，设备不配套，使机修车间的业务范围受到了一定影响。翻砂车间联系到生产影剧院椅子的铁脚的业务后，机修车间也有了为椅脚钻孔的业务。仙游城关大众影院、莆田江口影院、莆田小西湖影剧院，以及蒜岭华侨影剧院的椅子都是该厂生产的。一段时间，等于翻砂车间的生产维持了机修车间的生存。

为了开发业务，经县企业办介绍，农械厂得到货主许可，到渔溪拆散了一台进口扬谷机，量了该机器的各个零部件，画了图纸带回来复制出一台扬谷机。这台扬谷机经物资局试验成功了。但是，这一成功没有给农械厂带来转机，那时全国已分田到户，个体农民不想购买农机，扬谷机推销不出去，无法生产。市场经济的需求转向毫不留情地给农械厂干部当头泼了一盆冷水。

正当农械厂失去业务，资金周转不灵，银行催还贷款之时，又发生了工厂主允许价值 1 万多元的产品，让客户分文未付提走之事。公社上面责令几个负责人在有限的时间内，追回债款。但是，最终未能追回。蒜岭侨兴农械厂最终于 1988 年破产了。公社指示蒜岭大队归还银行贷款，农械厂由蒜岭大队处置。

农械厂虽然倒闭了，但管理失误的恶果还没有完结。不久，仙游坂头农械厂找上门来，向蒜岭大队要求支还他们 8000 元货款。这是怎么回事呢？原来，侨兴农械厂曾经聘用过一个仙游的供销员，不知什么时候被他利用农械厂的业务公章和厂长私章，与仙游坂头农械厂签订了价值 8000 元的生产合同。仙游坂头农械厂付了款，但没有拿到产品，因此，要求退回货款。蒜岭侨兴农械厂虽据理力争，但对方告到福清中级法院，蒜岭侨兴农械厂败诉。最终，不得不从村财政中取出 8000 元交给仙游坂头农械厂，从而了结了这场出乎侨兴农械厂所有负责人意料的官司。

蒜岭村委还清债务后，农械厂变成蒜岭村独家的集体企业，但接不到生意便承包给外地人，外地人也无法办下去，便又以每年 2000 余元的租金出租给某晋江人开饭店。因为饭店里面不能摆放机器，所以 1991 年 4 月以 2.55 万元的价格出卖了机器。后来，晋江人的饭店没什么生意，也关门了。

回顾蒜岭侨兴农械厂的倒闭，虽然有如流动资金不到位，生产设备不配套的客观原因，但是，根本的原因有两个：一是农械厂自身经营管理不善；二是投资时机不对，即"生不逢时"。

从上述情况可以看到，显然侨兴农械厂管理者缺乏现代企业家的管理素质。首先，严格的财会制度是现代企业的生命线，现代企业只认法制，讲契约，不讲关系，不徇私情。但是，侨兴农械厂的管理者们还没有从传统农业社会的办事方式中脱胎换骨，怕伤感情，怕撕破面子，没有预见到不按财会制度办事可能带来的风险；其次，侨兴农械厂的管理者们尚未意识到在现代企业中规章制度的重要性。即使私章也已赋予了企业法人代表的法律性，必须专人保管，严格按规定使用。由于侨兴农械厂主要负责人仍以"熟人社会"的办事方式对待市场这一"陌生人社会"，结果栽了两次大跟斗。

蒜岭侨兴农械厂的投资从一开始就注定了失败的命运。侨兴农械厂诞生于家庭承包制实施之时，这一政策的出台必然引起农机市场需求发生急剧转向。正确把握市场脉搏，开发和生产市场对路产品是现代企业经营者的基本素质。在农机市场大幅度转向中，有相当经营经验的专业人士也纷纷失足，许多国营农械厂都难以为继而倒闭，将市场视为静态的、对市场走向毫无警觉的蒜岭侨兴农械厂的经营者们怎么可能具备生存下去的可能性？但是，话说回来，蒜岭侨兴农械厂倒闭的责任也不能全归几个厂领导，因为他们本来就不是企业家，不具备把握市场走向的能力，倒闭是难以避免的。要说"生不逢时"，也的确可以这么说。侨胞对国内的情况及村庄的经营人才不甚了解，他们希望家乡发展的心情是令人感动的，但家乡的经营人才缺失，美好的愿景难以实现。

3. 村委会无法掌控的运输队

1981年底，以旅外同人的名义华侨陈德森捐赠了两部日本丰田牌货车给蒜岭大队。1983年，华侨陈子兴捐赠了一部旅行车给蒜岭大队。大队先后培训了以侨属为主的5名驾驶员（培训费由驾驶员个人负担）。运输队正式运营之后，两辆货车主要承运海产品到福州，跑江苏运鳗鱼苗，为深圳制衣厂送货，为鞋厂运鞋子，为私人运水果等等。旅行车主要跑福州、厦门、汕头等地接送探亲华侨。因为当时大队干部几乎不懂这方面的经营管理，生意都是由驾驶员自己去联系的。每天要出车的时候向村里负责管理车队收支的关文贵等人打声招呼就可以出车。收入由驾驶员自报上缴。由于驾驶员的驾驶技术还不熟练，结果，货车出过一次事故，大队赔偿了一两万元；旅行车也出了一次事故，并且车子受损严重。汽车维修和事故赔偿，使得运输队根本没有收入。接受了这些教训之后，大队将汽车承包给个人，每年收取承包费。两辆货车于1982年开始承包，承包费为每年5000元，由林紫文、陈子富、陈通北和黄尚腾四人承包，分摊支付承包费。旅行车于1985年承包给陈通凤和林紫先，承包费为每年3000余元，由其两人分摊支付。这样，大队运输队总算每年有了 8000 元的收入。到了 1987 年，货车承包到期。由于是进口货车，零部件难买，有时要到香港订货，赚一点钱不够修理，因此，不再继续承包。旅行车于 1988 年承包到期。由于汽车旧了，承包人认为无利可图，也不愿继续承包。因此，村委把车子以每辆数千元的价格（一辆货车 3000 元、一辆 4000 元，旅行车 5000 元）卖给了两个驾驶员和一个外村人。当时还没有要求必须投标出售，因此，出售价是否合理，谁也说不清。

4. 留下 200 万元呆账的基金会

1991 年，在蒜岭人林文明①的提议下，蒜岭村委、新厝村委和林文明为代表的社会力量组成三大股东，成立了新蒜基金会。蒜岭村的股份主要由村集体资金 5 万余元，当时的村支书陈通龙和村主任黄玉飞各 2 万元，村委成员林玉坤、关文贵、陈文荣、陈通书、林紫森和林紫荣等各 5000 元组成。整个新蒜基金会的股份为 60 余万元。陈通龙被确定为新蒜基金会董事长。

基金会在贷款审批方面规定：蒜岭村民贷款在 2 万元以内者，只要陈通龙和黄玉飞审批即可；贷款 2 万 ~5 万元者，要经过蒜岭和新厝两村的村委主要干部（村支书和村主任），即 4 个人审批才能贷了；5 万元以上的贷款，还需要社会股东代表，即林文明 5 人共同审批才能贷出。在对贷款人的条件要求方面规定：采用实名制，必须有身份证。贷款人可以是本村的，也可以是外村的，但外村人必须有本村人做担保。贷款的主要对象应是有偿还能力的人。如果是大笔贷款，要经过基金会的董事成员的考察。但是由于考察制度不完善，给基金会的失败留下了隐患，这是后话。基金会的贷款月利息为1.8% ~2.1%，根据贷款时期的不同，利息有所变动。基金会的定期存款年利息为 1.44%，活期存款月利息在 1.08% 左右，比银行利率高，所以村民也乐意到这里来存款。基金会的资金在鼎盛时期达到 1500 多万元。基金会的财务每月一小结，每年一大结，采取年分红一次制。

基金会从 1991 年底到 1997 年，业务都十分繁忙。光贷款办出国手续的就有两三百人次，而且还贷及时。本村村民的贷款主要用于养殖、出国劳务、办企业和种果树等；外地人的贷款主要是办企业。起先几年管理较为规

---

① 此人据说曾在福清市渔溪镇办过基金会，因挣了不少钱，于是想回到蒜岭村再办个基金会。

范，基金会的年利润甚至达到 100 多万，5 万元股本可以分到 20 多万元红利。因此，基金会似乎具有很强的发展势头，大家都很支持基金会的发展，也很支持扩大对基金会的投资。

但是，随着时间的推移，渐渐出现了到期不还贷的情况，甚至许多人赖账、逃跑，产生了大笔呆账。这一消息一经传出，存款者纷纷前来挤兑。由于有两三百万元的贷款收不回来，基金会无法应对存款者的挤兑，不得不于 1997 年倒闭。福清市派来了清查小组处理新蒜基金会的善后事宜，要求新蒜基金会所有的股东吐出所得红利，用于归还存款者的存款。但是，由于呆账数额太大，即使不支付利息，也还不够归还存款者的本金。因此，最初清查小组决定，对于存款者退还 90% 的本金，但是后来，又进一步减少至退还 80% 的本金。

新蒜基金会倒闭后的处理结果：在股东方面，除了社会股东外，蒜岭村股东不仅失去了股本，同时也吐出了所有分红，蒜岭入股的 5 万多元村集体资金也一样，不仅吐出分红，而且变为零元；个别股东吐出红利，但取回股本，作为取回股本的条件是，今后如果讨回债款，不再参与分红；而社会股东失去股本，但不肯吐出分红。在存款者方面，存款者中的绝大多数人不但得不到存款利息，而且，只能拿到 80% 的本金。蒜岭村老人会也因为将活动经费存入基金会而受到损失。陈通龙答应归还老人会 90% 的本金，但是，连这 90% 也无法全部兑现，缺少的 5000 元由陈通龙打了张欠条交给老人会，约定如讨回债款一定归还。

蒜岭村委干部原以为"这么大笔的呆账怎么可能讨不回来?！总有一天能够讨回来的"。数年前，村委成员多次集体四处讨债，但成绩甚微。现在看来这笔巨款最终成为一块画在纸上的饼，永远也拿不到手了。

因为新蒜基金会对村民造成的损失面几乎波及全村，所以，至今仍严重影响着蒜岭那一任村委，尤其是作为董事长的陈通龙的形象，微词甚多。不少人指责，呆账的出现是陈通龙滥用职权、审批贷款没有按规定人数进行讨论决定的结果。也有人指责，是陈通龙贷"人情款"的结果。对于前者，据了解不是事实。当时，福清市经营管理站和市清查工作组已一笔笔清查了新蒜基金会的所有账目，没有发现这一情况。不过话说回来，基金会董事们也承认，即使按规定人数签字，照样也有逃账的。这就是说，问题的关键出在审查贷款人的还贷能力上。至于贷"人情款"的问题，陈通龙认为，他是董事长，是最后一个审批者。其他董事在自己的熟人、朋友的贷款申请上签了字后，交给他审批，碍于面子他能不签字吗？因此，如果这是事实的话，他与其他董事都有责任。其他董事因为求贷人是自己的熟人、朋友，撕不下面子去审查对方的还贷能力便签了字；而陈通龙因为你已签字，我不好意思反对，也只好签了字。结果，谁也没有按规章办事。另外，陈通龙对笔者说："我们对贷款户的资金来源不清楚，有的是企业亏本，如有几个养鳗场是为还债来贷款的。但担保人有的是国家干部，如税务所所长、信用社主任或教师等，我们看是国家干部就批了。"可结果是，由国家干部为担保人的贷款照样有讨不回来的。"他担保的老板亏本跑掉了，担保人因此也失去了公职，但他没钱还贷。因此，你拿他毫无办法。"不过，对照基金会章程，"外村人贷款必须有本村人做担保"这一条，对担保人不是看是否是本村人，而仅因是国家干部便予以批准，这已经就是违规操作了。因此，基金会经营者的管理的确存在问题。

新蒜基金会发生大笔呆账的这种情况在福清，甚至在全国不是个别现象，全福清市的绝大部分基金会都出现了大笔不良贷款问题。为此，1999年，中央下达了禁止农村办基金会的指示。笔者认为，在审查贷款人的还贷能力方面，村基金会的能力不能超出本村范围，超出本村就有可能出差错。而在本村的熟人社会里，不是具有理性素质的经营者的话，又难免贷"人情款"。因此，农村办基金会的确不适宜。

由于缺乏合格的现代企业经营者，蒜岭的集体企业尽管有海外华侨的资金和物质援助，但也没能逃脱失败的命运。

二　村民合办企业的兴与衰

在城乡二元社会结构体制下，农业的收益无法与非农经济相比，因此，实行家庭承包制后，不少农户在经营农业的同时，尤其是年轻人还到附近做工，从事非农产业的工作。如到新厝镇做泥水工、建筑工和木工等，一般一天有 40 元收入，如果是建筑的包工头的话，一年收入能有 5 万元左右。

2008年开始这些工种的收入提高了，一般工人一天可有约80元的收入。一些年轻妇女则到附近的制衣厂、制鞋厂、食品厂、加油站等企业打工。除了这些到周边打工的年轻人外，随着各地私营企业的兴起，蒜岭小部分没有外出务工的人，尤其是信息较灵通、见识相对较广的村干部等也开始了"离农不离村"的合伙办企业的更高层次的非农产业尝试。但是，实践的结果——以失败告终。

1. 经营机砖厂的失败

蒜岭的机砖厂创办于1992年。有10个股东（每股9万元），厂长是关来兴。地址在后来的养鳗场的边上，占地面积50亩。所用土地以每年每亩10担谷子的土地使用补偿费向村民租用。机砖的原料是旱地土，以每亩1米高的土支付1000元的价格向村民购买。如果多挖1米的话，追加500元的方式累加支付。蒜岭机砖厂的原料虽是旱地土，但含有沙子，烧成的砖既不美观，又易断裂。而福州工厂的原料是黏土且没有沙子，烧出来的砖质量比蒜岭好。蒜岭机砖厂生产的既是劣质砖，当时又没考虑安排专人跑销路。蒜岭机砖厂最致命的问题还在于原料没有可持续性。挖了一层土后，下面就是粗砂石不能做原料。所以，经营了一年多，虽然效益还可以，利润为成本的10%，但是，已无原料可继续生产。因此，于1997年以110万元的价格卖给棉亭人。棉亭村有海滩，可以用海泥为原料制砖。

当时的当事人之一、现任蒜岭村村主任林玉坤认为，机砖厂的失败可以说是因为有些盲目性，没有估计好原料问题，全盘估计不足，管理方面也存在问题。

2. 经营加油站的失误

蒜岭汽车加油站建立于1993年底。开办的经过是这样的：新厝凤迹村的村支部书记先在蒜岭南边的下埔村办了一个加油站，效益很好，据说8个月就赚了10万多元，想进一步扩展加油站业务。他看到蒜岭村靠近福厦公路，地理位置好，就找到当时蒜岭村党支部书记陈通龙，建议两个村村干部各投资10万多元，合计20万多元建个中等规模的汽车加油站。

加油站原来占地5亩，1994年福厦公路重修扩建后只剩下约3亩。蒜岭派两人，凤迹派两人（出纳、会计），工资每人每月500元；另雇四五个外地小妹，包吃住，一个人每月 400 元。刚开张时，即 1994 年时生意还凑合，但后来愈加不行了。1995 年蒜岭退出资本，加油站归凤迹村经营。后来凤迹村也将其转给他人了。究其原因，陈通龙告诉笔者，其实一开始就估计错误。实际上这个地方地势不好，是在下坡路上，许多过路的司机不愿停留。而且在该加油站的上方和下方都各有一个加油站，分别位于渔溪和下埔，规模都比它大。它既没有规模优势，又夹在两个大加油站中间，自然生意不好。陈在向笔者介绍加油站情况时不住摇头，表示无奈。看来是没有这方面的业务经验，选错地点造成的失败。

3. 经营纸箱厂的苦衷

福清市兴德盛福利包装厂，创办于 1994 年。于 1999 年因债务问题清盘关门。该厂的建立是村民关来兴动议的。他动员陈金辉、陈文德加入 1 股，陈通龙和陈琳各加入 1 股，每股出资 40 万元。另加上蒜岭村干部每人投资 5 万元，共集资 259 万元，在 26 亩土地上建立起来的。关来兴任厂长。

该厂以"福利"冠名，并雇了残疾人工作。原因是根据国家政策可以获得减免税金的优惠。厂里雇佣了 30 多个工人，按照规定雇用的 30 多个工人中，残疾人必须有十七八个，然而实际在厂里工作的残疾人只有三四个。

兴德盛主要生产纸箱，最大客户是莆田贝克啤酒厂，后改为金匙啤酒厂。其他的多是些零星的订单，如江口一家雨鞋厂和附近的厂家等。纸箱厂的原料是从福清、福州和安徽进来的。在关来兴的领导下，纸箱厂利润不错。在工厂运营的五年中，1994 ~ 1997 年的效益比较好，特别是鼎盛时期一年毛利可达 500 多万元。1998 ~ 1999 年由于金匙啤酒厂和其他客户欠下的债务过多，最多时约达 160 万元。导致工厂资金周转不灵而清盘关门。机器也转卖给了他人。至今金匙啤酒厂还欠他们 20 万 ~ 30 万元钱。由于关来兴在 2001 年过世，欠债更难讨回。建厂所使用的土地被分成两块，16 余亩以 70 万元的价格卖给村民林向阳办骨科医院；9 余亩以每亩每年 100 元的价格租借给村委委员关来华经营蘑菇种植。究其失败原因，笔者认为，是企业财务没有严格按照现代企业的财会制度办事，一有呆账，按理就不该继续赊账出售，以至于自身被客户的欠款拖垮。因为是熟人、大买主、有声望的华侨就不按章办事，只能自吞苦果。

4. 经营养鳗场的惊恐

养鳗场成立于 1994 年。是由蒜岭村干部牵线建立的。成立养鳗场的原因是，当时福清、莆田一带掀起了养鳗热，仅在福清注册的养鳗场就有 300 多家。

养鳗场占地 42 亩，是以一年租金 10 担谷子（大约 500 元钱）向蒜岭村租的。蒜岭村委每年收其 3000 元的管理费。养鳗场资本共 10 股，每股 10 万元。其中蒜岭人，即当时的村支书陈通龙、村主任黄玉飞（中途退股）、村副主任林玉坤各 1 股；新厝村人黄培春 1 股；其他是东澳村人，即林章霖、黄以清、陈仪华、许立新和许经贸等各 1 股。第一任厂长是林章霖，1997 年后的厂长是许立新。陈通龙则一直担任着董事长的职务。养鳗场的养鳗池和棚都是股东们自己购回材料，亲自动手建成的。

由于不熟悉鳗苗市场和苗种的优劣，股东们动用了大量的社会关系网络，走遍了福建、广东等东南沿海各省份寻找优质的鳗苗，最后确定福鼎作为鳗苗的来源地。在鳗苗的价格和品种的优劣权衡上，股东们也费尽了心思。1994～1995 年他们采用日本鳗苗，每尾价格在 10～16 元间波动，这个价格虽然比较贵，但是那两年的鳗鱼市场较好，1 吨可卖到 18 万元。当时他们引进了 10 万～20 万尾日本鳗苗。鳗苗长大后共有成鳗 40～50 吨。第一年就收回了成本。刚开始有如此高的产量是因为新建的鳗池细菌、病菌少，鳗鱼较易成活，生长的速度也比较快。但是，股东们并不了解这个道理，认为养鳗效益这么好，每个人又追加投资 10 万元，合计投入 500 余万元。此时鳗苗也水涨船高，涨到了每尾 18 元。到了 1997 年，由于鳗鱼市场开始不景气，每吨成鳗暴跌至 8 万元，甚至有一段时间跌至每吨 5 万元。这一年股东们偏偏选择购买了价格稍低但比较难养的欧洲鳗苗，他们又缺乏养殖技术，结果成活率不高，亏损了不少。于是自那以后重新采用日本鳗苗。经过 5 年时间，终于逐渐收回成本。

当时生产的成鳗主要是卖给福州的外贸公司和莆田及福清的烤鳗厂，也有些零星的莆田和福清的客户打电话来收购鳗鱼。其中莆田的一家烤鳗厂不仅将鳗鱼加工成烤鳗，而且还将收购来的活鱼直接用于出口。养鳗场规定先付定金后交货。

鳗鱼市场在经历了 1995 年和 1996 年的好年头后，1997 年开始衰退，股东们认为养鳗很难再有什么新的突破，于是在 1999 年将鳗鱼场转让给一个福清人。据陈通龙介绍，总的来说，他们的经营虽没赚钱但也没有亏本，这在鳗鱼市场不景气的情况下已经算是奇迹了。

笔者认为，蒜岭养鳗场的失败主要有两个原因：一是不熟悉市场变化规律盲目跟风；二是本身不熟悉鳗鱼的习性和养殖技术。另外，当事人吴某也坦陈他们"缺乏管理经验"。

三　农民办企业并非易事

以上的事实表明，改革开放前夕和改革开放之后，蒜岭人创办的集体企业和合办企业几乎无一逃脱失败的命运。这是为什么呢？是蒜岭人没有搞企业，当企业家的天赋吗？不是！"走番"的蒜岭人大部分都成为成功的工商业者，有的还名扬东南亚，名扬全世界。这又怎么说呢？本土的蒜岭人和海外蒜岭人有什么不同吗？笔者反复思考过这一问题。结论是本土蒜岭人手里攥着土地，而海外蒜岭人两手空空孑然一身。换句话说，本土蒜岭人即使办不成企业还有生存的退路，而海外蒜岭人是孤注一掷，豁出去了，非闯出一条生路不可。正因为有这一根本性的不同点，在创业的道路上才会出现两种不同的态度和结局。具体来说，海外蒜岭人在创业的过程中不是没有失败过，只是他们失败后，爬起来总结经验后再干，而不是草草收摊了事。从第三章中我们已经知道，"走番"的许多人为了生存，辗转颠沛，在创业中经历了许多磨难，最后才得以成功。甚至有的人成功后又会突遇灾难。但面对失败他们只有一个态度，那就是重整旗鼓从零开始。而本土蒜岭人缺少的正是这种精神，因此，展现在我们面前的只有他们失败的叹息，而无成功的自豪。归根结底，对村民来说他们失败后还有退路——农业；对村干部来说，他们失败后还有工资。尤其是集体企业，倒闭了受损的是集体财产，华侨的捐款，更不易促使人们去反思失败的原因。他们期盼通过做生意、办企业，用比干农业更轻松的方式赚取更多的钱，但是，并不是非走这条路不可。因此，一旦这条路难走，就迅速败退下来了事，而不想分析问题的症结，寻找有效的办法。而海外蒜岭人身处异国他乡，他们没有退路，只能一往无前闯出一条生路。生存逼着他们学习，逼着他们跌倒了爬起来再干。因此，最终他们的大多数在非农产业站稳了脚跟，成为企业家和商贾。总之，要从一个农民变成一个工商业者，是需要付出"学费"的，并且多数人还需要付出高昂的代价，没有这种精神准备，就不可能从农民变成一个企业家。

另外，从第三章中我们还可以看到，海外蒜岭人做生意、办企业，不是想办就办起来的，而是都有一段在乡亲的店里，或企业里帮忙或当学徒的经历的。在别人的企业里有了一定经验后，学会了适应市场规律的现代经营的一套规则和制度后，才出来独立做生意或办企业的。但是，本土蒜岭人一方面没有这方面的学习机会，另一方面，把办企业看得很容易，说干就干起来了。因此十有八九要摔跟头，这也是必然的，不足为怪的。陆学艺先生对大办乡镇企业就有他的独特看法，他认为："农民办乡镇企业是在不能改革二元社会结构条件下一种不得已而为之的做法"，虽然它是中国农民的一个伟大创造，"创造了大量财富，促进了工业化，但农民付出了很大的代价，国家和社会付出了很大的代价，环境和资源也付出了很大的代价"。

实践告诉蒜岭人，办企业不仅仅只是投入一笔资金就可以坐享其成的。资金固然重要，但是，更重要的是要有驾驭现代企业的人才。这种人才往往不是与生俱来的，而是在学习和实践中一步步学会的。农民办企业，对他们来说是一个质的飞跃，需要他们自身素质也有一个质的改变，否则是徒然的。蒜岭人在劳动力由自己掌握的各种实践中，最终重作冯妇，选定了一条对他们来说最理想的致富路径——出境务工。出境务工在投入一笔资金（手续费）后，到了海外，干的是几乎不需要语言沟通也能操作的最简单粗笨的活，因此，只要有一副健康的体魄谁都可以胜任。这确实是一条要求条件不高，最适合蒜岭人的致富路径。

第五节　出国出境务工为主的多元经济

一　出国出境务工形成热潮

正如前面第三章所述，蒜岭是一个具有悠久移民史的村庄。但是从上个世纪 50 年代中期以来，在沉寂了将近 20 年后，20 世纪 70 年代中期，蒜岭人重新陆续出国务工，并渐渐形成出国的热潮。这个热潮到了 2000 年达到了巅峰。目前出国务工仍旧是蒜岭人认定的最理想的致富途径。

新中国成立后不久，由于极"左"思潮日益泛滥，私人出国被当成叛国，被当成特务、反革命。只有成分好的人才可以因公出国。因此，这个时期蒜岭基本上无人出国，也无法出国。20 世纪 70 年代中期，政府开始纠正对待归侨和侨眷的极"左"做法，允许归侨、侨眷等在有海外亲属邀请或要求的情况下出境探亲或继承财产等。这时，蒜岭村就有一些村民以这种方式到香港、澳门等地定居。渐渐的一些头脑灵活的村民也开始请海外朋友帮忙编造一套与其有亲属关系，希望其出国继承财产等内容的信件及数百元汇款寄回村里，然后持此信件和汇款单办到护照出境务工。1980 年村民陈某就是编造了一份叔叔想叫他帮忙管理其在澳门的产业的假信，从而成功到澳门定居的。在澳门找到工作稳定后，第二年他又以同样的方式，把弟弟、妹妹也接到了澳门。

此外，1979～1984 年，为了改善亲属和朋友生活，以及帮助村民致富、开阔村民眼界，陈德发先生按统战政策和其他途径办理了 19 名亲友赴香港定居，并免费办理了 70 名村民去澳门务工，其中约三分之二为蒜岭村民，当时村里一些家庭经济困难的村民被挑选入内。很快，这些定居香港的村民和到澳门务工的村民就将在港、澳的所见所闻传回了蒜岭村。特别是在澳门打工的村民赚了"大钱"① 的消息传遍整个蒜岭。外出打工的巨大收益产生了强烈的示范效应。呆在村里处于失业和半失业状态的青年人开始按捺不住内心的冲动。尤其让他们"嫉妒"的是，在港、澳打工赚了大钱的村民原本在素质与能力上都与自己并无两样，但却可以在一个月的时间内赚到比自己在村里辛苦劳作一年还多的收入。这种巨大的利益比较，在青年村民中产生了一股强大的拉力，大家纷纷开始想方设法要去香港、澳门打工。而当时正是香港和澳门经济迅速增长时期，对劳动力有很大的需求。于是，蒜岭重新掀起向海外输出劳务，到海外打工的浪潮。到了 20 世纪 90 年代，由于一批

---

① 当时中国内地打工一天 2 元，但澳门一天十几至二十几元。

从事海外劳务的公司的兴起和各种偷渡渠道的开辟，蒜岭的出国热潮逐渐达到了巅峰。现在海外务工已经成为蒜岭村最重要的经济支柱。据村委提供的统计资料显示，截至 2003 年 6 月，蒜岭在海外务工者（包括偷渡出境者）总计 318 人，占全村人口 18.8%，分布于 20 多个国家和地区。到 2008 年 5 月为止，出国出境务工者达 457 人（见表 5-1）。从 20 世纪 70 年代至 2003 年 6 月，在海外定居或加入外籍者已达 293 人（见表 5-2）。

表 5-1 截止到 2008 年 5 月统计出国出境务工人数及性别状况

单位：人，%

国家/地区	男	女	合计	国家/地区	男	女	合计
新 加 坡	56	44	100	中国台湾	2	7	9
中国澳门	44	44	88	美 国	3	2	5
英 国	42	30	72	马来西亚	2	2	4
法 国	24	6	30	以 色 列	2	0	2
阿 根 廷	13	10	23	塞浦路斯	0	2	2
西 班 牙	13	8	21	瑞 士	1	0	1
意 大 利	13	6	19	匈 牙 利	1	0	1
爱 尔 兰	7	10	17	中国香港	1	0	1
日 本	14	2	16	其 他	15	11	26
澳大利亚	5	5	10	合 计	264	193	457
韩 国	6	4	10	比 率	57.7	42.2	100.0

资料来源：村委提供（林芳绘制）。

表 5-2 20 世纪 70 年代至 2003 年 6 月定居海外或加入外籍和港、澳、台籍者人数

单位：人

定居的国家/地区	男	女	总计	定居的国家/地区	男	女	总计
阿 根 廷	2	0	2	新 加 坡	9	12	21
澳大利亚	6	4	10	中国香港			112
意 大 利	3	4	7	中国澳门			123
加 拿 大	2	1	3	中国台湾	1	5	6
日 本	5	2	7				
西 班 牙	2	0	2	总 计			293

资料来源：村委会提供（林芳绘制）。

20 世纪 80 年代末开始，蒜岭村的经济结构发生了根本性的变化。随着出国出境务工人数不断增多，收入增多，村里从事农业生产的青壮年劳动力越来越少，人们种田的积极性越降越低，村内经济陷入低谷。

二　以出国出境务工为支柱的多元经济结构

伴随着蒜岭出国出境务工热潮的兴起，蒜岭村农业经济不断下滑，从事农业生产的村民越来越少。

2003 年 12 月我们对蒜岭村进行了以户为单位的问卷普查，通过 SPSS 进行了数据分析。据村委提供的数据，村庄当时有 526 户，人口 1685 人。该次普查共入户调查到 406 户，① 人口 1335 人，占全村总户数的 77%，占全村总人口的 79%。其中有效问卷 399 份，总有效率达 98%。

上述 2003 年 12 月调查所得数据显示，蒜岭有 40% 的家庭已经没有耕地，62.4% 的家庭已经不种粮食。2004 年，新厝镇农业服务中心干部陈文富向笔者介绍说，如今在蒜岭大部分村民都不重视农业，村干部中也没有一个种田的。50% ~60% 的村民都在市场购买口粮。对于新技术、新要求和农业科技的推广在村中很难开展。不过，这种现象不光在蒜岭，在新厝镇的 16 个村都同样存在。16 个村的村主任和支书都不种田。更突出的是据镇里不完全统计，整个新厝镇 40 岁以下者中没有一个种田的。

2007 年笔者入村进行补充调查时得知，从 2005 年 1 月到 2007 年 7 月的两年半中，蒜岭又被征掉了 441.8 亩土地，所以，几乎全村人都已不可能口粮自给，绝大部分家庭都已到市场购买粮食了。

如今，在蒜岭村民的眼中没有本事的人才种田，大家都把目光盯在出国出境打工上。正如内地农民离开土地到沿海城市打工一样，蒜岭的村民则离开土地到海外打工。内地农民离土离乡，而蒜岭农民则离土离境。不过，海外劳务的收入远远高于在国内同样工作的收入。从表 5 - 3 可以清楚地看到，出境务工的年户均收入是所有职业收入中最高的，为 69737 余元，而国内务

---

① 没有实现入户调查的家庭多数为在外地打工，或已丧失劳动力的空巢家庭，且人不在家。

工年户均收入仅为29526余元；出境务工的年户均收入甚至高于纯工商户1万余元；而纯农业户的年户均收入最低，仅有13614余元。

表5-3　不同类型家庭的户均收入

单位：元

家庭经济收入类型	户均年家庭总收入	户均年家庭纯收入
纯农业户	15175.22	13614.35
以农为主兼业户	15229.57	14545.23
纯工商户	91365.45	57221.12
以工商为主兼业户	32064.28	24990.63
靠他人供养户		14338.14
部分靠他人供养户		7077.93
外出打工劳务（国内）	30341.59	29526.59
出境打工劳务	—	69737.04

资料来源：2003年12月问卷调查（黄江波统计，林芳绘制）。

2003年笔者和村民算了算1亩种双季稻的耕地的年收益，结果仅有250元。笔者大为吃惊，但是村民们却习以为常，他们早已计算过了。现将算式阐述如下：

一担谷子的价格当时在50~60元之间，取它的中值为55元。

早稻亩产一般为550斤，即5.5担；晚稻亩产一般为800余斤，就算8.5担，平均一亩一季为700斤，即7担，那么55元×7＝385元/亩，即一亩一季的产值为385元。

雇人打田（犁田）50元/亩，耙田10元/亩，雇人拔秧插秧共100元/亩，收割机收割60元/亩，肥料（堆肥、机肥）40元/亩。

一亩地一年种稻谷的附加值算式：

$$[385 - (50 + 10 + 100 + 60 + 40)] \times 2 = [385 - 260] \times 2 = 125 \times 2 = 250(元)$$

从以上算式可以看到，辛辛苦苦种一亩双季稻，一年的纯利润仅有250元。一个4口人的家庭，一共只有最多3.2亩地［实际上其中一半是旱地，只能种番薯、花生等（花生要榨油自用）］，如全部都能用于种水稻，也不过收益 800 元，而其中还要扣除 4 口人的口粮和每人缴纳的一百数十余元税金，① 收入就更少了。另外，村民认为在国外一个月可以赚五六千块钱，一担谷子价格为五六十块钱，如果出国的话，等于月收入就有100 担谷子。林玉霖先生给笔者举了个例子。他的女儿和女婿 1998 年在北头岭山下办了一个养猪场，由于遇到瘟疫，防治技术不过关，亏了 19.5 万元钱。2002 年夫妻借了 23 万元去了法国，在法国两年时间，不但还清了出国时的借债 23 万元，也还清了办养猪场的亏损。2005 年，也就是在法国的第 3 年，夫妻就寄回 22 万元在村里盖房子了。林先生感慨地说："若没有去法国，光亏本的 19.5 万元，就不知道何年何月才能还清。"所以 20世纪 80 年代末以后，越来越多的村民弃田外出务工。而从事农业无条件外出务工的家庭，不得不靠多种经营增加收入。比如林某除了种稻外，还种植番薯、花生、油菜、龙眼，以及养羊、牛、鸭、蜜蜂等，以农业的多种经营增加收入。

从表 5-4 可以看到，外出打工和海外务工的家庭在各种经济收入类型中比率最高，占总调查户数的 34.4%。相反，纯农业户和以农为主兼业户只占总调查户数的 24.3%，比外出打工和海外务工的家庭少了 10 个百分点。尤其是出境务工户在所有经济类型中占第一位。海外务工经济成为蒜岭村最主要的经济形式，深刻地影响着蒜岭人的生活。

表 5-4 农户经济类型

单位：户，%

家庭经济收入类型	户数	百分比	家庭经济收入类型	户数	百分比
纯农业户	49	12.4	部分靠他人供养户	15	3.8
以农业为主兼业户	47	11.9	外出打工劳务（国内）	57	14.4
纯工商户	34	8.6	出境打工劳务	79	20.0
以工商为主兼业户	36	9.1	合　　计	395	100.0
靠他人供养户	78	19.7			

资料来源：2003 年 12 月问卷调查（黄江波统计，林芳绘制）。

① 蒜岭税收各个生产队不同。据第 8 生产队村民介绍，税收从最早的年每人 20 元不断增加，到2006 年取消税收时，已是每人 160 余元。

另外，从表5－5可以看到，蒜岭的经济结构已经多元化。主业从事农业的仅占就业总人数798人的33.71%，而从事工业、建筑业、运输业、商业和服务业、乡村管理、教育文化、科技卫生和其他行业的人竟占总就业人数的66.29%，是主业从事农业人数的近2倍。

表5－5　主业汇总频次统计

单位：人，%

行　业	人　数	百分比	行　业	人　数	百分比
种粮	237	21.3	服务业	91	8.2
经济作物种植	24	2.2	乡村管理	12	1.1
林业	7	0.6	教育文化	15	1.3
养殖业	1	0.1	科技卫生	12	1.1
工业	40	3.6	家务	74	6.7
建筑业	60	5.4	赋闲	240	21.6
运输业	15	1.3	其他	237	21.3
商业	47	4.2	总　数	1112	100.0

资料来源：2003年12月问卷调查（黄江波统计，林芳绘制）。

　　从表5－5和表5－6还可以看到，无论是主业也好，第一兼业也好，种粮人数合计有258人，占主业经营农业和第一兼业经营农业总人口325人的79.38%。也就是说，从事农业者中，以种粮为最多。根据当时入户调查收集到的资料，以及村委的介绍知道，当时蒜岭人种粮的目的除了前面提到的4家外，都是为了满足自家口粮而已，并非种植商品粮。因为"太便宜没人卖"。以种粮为主业的家庭实际上可以认为绝大部分是那些空巢的低龄老人的家庭，他们闲不住，种点口粮，而其他生活需要则由子女提供，这是一种情况。第二种情况是出国回来者，他们一般也会填"种粮"。他们如果年纪还轻的话，回国后并不从事农业生产，而是等待时机再次出国务工。第三种情况是，偷渡出国的人，他们的家属怕如实填表会有什么不利后果，便填种粮。

　　另外，从表5－7中可以看到，蒜岭家庭经营收入结构中，来自农林业的收入仅占总收入的21.85%，其他近80%的收入均来自工业、运输业、建筑业、商业服务业等。

总之，蒜岭已形成了以出境务工为支柱的多元经济结构。

表5－6 第一兼业汇总频次统计

单位：人，%

行 业	人数	百分比	行 业	人数	百分比
种粮	21	16.9	服务业	1	0.8
经济作物种植	24	19.4	乡村管理	1	0.8
林业	9	7.3	科技卫生	2	1.6
养殖业	2	1.6	家务	11	8.9
工业	3	2.4	赋闲	11	8.9
建筑业	16	12.9	其他	17	13.7
运输业	3	2.4			
商业	3	2.4	总 数	124	100.0

资料来源：2003年12月问卷调查（黄江波统计，林芳绘制）。

表5－7 家庭经营收入结构

单位：元，%

收入结构	农业收入	林业收入	工业收入	运输业收入	建筑业收入	商业服务业收入	其他经营收入	总计
数 量	1030726	89310	219000	216700	287700	2796600	485402	5125438
百分比	20.11	1.74	4.27	4.23	5.61	54.56	9.47	100.00

资料来源：2003年12月问卷调查（黄江波统计，林芳绘制）。

第六章　第二次出国出境热潮

　　如第五章所述，20 世纪 70 年代中期开始，蒜岭人重新陆续出国出境务工或定居，并渐渐形成出国的热潮。这个热潮到 2000 年达到了巅峰。目前出国出境务工依然是蒜岭人认定的最理想的致富途径。2003 年 1 月，笔者带领社会学专业学生在蒜岭入户 356 家，对被访者家庭成员中的、在第二次出国热中出境务工者（包括合法的出境劳务者、偷渡者和自费留学者）的情况进行了问卷调查。本章将根据问卷调查，并运用 SPSS 统计软件分析蒜岭第二次出国出境热中出境务工者的情况与特点。由于 2003 年时，已经有不少出境劳务者合同期满回国，或在海外打拼多年自首回国的偷渡者，所以，我们的调查对象不仅有正在海外务工的人，也包括那些已经回来的人。

第一节　出国出境务工者的基本情况

一　出国出境热在 20 世纪 90 年代末逐渐形成高峰

　　从表 6 - 1 可以看到，在 20 世纪 80 年代初就陆续有人出境务工，到了 20 世纪 90 年代，每年出境的人数开始增多，而 2000 年开始，出境的渠道进一步畅通，每年的出境人数剧增。这里要说明的一点是，20 世纪 70 年代出境的人大部分是举家定居港澳的，他们已不可能成为我们的被访对象，所以，表 6 - 1 反映不出他们的情况。蒜岭办理出境劳务到澳门打工大约始于 80 年代初，以后各处中福公司来此招聘出境劳务的逐渐多了起来。

表 6 - 1　1984 ~ 2003 年出国出境时间与人数

单位: 人, %

时　间	人　数	百分比	时　间	人　数	百分比
1984	1	0.5	1995	8	4.0
1985	2	1.0	1996	10	5.0
1987	2	1.0	1997	7	3.5
1988	1	0.5	1998	7	3.5
1989	1	0.5	1999	16	8.0
1990	3	1.5	2000	36	18.0
1991	2	1.0	2001	37	18.5
1992	4	2.0	2002	38	19.0
1993	19	9.5	2003	1	0.5
1994	5	2.5	总　计	200	100.0

　　说明: 本表是入户调查 356 家所得的统计数据, 所以不仅不能准确表示 1984 ~ 2003 年期间蒜岭村每年的出境人数, 而且, 由于该次调查没有遇到 1986 年出境的村民个案, 所以表中没有 1986 年情况。

　　资料来源: 2003 年 1 月问卷调查 (黄江波统计, 林芳绘制)。

二　出国出境务工者男性略多于女性

　　从问卷调查反映到表 6 - 2 中的数据可以看到, 在 334 位出境务工者中, 男性是女性的 2 倍多。而 2008 年 5 月统计的出境务工者情况表 5 - 1 显示, 男性只是女性的 1.368 倍。这与 20 世纪上半叶的"走番"有很大的不同。20 世纪上半叶的"走番"几乎都是男性出去闯荡, 生活安排稳妥后, 才把妻子和儿女接出去。而当代的出境务工, 虽然仍是男性出去为多, 但不少女性也争取机会出境务工。这或许可以说明现代社会交通比过去发达, 安全系数大大提高, 而且海外可以适合女性的工种也比昔日增多, 所以, 女性也可以大胆地出境务工。

表 6 - 2　出国出境务工人员性别结构

单位: 人, %

性　别	人　数	百分比
男	226	67.7
女	108	32.3
总　计	334	100.0

　　资料来源: 2003 年 1 月问卷调查 (黄江波统计, 林芳绘制)。

三　初中毕业生最多，高中毕业生次之

从问卷调查反映到表 6 - 3 中的数据可以看到，出境务工者的文化程度以初中毕业生为最多，占 321 位出境务工者的 37.7%；高中毕业生次之，占 321 位出境务工者的 25.5%；再次是小学毕业生，占 321 位出境务工者的 9.0%。比起他们过去"走番"的祖先，文化程度要高得多（见本书第三章）。这一条件使得他们在海外就业有利得多。并且由于他们多多少少懂得一点英文，所以，在海外寻找工作等，依赖老乡关系的程度稍有降低。

表 6 - 3　出国出境务工人员受教育年限

单位：人，%

受教育年限	人　数	百分比	受教育年限	人　数	百分比
1	1	0.3	11	13	4.0
2	2	0.6	12	82	25.5
3	5	1.6	13	8	2.5
4	3	0.9	14	2	0.6
5	10	3.1	15	9	2.8
6	29	9.0	16	8	2.5
7	5	1.6	19	1	0.3
8	14	4.4	无效回答	2	0.6
9	121	37.7	总　计	321	100.0
10	6	1.9			

资料来源：2003 年 1 月问卷调查（黄江波统计，林芳绘制）。

四　务工范围遍布世界各地

根据表 6 - 3 显示的数据计算，77.9% 的出境务工者的受教育年限在初中毕业及以上水平，多少都有些英文基础，所以只要能出去，只要能赚钱，他们并不大在意一定要到哪个国家。而不像他们"走番"的祖先因为语言障碍，需要老乡帮老乡，都集中在东南亚。不过，由于他们多数是通过出国劳务公司办理的手续，因此，还是集中在出国劳务公司安排的新加坡、以色列等国家，以及中国澳门、香港地区，其中又以新加坡和澳门最为集中。从表

6-4 可以看到，赴港澳台①的最多，占 360 个案例的 39.2%，其次是新加坡，占 360 个案例的 23.1%。这与侨领陈德发的努力不无关系。莆田中福公司经理陈淑娟是陈德发的堂侄女，陈德发委托她对蒜岭给予些名额上的照顾，为此，陈德发赠给该公司一部旅游车。出国劳务公司最初办理赴澳门的劳务最多。1990 年中国与新加坡建交，1991 年蒜岭劳务就开始输往新加坡，1993 年开始大批前往该国，据称蒜岭在新加坡的人数最多时达 180 多人。1995 年前后，新加坡经济发展迅速，尤其是房地产业对劳动力的需求很大，工作好找且工资也普遍较高。蒜岭村民到新加坡的劳务输出也就达到了高峰。同时有不少人申请永久定居获得成功。据村委 2003 年统计资料显示，在新加坡定居的蒜岭人共有 21 人，其中大部分就是在这个时期获得定居权的。然而 1997 年亚洲金融风暴之后，东南亚各国经济遭受严重冲击，新加坡也受到严重影响，各行各业均不景气，工作机会骤减，且拖欠工资的情况剧增，许多村民因此纷纷回国。那时，香港、澳门等地的经济也都由于金融风暴而滑坡，对劳务的需求下降，这些地方的蒜岭劳工回乡的也很多。这以后，蒜岭的劳务经济便开始转向以色列等国。

表 6-4　务工出境的国别与地区

单位：人，%

国　家	人　数	百分比	国　家	人　数	百分比
以色列	24	6.7	意大利	11	3.1
日　本	35	9.7	美　国	1	0.3
港澳台	141	39.2	西班牙	2	0.6
爱尔兰	8	2.2	乌拉圭	1	0.3
新加坡	83	23.1	马达加斯加	1	0.3
英　国	12	3.3	塞浦路斯	1	0.3
阿根廷	3	0.8	葡萄牙	1	0.3
德　国	2	0.6	其　他	33	9.2
马来西亚	1	0.3	总　计	360	100.0

资料来源：2003 年 1 月问卷调查（黄江波统计，林芳绘制）。

----

① 赴台湾者基本上都是定居港澳后又移居台湾的。

至于偷渡者，2000 年初时村民一般喜欢去日本，因为日本是赚钱较多较快的地方，而且偷渡费用不像美国那么高。所以，偷渡日本的比例也较高，占 360 个案例的 9.7%。

五　多次出境者不在少数

　　从表 6 – 5 可以看出，多次出境者不在少数，有的甚至出境务工达 5 次之多。这一点与 20 世纪上半叶的"走番"者截然不同。究其原因，主要是无法定居所致。20 世纪上半叶的"走番"者到了东南亚就可以定居，因此，不存在必须多次出境务工的问题。而现在的出境劳务者一旦在外合同期满一般都必须回国，为了挣钱只好再等机会出境。陈某 1991 年 23 岁时，从拱北游泳偷渡到澳门当泥水匠，两年后回来。1995 年以正式劳务到新加坡当泥水匠，两年后回来。1998 年底乘飞机偷渡日本，去了 4 年多，2003 年 6 月中旬被日本警方抓获，遣送回国。前后出境务工 3 次。

表 6 – 5　务工人员出境次数统计

单位：人，%

出国次数	人　数	百分比	出国次数	人　数	百分比
1	306	85.5	4	2	0.6
2	41	11.5	5	1	0.3
3	8	2.2	总　计	358	100.0

资料来源：2003 年 1 月问卷调查（黄江波统计，林芳绘制）。

　　出境劳务者在外合同期满回国，或偷渡者因身体问题等自首回国后，如打算再度出去的话，一般都在村中闲逛，无所事事。一是在国外劳顿有加，回来后好好放松放松养身休息一番；二是由于在外收益巨大，回来后已看不上国内的工资待遇，认为"那一点收入有啥用"不想干；三是等待随时可能出现的再次出境务工的机会，而不愿被国内的工作所牵制。

　　由于出境打工与农业收入差距巨大，大多数年轻人孤注一掷，把自己的前途全部押在了出境务工一条路上。准备出境的年轻人根本无心学农活，也不想干农活。尤其是个别年龄已近三四十岁，已经有妻室、儿女的人，在不知机会何时降临，能否降临的情况下，也整天溜达闲坐，举家坐吃父母的闲饭。给五六十岁的父母增添了无限的忧虑和经济压力。对于这些家庭，等待中的日子是并不轻松的。郑某 2005 年去新加坡前，在等待出境机会的数年中，每天打牌、溜达，妻儿一家三口靠父母抚养，父母精神负担沉重。后来，终于等到了他成功出国的一天，父母才如释重负。林某 1993 年 25 岁时到澳门打工，1994 年底回村，那时他还是单身汉。1995 年和妻子一起去了新加坡，2002 年回国。2003 年开始盖房。楼房盖了一半，当年他与妻子又同时办理去爱尔兰的手续，但是他没办成功，妻子却办成功了，去了爱尔兰。后来，妻子和他断了音讯，据说又和别人结了婚。林某一边是盖了一半的房子，还有一个孩子在身边，一边又失去了妻子，对他来说等待的日子的确是痛苦的。但是，由于他整天无所事事，年近 40 仍靠父母生活，如果机会永不降临，这辈子他将怎么办？因此，其父母更是忧心忡忡，度日如年。幸好，在整整闲待了 4 年之后，2006 年 38 岁时，终于成功去了法国。这 4 年对于他，尤其是对于其父母无疑都是一场心灵的煎熬。

第二节　出国出境原因、途径和费用

一　为挣更多钱而出国出境

从问卷调查得出表 6-6 的数据可以看到，在 360 位出境务工者中，有 55.6% 的人是冲着境外工资水平高而出去的（虽然这里的回答多数并不是出境务工者本人的回答，而是他家里的被访者的代答）。这完全符合霍曼斯交换理论的理性命题：人们在选择行动时，都会考虑行动后果的价值大小。通过理性全面权衡，选择对自己最有利——国外工资水平高——的行动。蒜岭的出境务工者已与 20 世纪"走番"的祖先们不同，后者是因为当时低下的生产力使有限的土地无法维持他们自给自足的基本生活，从而不得不通过"走番"养活家口；而如今，蒜岭的人均土地虽然更少，但生产力的显著提高、土壤的改良、农作物的品种改良等已使单位面积的粮食产量大增，足够满足蒜岭村民的生存需要（详见本书第五、七章），蒜岭人要出境务工为的是用同样的投入，获得比别的劳动多得多的回报，以便尽快提高生活水平。

表6-6　出境原因分析

单位：人，%

出国原因	人　数	百分比	出国原因	人　数	百分比
国内就业困难	65	18.1	亲人团聚	29	8.1
境外工资水平高	200	55.6	其　他	19	5.3
追求国外教育	34	9.4			
随大流	13	3.6	总　计	360	100.0

资料来源：2003年1月问卷调查（黄江波统计，林芳绘制）。

　　改革开放以后，东南沿海许多侨乡出现了出境务工的热潮，一些学者认为这是侨乡人血液中一种不安现状、勇于冒险的特质重新得到激发；也有一些学者认为这是因为侨乡存在着的海外的社会网络所致。但是读了刘朝晖的《超越乡土社会》后，笔者更加坚信，蒜岭人重新走出国门到海外务工，虽然的确有海外社会网络的优势，关键的还在于他们通过各种利益的权衡之后，而作出了对于他们来说最佳的理性的选择。刘朝晖笔下的新江同样是侨乡，而且迄今也仍有众多海外社会网络，但是，新江人却没有模仿他们的祖先，不选择走出境务工之路，而是留下来靠租金生活。这一选择也是他们根据自身的地理区位的优势——在城市化的辐射范围内——做出的最优抉择。

　　从表6-7也可以看出，在回答"如有以下机会去国外您会选择哪个？"时，18~45岁的一组人中42.4%的人选择去"工作"，其次是去"旅游"，可见，对于这些环境适应性较强的年轻人，"国外"的最大魅力是可以挣大

表6-7　如有以下机会去国外您会选择哪个

单位：人，%

如有以下机会去国外您会选择哪个	18~45岁		46岁及以上		总　计	
	人　数	百分比	人　数	百分比	人　数	百分比
学　习	8	8.7	1	1.1	9	4.8
工　作	39	42.4	11	11.7	50	26.9
旅　游	25	27.2	43	45.7	68	36.6
生　活	13	14.1	9	9.6	22	11.8
放　弃	7	7.6	30	31.9	37	19.9
合　计	92	100.0	94	100.0	186	100.0

资料来源：2003年1月问卷调查（黄江波统计，林芳绘制）。

钱，而不是异国风光；而对于那些环境适应性较弱的 46 岁及以上的人来说，"国外"的最大魅力是异国风光，45.7% 的人选择去"旅游"。不过，对讲求实际、省吃俭用的年岁大的人来说，就连到国外旅游也没有多大兴致，因此，情愿放弃去国外的机会的占 31.9%。

二 五花八门的出境途径

从表 6-8 可以看出，在 2003 年，通过合法手续出境者占绝大多数。通过劳务公司办理合法的出国劳务而出境的人在 353 位出境务工者中占 60.6%，其次是留学和配额出国，分别都占 12.2%。商业移民和技术移民也是合法的，合占 1.4%。异地偷渡在手续上实际上也是合法的，一般是采取到落后国家投资移民、旅游、考察等名目，先到这些国家，然后再从这些国家到打工目的国。因此，从表 6-8 看，真正直接偷渡的人只有 5.7%。

表 6-8　出境途径

单位：人，%

出国途径	人　数	百分比	出国途径	人　数	百分比
劳务公司	214	60.6	商业移民	2	0.6
留　学	43	12.2	技术移民	3	0.8
配额出境	43	12.2	其　他	19	5.4
直接偷渡	20	5.7	总　计	353	100.0
异地偷渡	9	2.5			

资料来源：2003 年 1 月问卷调查（黄江波统计，林芳绘制）。

如上所述，蒜岭人出境务工的最主要的途径是通过正规的劳务公司办理海外劳务。早期，大多数村民是通过中国福建国际经济技术合作公司办理劳务输出。后来，福建国际劳务市场不断发展，其他的劳务公司也来蒜岭招工，蒜岭村民也就有了更多的选择。通过正规劳务公司办理海外劳务的所有劳务人员都要与公司签订劳务合同，并缴纳一定的费用。其他事项便由劳务公司全权办理。劳务代办费的多少与目的国或地区劳务的平均收入成正相关关系，收入越高则代办费也越高。

通过正规的劳务公司办理海外劳务时，根据将要从事的工作的要求，对招募对象有一定的条件限制，如年龄、性别和学历等。另外，劳务接收国也有配额限制。因此，不是所有想出境务工的人都能如愿以偿走这条路的。如果这条路走不通的话，还有一个风险较大，而且违法的出境方式，这就是偷渡。所谓偷渡，可以说有两种含义。一种是指出境的方式本身就是违法的；另一种是指出境的方式并不违法，但到达目的国后从事的活动与签证不符，而且签证期满后仍滞留在目的国继续务工。

在蒜岭，一些不具备办理出国劳务出境的村民往往选择偷渡出国。早先，偷渡的人数少，形式简单。偷渡目的地主要集中于港澳。偷渡者一般在夜间乘坐渔船渡海抵达港澳。个别付不起偷渡费用的村民干脆直接游泳到澳门。

如今蒜岭村民偷渡到海外的人数大大增多，目的国范围扩大，偷渡的方式多样化、并且更加隐蔽、也更加安全。目前福建沿海常见的几种偷渡方式为：①办理海外旅游，到达目的地后非法滞留，从事劳务；②办理假证件，一般是揭换他人护照的照片，或是揭换海员证照片，冒充船员到达目的地后非法登岸滞留；③办理出国留学，而实际上是以务工为目的，签证到期后仍非法滞留；④异地偷渡，即先通过某种合法途径到达某国之后，再以某国为跳板进入打工目的国。

办理海外旅游是蒜岭村民选择较多的偷渡方式之一。因为这种方式对偷渡者的要求较低，只要有足够的资金抵押即可，而且较为安全。但由于福清通过旅游签证偷渡的人很多，现在很多发达国家都加强了对福清旅游签证的审核力度。

办理假证件原先在福清很有市场，每当有人从海外归来并具有合法的护照时，交易就可以进行。持有护照者将护照高价出售给蛇头，而向有关部门挂失并申请新的护照。蛇头则找到买主后将护照进行揭换照片等加工并协助购买者偷渡。以这种方式偷渡要靠运气，因为偷渡者必须与原护照持有人性别相同，年龄相当，而且所去国家如其所愿才行。不过现在许多国家已加强了对丢失护照的监控，这条路已不大行得通，除非使用死亡者（如车祸死亡等）的护照揭换照片。

自费留学一般是去日本、澳大利亚、爱尔兰等国。村民去后一般就读于语言学校，而实际上大部分村民没有真正在校读书。通常，最初一段时间村民会按时到校学习，但很快就开始因打工而旷课，再后来则干脆不再到校学习。而大多数的"留学生"在留学签证过期后仍旧非法滞留，打工赚钱。留学只是出国的跳板而已，打工赚钱才是真正的目的。申请自费留学要求有高中毕业的学历，并不是每个村民都有条件申请的。不过，早期不少蒜岭人使用假的高中或大学文凭办了留学的出境签证，因此他们最多也只能念念语言学校。语言学校毕业后不可能继续去考大学或念研究生。只得"黑下来"（非法滞留）去打工。现在蒜岭 20~30 岁的人能出境的差不多都已出境了，新毕业的高中生则多以办留学出境，而且不少人已不像他们的父辈那样以留学为幌子，行打工之实，而是念完语言学校后，原来是高中毕业者就在海外考大学，原来是大学毕业者就考研究生，毕业后找到就业单位，以合法身份留在海外。蒜岭的留学申请一般选择去日本、英国、爱尔兰、澳大利亚和新西兰等国。林金煌之子是大学毕业生，到日本留学后，现在日本就业，拿到就业签证，就有了合法的身份。预计像他这样走真正留学之路，以合法身份留在海外的蒜岭青年今后会逐渐增多。因为他们有真正高中或大学学历，能够考上高一级学校深造，可能成为白领阶层留在海外。

异地偷渡主要有两种方式，一种是以合法身份先到达某国，一般是旅游、考察等，然后通过当地的蛇头组织偷渡到目的国；还有一种是以投资移民等身份移居到一些发展中国家后，再通过各种途径移居目的国。这种方式所需资金较多但较安全。如杨某通过蛇头办了到多米尼加的商业移民签证。签证批出来后，这一签证可以免签入境 23 个国家。因此，他当时直接由香港乘飞机去了日本。王某开始是办了到玻利维亚定居的手续，在玻利维亚待了 3 个月，第 2 站从玻利维亚到了乌拉圭，又在乌拉圭待了 9 个月，最后，才到了日本。陈某起先也是办了到玻利维亚定居的手续。到波后，由蛇头帮他从玻利维亚办到了日本。不过，这些人到了打工的目的国后，签证过期后仍旧待着不走，便成了非法滞留者。

与 20 世纪上半叶"走番"的祖先比，现在的蒜岭出境务工者多了许多出境的途径，然而现在出境比"走番"当时要难得多。"走番"的祖先的合法入境途径有两条，一是已在东南亚生活者的家眷便可带入；二是持有护照签证就可入镜。非法入境方式也有两个，一是冒充已在东南亚生活者的家眷（16 岁及以下者），二是揭换他人护照上的照片（17 岁及以上者）（见本书第三章）。其实当时海关审查不严，对于前者，只要口头说明一下，并且姓氏相同即可；对于后者，其实办护照是不难的事，只是农村人不明白如何办护照，而且需要到福州等大城市去办，因此，以揭换他人护照上的照片出去更为便捷。即把本来可以合法办理的事情为图便捷而用违法的方式处理了。

从表 6 - 9 可以看到，比起年老者，45 岁及以下的年轻人对偷渡持较宽容的态度，支持偷渡、认为偷渡可以理解、认为无所谓的在 92 位被访者中占 51.1%。因此，一旦有偷渡的机会时，年轻人很有可能采取偷渡的方式出境务工。

表 6 - 9　您是否支持偷渡

单位：人，%

是否支持偷渡	18 ~ 45 岁		46 岁及以上		总　　计	
	人　数	百分比	人　数	百分比	人　数	百分比
是	9	9.8	3	3.3	12	6.6
否	45	48.9	58	63.7	103	56.3
可以理解	21	22.8	18	19.8	39	21.3
无 所 谓	17	18.5	12	13.2	29	15.8
合　　计	92	100.0	91	100.0	183	100.0

资料来源：2003 年 1 月问卷调查（黄江波统计，林芳绘制）。

在寻找蛇头、达成交易的过程中，血缘和地缘的社会关系网络发挥着很大的作用，正因为如此，某个村或某个地区往往在偷渡目的地上有趋同的现象，如福清一带主要偷渡日本和欧洲；而福州市辖的长乐市一带则主要偷渡到美国。在蒜岭村内，人们通过亲戚或朋友等各种社会网络相互交流、沟通海外信息，并在与蛇头联系时相互牵头担保。如果离开血缘和地缘的社会关系网络，即使有钱也难以与蛇头联系上。并且，村民与蛇头之间都要十分信任才能达成交易。为了打消村民的顾虑，偷渡成功之前，蛇头可以不收取任何费用。家人一般准备好钱款在家中等候偷渡海外的亲人的电话，确认家人的确偷渡成功之后，就立即付款。这种偷渡不成功不收费的经营方式在蒜岭人中颇受认可。因为，如偷渡不成，不会有任何金钱上的损失。不过，如偷渡成功，则收费较高。早期，蒜岭人较难承担得起这种高昂的费用。但现在蒜岭人比以前富裕了，他们基本上都选择这种经营方式的偷渡。

在国外，偷渡者也通过血缘、地缘关系网络相互联系、互相照应。先来者不但为后来者安排住宿，而且介绍工作。在这种关系网络的支持下，偷渡风险大大降低，不但偷渡者人身安全有较大保障，而且偷渡成功后可以很快地得到安顿，并顺利地找到工作。在蒜岭，除了家庭经济较好，或可以借到大笔款项的家庭，夫妻同时办理偷渡外，一般偷渡以男性为主，这与新中国成立前的"走番"传统类似。原因主要有两点：一是偷渡的成本一般较高，一个家庭较难一次性支付多人偷渡的费用；二是偷渡者一般要在国外拼搏，在相当长的一段时间里生活不能稳定，条件十分艰苦。因此一般是让家中最年轻的男性偷渡。待到在海外站稳脚跟后，便开始想方设法获取永久定居权，然后将家人也办出去。所以每一个偷渡者都肩负着振兴家庭的重任。

据村民说，偷渡不成功的人很少，基本上都会成功。不过，笔者听说陈某曾偷渡韩国，但在韩国码头被抓，蛇头损失了几万块钱。林某 2004 年 23 岁时，偷渡去以色列，在俄罗斯被抓获，家里汇款 5800 元后，被遣返，到了福清又被罚款 8000 多元。可见，还是有个别人运气不好，偷渡不成功。

三　价格各异的出境费用

通过劳务公司办理海外劳务通常所需支付的费用与目的国的收入相关，收入越高，费用也越高。此外，还与出境后的工种有关，收入越高的工种收费也越高。由于澳门的收入相对较低，办理去澳门劳务的费用在几千元到 1 万元之间；到香港的费用是 4 万～5 万元；早先到新加坡需 6 万～7 万元，后来费用降至 4 万～5 万元；到以色列的费用在 7 万～8 万元。如果需要劳务的企业自己直接来招收劳工，由于省去了一些中介环节，费用会更低些。

通过蛇头办理偷渡通常所需支付的费用不但与目的国的收入相关，也与偷渡的难度及安全性相关。收入越高的国家收费越高，安全性越好的偷渡方式收费越高。如去法国、意大利、西班牙，年收入一般有 4 万～6 万元，而去英国、爱尔兰、美国，年收入可达 10 万元以上。所以前者收费在 18 万元左右，而后者高达 30 余万元到 40 余万元。另外，早期去时，人们不知道某国的收入情况，去的人带有盲目性，收费也低。而一旦大家都知道某国的收入情况，大家都想去时，蛇头也会提高价格。如早期去法国才 11 万~12 万元（人民币），去英国 18 万元，但现在去法国要 18 万元，去英国曾升为 23 万元，而现在要 34 万元。蒜岭还有人花 7 万~8 万元费用到阿根廷，在那里开小型超市。

总之，每一条偷渡路线都明码标价，村民对此了如指掌。蒜岭村民偷渡目的地也随不同时期而会有不同的趋同喜好。如早先一般要求去日本，一个时期又趋向要去韩国，而现在最向往的是英国。据说，英国政府对难民的保护政策很好，可以长期居留。

表 6 - 10 不同出境费用的人数统计

出国费用	人数（人）	百分比（%）	出国费用	人数（人）	百分比（%）
3 万元以下	88	30.4	15 万~18 万元	9	3.1
3 万~6 万元	56	19.4	18 万~21 万元	10	3.5
6 万~9 万元	56	19.4	21 万~24 万元	1	0.3
9 万~12 万元	42	14.5	24 万元以上	6	2.1
12 万~15 万元	21	7.3	总 计	289	100.0

资料来源：2003 年 1 月问卷调查（黄江波统计，林芳绘制）。

根据 2003 年 1 月初的入户问卷调查统计，蒜岭出境费用的均值为 79550 元，众数是 7 万元。标准差为 107978 元，是均值的 1.357 倍，所以，均值的代表性较强。回答这道题的案例有 289 人，所以，可以推断，大多数人填的都是通过劳务公司出境的费用，只有少数人填了偷渡费用，多数偷渡者避而不填。

四 举债出境务工

从表 6 - 11 可以看到，蒜岭人出境务工，虽然通过劳务公司办手续费用不是太高，但 20 世纪八九十年代的蒜岭并不像今日这样富裕，村民自己拿出这笔钱绝非易事。在 324 个案例中，有 63.6% 的人是依靠借债来支付出境费用的。借债渠道第一靠亲戚，第二靠朋友。从表 6 - 12 可以看到，向亲戚借款的占 209 个案例中的 72.7%，向朋友借款的占 209 个案例中的 9.6%。除此之外，就是借高利贷，占 209 个案例中的 9.1%。即使向朋友借贷，有的也是高利贷。1991 年蒜岭村委与邻近的新厝村的村委干部合办了一个基金会（见第五章），于是许多村民向村基金会贷款。蒜岭村基金会的借贷月利息在 1.8～2.1 分之间。即借款 1 万元一年最高要还利息 2520 元。进入 21 世纪，村中富裕的人多了，村民中的高利贷利息也有所下降。据说借贷一万元一年还利降至一千多元。根据 2003 年 1 月的问卷调查统计结果显示，出境务工者办手续时的借贷均值是 63880 元，标准差是 74552 元，是均值的 1.167 倍，均值的代表性很强。众数是 10 万元，最大贷款数额是 80 万元。

表 6－11　办出境手续是否借债

单位：人，%

是否借债	人　数	百分比
是	206	63.6
否	118	36.4
总　计	324	100.0

资料来源：2003 年 1 月问卷调查（黄江波统计，林芳绘制）。

表 6－12　出境人员借债对象

单位：人，%

借债对象	人　数	百分比	借债对象	人　数	百分比
亲　戚	152	72.7	高利贷	19	9.1
邻　居	5	2.4	其　他	13	6.2
朋　友	20	9.6	总　计	209	100.0

资料来源：2003 年 1 月问卷调查（黄江波统计，林芳绘制）。

第三节　境外从事的职业、收入和汇款用途

一　体力劳动是主要工作类型

从表 6－13 可以看到，海外务工者的职业种类颇多，但一半以上的人从

事的是体力劳动（占44.6％）和服务性工作（占6.6％）。这是可想而知的，海外务工者一般学历为初、高中，在村时几乎都是从事农业生产的农民，到了海外，尤其是开始时连外国语言也听不明白的人，一般只能从事不大需要语言沟通的体力劳动和服务性工作。表中占第二位的是技术工人，从蒜岭的情况看，一般是建筑方面的工人，如泥水匠和木匠等。蒜岭村的村民在农闲时去建筑工地打工的不少，因此，不少人在建筑方面有些实践经验。一般管理人员占3.9％，少数头脑灵活又好学肯干的人，在工作中表现不错，有可能被提拔为管理人员。如王子超1958年生，1981年定居香港，最初和陈子滨合资办过制衣厂，没有成功。1985年后又去打工。由于是"文化大革命"中的高中毕业生，他知道自己学问浅薄，在办制衣厂时就进夜校学习制衣知识，后又学习英文和金融知识，拿到英文硕士文凭。1989年他进入香港国卫保险有限公司当职员，2005年晋升为高级分行经理。还有的人熟悉了当地情况和积蓄了部分资产后也做起了生意，成为商人或企业家。如关来凤就是其中之一。关来凤1957年出生，男，高中毕业，出国前是村里的电工。1989年申请留学澳大利亚，到达墨尔本之后并没有进校学习，而直接去打工，从事机械装配工作。该年我国发生了"六四"动乱，关得以无条件延长其签证（这在澳被视为人道主义政治保护）。于是关在一年签证到期后续签两年。并于1992年获得永久定居权。1994年他将妻儿迁到墨尔本，并贷款购房。1997年加入澳大利亚国籍。[①] 1996年开始，关与朋友在墨尔本合资开办了二手车贸易公司，主要从日本进口二手跑车，交给专业维修公司修缮之后出售，主要卖给青年人。关说，其只是从事贸易，不进行维修工作。从日本进口的汽车（多为轻微损伤的跑车）是通过专业的二手车交易公司购得，再交由专业的维修公司维修后出售。关的生意伙伴主要是白人，而且其顾客也以白人为主。关从事这个行业是很早就有想法的。最初到澳大利亚打工时，关就到拍卖二手车市场购买被撞伤而主体未损的车回来，自己维修后使用。后来有两三年都同样地购车、修车、卖车。再后来也就顺理成章地开了公司。

---

① 据关称，其放弃中国国籍的主要原因是持中国国籍到其他一些国家受到较多限制。当然，加入澳大利亚国籍之后，回国居留时限为6个月。

表 6 – 13　在外所从事的职业

单位：人，%

职　业	人　数	百分比	职　业	人　数	百分比
学　生	29	8.7	体力劳动者	149	44.6
技术工人	82	24.6	不清楚	9	2.7
企业主管	2	0.6	其　他	28	8.4
一般管理人员	13	3.9			
服务人员	22	6.6	总　计	334	100.0

资料来源：2003 年 1 月问卷调查（黄江波统计，林芳绘制）。

另外，陈枝瑞 1962 年出生，初中文化，20 世纪 70 年代末到香港定居。在炼铁厂和纺织厂等工厂打过工，后和他人合作将广州的工艺品如珍珠、手镯、玉器、花瓶等带到台湾销售。现定居台湾，独资做工艺品买卖生意。

由劳务公司办理的出境劳务在海外的工作因不同的国家，或地区而有所不同。如在新加坡，男性一般从事建筑业、女性则大多在制衣厂和玩具厂工作。在澳门的情况与新加坡相似，主要集中于建筑业和电子、制衣等制造业。

偷渡者的工作五花八门，地区趋同性较差，能找到什么合适的工作就干什么工作。不过，由于新到者的工作常常是由先在那里的亲戚、老乡、朋友介绍的，因此还是有一定趋同现象存在。如在意大利一般都是在制衣厂工作，也有一小部分人在当地的中餐馆打工。在西班牙一般在餐饮业，或从事华人商店的营业员。在英国一般当泥水匠、个别人一段时间后发展成小包工头，有的在餐饮业工作。

二　收入较多、高低差距大

表 6 – 14 的数据是 2003 年 1 月初在蒜岭的入户问卷调查得来的，当时调查的是 2002 年的年收入。表 6 – 14 中 2002 年收入只有 10000 元以下者可以认为是 2002 年末，如 10 月、11 月或 12 月开始就业的人的收入情况。他们因刚到达海外，工作不久，所以，实际上那些收入还称不上年收入。年收入在 1 万 ~ 2 万元的有可能是在澳门的劳务者的年收入，也有可能是工作才

几个月的在其他国家或地区者的收入。2 万～4 万元的大体是在新加坡劳务者的年收入。4 万～6 万元的大体是在意大利和法国务工者的年收入。6 万～7 万元的大体是在以色列或香港劳务者的年收入。6 万～10 万元的大致是在韩国务工的年收入。爱尔兰、英国和美国的年收入一般在 10 万元以上。从表 6－14 的数据可以看到，各个国家或地区的收入差距很大。澳门的收入虽然较低，但在 20 世纪 80～90 年代与国内比还是很高的。另外，出境务工者一般是不甘心只有这些收入的，他们一般采取加班加点或用休息日打零工等方法，即用增加劳动时间来提高收入（见本章第四节）。

表 6－14　2002 年境外务工者的年均收入

单位：人，%

年均收入	人数	百分比	年均收入	人数	百分比
4000 元以下	20	8.6	6 万～7 万元	5	2.2
4000～1 万元	30	12.9	7 万～8 万元	9	3.9
1 万～2 万元	32	13.8	8 万～9 万元	6	2.6
2 万～3 万元	29	12.5	9 万～10 万元	12	5.2
3 万～4 万元	24	10.3	10 万元以上	25	10.8
4 万～5 万元	25	10.8	总　计	232	100.0
5 万～6 万元	15	6.5			

资料来源：2003 年 1 月问卷调查（黄江波统计，林芳绘制）。

出境务工者在海外挣得的钱除了自己的生活开销外，几乎如数汇回蒜岭。从表 6－15 可以看到，大部分人是通过银行汇款回国的。一部分人则通过乡亲带回。合法出境者则可以在自己回国时带回。

表 6－15　汇款途径

单位：人，%

汇款途径	人数	百分比	汇款途径	人数	百分比
银　行	124	44.6	自己带回	45	16.2
邮　局	16	5.8	其　他	6	2.2
地下钱庄	5	1.8	总　计	278	100.0
托人带回	82	29.5			

资料来源：2003 年 1 月问卷调查（黄江波统计，林芳绘制）。

2002 年曾汇款回乡的 205 位出境务工者的年汇款数额的均值是 441260 元，标准差为 5587126 元，是均值的 12.66 倍，因此均值的代表性不强。汇款数额的众数是 10000 元。根据所得的四分位数知道，有 50% 的出境务工者的全年汇款额在 1 万 ~ 4.5 万元，另有 25% 的人的汇款额相当大。

三 境外务工者汇款用途轨迹

在 2003 年 1 月的调查问卷中，我们设计了出境务工者在出境务工 3 年内汇款回来时、在出境务工 3 ~ 8 年内汇款回来时，以及在出境务工 8 年以后汇款回来时，家中成员一般将这笔款项主要用在什么方面的问题，要求被访者根据使用程度各选出最重要的两项进行回答。

从表 6 - 16 可以看到，出境头 3 年汇回的款项在第一选择中，最多的是用于还债，占 165 位回答者的 38.8% ，居第二位的是用于盖房。可见后者出境时没有借债，或借债很少，不必还债就可盖房。在第二选择中，重点是生活支出，占 94 位回答者的 27.7% ，居第二位的还是用于还债。据村民介绍，办出境劳务的费用一般两三年就可以赚回来。剩下时间所赚的钱就完全成为家庭经济增长的部分。

表 6 -16　您家人出境务工头 3 年汇回的款项主要用在哪些方面

单位：人，%

汇款用途	第一选择		第二选择	
	人　数	百分比	人　数	百分比
盖　　房	40	24.2	14	14.9
做 生 意	5	3.0	1	1.1
生活支出	34	20.6	26	27.7
借给他人	0	0	2	2.1
储蓄养老	12	7.3	7	7.4
高 利 贷	2	1.2	0	0
子女教育	6	3.6	16	17.0
还　　债	64	38.8	23	24.5
其　　他	2	1.2	5	5.3
总　　计	165	100.0	94	100.0

资料来源：2003 年 1 月问卷调查（黄江波统计，林芳绘制）。

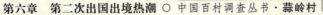

从表6-17可以看到，出境3~8年中汇回的款项在第一选择中，首先用于盖房，占89位回答者的31.5%。如果按照村民介绍，村民的用钱轨迹是挣钱→盖房→娶媳妇→做墓→存银行……（即怕冒风险）来思考的话，出境3年后，出境时的借贷已基本还清。居第二位的是用于生活支出，可见选择后者房子已盖好了。在第二选择中，首选的是子女教育，占44位回答者的36.4%，居第二位的是用于生活支出。这一时期汇回的款项用于还债的只有少数人，可见多数出境务工者在出境时的借贷最迟在三四年中可以还清。村民陈中牧1997年到意大利打工，出去时向村基金会借高利贷12万元，就是在4年后还清的。

表6-17　您家人出境后3~8年汇回的款项主要用在哪些方面

单位：人，%

汇款用途	第一选择		第二选择	
	人 数	百分比	人 数	百分比
盖　房	28	31.5	2	4.5
做 生 意	5	5.6	1	2.3
生活支出	24	27.0	11	25.0
借给他人	2	2.2	3	6.8
储蓄养老	14	15.7	6	13.6
高 利 贷	2	2.2	0	0
子女教育	9	10.1	16	36.4
还　债	4	4.5	3	6.8
其　他	1	1.1	2	4.5
总　计	89	100.0	44	100.0

资料来源：2003年1月问卷调查（黄江波统计，林芳绘制）。

从表6-18可以看到，出境8年后汇回的款项在第一选择中，首先用于生活支出，占35位回答者的37.1%，居第二位的是用于储蓄养老。可见村民因为没有养老金，对养老是有思想准备的。在第二选择中，首选的是储蓄养老，占7位回答者的42.9%，居第二位的是用于生活支出和子女教育。

我们把上述村民对海外汇回的款项的使用顺序进行排列，就可以得出以下的用款顺序：

还债、盖房、生活支出、子女教育、储蓄养老。

表 6 – 18　您家人出境 8 年后汇回的款项主要用在哪些方面

单位：人，%

汇款用途	第一选择		第二选择	
	人　数	百分比	人　数	百分比
盖　　房	5	14.3	0	0
生活支出	13	37.1	2	28.6
储蓄养老	9	25.7	3	42.9
子女教育	6	17.1	2	28.6
其　　他	2	5.7	0	0
总　　计	35	100.0	7	100.0

资料来源：2003 年 1 月问卷调查（黄江波统计，林芳绘制）。

从上述蒜岭村民对海外汇款的使用轨迹中可以看到，蒜岭村民出境务工向他人借贷是很讲信用的，一挣了钱首先是还贷。所以，手中有钱的村民最乐意将钱借给出境务工者。现在的村委书记关建香是当年蒜岭村基金会的会计，她的感觉也是如此。这从另一方面也说明了出境务工者基本上出去后都能挣到大钱。

第四节　出国出境务工者在海外的"血泪"生活

一　"到海外打工，比这里苦十倍"

从表 6 – 14 可以看到，出境务工者的收入各人之间差距很大，尤其是到澳门、新加坡等地的人，他们的年收入并不特别高，怎么说他们都挣了"大钱"呢？上面已经谈及，这一方面从时代的发展来看，中国在 20 世纪 90 年代时，月收入能有 1000 元就可以说是挣大钱了。另一方面，出境务工者无论是以劳务出境的也好，以偷渡出境的也好，他们的目的很明确，就是尽可能地多赚钱。因此，大部分人都尽量争取加班加点，或做两三份工作，即一般一天工作都在 10 个小时以上，在一些地区虽然法定工作时限是每天 8 小时，但是绝大多数的出境务工者都会尽可能在业余时间里打零工，以此挣得"大钱"。

以从事建筑业的赴新加坡劳务为例，就可以看到他们为了挣"大钱"的辛劳。最初到新加坡劳务的绝大多数是男性村民，他们基本上都从事建筑工作。刚到新加坡时生活较为艰苦，吃住都在工地。每月开支很低，一般不超过 100 新元（相当于 500 元人民币）。建筑工一天工作 8 小时能够赚到 18 新元（90 元人民币），一旦加班则工资增加到原有工资的 1.5 倍，收入远高于国内。但新加坡消费水平也高，要想结余仍须省吃俭用。于是，一些村民会在工作之余到工地外面打零工。不过，在新加坡 8 小时工作制管理较为严格，违法打工有可能被遣返回国，因此大多数村民不敢冒险，不得不采取放弃几乎所有的休假，争取更多的加班机会的做法。往往一年 365 天都在工作，只是在大年初一休息一天。

　　为了多赚钱，出境务工的蒜岭村民都不会老老实实地待在与之签订合同的建筑公司里，合同规定的工作期满之后，村民就会离开工地做"自由工"。此时，村民必须离开工地自己租房子居住，与此同时，每人每月还需交给原公司 450 新元以保留合法身份。他们一般是几个村民合伙组建一个工程队，分包其他建筑公司承建的工程的层层分包的小项目，如铝合金门窗安装等工作。这样，大约每月能收入 3500 新元（17500 元人民币），平均一天可以赚 120 新元。除去吃、住和交通费用外，还是比在原来的工地中的收入要高出许多。相当多的蒜岭村民就是这样赚到了不少钱，实现了致富目标的。但这样做也会遇到种种困难：如工作不好找，收入不稳定。有的时候还会遭遇到工头拖欠工钱的事情。特别是在亚洲金融风暴之后，这种情况更加严重。此外，离开原工地后，还要为租借住房等生活问题犯愁。由于从事建筑行业的缘故，住所一般较为脏乱，房东大多不愿将房屋出租给他们。因此他们往往许多人共同挤在居住条件很差的房屋里。

　　2002 年 8 月 22 日，笔者采访了机耕手黄成安，他正忙于用 23 岁的儿子在以色列劳务汇回的款建房，因此访谈地点就在他建楼的工地上。该房子据说造价 30 万元以上，现手头上只有 11 万元，"建到哪里算哪里，慢慢建"。儿子（独生子）于 1999 年去以色列务工，当时手续费等开支共花去 10 万元。由于大部分是借的高利贷，利息为 2 分或 1.5 分，仅仅利息就付掉一万多元。在以色列一年可收入 8 万元，该项债务在去以色列后两年内还清。还债后，现赚到的 11 万就用于盖房子了。他说，由于替人耕田的拖拉机手多了，挣钱的机会少了。另外，福厦公路不允许拖拉机通行，断了他跑运输（运砖、沙、石）的生意，他现在只有将生财之路放在儿子身上了。谈到儿子，黄换成一种沉重的语调说："儿子在以色列是很艰苦的，据同去的村民说，他在以色列吃的是最便宜的米，菜也舍不得买，是到市场上捡人家不要的菜拿回来吃的。"

以上说的是为了多挣钱，多汇款，海外劳务者的劳动生活；为了同一个目的，偷渡者的劳动生活同样是非常艰辛的。王某 1954 年生，1995 年偷渡日本。去了日本以后，第一年由朋友介绍做便当（盒饭）。第二年在餐馆里盛饭，也搞过机械。第三年后一直到回国之前是在塑料复制厂打工，前后务工 7 年。"在日本一天要工作十几个小时，白天做 8 个小时，晚上要做 7 个小时才收工。做的是粘机械模具，一个小时要轧几千件，合两千箱"。王某说，他年纪大了，干活辛苦，身体不好也吃不消，做怕了就想回来。"头几年 1 个月会做工 400 个小时，非常辛苦，每小时 900 块日币。差不多一个月可以赚 1.5 万元人民币"。

杨某 1996 年去日本，2002 年底回国。他说，他到了日本后，早先就在那里的两个小舅子帮他找工做，找到一份建筑工，干的是体力活。虽然体力消耗很大，但做工时间比较短，不像那些在餐馆里打工的一天要工作十几个小时。但是，"干了几年身体吃不消了，体虚，扁桃体发炎，搞得经常感冒。去年底我就自首回来了。"

偷渡者还有一个比出境劳务更为艰难的问题，那就是随时要提防自己的非法滞留被当地警方发现。一旦发现，就会被遣返回国，所有的努力就将成为竹篮打水一场空了。所以，偷渡者平时的行动得小心谨慎，即使自己的某些权益受到损害也不敢付诸法律。陈某偷渡到澳门打工，两三年后被警方抓获，逃出来后就返回蒜岭了，但是，在那里赚的钱一分也没拿回来，还亏了 5000 元。后来，以劳务的身份去了新加坡，才把原来的欠款还清了。另一位陈某兄弟二人连同各自的妻子共 4 人于 1989 年偷渡日本，1994 年 3 人被警方抓获，遣返回国，只有 1 人幸免。因此，偷渡者实际上每天都生活在担惊受怕之中。

根据 2003 年 1 月入户问卷调查的统计结果，从表 6－19 可以知道，在 187 位被访者中有 38.5% 的被访者认为出境务工者在海外的工作是非常辛苦的，有 40.1% 的人认为出境务工者在海外的工作是比较辛苦的，有 17.1% 的人认为出境务工者在海外的工作一般，只有 3.7% 的被访者认为是轻松的。而仅有 0.5%，即 1 位被访者认为他家的出境务工者在海外的工作十分轻松。可见出境务工者在海外工作的艰辛已是绝大部分蒜岭人的共识（共计占 78.6%）。由于出境务工机会难得，并且费用不菲，最关键的是大部分人不能长期留在海外，因此，就以透支身体，拼个几年、十几年的决心努力挣钱。这一点与 20 世纪上半叶蒜岭"走番"的先辈们的经历完全不同。"走番"的先辈们虽然为创业历尽了艰辛，但并没有透支健康拼几年的短期行为。为此，蒜岭已有部分出境务工者因为过度劳累而使健康受到了影响。个别人甚至来不及回乡，在异国他乡就被病魔夺去了生命。

表 6－19　您认为家人在海外的工作情况如何

单位：人，%

国外的工作情况	人　数	百分比	国外的工作情况	人　数	百分比
非常辛苦	72	38.5	轻　　松	7	3.7
比较辛苦	75	40.1	十分轻松	1	0.5
一　　般	32	17.1	总　　计	187	100.0

资料来源：2003 年 1 月问卷调查。

从表 6－20 可以看到，在 189 位被访者中有四分之一以上的人认为出境务工者在海外的生活是非常节俭的，有 46.6% 的人认为出境务工者在海外的生活是比较节俭的，有 23.3% 的人认为出境务工者在海外的生活一般，只有 4.2% 的人认为出境务工者在海外的生活是较宽裕的，而只有 0.5%，即 1 人认为出境务工者在海外的生活十分宽裕。2002 年 8 月 17 日，曾任蒜岭村主任的黄玉飞告诉笔者，其子在香港建筑工地工作，他曾经到香港探过亲。他很有感触地说："孩子的建筑工作很辛苦，这种天气衣服也能拧出水来。在国外看了许多人后，我思想大转变，（在家乡的人）要勤劳，要节约，要艰苦奋斗！"

表 6 - 20　您家人在海外是怎样一种生活状况

单位：人，%

在海外生活状况	人　数	百分比	在海外生活状况	人　数	百分比
非常节俭	48	25.4	较宽裕	8	4.2
比较节俭	88	46.6	十分宽裕	1	0.5
一　般	44	23.3	总　计	189	100.0

资料来源：2003 年 1 月问卷调查。

从表 6 - 21 可以看到，在 190 位被访者中有 75.7% 的被访者认为其家人中出境务工者身体比以前更好或与以前差不多。这一点倒是值得安慰的。不过，还是有 20.0% 的被访者认为其家人中出境务工者身体比以前差。这一点让人牵挂。早期出境的务工者有不少已年近 50 岁，所以的确不能太勉强，"钱"是赚不完的，但"健康"却是多少钱也买不回来的。这里顺便提一下。20 世纪上半叶"走番"的蒜岭祖先一般年龄在十七八岁以下（详见第三章），但是，当代的出境务工者多数年龄在十七八岁至 40 岁出头，年龄跨度很大。

表 6 - 21　您感觉他出国后身体健康状况如何

单位：人，%

出国后身体健康状况	人　数	百分比	出国后身体健康状况	人　数	百分比
比以前更好	55	28.9	不太了解	8	4.2
与以前差不多	89	46.8	总　计	190	100.0
比以前差	38	20.0			

资料来源：2003 年 1 月问卷调查。

在 2003 年 1 月的入户调查问卷中，我们还设计了出境务工者"在海外遇到的主要问题是什么？"的问题，并要求选出最突出的两个问题来。从表 6 - 22 可以看到，在第一选择的 185 位被访者中有 41.6% 的人认为是语言不通，有 15.7% 的人认为是工作不稳定，居第三位的是认为自身受教育水平低（占 6.5%）。在第二选择的 106 位被访者中有 38.7% 的被访者认为他家的出境务工者在海外遇到的最大问题是工作难找，其次是工作不稳定（占

20.8%），第三是发现自身受教育水平低（占 8.5%）。综合起来看，出境务工者在海外遇到的主要问题第一是语言问题，第二是工作不稳定和难找的问题，第三是自身受教育水平低的问题。

表 6 - 22 您家人在海外遇见的最大问题是什么

单位：人，%

遇见的最大问题	第一选择		第二选择	
	人　数	百分比	人　数	百分比
语言不通	77	41.6	1	0.9
遭受歧视	4	2.2	6	5.7
人身安全没有保障	7	3.8	3	2.8
受教育水平低	12	6.5	9	8.5
工作不稳定	29	15.7	22	20.8
工作难找	9	4.9	41	38.7
没有合法身份,担惊受怕,而且合法权益得不到保障	1	0.5	8	7.5
租房子困难	1	0.5	5	4.7
其　他	45	24.3	11	10.4
总　　　计	185	100	106	100.0

资料来源：2003 年 1 月问卷调查（林芳绘制）。

此外，在 2003 年 1 月的入户调查问卷中，我们还设计了出境务工者在海外是否感觉被歧视的问题。从表 6 - 23 可以看到，在 192 位被访者中有四分之一的人认为出境务工者在海外感觉到被歧视，不过，有一半以上的被访者认为他家的出境务工者在海外没有感觉到被歧视（占 52.6%）。这也是值得安慰和庆幸的。

表 6 - 23 您家人在海外是否感觉被歧视

单位：人，%

是否感觉被歧视	人　数	百分比	是否感觉被歧视	人　数	百分比
是	48	25.0	不同国家情况不同	6	3.1
否	101	52.6	总　　计	192	100.0
不清楚	37	19.3			

资料来源：2003 年 1 月问卷调查。

总体来说，无论合法的出国劳务也好，违法的偷渡者也好，他们在海外的劳动生活大都十分艰苦，压力很大。基本上每日工作十几个小时，吃饭、睡觉的时间只有几个小时。但由于辛苦劳作可以获得较国内高得多的收入，他们总是拼命努力，尽一切可能多赚钱，极少有人会后悔到国外打工。他们都立志趁年轻拼一把，除非身体实在吃不消才会回国。林勤莲的丈夫原在意大利打工，她对笔者说："到海外打工，比这里苦 10 倍，这里虽没钱赚，但清闲。在外面，吃得很俭省，吃人家不要的东西，在外面赚钱如放开用，也是没钱的。想到外面去是为了赚点钱拿回来养家、供子女上学、盖房子。因为在家，打小工，一天二三十元，一辈子也赚不到这些钱。"有一位村民甚至用"血泪生活"来形容出境务工者的海外生活。

二　"我以青春换美金"

　　以上介绍了出境务工者在海外的艰难生活，他们之所以生活艰难，主要的是他们不容易得到定居权，只好决心在有限的期间搏一搏，一方面尽量多挣一点钱，另一方面尽量节省一点钱，让家乡的家庭生活水平能得到多一点改善。下面看一看出境务工者的家庭情感生活。

　　从表 6-24 和表 6-25 可以看到，2003 年时以合法身份出境务工者占相当数量，但是尽管如此，他们在海外务工期间也并不是都能随时回国探亲的。不回来探亲的理由从表 6-26 可以看出，首先是为了省钱，占 87 位回答者的 24.1%；其次是没有时间，占 87 位回答者的 20.7%。这一理由从根本上说还是因为钱。因为越是发达的国家和地区，实行 8 小时工作制和双休日制度越严格，因此，"没有时间"一般是自己造成的，是自己想方设法多做一份工作，或自己要求加班加点。

表 6-24　您家人是否一直持有合法身份

单位：人，%

是否一直持有合法身份	人　数	百分比
是	309	86.8
否	47	13.2
总　计	356	100.0

　　资料来源：2003 年 1 月问卷调查（黄江波统计，林芳绘制）。

表6－25　在海外务工期间您家人是否回国探亲

单位：人，%

是否有回国探亲	人　数	百分比
有	98	52.7
没有	88	47.3
总　计	186	100.0

资料来源：2003 年 1 月问卷调查（黄江波统计，林芳绘制）。

表6－26　您家人不回来探亲的原因

单位：人，%

原　因	人　数	百分比	原　因	人　数	百分比
省　钱	21	24.1	没有时间	18	20.7
没有足够的钱	16	18.4	其　他	20	23.0
没有合法签证	12	13.8	总　计	87	100.0

资料来源：2003 年 1 月问卷调查。

　　至于偷渡者，由于没有合法身份，想回国探亲也不敢回国。虽然，蒜岭已有一些偷渡者利用一些国家或地区的大赦，或各种机会，以及各个国家或地区的各种定居制度，获得了永久定居或当地国籍。但是，如表6－27 所示，获得者毕竟是少数，未获得者是大多数，这就使得偷渡者一旦偷渡成功，就必定采取非法滞留的做法留在海外继续务工，钱挣够了才回来。不过，钱这个东西什么时候才算挣够了呢？根据这 20 多年来，蒜岭偷渡出境已回来者的实际情况看，一般是感到身体有些吃不消了，或原先与妻子有什么约定才回来的。因此，除非夫妻偷渡到同一个国家，不然的话，夫妻分居

表6－27　您家人是否已永久定居或获得当地国籍

单位：人，%

是否已永久定居或获得侨居国国籍	人　数	百分比	是否已永久定居或获得侨居国国籍	人　数	百分比
否	272	78.2	技术移民	11	3.2
大　赦	11	3.2	涉外通婚	4	1.1
商业移民	5	1.4	其　他	20	5.7
配额移民	25	7.2	总　计	348	100.0

资料来源：2003 年 1 月问卷调查（黄江波统计，林芳绘制）。

便成为偷渡者家庭首当其冲的问题。在蒜岭，夫妻分居六七年、八九年的例子比比皆是。分居最久的是 3 个偷渡美国的家庭，丈夫已经离家 17 年至今未回。林某 1958 年出生，38 岁偷渡英国，留在英国 12 年，已经 50 岁了。其次子都已长大成人，2003 年赴英国见到了父亲，但是，妻子却还留守村中，不知何时才能与丈夫见面。林某的弟弟 1969 年出生，36 岁时偷渡英国，现在该国 3 年有余。其妻也准备偷渡英国，但是不知能否成功。他们计划如果妻子去不成，那么也和哥哥一样，在英国打拼十几年后回来。夫妻双双把人生最美好的青春年华无私地献给了家庭，并且无怨无悔。年轻村民半开玩笑地对笔者说："我们是'以青春换美金'。"的确，这句话太贴切了。

黄某 1966 年出生，1993 年夫妻二人一起以劳务方式到澳门务工。1995年其丈夫回村，而黄的合同获得延长，直到 2000 年 12 月才期满回村。但是，当年 4 月时，其丈夫偷渡韩国成功。就这样前后仅差 8 个月，5 年不见的夫妻为了家庭经济的发展让相见的机会擦肩而过。直至 2004 年，韩国政府发给其丈夫暂住身份证后，分别 9 年的丈夫终于回国与妻子见了一面，但又马上赴韩打拼去了。

以上介绍的是偷渡者为了家庭经济而牺牲夫妻情感生活的一面。其实，与此同时，这种家庭也缺失了父子或母子之间的情感交流，成为事实上的单亲家庭。有的父母都在外面打拼，子女就成了留守儿童。不过，产生"留守婴儿"也许是偷渡者家庭的"专利"。未婚的男女偷渡者在海外恋爱，结成夫妻的情况不少。这样的家庭一旦生育，由于子女也是"黑人"（无合法身份者），在抚养期间会有许多不便之处，因此，一般均采取让具有合法身份的亲人或朋友将婴儿抱回中国抚养的做法。许多留守婴儿长到十多岁仍没见过自己的父母。笔者并没有对此作专门的调查，但偶然中听说蒜岭也有。林某，女，1974 年生。偷渡日本，在日本与同样是偷渡者的男性结婚（其实应该说是同居才对，因为不可能办结婚手续）。后生一子，让在日本持有留学签证的弟弟将婴儿抱回中国，由公公婆婆抚养。

在偷渡者家庭中，还有因为夫妻长期分居，结果第三者插足而闹离婚，以及为了出境搞假离婚，结果成为真离婚等情况，不过，这些情况在蒜岭有是有，但不多。

从表6－28和表6－29可以看到，蒜岭海外务工者的绝大多数都经常和家庭保持联系，虽然不能见面，但还可以通过电话联系，相互听到对方的声音。最近，由于一些家庭的子女已经上了中专或大学，懂得使用电脑，因此，个别家庭买了电脑，而海外方面也数人合伙买一台电脑，双方通过"QQ"或"MSN"等进行通话。既省钱又可以通过视频看到对方。从表6－30可以看到，海内外通话的最主要内容在第一选择中，首先是报平安，介绍海外生活情况，占188位回答者的69.1%，其次是情感的交流和沟通，占15.4%，再次是了解

表6－28　您家人在海外时是否经常和家里联系

单位：人，%

和家里联系	人　数	百分比	和家里联系	人　数	百分比
经　常	162	85.7	几乎不	3	1.6
偶　尔	24	12.7	总　计	189	100.0

资料来源：2003年1月问卷调查。

表6－29　一般是以什么方式联系

单位：人，%

联系方式	人　数	百分比	联系方式	人　数	百分比
电话	183	96.8	其　他	1	0.5
邮件	5	2.6	总　计	189	100.0

资料来源：2003年1月问卷调查。

表6－30　一般都谈论些什么内容

单位：人，%

谈论些什么内容	第一选择		第二选择	
	人　数	百分比	人　数	百分比
报平安，介绍海外生活情况	130	69.1	1	0.7
确认汇款的接收和使用	8	4.3	9	6.0
情感的交流和沟通	29	15.4	25	16.6
了解家里的情况	19	10.1	116	76.8
其　他	2	1.1	0	0
总　计	188	100	151	100.1

资料来源：2003年1月问卷调查（林芳绘制）。

家里的情况，占 10.1%；而第二选择中，首先是了解家里的情况，占 151 位回答者的 76.8%，其次是情感的交流和沟通，占 16.6%。换句话说，海内外通话的最主要内容一是相互了解生活情况，二是进行情感的交流和沟通。

第五节　从打工仔成长起来的佼佼者

从 20 世纪 70 年代中后期开始，蒜岭人重走祖先"走番"的路，跨出国门到海外务工，眨眼之间已近 30 年，他们靠着只有拼搏才有出路的坚强信念，艰苦节俭，淡漠情感，终于使家庭经济生活水平得到了很大提高，使家乡的面貌日新月异（见本书第七章）。另一方面，令人欣喜的是，在海外大城市和现代工业的熏陶下，蒜岭一批海外务工者有的通过资本的积累，使自己从一个打工仔变成为生意人或企业主；有的则通过对专业知识的刻苦学习，以突出的工作表现赢得了企业领导的信赖，从一个普通劳动者不断晋升，成为杰出的中、高层管理人员。除了前面已经提及的王子超、关来凤和陈枝瑞外，再举数位成为白领阶层的成功者。

林栋，1974 年生，高中毕业，1997 年到意大利务工，1998 年就组织十数人办了服装来料加工厂。现在做服装批发生意，曾任中国福建省驻意大利商会副会长。

陈子滨，1958 年生，高中毕业，1979 年定居香港，在堂兄的哈拉班贸易有限公司当职员，后和王子超合资办过制衣厂未成功，1986 年独资成立天福贸易有限公司。在 1993～1996 年期间曾被莆田金匙啤酒有限公司聘为副总经理。现仍为天福贸易有限公司经理。为香港新厝同乡联谊会常务副会长。

陈子涛，1964 年生，高中毕业，1983 年赴香港定居，一边在工厂打工，一边进夜校学习专业知识，1992 年在莆田投资 100 万元成立了纸箱厂，后因坏账倒闭，1997 年又在莆田市成立了凯祥电脑织唛有限公司。

陈青，1966 年生，高中毕业，20 世纪 90 年代初去南非务工，不久就发展成为服装批发商。

陈枝忠，1982 年赴澳门定居，现在珠海办制衣厂。

一　生活逼出来的企业家陈光彩

陈光彩 1953 年出生于蒜岭村的一个贫苦家庭里。20 世纪 30 年代时，他家的老房子因年代久远，遭风雨侵袭而倒塌。从此，自他祖母那辈开始的几代人便过着居无定处、流离失所的日子。后来，有幸得到华侨族亲陈金煌的好心收留，他们一家连同 10 多户贫困家庭住进了陈金煌先生的新居里。1973 年，在旅居印尼的胞叔的帮助下，他家盖起了一栋 3 厢房（见本书第七章），从此一家人才真正有了自己的居所。少儿时代的陈光彩生活在国家三年经济困难时期，所以陈光彩说："童年留给我最深刻的印象就是饥饿与贫穷"。也许正是这种艰苦的经历，才成为他日后刻苦奋斗，发奋创业的动力。陈光彩虽曾进过中学，可惜当时正是"文化大革命"时期，学校"停课闹革命"，他不忍心增加父母的负担，便毅然选择了辍学务农的道路。

陈光彩先生

1980 年之前，陈光彩一家一直过着贫穷的生活。他家里虽有 4 个劳动力，但一年下来拼拼凑凑只有不到 500 元的家庭收入，却要养活 8 口人。改革开放初,为了出境务工多挣点钱,陈光彩的哥哥陈光瑞通过朋友的帮助,获得政府核准前往澳门定居。20 世纪 80 年代的澳门也是相当落后的地方。初到异地,他们 20 多位同乡凑在一起租了一间不到 60 平方米的小房子,生活条件极其艰苦。睡地板,一天只吃两顿饭,做工厂的搬运工等杂活。一年后,哥哥把陈光彩和两个妹妹也接到澳门。一家人勤勤恳恳省吃俭用,积攒了一点钱买了两台缝纫机,开始自家加工服装卖给地摊小贩。兄弟几个没日没夜地辛勤劳作,经常每天工作 18 小时以上,慢慢地家庭作坊发展成一间小型的制衣厂。

20 世纪 80 年代末,陈光彩创办了澳门嘉盛贸易公司。不久,乘着国家改革开放政策的东风,陈光彩到珠海开办了祥盛制衣有限公司。最初,企业只有几十名员工,经过他的不懈努力,逐渐把公司发展成 500 多人的工厂。该工厂以生产童装为主,并主要出口欧美等国。近年来,由于珠三角的劳动力紧缺,2007 年底,他又进一步将部分生产线迁往与广东省交界的江西。

陈光彩从澳门的制衣厂出来,到珠海办企业,而后又由珠海迁往江西,可见要办好一个企业并不是一件容易的事。尤其是 15 年前,陈光彩经历了一场几乎让他无法爬起的沉重打击,但是,凭着他从小练就的对待一切磨难的过人毅力和意志,硬是挺了过来。1993 年,一位员工不慎引发了一场火灾,这场无情大火把整个工厂在半个小时内烧成焦土,损失 800 多万元。面对多年苦心经营的事业瞬间变成一片废墟,他欲哭无泪、欲罢不能。当时,哥哥陈光瑞担心弟弟经不住这场突来横祸的打击,问他"怎么办?"没想到陈光彩坚定地回答:"要还债!要生活!从哪里跌倒就要从哪里爬起来!"当时,虽说只要宣布破产,就可以免除所有债务,但是,陈光彩坚持对客户的诚信,恪守对员工的承诺。在短短的一个月内,凭着一贯的信誉和所有员工的大力支持,赊账买来设备及建筑材料,重修了工厂,很快地恢复了正常生产。生产恢复了,企业逐年获得盈利,他也逐渐填补了这场意外带来的损失。

"四海流淙时怀桑梓,三山系梦最忆乡亲",按陈光彩的话说:"我不会忘记生我、养我的那一块土地。"多年来,他虽身处异乡,但心系家乡。每年清明与重阳之际都会抽空回乡祭祖。20 世纪 90 年代初期,他眼见改革开放后的家乡大部分乡亲的生活还没多大改善，于是便从家乡招聘部分员工到自己的工厂培训后，再引荐到澳门务工。先后在福清、莆田等乡镇推荐600多人前往澳门。许多人因此走出农村，摆脱贫困，成为现代企业的工人和城市居民。福清市政府在2006年时曾邀请他考虑把工厂迁回家乡，他从感情上是愿意的，无奈考虑到福清的劳动力无法满足企业的需求，因此只好作罢。

从小受到爱国爱乡的旅印尼侨领陈金煌先生扶助弱者的思想熏陶，以及自身幼时的经历，使陈光彩对家乡的一些贫困户关心备至，每年春节回乡都按蒜岭村委会提供的贫困户名单，慷慨解囊予以金钱上的援助。10年来，他始终坚持在节前给贫困家庭和村老年体协送去资金。此外，他对家乡的建设也不遗余力，如县级文物保护单位武当别院、宗族宫庙祥镇宫和祥镇宗祠等的修缮，以及村庄部分路段的路灯照明等都先后得到他的捐助。笔者采访陈光彩先生时，他一再强调与老一辈华侨如陈金煌、陈德发、陈子兴等没法比，仅仅是为生我养我的家乡尽了绵薄之力而已。但笔者认为，特别值得称道的，是陈光彩坚忍不拔的企业家精神和对家乡的热爱。

二　一名年轻白领的成长

陈思政1997年19岁时办新加坡劳务到新加坡雀巢公司当上一名普通的操作工人。经过10年的不懈努力，他一次又一次得到提拔，2007年已被晋升为助理经理，成为一名年轻的中层管理人员，负责整个部门的运作和员工的工作安排。

1996年7月，陈思政从蒜岭侨兴初级中学毕业。他很想继续升学，父亲也希望他能够继续深造，但是，他看到家里6口人，只靠父母种田的微薄收入，觉得自己不适合再去念书，因此，他决定放弃学业到海外打工。1997年，他的出国劳务终于得到批准，以一名普通操作工人的身份进入世界著名的跨国公司——雀巢公司在新加坡的分公司——新加坡雀巢私人有限公司。

到新加坡后，陈思政发现许多新加坡人看不起中国人，在工作中，新加坡人常鄙视中国人的办事能力，常说，"这个工作不能让中国人干"、"中国人不行"，机器坏了，就认为是中国人搞坏的。这点点滴滴的鄙视，在他的心里造成很大的创伤，所以，小陈暗下决心，"我要为中国人争气，要改变他们的看法"。小陈在工作中首先遇到的是语言不通的问题，中学时学到的一点英文，一点也帮不了他的忙。他只好听不懂就问新加坡华人，向他们请教。并且规定自己一天至少要记住一个单词，只要自己能坚持，一年至少能记住360多个单词。他利用一切机会专心听别人讲英文，不懂就问；利用一切机会开口讲英文，即使对方会讲华语，他也坚持用英文与他们对话，对话中有什么不对的地方，请对方指出。就这样，他的英语进步很快，英文发音已经和新加坡本地人相差无几。他还开始每天坚持看英文报纸，看不懂就查字典。到了2001年时，许多刚与他接触的人都以为他是新加坡华人。而他的上司则以为他去念了英文补习班，没想到他都是自学的。到了2003年，雀巢总公司的总裁或其他上层领导人物来公司巡视或检查工作时，公司都让小陈带他们参观，并以英文向那些领导人解释整个产品的制造过程。

陈思政先生

以上说的是小陈在英文方面的学习与进步。在工作方面，虽然他仅仅是个机器操作工人，但是，他羡慕那些技术人员和领班人员的知识和他们指挥、指导工人工作的风度，就给自己定下了一个目标：一定要升职，要向那些人看齐，所以他决定要提升自己，向这些专业人员学习，一定也要把自己造就成技术人员。1998 年底，他报名进新加坡工艺学院，放弃了星期六晚上和星期天整天的休息时间去学习机器维修与保养专业课程。由于课程都是英文的，开始时，他听课相当吃力，很多地方都听不懂，无奈的他只好课后去问老师，如果遇到的是华人老师，老师就会用华语给他解释；如果老师是马来人或印度人，他就只好去请教懂华语的同学。别人用 1 小时的时间学习的话，他要用两小时以上的时间。就这样，他一面学技术知识，另一面也在逼自己学习英文，倒是一举两得。随着他英文的进步，专业知识方面的学习也慢慢轻松了起来，有不懂的地方，也可以直接去问那些马来人或印度人老师了。而这些老师甚至听不出小陈是中国人，以为他是新加坡人。在小陈的全身心努力下，1999 年，公司提升他为技术人员，身份等级从 A 升级为 B。并且，公司决定，小陈在新加坡工艺学院的学费从此由公司替他交付。小陈是同时进新加坡雀巢公司约 20 位中国人中第一个被提拔的。开始时，他的手下大概十七八个人，其中有些是新加坡人，也有中国人。那些新加坡人很不甘心让小陈管，对他很不服气，叫他做这他偏偏要做那，有的故意刁难，不听他的指挥。而那些中国同胞也妒忌小陈现在的成就，也是处处和他作对，让他很失望，怎么连自己的同胞也这样对自己呢！小陈看在眼里，想在心里，他下决心"在技术方面不断提高自己，要让他们心服口服"。随着工作实践和课程学习的进展，小陈的专业技术不断提高，机器坏了，产品出了什么问题，只要有他在，问题都能顺利解决。就这样，慢慢地，那些和小陈作对的人也信服了他，渐渐地尊重他了，他说话的分量也重了。小陈牺牲了整整 4 年的所有周末的休息，在刻苦学习英语的同时刻苦钻研专业知识，终于在 2002 年底，拿到了相当于中国大专文凭的新加坡国家二级文凭。在此之前，公司再次提拔小陈为高级技术人员，身份从 B 上升为 D 级。但是，他戒骄戒躁，继续在新加坡 PSB 学院学习组长培训课程和监理员培训课程，于 2003 年拿到了新加坡 PSB 组长培训证书和新加坡 PSB 监理员培训证书。接着，公司点名让他到公司内部的机械工程部门接受 6 个月的全职训练，并通过了严格考试。2005 年公司提拔小陈为高级生产部技术人员，身份从 D 级上升为 F 级。2007 年被公司提拔为助理经理，负责整个部门的运作和员工的工作安排。小陈现在的工作每天都离不开电脑，公司的指令都是通过电脑发出的。提起电脑，小陈情不自禁地笑了起来。他说，他来自农村，对电脑一窍不通，电脑知识是零，连电脑鼠标都抓不稳。由于他是第一个在中国人中表现突出者，一些新加坡人怕他比他们强，怕他学去了他们的东西，当时，问他们电脑方面的知识，他们都不肯讲。因此，小陈决定偷偷地学。他们在操作电脑时，小陈就在后面看，过后利用喝茶休息的时间去摆弄电脑。有时不懂就跑去问自己的经理，还主动请求经理给自己一些需要操作电脑的工作，有时遇到困难就跑去图书馆借关于电脑方面的书籍学，就这样慢慢也学会了电脑。现在，他熟悉 Microsoft Office 软件；熟悉 Window 操作系统及互联网的基本操作；熟悉 SAP 系统，能熟练地安装窗口和应用软件等。

新加坡雀巢公司有约 150 名员工，8 个部门，是新加坡的大型企业。新加坡工会属下的 40 多家企业每年都会进行年度最佳员工的评奖活动。规定一个企业只评出一名员工。新加坡雀巢公司每年由 8 个部门的部门经理根据员工的工作绩效予以评分，提出一名最高分者，然后集中到公司里，再从 8 个部门送来的名单中，将成绩最高者作为该年度的公司最佳员工，获得新加坡工会颁发的奖状。2001 年度，小陈被光荣地评为该公司唯一的一名最佳员工。在该公司 2002 年第 3 期《雀巢时刻》季刊上，刊出了小陈的工作业绩介绍和他的个人半身照及领奖照片。文章写到"他得到众多同事的赞赏，大家认为他是个乐于助人、可信赖的、善于团结大家共同工作的人，我们为他的突出表现喝彩！"

2008 年 3 月，世界雀巢公司在马来西亚的吉隆坡召开交流大会，小陈作为公司一行 8 人中的一员，出席了这次大会，并且，代表新加坡雀巢公司在大会上介绍了本公司的经验。可以说，这是新加坡雀巢公司对小陈的工作业绩、工作态度和英文水平的全面肯定和信赖，是公司给他的最大荣誉和最高奖赏。

小陈在短短的 10 年时间里，从一个农村孩子、一个普通的操作工人成长为一个受人尊敬的外国大企业的中层管理人员，这里的每一步都浸透了他坚韧不拔、吃苦耐劳、奋发向上和脚踏实地的努力。这是蒜岭人的骄傲。2007 年新加坡雀巢公司已提出，想让他利用业余时间去攻读大学本科的生物学，学制 5 年，小陈考虑到大学本科的课程英文程度更深，他是否需要先去攻读英文，然后再去攻读生物学呢？因此，还在犹豫之中。从这一点也可以看出，小陈是一个做事十分认真，十分实事求是的年轻人，他一定会在新的征途上再创辉煌。

第六节　反哺的村庄

在第五章中已经介绍，从 20 世纪 70 年代至 2003 年 6 月，蒜岭在海外定居或加入外籍者已达 293 人；截至 2003 年 6 月，蒜岭在海外务工者（包括偷渡、自费留学者等）总计 318 人。2003 年我们进村入户调查时，村民就告诉我们，蒜岭出国出境务工者（包括已经回国者）平均一户约可以摊到一人，大约有三四百人。根据 2003 年 4 月蒜岭村委为该年选举所统计的数据，当时全村总计 556 户，其中老年空巢户为 127 户。占总户数的 22.8%。扣除老年空巢户，有 429 户，也就是说，当时在海外务工及有出国务工经历已回村者合计有约 4 百人。因此，村民的判断并没有夸大。

2007 年 11 月，笔者请一位生产队（村民小组）的会计仔细统计了一下该队的出境务工情况，得知该队原共有 44 户人家，其具体情况如下。

定居海外的有 12 户计 45 人，占总户数的 27.3%。

迁往福州等国内城市的有 11 户计 42 人，占总户数的 25.0%。

曾去和正在海外务工的共 8 户，占总户数的 18.2%。其中，正在海外务工的有 5 户 6 人；曾赴海外务工，现在村里种点地，打点工和闲待的有 3 户 3 人。

务农（近 50 岁，不适合出境）的有 2 户，占总户数的 4.5%。

靠子女和部分靠子女赡养的老年空巢家庭共 11 户，占总户数的 25.0%。其中，有子女出境的老年人家庭 9 户；靠国内工作子女生活的老年人家庭 2 户。

从以上数字可以看到，靠海外经济来源生活的总共有 29 户，占总户数的 65.9%。靠国内城市经济生活的总共有 13 户，占总户数的 29.5%。经济生活来源仅依赖本村本地的只有两户，仅占总户数的 4.5%。

现在，根据 2008 年 5 月的统计，蒜岭村在海外务工者（不包括已经回国者）就已达到 457 人（详见第五章第五节）。蒜岭出境务工者已不止平均每户一人了。因此，笔者把蒜岭称为"反哺的村庄"，即村里的绝大部分家庭靠海外的收入生活。

从共时性的视角看，蒜岭是一个"反哺的村庄"。从历时性的视角看，蒜岭也是个"反哺的村庄"。如果没有上个世纪 50 至 70 年代国家的强制阻止，蒜岭人出国的步伐是不会停止的，可能一直代代延续"反哺"的经济生活形式。王志学老师的家庭就是一个极具代表性的例子。他家祖先的"走番"历史和现在儿孙的出境情况如下：

祖父，印尼"走番"；

父亲，印尼"走番"（去后不久病逝印尼）；

王志学 1928 年生，1949 年 21 岁；

大儿子 1953 年生，师范学校毕业，留校工作；

孙女厦门大学毕业，现在福州交通银行工作；

二儿子 1955 年生，务农，1995 年赴日本务工，现已回国；

孙子，日本留学，现在就读于日本的大学；

孙女大专毕业在国内工作；

三儿子 1957 年生，小学教师，1992 年赴日本留学，现已回国；

孙子，英国留学，现在就读于英国的电脑专科学校；

孙子，澳大利亚留学，现在就读于澳大利亚的大学；

四儿子 1961 年生，务农，全家定居澳门。

从王老师的祖父到孙子的 5 代人中，唯独王老师没有出国。王老师分析，之所以其母亲没让他"走番"，一是因为他是遗腹子，母亲总是格外担心他的安全；另外，还因为父亲逝于南洋，使母亲对南洋产生了一种阴影。不过，如果王老师十来岁时也去了南洋，这里，或许就不可能用他家的情况作例子了。据说在蒜岭，像王老师这样祖父、父亲"走番"，儿子、孙子又出境谋生的情况，在七八十岁的人中很多。

从王老师家的例子可以看到，蒜岭很早以前就是一个"反哺的村庄"了。20 世纪 50 年代以后，因为国家制度变更，不能继续"走番"，其二儿子直到改革开放后，40 岁时才又有了出国靠海外收入生活的机会。因此，蒜岭人感谢邓小平的改革开放政策。从该例子还可以看到，蒜岭海外务工者的第二代也已经开始走出了国门。因此，蒜岭还将继续延续自己"反哺"的经济生活形式。和昔日"走番"一样，从王老师家的例子可以看到，如在国内生活条件较好，如学历较高，有较稳定、较高收入的工作，就不出国；反之，则出国。

现在，海外务工者的第二代，即王老师的孙子这一代出境务工比起他们的父辈的出国条件有利得多。一是在出国费用方面，由于改革开放后的第一代出国务工者的努力，他们的家庭经济情况已大大改善。因此，第二代人出境的费用已较容易筹集。二是在年龄方面，由于有 20 余年禁止私人出国，改革开放后的第一代出境务工者年龄跨度大，甚至有 40 岁出头者。他们的出境方式受到年龄的局限。而他们的第二代一般年纪轻，容易符合劳务招收条件，出境方式多。三是在自身素质方面，改革开放后的第一代出境务工者一方面由于新中国成立初期家庭穷困，不少人受教育程度低。另一方面不少人在"文化大革命"中荒废了学业，有的虽然有初、高中文凭，但却没有初、高中的水平。因此，即使以留学手续出境，大多数人也无法胜任走"念语言学校—考入大学—就业"的真正"留学—就业"之路，即合法务工之路。他们许多人只能采取签证过期后非法滞留的方式在海外打工。而他们的第二代多数都是有正式学历的年轻人，一般都可以走"留学—就业"这条合法就业之路。王老师的几个孙子就正在走这条路。四是海外社会网络方面，由第一代出国务工者编织成的遍布世界的海外社会网络，为他们后代的出境提供了极大的方便。笔者已听说有几户偷渡者在外面务工多年，因为身份不合法，不敢回国。不过，最近几年，他们的子女陆续长大成人，通过或合法，或非法的途径到了其父所在国，父子相会。最后，从研究移民十分常用的"推拉"理论的角度来看的话，出境务工者的第二代被"推"出去的力量更强了。第四章已经谈到，蒜岭的土地越来越少，已无法仅靠土地生活了。而从本地的非农产业经济等条件环境中还看不到能留下蒜岭人的兆头。到目前为止，在新厝落户的最大的企业只有宝利特新材料科技有限公司，有约 300 名员工，其他均是不到百人的小企业。新厝企业的员工大部分来自四川等中西部地区，到这些企业工作的本地人稳定性很差，有了出国机会便辞职不干了，把这里的企业仅作为出国前的临时落脚处而已。可见，目前本地企业的吸引力敌不过海外的"拉力"。新厝镇范围内建有两个工业区，一是福清出口加工区，二是近年新建的新厝镇蒜岭工业小区。2006 年开始招标的福清出口加工区虽有 5 家企业入驻，但还没有一家企业开始投产；而 2006 年初开始招标的新厝镇蒜岭工业小区虽入驻 5 家企业中，已有 2 家投产。但都只有数十人的规模，普通员工的月收入都只在 1500 元左右。将来，即使这些工业区的企业都到位投产，但如果没有相当高的收入保证的话，村民们还是会被海外务工之路所吸引。这样，蒜岭"反哺"的经济特色还将继续延续下去。

第七章 村民生活水平变化与
贫富差距

蒜岭村村民生活水平的提高有几个时期，一是土改后，分到土地的人生活有所改善，但其他自耕农感觉没什么变化，大多数人仍然很穷。新中国成立前和公社时期都吃不饱饭，更不用说吃鱼吃肉。二是20世纪70年代末大面积种植甘蔗后日子好过了许多。三是改革开放分田到户后生活水平明显提高，尤其是出境务工普遍化后生活水平大幅度提高。当然村民也忘不了"1959～1961年最糟糕。"村民们说："抗日战争那么困难，都没有经历过三年经济困难时期那么艰苦，新中国成立前外地在这里打工的雇农也没有那么苦。"

从问卷调查得出的表7-1中可以看到，现在10.9%的家庭很满意当前的生活，61.9%的家庭基本满意现在的生活。因此，有72.8%即超过2/3的家庭对现在的生活是满意的。

表7-1 对当前生活是否满意的自我评价

单位：户，%

类 别	户 数	百分比	类 别	户 数	百分比
很满意	43	10.9	基本上不满意	30	7.6
基本满意	244	61.9	不满意	31	7.9
说不清	46	11.7	合 计	394	100.0

资料来源：2003年12月问卷调查（黄江波统计，林芳绘制）。

第一节　1949 年前蒜岭人的生活

一　村民的清贫生活

第三章已经讲过，由于人多地少，新中国成立前蒜岭人 3 餐都是吃番薯稀饭，只有过年过节才吃干饭。因为种有番薯和小麦，所以有时也吃番薯粉做的粉丝或小麦磨面做的面条、面疙瘩等。虽然离海很近，但是也几乎不吃鱼，因为买鱼需要付现金，而现金必须通过出售粮食获得。因为谷子比番薯贵，村民总是尽量多吃番薯，省下谷子多换点现金。由于新中国成立前没有水库等灌溉系统，靠天吃饭的几率大，尤其是种单季稻的海田，如遇干旱就无收成，人们只得吃番薯渣①和番薯叶等原来用于喂猪的东西充饥。

在吃的方面，蒜岭人几乎不花什么钱。蒜岭人自己种花生，榨油自用。由于种得不多，所以不可能有很多油，因此，蒜岭人几乎不吃炒菜。家家户户自己做萝卜干、用芥菜做咸菜、用黄豆拌入红曲做黄豆酱，腌咸豆腐，有的还到海边捡回软螺（也称泥螺）、海堤菜、小螃蟹等并用盐腌了作为下饭的小菜。另外，蒜岭人还用黄豆掺糯米做酱油。用小番薯自制番薯烧酒，既自己喝，也用来请人帮工时招待客人。因此，贫穷的家庭在吃的方面的开销几乎就是买盐和买红曲。尤其是盐，每年一户要买几十斤。现金主要用在穿衣、念书、治病、娶媳妇、盖房等上面。

由于地少，而且仅靠山溪灌溉，因此只有田地离家近，又有水灌溉的人家才种些蔬菜。没有这种条件的人家就无法多种菜。蒜岭人种的蔬菜品种极少。萝卜和芥菜是多数家庭种的蔬菜。前者要用于做萝卜干，后者要用于做咸菜。此外，有的人家还种些小白菜、红血菜、韭菜和大蒜等。土地多、现金多、有华侨汇款的家庭需要买菜时，向进村的菜贩子购买菜蔬。这些菜贩子多数来自莆田江口一带，据说凌晨 3 点就动身，挑来各种菜蔬，或虾米、花蛤、海蛎、小鱼干等海产品到村中叫卖。抗日战争结束后，国民党货币贬

---

① 将番薯放在粗花岗石上磨碎，再放入布做的网内挤出淀粉后，剩下的渣，一般用于当猪饲料。

值迅速，一些小贩还要求直接用粮食交换。新中国成立前，几乎每个月都有农历节日，生活稍微好一点的家庭会到古街上买点鱼或肉，改善改善生活。

长期以来村民用的是柴灶，烧的是稻秆、杂草和矮灌木。农闲时要到山上割草、砍柴。新中国成立前山林是数个宗族的财产，祥镇陈的山林从岭边村一直延伸到厝后，霞渡陈的山林从厝后延伸到武当别院，林姓宗族的山林最多，有数千亩，从武当别院一直往北都是林姓的，黄姓山林在溪头亭里面的北山碧峰寺附近。林姓山林就在村子背后，虽划片由数个家族负责管理一片，和共同砍伐出售，但树下的杂草、灌木等允许其他村民砍去当柴烧。

新中国成立前，村民冬天穿的是粗布衣，夏天穿的是麻布衣裤。但是如果不出门的话，不论大人小孩，男性夏天均打赤膊。过去，蒜岭冬天有时也下雪，但是人们也只穿一条裤子，上身最多穿三件衣服，里边的衣服更是补了又补，破破烂烂。粗布和麻布一般由妇女自己织。有的种点棉花，有的买回棉纱，纺成纱后织成粗布；麻布则种麻，或买麻来，纺成麻线，再织成麻布。也有些人不会织布就要去店铺买粗布。衣裤由妇女自己缝制。村民通常白天穿草鞋，晚上穿木屐。草鞋和木屐都是自己做的。冬天穿布面轮胎底的

自制麻布衣裤

鞋子,从不穿袜子。许多老年妇女自己做鞋面,然后请工匠将鞋面上到轮胎底上。

不过,新中国成立前贫富不均,有土地的人家、华侨有汇款来的人家生活好,无地的人家生活差。上述情况是一般村民的生活。

二　新中国成立前一家中农的生活

中农林某,1933 年出生。土改时家有 6 口人:父亲、三哥、林某、妹妹和两个弟弟。大哥和二哥在 17 岁时就由伯父带到南洋去了。当时家里有 5 亩多土地:旱地 1 亩多、双季水田 1 亩多、单季水田 2 亩多。如果风调雨顺没有灾害的话,双季稻一年亩产可有 800 斤,单季红米谷子亩产也可有 500 多斤。旱地一部分种花生,一部分种黄豆,收后插番薯。还种了些萝卜、芥菜、小白菜、红血菜、韭菜和大蒜等。"如果没有旱灾,就够吃饭,还可以出卖一点粮食。但是,蒜岭 10 年有 7 年旱灾,有 7 年吃不饱饭"。"有一年因为旱灾歉收,只好吃了一部分番薯渣"。吃法是将番薯渣晒干磨成粉,再放入一点盐,加水做成饼状,蒸了配米汤吃。还有的时候晒番薯片季节遇到连日下雨,番薯片发霉,也只好将霉洗干净,晒干,捣碎,磨成粉,和吃番薯渣一样蒸成饼状,配米汤吃。番薯洗出来的番薯粉用来做番薯粉丝,当面条一样和菜煮了吃。

"大哥在南洋钱赚得不多。二哥是自行车小批发商,比较有钱,他们都会寄钱回来补贴这里的生活,尤其是二哥。但是,8 年抗战期间,双方断了音讯,汇款也没有了。父母只好到后山砍柴卖钱,以补家用。抗战 8 年期间南洋没信没钱,很多家庭都吃番薯渣。抗战结束后,哥哥又寄钱回来了,生活又好了起来。"抗战后哥哥一年寄几百港币回来。二哥 1948 年回来结婚,1949 年又去了南洋。"我们几个兄弟念书、娶媳妇都是靠南洋寄钱回来。南洋没寄钱回来,几个兄弟连讨老婆也没办法。"人民公社时期,家里有 18 口人,哥哥一年汇 3 次钱来,合计约 1000 元港币①,过年汇得多一点。兄弟分家以后,由于父亲与林某一起生活,所以,二哥一年寄一两千元给他,给三

---

① 1970 年以前,100 港币等于 42 余元人民币。以后逐年下降,1973 年时只等于 26 元人民币。

哥和两个弟弟家里一年各寄约 300 港币。1973 年，林某的哥哥寄了 9 万元人民币回来，他和三哥及弟弟们一起合盖了漂亮的 5 厢房。① 南洋哥哥的汇款一直持续到 1993 年，二哥去世后继续由二嫂汇，到 1995 年才停止。这时，中国农村早已分田到户，林某的子女也已长大成人，生活已不成问题了。

新中国成立前，林某家的吃、穿如上面所述，3 餐都是吃番薯稀饭，番薯稀饭里番薯多，为的是可以省一部分谷子用于出售。配的是萝卜干、咸菜、黄豆酱，没钱买鱼吃。不过，其父有用竹篓捉鱼的技巧（村中只有个别人有这种技巧），常到海边捉鱼。因此，比起其他家庭还能吃到不少鱼；新中国成立前，林家还饲养了两头猪和几只供自家吃的鸡鸭；穿的是自制的粗布衣；一人只有一条裤子，脱了钻到被窝里睡觉连内裤都没有；布鞋也是母亲自制的。

林某说："大哥没赚什么钱，不然的话，我们生活还会更好些。"他认为，他家新中国成立前的生活水平在当时村中属于中下。村中至少还有 40% 的家庭和他家的生活水平一样。当时村中有 10% 的家庭生活水平较高，还有 40% 家庭生活水平属于中等，另有 10% 的家庭生活水平属下等。

第二节 初级社时期的村民生活

土改以后，交公粮和统购不多，生活基本过得去。尤其是获得土地的贫下中农的生活比新中国成立前有所提高，生活虽然仍不富裕，但他们已经十分满足了。

初级社时，贫农杨亚连家有 12 口人，只有 1 男 3 女共 4 个劳动力，即杨亚连夫妻和 2 个妹妹。但是，生活比新中国成立前好了许多。那年番薯片一家共分了十七八担，家里都放不下了。由于母亲和黄当富的妹妹很要好，就寄存在黄当富的房子里。杨家的现金开支靠出售粮食。大米出售了 200 多斤，番薯片出售了 10 担。1955 年以前，他用大番薯做番薯粉，小番薯酿番薯酒，并出售。

---

① 蒜岭盖房根据房间的多少有 3 厢房、4 厢房和 5 厢房。一般 5 厢房是最大最气派的了。

初级社时蒜岭的土地已经作价归集体所有，但人均分得自留地3厘。杨亚连家当时一年喂4头猪，还饲养着一群鸡鸭。公鸡、公鸭自己吃，鸡蛋和鸭蛋出售，自己也消费一部分，如用米汤冲泡生鸭蛋当早点等。

杨亚连的母亲自己种了一些棉花，纺纱织布，自己做衣服。黄当富的妹妹等几家邻居也会送棉花给亚连的母亲。不过，土改后，在衣着方面还是补丁叠补丁，补了两三层，舍不得花钱买衣服穿。

新中国成立后蒜岭村民最感激的是：一不抓壮丁；二没有土匪，生活安定。

第三节　人民公社时期的村民生活

一　"他有水肿，为什么我没有？！"

1959～1961年经济困难时期对蒜岭人来说，记忆是深刻的。1958年下半年，蒜岭前后办起了4个公共食堂（详见本书第四章）。最初吃饭不限量，放开肚皮吃饱饭，吃不完的就倒掉，严重浪费。后来改为按勺分，但早去吃的人都从桶底捞干的吃，迟了的人就没得吃。吃番薯的时候，事先把番薯按各家各户的人口分成份，再放入麻袋里蒸，领番薯的时候就依照各家的人口数提袋子。开始的三四个月每人每餐都还有约5两分量的稀饭，可以吃饱。后来就每人一餐只有一两米，其余靠吃番薯补充，饭越吃越稀，因此，大家都埋怨吃不饱，有人还说俏皮话："吃稀饭看电影"影射稀饭稀得都可以照到影子。食堂总共才办了几个月，粮食几乎已经没有了。甚至以番薯叶为馅，用霉变的番薯片磨成粉做成包子发给大家吃。1959年下半年食堂终于办不下去解散了。而因饥饿引起的水肿病开始蔓延。之后开始定额配粮，数量取决于食堂的存粮，一个人每月分配几斤米和番薯，村民几乎都只能半饱。村民黄某回忆说："那时我家18个人，一餐只煮1斤米，一个人平均吃不到0.6两米。""一年一个人只有1.8斤油，平均一个月只有1.5两油"。因此，有劳动力的家庭就到处开荒种番薯、芋头、黄豆、包菜①，想办法自救。没

---

① 新中国成立前蒜岭没有包菜，是新中国成立后引进的。

有劳动力的家庭只好吃番薯渣、番薯叶、米糠，甚至捡人家不要的包菜帮等。为了填饱肚子，不少村民还偷空走 10 华里的小路，到海边捡贝类卖了钱向国家干部购买粮票到粮站买粮食等。村民说："那时什么东西都是公家管，有钱都买不到东西，比新中国成立前还差。"那个时期蒜岭基本上没人饿死，但死于水肿病的人比较多。

俞国璋老人告诉笔者，三年经济困难时期，其老伴生老三，没食物给她坐月子。当时 1 斤米 3 元钱，他花了 60 元买了 20 斤。另外，当时他在蔬菜组劳动，因此，买了 100 斤不能留种的大马铃薯。就这样给老伴做了月子。

蒜岭没有发生饿死现象熬过来的重要原因之一还在于海外华侨的大力援助。1959～1962 年，有华侨关系的家庭多多少少得到了海外的物质援助。据村民估计，那时大约 80% 的华侨以物代汇，寄大米、面粉、食用油、肉、糖、日用品、手表和衣物等回来，村中约 60% 的家庭得到了帮助。有的有华侨援助的人家还将食物分给没有华侨援助的人家。有的吃不完还拿去出售，当时非常值钱。侨领陈德发和黄当富就曾在那时援助了许多家庭。由于华侨的援助，大家的饥饿得到了部分缓解。

1958 年吃食堂以后，水肿病普遍发生，全村有约 200 余人得了水肿病。村民给笔者说了一个发生在当时的笑话："公社卫生院派人来验血，对患水肿病的人根据病情轻重免费供应一包（一般 1 斤）米糠、黄豆粉掺白糖的混合物。因为没东西吃，大家都希望得到这种米糠。检查出有水肿病的人因为能拿到这种米糠而兴高采烈，而没检查出水肿病的人反倒很不服气，责问医生：'他有水肿，为什么我没有？！'争着希望验出水肿病来"。可见，当时的饥饿程度已经使人失去了正常的思维。

三年经济困难时期，农村日常生活消费开始实行凭票供应制，按人口分发各种购买券，如布票每年一个人最初是 3 尺，后来增加为每人每年 1.4 丈。未成年人多的家庭够用，但成年劳动力多的家庭就不够了。票制实行了一段时间以后，传说要取消，可后来不但没有取消，种类反倒更多了，又多出了肥皂票、肉票、糖票、煤油票、烟票、火柴票等。肥皂票每人一个季度半块。糖票和肉票是过年过节时才配给。对于票证制度有的村民发了牢骚，结果被揪出来批斗。

那时，全公社只有一个供销社，大队是供销部（内有一个理发店），供村民购买盐、糖、醋、煤油等。

为了缓解饥荒，1961 年大队以抽签的方式将集体的土地分给各家各户种三季，即冬种大麦、小麦、豌豆、蚕豆等。以往第 3 季作物一方面由于气候的原因，另一方面由于社员的劳动积极性不高而收成很低。如一亩小麦仅收 300 斤，有时还不到 100 斤。但是，1961 年冬让社员自种自得，结果小麦每亩至少收获四五百斤。虽然大队只借给社员使用集体的土地冬种了一季，但是，解决了社员口粮的大问题，村民们至今念念不忘。

二　1962 年以后的均一化生活

1. "大家都有饭吃，但大家都吃不饱"

村民们算给笔者听，新中国成立前人们由于副食品吃得极少，所以饭量大。一个成年劳动力一年的口粮需要 6 担谷子，按 100 斤谷子可碾米 65 斤的出米率算，每个月也只有 32.5 斤米，相当于一天吃 1 斤米；如搭配番薯片的话，需要谷子 4 担，番薯片 2 担。即每个月是 21.7 斤米加上 16.7 斤番薯片，相当于一天吃 1.28 斤粮食，其中大米 0.72 斤，番薯片 0.56 斤，大米多于番薯片。

土改以后，征购公粮不多，农民生活基本过得去。第五章中已经提到，杨亚连的增产初级社有 40 多个劳动力，400 多亩地，其中水稻田近 200 亩，旱地 200 多亩，并且富裕中农的土地很肥沃，田地附近还有一个昆仑底小型水库。一亩双季稻年产约 800 斤谷子。但该初级社谷子只需统购 100 多担，番薯片也只需统购 100 多担，黄豆、花生各统购 20 多担。而对照 1976 年郑亚炳的第 8 生产队的统购数额（详见本书第五章第二节），不难看出 1962 年以后的统购比率在逐年提高。第 8 生产队有田地共 155 亩，[①] 其中水田 70 亩左右，正常情况下双季稻年亩产也是约 800 斤，整个生产队 180 人，但是，一年需征的公粮和统购为：谷子和番薯共 260 担，黄豆 20 担，花生 22 担。即田地少了 245 亩，但统购数额却几乎一样。

---

① 第 8 生产队的土地就是增产初级社的土地中的一部分，所以土地的土质也是一样的。

统购统销制度明文规定，农民留足口粮、饲料、种子后的余粮，按国家规定的价格，全数卖给国家。但是，到了公社化时期，政府直接向公社下达统购数量，定为任务，要求按数量指标卖粮，即使口粮不够，也要完成统购任务。人民公社时，蒜岭大队有1000多亩水田，要交公粮和统购3000多担（包括谷子、小麦、番薯、黄豆、花生），相当于一亩地要交约3担粮食。统购完后，一般人口多、有小孩的家庭口粮相对多些，但未成年人口少的家庭不够吃。正如第8生产队队长郑亚炳所说："公社时期，通常16岁以上的成年人一年的口粮约450斤，其中包括谷子、大小麦和番薯片。最低时约350斤。"即使不扣除35%的谷壳和米糠，450斤口粮的确"根本不够吃"。

　　公社时期曾当过大队干部的郑某对笔者介绍说："公社时期，本大队口粮加上番薯等，算是基本够吃。夏季稻一个劳动力分160斤谷子，秋季稻分180斤，外加100斤番薯片。"但是，仔细一算就知道，实际上谈不上"基本够吃"。在副食品极其缺乏的那个年代，这些粮食是吃不饱的。以100斤谷子约碾米65斤算，（160＋180）×0.65÷12＝18.4，即一个月一个成年人吃大米18.4斤。加上8.3斤番薯片（100÷12＝8.3）总共一个月只有26.7斤粮食，这显然是吃不饱的。所以，社员们不得不自己在自留地里种稻子、番薯或开荒种番薯、黄豆等。公社时期的口粮比当年杨亚连的增产初级社的口粮要少许多。第五章第二节中已论及，当年增产初级社的成年劳动力的口粮是，夏季稻一个劳动力分200斤，秋季稻分100斤，外加200斤番薯片和30斤小麦。即谷子300斤，小麦30斤，番薯片200斤。与村民认为可以吃饱的数额相比，缺70斤谷子。

　　陆学艺在《三农论》中写道："到了公社化时期，政府直接向公社下达统购数量，定为任务，就按数量指标卖粮，有些年份即使口粮不够，也要完成统购任务，然后再买返销粮。粮食系统的行话把这叫做'桥归桥，路归路'。长期以来这种做法还被誉名为农民卖爱国粮，为国家社会主义建设作贡献。"笔者在20世纪60年代末曾到闽北山区上山下乡，那里的确年年统购完后，又从国家那里购回返销粮。但据蒜岭村民反映，他们不够吃就自己想办法，从未得到过返销粮。正如第五章已经论及，1973年农历9月发生虫灾，稻穗被害虫咬断了，全村几乎绝收。但照样要交公粮，要交统购粮。针对这次虫灾国家只给蒜岭发了救济粮，而且整个大队总共才救济十几担番薯片。因此，只有没有收入的家庭，或成年人多，小孩少的家庭才给予救济。一个生产队只有五六户人家得到救济，并且一户只有几十斤，同样还是不够吃，还要到市场去买粮食。

据村民介绍，那年下半年的口粮大口（16岁以上）只分到60斤谷子，小口（15岁以下）只分到40斤谷子。即大口只有39斤米，小口只有26斤米。这些米必须吃9个月，吃到翌年的早稻收割完为止。那一年，蒜岭人各想各的办法，硬是挺了过来。据村民介绍，有的吃野菜；有的到外面当泥水匠；有的到工地当小工；有的砍柴卖；有的上山采草药卖；有的到田里挖地龙，剖开、洗净、晒干，卖给中药店；有的到山上捉一种像蟑螂样的虫，炒了卖给中药店；有的到莆田买来松木板，卖到异地，搞贱买贵卖。用卖得的钱去购买粮食。

1962年以后的公社化时期，由于"当时上面的要求是'先统购，二种子，三口粮'，即最后才考虑口粮"，所以统购和留下种子后，经常口粮"不够吃，就只好把饭煮稀点"。另外，村民说："成年人一年分谷子100～200斤，儿童一年分谷子约100斤，其他就是番薯。"王某1965年出生，她告诉笔者："小时候三餐都是吃番薯片加些米，但很难见到米粒。"

为了缓解社员的口粮问题，1962年开始，蒜岭大队的每个生产队在春天时就拿出2亩多土地分给社员，社员夏天种芋头，冬天种萝卜。第二年再换一块地让社员种。这样既部分缓解了社员的吃不饱的问题，又由于社员在种芋头与萝卜时，施了家禽的粪便，土壤肥沃，第二年生产队种早稻时便可不必施肥，一举两得。这一做法，一直持续到分田到户为止。

20世纪70年代初，为了增加社员收入，解决社员的肚子问题，公社包片干部（是莆田人），引进了莆田的九月豆。把生产队的水田田埂按人口分给各家各户种九月豆。这种大黄豆不怕水，在晚稻插好后的农历7月种下，农历10月拔起来。拔起来后正好割晚稻。最初人们不相信会有什么收入，第一年没什么人种，但后来看到收成很好，大家就都种了。这一做法也一直持续到了分田到户为止，大约种了10年。

公社时期蒜岭人的工分值低，统购量大，劳动力多的家庭，分到的钱多一点，但是口粮不够吃；而人口多劳动力少的家庭口粮多些，分到的钱多一点，但却常常超支，分红不够购买口粮。超支家庭在生产队结算时，猪还没有养大，就要卖掉，不然粮食拿不回去。

由于政府重视粮食生产，不重视副业生产，另外，社员因粮食不够不得不将自留地用于种植粮食，虽然和新中国成立前一样，蒜岭人配饭的菜依然是萝卜干、咸菜和黄豆酱。但许多人家舍不得将土地用于种萝卜等，只好到供销部买咸菜吃。下雨天或农闲时到海边捉小螃蟹，贝类等拿回家腌了当菜吃。

由于新中国成立前村民的生活水平各不相同，因此，对公社化时期的生活的看法也不尽相同。新中国成立前土地少的人认为公社化时期的生活比新中国成立前好，粮食多了一些；新中国成立前靠单季海田吃饭的人认为公社化时期有了水库，收成受旱灾的影响小了，因此比起新中国成立前生活稳定了许多；但另有一部分村民认为公社化时期的生活与新中国成立前比没什么变化，还是那么穷，吃不饱；新中国成立后出生的村民只可能将公社化时期的生活与现在比，因此，觉得不仅吃不饱，而且尽是番薯片，"都吃怕了"。

在衣着方面，人们基本上已不织布，而是购买布料自己做。不过，第一，买布需要布票，劳动力多的家庭布票不够用；第二，农业产值低，分红少，社员普遍缺钱；第三，政府提倡"勤俭节约，艰苦朴素"，把其作为一种美德来宣传，要求全国人民"新三年，旧三年，缝缝补补又三年"，因此，大家还是穿得破破烂烂。

2. 摸黑砍柴

直到 20 世纪 80 年代蒜岭一带开始使用煤炭之前，村民们都主要使用薪柴作为燃料。而棉亭、东楼、后屿等新厝大多数村庄都靠海，这些村庄使用的薪柴也都得到蒜岭、凤迹等少数有山的地方割取。因此，很早以前蒜岭靠近村庄的山上就已经几乎无柴草可取，必须到数公里外的深山里去割草砍柴，而且一年至少要割 40 天以上才够家庭使用。割草砍柴在新中国成立前就已成为这一带农民一件十分艰苦的劳动。郑亚炳小时候一家租住一间约 15 平方米的房间，房间的租金就是一年要给房东割 700 斤草。因此，放寒暑假时，他总是去割草。

随着人口的增加，以及大炼钢铁和大办公共食堂时期对山林的大面积破坏，村民的生活燃料问题愈加严峻了。公社化时期，规定农闲时间才能去砍柴，如一年中端午节的那段时间，以及农历七八月的一段时间可以去砍柴。砍柴要到十多公里的莆田的深山里，或到七八公里外的溪口亭水库边去砍。另外，过去水稻是高秆的，除了部分烧了当肥料外，还可以当柴烧，但是，后来改种矮秆水稻后，稻秆就只够当肥料和饲养耕牛了。因此，薪柴的需求量更大了。一年中，除了这两段时间去砍柴外，平时也还得去砍。不但男性去砍，女性也得去砍，而且在蒜岭家庭分工中，砍柴更是女性的工作。黄某告诉笔者，由于平时要出工，只好在收工后到山上砍柴。一般大约下午4点多钟收工后，她约好几个妇女到山上砍柴。柴少路远，都是模着黑砍柴，要到夜里12点多才回到家。农闲时，如农历七八月，她们就半夜12点多起床，煮饭吃后，到山上砍柴。一路要走两个多小时，到了山上天还没亮。她们带稀饭、番薯片到山上吃。如果是到封山的地方砍柴，柴草多，虽然砍的只是树下的草、灌木和松树的小枝丫，但也要等大年三十、大年初一、初二趁护林员回家过年时偷偷去砍。

郑亚炳说，他一般夜里两三点就起床，天快亮时到溪口亭水库那里，砍完柴回到家里已是早上九十点钟。

黄金发说，农历七八月天天要到20多里外的莆田的深山里砍柴。早上三四点动身，砍完柴回到家已是中午12点多了。

由于柴草紧张，连孩子们也加入到砍柴草的行列。1954年出生的黄玉英告诉笔者，她小的时候，玉屏山上几乎没有树，另外，有护林员看着山，也不能砍柴。当时，家家户户烧柴草，她就到山上用镐头挖草根、灌木的根当柴烧。甚至有的树根在石块底下，她也要搬起石块把树根挖出来，放进箩筐挑回家当柴烧。当时，她还在念小学，每天早上和姐姐一起床，就要拿着粗铁丝去捡树叶。看到一片树叶，就用铁丝插，一叶一叶插满一串后，放到箩筐里，然后再插。捡完树叶后才吃饭上学。晚上如果刮大风，就想到明天早上要早早起床去捡树叶，因为家家户户都在捡树叶，迟了就捡不到了。

3. 口粮靠土地，花钱靠外汇、打工、买卖或养殖

公社化时期，扣掉口粮的支出后分红只有一点点，劳动力少的家庭还常常超支。据村民说，公社化时期，一个全劳力一年最多赚2000个工分。如果以一个工分值 1 角钱（这是算高的了）来算的话，也只能挣到 200 元。一般大家都只挣到一二百元。一个全劳力挣的工分只够支付 3 个人的口粮钱。由于粮食不够吃，村中连养猪、养鸡鸭都很困难。生活中需要的现金如果没有海外汇款①就要想其他办法。

为了获得现金，新中国成立前蒜岭人是靠"走番"。可是，集体化后，出国不但手续困难，而且渐渐地成为对党和政府不忠的叛国行为了。除了"走番"外，昔日出售粮食，出售山上砍来的茅草、树根等，也是蒜岭人获取现金的最通常的手段。但是，在"以阶级斗争为纲"的年代里，农村集贸市场被关闭，商业行为被纳入资本主义的范畴。为了获得现金，蒜岭人除了少数经批准"抽金"②外出打工外，有的偷偷外出搞副业；有的省下自留地生产的花生、黄豆和番薯片等偷偷拿到江口出售；有的到山上砍茅草出售；有的利用蒜岭的地理位置，搞贱买贵卖，也就是当时被政府禁止的"投机倒把"。比如，蒜岭北边的渔溪田多，大米便宜。蒜岭南边的莆田地少，大米贵。蒜岭村民到渔溪购来大米，翻过玉屏山到莆田出售，从中赚取差价……

郑亚炳有做泥水匠的手艺，所以他说："口粮靠土地，花钱靠打工。"但是，如果既没有海外汇款，又没有手艺的家庭就只有各想各的办法了。黄某告诉笔者，她在 20 世纪 70 年代初，刚刚十七八岁时，因为花生、黄豆贵，舍不得吃，偷偷拿去卖钱。这些东西是不允许卖的，她怕被工商所的人看见，不敢走大路，跟着别人爬过山，到江口去卖。林某说，为了用省下的粮食换钱，人们只好半夜动身到江口，天亮时就已交易完毕，以避免遇到工商所的工作人员。因为，那时不仅出售者算违法，购买者也是违法的。被工商所的人看见了，购买者也要被罚款或没收实物的 20%。另一黄某告诉笔者，有时靠卖薪柴获得现金。半夜起床，凌晨 1 点出发，翻山走一两个钟头，到与渔溪交界处偷砍杂柴，到中午 12 点、下午 1 点才到家。把柴拿去卖，1 担才 1.3 元。

第五章中已经谈及的养蜂专家俞国璋老人也是为了养家糊口才走上养蜂之路的。20 世纪 60 年代初，他家有 11 口人：祖母、母亲、妹妹、俞夫妻、

---

① 据村民估计，公社化时期大约全村只有 20%～30% 的家庭有海外汇款。
② 即一年交给生产队 30～40 元钱后，允许到外面打工。

6个孩子（4男2女），但只有1.5个劳动力。解放初连参加互助组都没人要。当时，他寻思要靠什么才能养活这一家子人呢？幸好一位朋友介绍他去养蜂。本来他可以通过向生产队交副业金公开出去养蜂的，但是，生产队说，他家人口多，又没有劳动力，不能出去搞副业，缴钱也不行。因此，他只好留在生产队一边出工劳动，一边偷偷养蜂。养蜂的收益很好，1969年，他用养蜂得到的4700元盖了新房。为此，"文化大革命"中，他三次被叫到学习班交代盖房的钱的来历。因为他既没有华侨汇款，又没有外出做工、也没有做生意，钱是哪里来的？要他交代清楚。俞国璋老人感慨地说，公社时期，他就是靠养蜂培养了妹妹，送子女上学，给儿子娶媳妇的。

原蒜岭小学校长林玉霖老师是兄弟中的老大，家里上上下下有13口人，父母去世后，由他当家。他一边当教师，一边利用寒暑假去工地当小工，去山上挖树根出售，还曾用自行车载过客，以此来支撑家庭开销。一次，他舅舅从新加坡寄来一块手表。为了把它换成钱，他向别人借了270元钱，到海关交了260元税，取回手表。然后以300元的价格卖出去，从中赚得与他一个月的工资相当的30元钱（他当时的月薪是32元）。

公社化时期，由于粮食不够吃，连家畜家禽也无法多养，一家通常都只养一头猪，一年获得百来元现金。鸡鸭也养得不多。当时学童们曾唱着一首关于自留地的顺口溜：

"自留地种庄稼，养鸡养鸭养母猪，卖了鸡鸭讨老婆，讨了老婆抱娃娃。"正如顺口溜中所说，自留地不是用来种菜，而是用来种粮食，一方面用于补充粮食的不足，另一方面可以养些鸡、鸭、猪。但靠卖鸡鸭和鸡鸭蛋获取现金，是解决不了讨老婆的现金开销问题的。

公社化时期东西实际上很便宜，如海蛎1斤只有1毛多钱，蛏1斤也只有1毛多钱，猪肉1斤只有7毛多钱，但是，由于手里没有钱，大部分村民都不曾买过这些食物。

1972年，蒜岭家家户户开始在家里种植蘑菇，一年一户可赚取几百上千元钱，手里有了一些现金。但是，几年后，蘑菇床的杂菌增多，收成减少。人们只好放弃了蘑菇种植。不过，1977年蒜岭人开始大面积种植甘蔗（详见本书第四章），生活有所改善。

第四节 包产到户后饮食、衣着的显著变化

家庭承包制实施以后，村民的生产积极性大大提高，农业结构多元化，尤其是 20 世纪 70 年代后期开始，赴香港定居、出境务工逐渐增多，农村经济结构多元化，家庭收入大幅度增加，村民的生活水平也明显提高。

在饮食方面。现在村民虽然早餐和中餐还是吃稀饭，但是吃的是白米稀饭，再也不吃难以下咽的番薯片了。蒜岭人历来习惯将好吃的放在晚上吃，就是在新中国成立前和公社化时期也是隔几天晚上吃一次面条、番薯粉丝或面疙瘩等。现在是天天晚上变着花样吃。今天吃面条，明天吃炒饭，后天吃炒米粉，大后天吃番薯粉丝……不仅花样多，而且面条、米粉、番薯粉丝中的作料也特别多，肉丝、海蛎、花蛤、香菇、豆腐、香菇豆、青菜等。蒜岭人还喜欢将番薯粉里放入上述各种作料煮成粥状当晚餐。陈孙美先生说："前几年桌上有花生米、鱼、肉这 3 样就是高档家庭了，但现在生活条件更好了，吃得更加多样化了。"一次，笔者偶然到一位村民家里，其正在吃晚饭，一看桌上，竟有 8 碗荤菜：炒章鱼、蒸明虾、咸蛋、红烧肉、卤鸡爪、煎鱼、炒粉肠、海蛎煎蛋。村民告诉笔者，天天吃白米饭，现在很想吃吃番薯，偶尔也吃一两次咸菜。

由于副食品吃多了，蒜岭人的饭量明显减少。笔者打听了好几户家庭买米的情况，计算了一下发现，一个人一个月只需 10 ~ 12 斤大米就够了。如果以一个人每月吃大米 12 斤计算，$12 \times 12 \div 0.65 = 221.5$（斤），即一个人一年只需要 2 担多谷子。从需要 6 担到只需要 2.2 担，少了几乎近 4 担谷子。变化真是太大了。

陈孙美先生告诉笔者："过去花生主要用于榨油。十来口人一年能吃上50 来斤油，就很好了。现在，起码吃 100 来斤，翻了一倍。"

在调查中，笔者还发现蒜岭人不仅伙食好了，而且还开始讲究健康饮食了。老年人也好，少年儿童也好，都知道肉不能吃太多，"肉吃多了会生病，容易发胖，患高血压。不多吃肉，要多吃菜"，"现在大家也不爱吃肉，吃太胖了会高血压"，"自家喂鸡，主要是给自家孙子吃蛋，市场上买的都是人工饲料喂养的，不好"。"买鱼也是买海里的，新鲜的"。虽然可以看到，房前

屋后有人种些蔬菜，但"菜基本上去镇①上买。每天买菜花 10 元到 20 元不等，有时候也没有买菜，吃自己家种的菜"。年轻妇女为了保持漂亮的体型也很注意饮食。连念小学五六年级的女孩子也因为怕胖，不肯喝牛奶。

在燃料方面。2003 年我们进村调查时就看到村民使用的燃料有 3 种，因此，有 3 种炉灶。有烧柴的灶，烧蜂窝煤的炉和烧液化气罐的灶。从当年 12 月进行的问卷调查的统计可以看到，烧煤基本开始于 20 世纪 80 年代，众数是 1990 年，也就是说，1990 年开始使用蜂窝煤的家庭最多。液化气罐的使用基本开始于 90 年代，众数是 1995 年，也就是说，1995 年开始使用液化气罐的家庭最多。从表 7 - 2 可以知道，2003 年时，多数家庭以煤为主兼用液化气，居第二位的是纯粹使用液化气。当时，一罐液化气价格为 60 元。不过，现在液化气每罐价格升至 120 元，许多村民感到难以接受。有的家庭改为使用电磁炉。由于现在薪柴多得是，光烧自家打龙眼锯下、剪下的枝条就很充足了，所以，有的家庭干脆停止使用液化气，用柴烧开水、炒菜；用电饭煲煮饭。

表 7 - 2　现燃料使用情况

单位：户，%

燃料使用情况	户　数	有效百分比	燃料使用情况	户　数	有效百分比
不开伙	2	0.5	以煤为主兼用柴	17	4.3
柴	41	10.4	以煤为主兼用液化气	92	23.4
煤	28	7.1	以液化气为主兼用柴	21	5.3
液化气	78	19.8	以液化气为主兼用煤	49	12.4
以柴为主兼用煤	27	6.9	无效回答	1	0.3
以柴为主兼用液化气	38	9.6	总　计	394	100.0

资料来源：2003 年 12 月问卷调查。

在衣着方面。"现在衣服一般都是到店里买。以前是买布到店里去做，家里自己不做裁缝。""现在衣服做工很贵，做一件衣服要十几元，而到店里去买也才十几元。"现在村里的年轻人的穿着与城里人没有什么两样。30 多岁以下的年轻人因为不再从事田间作业，连肤色都和城里人一样白净。

---

① 离蒜岭村 1 公里多，村民一般骑摩托车、自行车去买菜。老年人则乘福清开往桥尾的公交车去买菜。

第五节 从盖土墙房到盖"洋楼" 再到盖"别墅楼"

一 蒜岭村的传统土墙房

蒜岭虽属福清市管辖，但语言、风俗等都与莆田市相同。蒜岭的传统房屋风格也是莆田式的。莆田式的房屋是以土墙、花岗石门框、窗框、红瓦，屋顶的两端像宫殿一样向上翘起为特征，十分幽雅。关于莆田的翘角房屋还有一个美丽的传说。传说这种翘角屋顶与莆田黄石乡江东村在唐明皇时期出了一个皇妃——梅妃相关。笔者从村民那里听到两种版本的说法。一种说法是，因为莆田出了皇妃，皇帝特别允许莆田百姓建房模仿宫殿式的翘檐；另一种说法是，梅妃的父母到京城探望女儿，看到京城的宫殿式房屋很美观，回到家乡后也将自家的房屋进行改建。后来，大家也都跟着学。结果，这种宫殿式屋顶便成为莆田特有的房屋样式了。

蒜岭传统房屋是土木石结构的。一般由石头砌成五层或七层的墙基，然后在墙基两侧竖起若干木柱，钉上木板，将掺有普通泥土、小石子、碎瓦片的黄土倒进两面钉有木板的墙基石上，用木桩将黄土夯结实后，再倒进黄土，再夯实，再倒入黄土……直至将黄土填夯到与两侧木板同高时，将木板再往上钉高一层，再重复上面的工作，土墙就一层层往上升高，直至到建屋檐的高度为止。为了防止土墙遇雨崩塌，在土墙的外面需要涂上一层掺有沙子的石灰。然后建屋顶。土墙房有一层的，也有两层楼的，据老年人回忆，新中国成立前蒜岭的土墙房两层楼的就已比一层的多。土墙房楼梯建在大厅里。最高建到两层半。最上面的半层一般是储存室。土墙房小的有 3 间房，或称 3 厢房，即一厅 2 个房间；中型的是 4 间房，或称 4 厢房，即一厅 4 个房间；最漂亮的是 5 间房，或称 5 厢房，即一厅 8 个房间。能建 5 厢房的人家一般是比较富裕的。

蒜岭人在一般情况下是人口增多，住不下时才盖房。传统的土墙房主要原材料是石头、泥土和木料，前 2 者可以就地取材不必购买；劳动力也是互相帮工，只需东家招待一餐点心（上午 10 点吃面条或菜饭①）和一餐午饭；花钱的只有用于架梁的木料、地板（有二楼的话）、门、窗、石灰和瓦片。因此，盖一栋 3 间房在 20 世纪 60 年代合计只需约 800 元。20 世纪 70～80 年代需要 2000～4000 元。

二 建房高潮的到来

1. 20 世纪 70 年代末掀起建房高潮

从新中国成立后到 20 世纪 70 年代末期间，蒜岭村里零零星星有人盖房。他们或是因为家庭人口增多，住房拥挤，或是因为房屋建造年代太久坏损严重不得不盖。但是，由于集体经营时期人们收入微薄，不少家庭即使急需盖房，也没有能力。许多家庭只有依靠在海外的亲人汇款才能实现建房之梦。尤其是那些漂亮的 5 厢房一般都是靠海外汇款建造的。不过，从 20 世纪 70 年代末开始蒜岭村掀起了建房高潮，这一建房高潮一直持续到现在。从 2003 年 12 月的问卷调查中知道，1983 年和 1995 年蒜岭盖房最多，前者至少有 25 户人家，后者至少有 24 户人家。1978～2003 年的 25 年中，共建房至少 359 座，可见这次掀起的建房高潮几乎涉及每家每户，平均每年建房 14.4 座。而从 1951～1977 年的 26 年间共建房 92 座，平均每年建房只有 3.5 座。即改革开放后平均每年建房数是改革开放之前平均每年建房数的 4.1 倍。

从表 7－3 可以看到，在 383 位有效调查户中有 74.2% 的家庭是新中国成立后第一次盖房；18.6% 的家庭，即有 71 户人家盖过 2 次或 2 次以上房子；仅有 7.3%，即 28 户新中国成立后没盖过房子。但据村委介绍："正常家庭不论大小都盖过房子，只有少数分户独居的老人家没盖房，仍住在老房子里"，所以，新中国成立后从未盖房的 28 户家庭基本上就是这些老年人。老人们告诉笔者，传统土墙房冬暖夏凉，比钢筋水泥房好住。虽然墙是泥土做的，但结实得连钉子都钉不进去。

---

① 加入青菜、海鲜等作料煮成的饭。

陈金煌 1958 年盖的 5 间房

表 7-3　您家新中国成立后盖过几次房

单位：户，%

次　数	户　数	有效百分比	次　数	户　数	有效百分比
0	28	7.3	4	5	1.3
1	284	74.2	6	1	0.3
2	52	13.6	总　计	383	100.0
3	13	3.4			

资料来源：2003 年 12 月问卷调查。

2. 建房高潮掀起的原因——富裕了

从表 7-4 的建房原因及实际询问中知道，这次掀起的建房高潮虽然与某些家庭人口增多，住房拥挤，以及房屋破损必须建房有关，但不少家庭建房的动因与赚了钱生活富裕相关。从表 7-4 可以看到，由于原房破损不得不建房的只有 34.9% 的家庭；表中为"扩大面积"而建房者中，不可排除一部分家庭是为了生活得更加舒适而建房，但即使我们将其全部视为因人口增多必须"扩大面积"的话，迫不得已必须建房者也只有51.9%的家庭。相反，因为"收入宽裕"、"村里流行"以及"式样翻新"而建房，即因为生活富裕而建房者占建房总房次447座的27.1%，也就是说，至少有121座房屋不是为消费房屋的使用价值，而是为显示富裕而建造的。

表7-4　盖房原因

单位：次，%

盖房原因	建房次数	百分比	盖房原因	建房次数	百分比
收入宽裕	57	12.8	式样翻新	43	9.6
村里流行	21	4.7	扩大面积	76	17.0
原房破损	156	34.9	其　他	71	15.9
结　婚	23	5.1	合　计	447	100.0

资料来源：2003年12月问卷调查（黄江波统计，林芳绘制）。

3. 告别了传统土墙房

这次盖房高潮由于产生的根本原因是蒜岭人极大地富裕起来了，因此与昔日盖房不同，在按传统土墙房建房后不久，就彻底告别了传统土墙房，建起了更加牢固实用的钢筋水泥"洋楼"，前任蒜岭小学校长陈文志先生告诉笔者，1986年村里建了最后一栋土墙房，从那以后再也没人盖土墙房了。陈先生自家的土墙房是1985年建的，因此感到非常遗憾，如若再迟两年盖房，他现在的房子也一定是洋楼了。

这次的建房高潮不仅告别了传统土墙房，而且在建造洋楼的过程中，炫耀和攀比的心理特征越来越浓重。因此，大约从20世纪90年代末开始，实用性钢筋水泥的洋楼又让位给极具观赏性的"别墅楼"。一是建筑材料越来越考究，除了使用钢筋混凝土框架，机砖砌墙以外，铝合金窗框，彩色镀膜玻璃、彩色磨光花岗石地砖等现代建筑材料替代了原先的木窗框、普通玻璃和防滑瓷砖；二是几乎家家都是高墙大院，多层高楼，与家庭人口不成比例的房间多，面积大；三是外观造型奇特，色彩各异；四是造价从原先的 30 来万元逐渐攀升到百来万元不等。最近仍在建造中的一栋楼房在村民中议论纷纷，说是准备花两三百万元。总之，洋楼越建越大，外观越建越美，已与 80 年代末开始建造的实用性洋楼间产生了巨大差距。因此，人们已经开始将这些极具观赏性的洋楼称为"别墅楼"。

在这次的建房高潮初期，花数千元盖起来的 3 厢房、4 厢房，以及不久后出现的实用性洋楼的建造资金，多数来自 20 世纪 70 年代初蒜岭村许多人家种植蘑菇、1977 年开始种植甘蔗，以及家庭承包制后村民劳动力解放的多元收入。但是，各具特色的气派的别墅楼的建造资金基本来自第二次出国热的海外务工收入。

现在，蒜岭新盖的楼房都尽可能美观气派，连围墙和院门也不例外。一般房子至少三层以上，每层楼的面积是 90～110 平方米（两房一厅），或 120～150 平方米（三房一厅），加上围墙、院落，一幢楼房一般占地约 300～600 平方米。除了外观赏心悦目外，房子的内部装修也极为现代化。所有的新房子都有现代化的卫生间，一些老房子也修了新式的厨房和卫生间。因此，从居住硬件来讲，蒜岭村民已基本现代化，有的甚至已超过城里人的标准。2003 年 12 月的调查显示，蒜岭村人均居住面积为 43.5 平方米，比同年福州市农村居民人均居住面积 40.36 平方米（《福建统计年鉴 2004》）多出 3.14 平方米。

蒜岭村的现代化别墅楼虽然仍在不断拔地而起，但从调查中知道，这些盖好的别墅楼许多是空的，因为不少主人已定居国外。因此，有的还需雇人为其看守房子；有的只有留在家乡的父母居住；而有的老年人偏偏喜欢住传统土墙房，不肯搬进洋楼。日本神户有一处旅游观光点叫"异人馆"，是 19 世纪欧美商人在神户生活时留下的欧美风格的洋楼群。笔者常常想到，如果蒜岭的年轻人继续不断向海外迁徙，再过二三十年，蒜岭的这些别墅楼会不会也成为专门让人观赏的建筑群呢？

笔者收集到 1983 年从某个角度拍摄到的蒜岭村村貌一角，2003 年笔者从同一角度又拍摄了蒜岭村该角村貌。从该两张照片可以看到蒜岭 20 年间村貌的巨大变化。

1983 年村景

2003 年村景

三 新生活观念的萌芽——在城镇建房、购房

由于收入增多，生活水平大大提高，蒜岭人不仅掀起建房高潮，在建房中追求楼房的豪华气派，而且，开始进一步追求生活大环境的舒适方便。表7-5、表7-6以及访谈调查告诉我们，蒜岭已有不少村民不满意蒜岭的生活环境，有的到南边的莆田江口镇（11公里外）、莆田市涵江区（24公里外）、莆田市（34公里外），有的到北边的福清市渔溪镇（11公里外）、宏

路镇（22公里外）、福清市（30公里外），甚至有的到福州市（74公里外）购房或建房，到城镇享受现代生活。

表7-5　在外地购房建房情况

单位：套（栋），%

房屋类型	套（栋）数	百分比	房屋类型	套（栋）数	百分比
砖木结构	1	6.7	商品房	10	66.7
2～3层楼	1	6.7	合　计	15	100.0
3层以上	3	20.0			

资料来源：2003年12月问卷调查（黄江波统计，林芳绘制）。

表7-6　外地购房建房用途

单位：套（栋），%

用　途	套（栋）数	百分比	用　途	套（栋）数	百分比
自己住	11	73.3	为了获得定居权	1	6.7
闲　置	1	6.7	其　他	1	6.7
结　婚	1	6.7	合　计	15	100.0

资料来源：2003年12月问卷调查（黄江波统计，林芳绘制）。

第六节　耐用消费品的拥有情况

从表7-7可以看到，蒜岭村民的家用电器和耐用消费品除了电视机最早出现在20世纪70年代外，大部分都出现在80年代以后，即家庭承包制以后。购买最多的年份几乎集中在90年代，部分电器集中在2000年以后。也就是说，普遍使用现代家用电器和耐用消费品是在第二次出国出境务工普遍化之后。

在家用电器和耐用消费品中，最普及的是彩色电视机和电话，每百户拥有量二者均为81部（见表7-8）。前者用来丰富文化生活和了解外部世界；后者用于通信联络，尤其是与海外联系。在通信联络工具方面手机也是重要的工具，每百户拥有40部。1983年侨领陈德发也曾赠送给蒜岭村委会及每个生产队各1台彩色电视机。

表 7-7 购置各种耐用消费品最多、最早的年份

耐用消费品名称	购置最多年份	最早购置年份	耐用消费品名称	购置最多年份	最早购置年份
黑白电视机	1987	1970	组合音响	1998	1984
彩色电视机	1998	1970	空调器	1997	1992
洗衣机	1998	1981	摩托车	2003	1984
电冰箱	1998	1986	微波炉	2002	1993
照相机	1995	1986	电脑	2000	1990
摄像机	1998	1991	小汽车	1993	1993
电子琴	2002	1989	货车	—	—
录像机	1995	1980	大中型拖拉机	—	—
影碟机	1998	1986	小型拖拉机	1999	1984
电话	1997	1981	机动三轮车	1990	1990
手机	2001	1988	加工机械	1988	1985

资料来源：2003 年 12 月问卷调查（黄江波统计）。

表 7-8 每百户耐用消费品拥有情况

电器名称	总数量	每百户拥有量	电器名称	总数量	每百户拥有量
黑白电视机(台)	49	12	组合音响(台)	70	18
彩色电视机(台)	322	81	空调器(台)	55	14
洗衣机(台)	112	28	摩托车(辆)	105	26
电冰箱(台)	165	41	微波炉(个)	21	5
照相机(台)	109	27	电脑(台)	20	5
摄像机(台)	8	2	小汽车(辆)	4	1
电子琴(台)	7	2	货车(辆)	0	0
录像机(台)	37	9	大中型拖拉机(辆)	0	0
影碟机(台)	144	36	小型拖拉机(辆)	9	2
电话(部)	325	81	机动三轮车(辆)	1	1
手机(部)	159	40	加工机械(台)	5	1

资料来源：2003 年 12 月问卷调查（黄江波统计，林芳绘制）。

第七节　村民收支情况及贫富差距

一　2003 年蒜岭村民收支情况

根据 2003 年 12 月的问卷调查统计，蒜岭村 380 户有收入的家庭当年的总

纯收入为 13143920 元，年户均收入为 34589 元。当年户均人口为 3.29 人，所以年人均纯收入为 10513 元。如果将 2003 年 12 月问卷调查时无收入家庭也包括进去计算的话，总计有 399 户，当年户均收入为 32942 元，年人均纯收入为 10013 元。根据福建省统计局报告，2003 年福建省农村年人均收入为 3734 元。因此，蒜岭村民 2003 年人均纯收入至少是本省农民年人均纯收入的 2.68 倍。

根据 2003 年 12 月的问卷调查统计，蒜岭村民的年户均支出为 25970 元（有效问卷 382 份），收支相抵，每年可以节余 6972 元。不过，标准差为 77315.2 元，是年户均支出值的 2.98 倍，因此年户均支出额代表性不很强。

二　不同类型的三户二孩之家的 2007 年收入与支出情况

1. 丈夫仍在海外务工的家庭

黄某的丈夫在韩国务工，一个儿子高中刚毕业，一个正在中等专科学校念书。她的丈夫月收入 2007 年约 1 万元人民币，每年汇回约 10 万元。黄某自己在附近食品工厂打工，2007 年年收入 4500 元。种了一些蔬菜和龙眼。龙眼自己吃，出售了一些，但一斤一般仅 1 至 1.1 元，扣除买农药的支出，不亏也无盈利。旱地送给别人耕种，水田由生产队承包给别人耕种。所以 2007 年总计收入约 104500 元。

2007 年支出如下：

长子准备考雅思留学，学费、3 个月住宿及生活费共 5700 元；

次子学费、住宿费、生活费共 10160 元；

电话费 1500 元（怀疑有被人偷用）；

3 部手机共 1200 元；

宽带 900 元；

电费 1000 元；

液化气 650 元；

人情往来（结婚送礼等）5000 元；

"做虔诚"[1] 2500 元；

---

① 蒜岭人把烧香拜神等民间信仰表达称为"做虔诚"。

给公公婆婆使用 3500 元;

送给娘家水果、牛奶等 750 元;

母子 3 人衣裤、鞋、化妆品共 1800 元;

3 人体检、治病共 1500 元;

每年寄 2 次食品、药品、内衣裤、袜子、牙膏等给丈夫 2000 元;

卫生用品如洗发水、沐浴液、洗洁精、洗衣粉、牙膏、纸巾、手纸等 350 元;

牛奶 600 元;

米、蔬菜、水果、鱼、肉等食品 8000 元;

养鸡鸭 30 只,买饲料、雏鸡鸭等 1500 元;

盖了一个杂物间 1000 元;

自己去韩国旅游一次 7500 元;

合计支出 57110 元。如扣除韩国旅游一次的 7500 元,2007 年支出 49610 元。

据了解,丈夫在国外务工的家庭,一般主妇均记账,以免丈夫回国后,询问寄回的钱用到哪去了,怎么剩下这么少等产生怀疑或不满。黄某告诉笔者,她记账,因此知道每年的开销均在 4 万~5 万元。黄家 1996 年已花 35 万元盖了洋楼。黄某认为自家的生活水平在村中属于中上。

2. 丈夫已从海外务工回国的家庭

陈某的丈夫 1996 年赴日本打工,2002 年回国。女儿念小学,儿子尚未上学,公公与其一起生活,共 5 口人。2007 年龙眼收入 5000 元、丈夫做木工收入 3000 元,旱地种花生、地瓜,芋头、油菜自食,水田由生产队承包给别人,年收入 180 元。因此,2007 年的收入基本为 8180 元。

2007 年的支出如下:

长女学习用品、服装、上学乘车、午饭合计 850 元;

电费 1560 元;

液化气 480 元;

全家伙食、牛奶费 14400 元;

"做虔诚" 1400 元；

人情往来 2000 元；

电话、手机 1200 元；

龙眼的杀虫剂、除草剂 350 元；

成年人服装 500 元；

洗衣粉、牙膏、牙刷、毛巾、浴巾、纸巾、手纸等 380 元；

两部摩托车的汽油、保险、年检等 4000 元；

治病 150 元；

27 只鸡鸭的饲料等 1300 元；

夫妻支付人身保险费 10000 元；

合计 2007 年支出 38570 元。

因此，陈某 2007 年是入不敷出，必须从丈夫出境务工带回的储蓄中提取 30390 元补贴生活费用。不过，如果从 2007 年的支出中去除夫妻支付人身保险费 1 万元的话，生活费用就可降低为 28570 元。由于该家庭烧开水、炒菜常使用柴灶，因此，液化气的使用量比第一家少。

陈某的丈夫已与其他几个人承包了属于村集体的龙眼，已投入近 4 万元嫁接反季节龙眼。现在的希望就寄托在这一承包于数年后可以得到好收入。陈家已花 40 万元盖了洋楼，陈某认为自家的生活水平在村中属于中等。

3. 夫妻均未出国务工的家庭

郑某一家 4 口人，一女一男两个孩子 2007 年均在读高中。家里的收入，一是养蜜蜂出售蜂蜜 10000 元；二是出租办酒席的桌椅碗筷等 6000 元；三是与别人合伙承包华侨的龙眼收入 8000 元；四是自家龙眼收入 2000 元。自家的旱地种花生、番薯自食。因此 2007 年收入合计 26000 元。

2007 年的支出如下：

女儿学费、住宿费、生活费 4300 元；

儿子学费、住宿费、生活费 6400 元；

电话、手机费 900 元；

电费 900 元；

人情往来 5200 元；

"做虔诚" 200 元；

服装 800 元；

治病 1300 元；

洗衣粉、牙膏、手纸等 304 元；

购买摩托车及其保险等 5500 元；

伙食费 8400 元；

鸡鸭饲料 375 元；

喂蜜蜂的白糖 1440 元；

合计 2007 年支出 36019 元。

因此，郑某家 2007 年是入不敷出，必须从以往的储蓄中提取 10019 元补贴生活费用。2007 年由于公公过世，多花费了 4000 元人情往来费，外加购买摩托车，多花了 5500 元，如果没有这两项支出，郑某家的年支出可以降低到 26519 元，与收入可以基本相抵。与上述两家相比较，郑某家烧的是龙眼打枝的薪柴，节省了燃料支出。郑某的丈夫数年前一直是建筑工地的小包工头，当时一年的收入除了开支外，可以节余 1 万余元，所以没有出境务工的迫切愿望。但现在一方面年纪大了，另一方面包工的合伙人都出境务工去了，已无法做建筑包工头。郑某与伯伯一起盖了洋楼，准备给儿子娶媳妇的新房，现先由伯伯垫款装修。女儿已考过雅思，准备到英国留学，现在希望寄托在女儿身上了。儿子学习不错，能念就让他上大学。郑某认为自家的生活水平在村中属于中等。

从上述三家的生活开支项目可以看出，蒜岭人的生活基本已城市化，除了花生、番薯、龙眼、鸡鸭等自己栽种、饲养外，其他生活用品几乎都在市场购买，而且与城市居民一样，喝牛奶，使用洗发水、沐浴液、洗洁精、纸巾、手纸、电饭煲、电磁炉等。

三 蒜岭村巨大的贫富差距

根据 2003 年 12 月的问卷调查可以知道，蒜岭的贫富差距巨大，但多数家庭比较富裕。从表 7 - 9 可以看到，认为自家经济水平属于 "中" 及以上者占回答总户数 394 户的 70.3%，如果再加上认为自家属于"中下"的户数，则占回答总户数的 90.4%，只有不到 10% 的家庭认为自家的经济水平属于"下"。

表 7－9　您家生活水平属于哪个档次

单位：户，%

阶　层	户　数	百分比	阶　层	户　数	百分比
上	1	0.3	中下	79	20.1
中上	47	11.9	下	38	9.6
中	229	58.1	总　计	394	100.0

资料来源：2003 年 12 月问卷调查。

蒜岭家庭之间的贫富差距极大，使用五等分法就可以明显看出。此法是按照人均收入的高低将人口分为五等分，然后，测量各五分之一的人口层在总收入中所占的比例。最平均的分配是，每五分之一的人口占有五分之一的总收入。但是，实际上人口比例与占有的收入比例之间总会有差距，由此反映出贫富差距的状况（李强，2004）。从表 7－10 可以看到：2003 年，蒜岭低收入组收入仅占总收入的 0.98%；中低收入组占总收入的 3.06%；中等收入组占总收入的 5.70%；中高收入组占总收入的 14.61%；高收入组却竟占总收入的 75.66%。与同年福建省农民的五个层次人口收入占总收入的比例差距极大。低收入组占总收入的百分比蒜岭村比福建省农村低 5.85 个百分点；中低收入组低 8.83 个百分点；中等收入组低 10.4 个百分点；中高收入组低 7.19 个百分点；而高收入组却比福建省农村高出 32.28 个百分点。蒜岭村民低收入组人均年收入只有 515 元，高收入组人均年收入竟为 39779 元，高收入组人均年收入是低收入组的 77 倍；而福建省农村低收入组人均年收入为 1361 元，高收入组人均年收入也只有 8641 元，高收入组人均年收入只是低收入组的 6 倍。在 2003 年 12 月的问卷调查中，蒜岭村民也认为该村村民间的收入差距很大。从表 7－11 可以看到，75.7% 的村民认为蒜岭村民收入差距大，而且近四分之一的村民认为收入差距"过于悬殊"。

表 7 - 10　2003 年按五等分法统计的蒜岭与福建农民的收入分布情况

单位：%

人口分为 5 组	最低 1/5	次低 1/5	中间 1/5	次高 1/5	最高 1/5
蒜 岭 村	0.98	3.06	5.70	14.61	75.66
福建农村	6.83	11.89	16.10	21.80	43.38

资料来源：2003 年 12 月蒜岭问卷调查和《福建统计年鉴 2004》。

表 7 - 11　对村民收入差距大不大的回答

单位：户，%

项　目	户　数	百分比	项　目	户　数	百分比
过于悬殊	98	24.8	说 不 清	32	8.1
差距较大	201	50.9	无效回答	3	0.8
差距不大	61	15.4	合　计	395	100.0

资料来源：2003 年 12 月问卷调查。

　　蒜岭村有 3 户家庭（合计 4 口人）享受最低生活保障。享受低保的家庭是年人均收入达不到 1000 元的家庭。另外，蒜岭村有一个"五保户"，无亲戚，并且 60 岁以上。

第八节　村民最关心的是挣钱

　　从表 7 - 12 可以知道，蒜岭村民最关心的是挣钱。在 395 位被调查者中，38% 的村民最关心的是增加收入，其次才是子女教育问题，再次是养老问题。从表 7 - 13 知道，村民最关心增加收入的原因在于，38% 的村民认为只有有资产的人才可能获得较高的社会地位。由于挣钱是蒜岭村民最关心、最重视的问题，因此，在询问"你希望子女在哪工作？"时，29.7% 的村民回答"出境"，24.7% 的村民回答"本地城镇"和"国内城镇"，只有 5.1% 的村民选择"本地农村"（见表 7 - 14）。因为，出境和从事非农产业才可以挣到更多的钱。而选择希望子女在本地农村的人，很可能由于种种原因，认为自己的子女不能胜任出境务工或从事非农产业工作，才作出这种无奈的选择。

表 7 – 12　对目前最关心的问题的回答

单位：人，%

类　别	人　数	百分比	类　别	人　数	百分比
无效回答	2	0.5	养　老	76	19.2
增加收入	150	38.0	家庭成员或自己出境务工	42	10.6
提高社会地位	6	1.5	其　它	36	9.1
子女教育	83	21.0	合　计	395	100.0

资料来源：2003 年 12 月问卷调查。

表 7 – 13　具备什么能力可获得高的社会地位

单位：人，%

类　别	人　数	百分比	类　别	人　数	百分比
有文化有学历的人	46	11.6	勤奋努力的人	31	7.8
当干部的人	43	10.9	在境外务工的人	4	1.0
有资产的人	150	38.0	说不清	59	15.0
有社会关系的人	44	11.1	合　计	395	100.0
有家庭背景	18	4.6			

资料来源：2003 年 12 月问卷调查。

表 7 – 14　对希望子女在哪工作的回答

单位：人，%

类　别	人　数	百分比	类　别	人　数	百分比
无效回答	2	0.5	出　境	117	29.7
本地农村	20	5.1	无所谓	158	40.1
本地城镇	53	13.5	合　计	394	100.0
外地城镇（国内）	44	11.2			

资料来源：2003 年 12 月问卷调查。

　　另外，在 2003 年 12 月的问卷调查中，我们询问了村民挣钱的主要消费对象，要求村民根据自己的轻重缓急，由主到次的顺序选出三项。从表 7 - 15 可以看到，蒜岭村民最重要的消费是吃饱穿暖，其次是吃好穿好，再次是为了子女上学，第四是翻盖新房，最不重视的是扩大再生产。根据访问调查的情况知道，蒜岭村民对子女的教育是重视的，只要家里有该受教育的子女,都会舍得将钱花在子女教育上,因此,表7–15显示在第一选择中,为子女上学而消费仅次于吃饱穿暖而位于第二位。但综合三次选择的频数和百分比的结果,为了子女上学被列在为吃好穿好之后,成了第三位,这很可能由于被调查对象中有该上学子女的家庭户数不多造成的。

表7–15   村民挣钱第一目的的频数分析

单位:人,%

挣钱目的		吃饱穿暖	吃好穿好	买高档家用品	翻盖新房	子女上学	自己/子女结婚	扩大再生产	其他	合计
第一选择	人数	145	61	5	34	92	16	2	29	384
	百分比	37.8	15.9	1.3	8.9	24.0	4.2	0.5	7.6	100.0
第二选择	人数	43	114	23	72	57	31	9	27	376
	百分比	11.4	30.3	6.1	19.1	15.2	8.2	2.4	7.2	100.0
第三选择	人数	19	68	35	88	33	55	34	39	371
	百分比	5.1	18.3	9.4	23.7	8.9	14.8	9.2	10.5	100.0

资料来源:2003年12月问卷调查(林芳绘制)。

第八章 公共管理、民间组织及公共设施建设的特点与变迁

前文已经指出，蒜岭是一个由四大宗族和一些小姓构成的主姓村，同时蒜岭又是个侨村，因此，村庄的公共管理和民间组织有其独特之处。人民公社以后虽然村庄的公共管理组织已由生产大队、家庭承包制后又称为村两委负责组织执行，但村庄的传统文化活动却由改革开放后复兴起来的宗族组织和新产生的民间组织来承担。从 20 世纪 50 年代初至 2002 年，由于旅印尼蒜岭侨胞的热心捐助，蒜岭村的基础设施与公益事业得到迅速而全面的发展，但随着老一代华侨华人[①]的逝去，公共事业的经费来源减少，已不得不逐步开始靠村民自己筹措。

第一节 1949 年以前的村庄公共管理与公共活动设施

一 保甲制前的各宗族自治

在国民党统治时期实施保甲制之前，蒜岭村整体并不存在正式的公共管

---

① 笔者把 20 世纪中期以前"走番"的华侨华人称为蒜岭村老一代华侨华人。把 20 世纪 70 年代中期迄今，出境的村民被称为蒜岭新一代华侨华人。虽然后者中的大部分尚未在侨居国获得定居权，但是，只要有机会，他们中的大部分人都会争取获得在海外的定居权的。所以，为叙述方便，笔者也把其视为华侨华人。

理组织，只有各个宗族的自我管理。各个宗族的内部管理由族长公和各房房长担任。宗族里面辈分最高的人（年龄不一定是最大的）为族长公。例如，属于祥镇陈的陈振元先生一房，因后代繁衍较慢，所以在族中辈分较高，他的叔公、叔叔和父亲都曾当过族长。他父亲陈彦俸1944年80岁（虚岁）时当选族长直至1951年。在当选为族长时，族人会做一个表轴①写上："俸翁晋升族长，别号博文，祥镇阖族敬贺"，并敲锣打鼓，放鞭炮，吹唢呐送到家中祝贺，族中还会送给新族长2块大洋，而新族长则办一桌酒席请族人。

一个宗族里，父系血统较亲的家庭又形成房，一般一房有数户至十余户不等。每房推举有一个房长。房长一般是房里较有能力、会办事，且有公正心的人，或辈分较高的人。宗族权力主要掌握在族长公手里。宗族内部事务与对外交涉等主要由族长公出面。有时族长公年龄大，行动不方便，就由较有能力和公正的房长管理。宗族的管理统治如果用韦伯的统治的三种基本类型来分析的话，应属于"传统型统治"，统治的维持是靠从古到今沿袭下来的风俗习惯和伦理道德，具有很强的个人性质。

蒜岭林姓、陈姓和黄姓的各个宗族都有族田和族产。林姓的族产和族田最多，其次是祥镇陈，再次是霞渡陈、龙津黄。各个宗族的族田和族产为各个宗族的公共财产，主要由族长公和个别房长管理。如祥镇陈新中国成立前共六十多户人家，有六个房长，但并不是所有的房长都能参与族田和族产的管理，只有一两个或两三个能力较强且办事公正的人才能参与管理。一般族田出租给少田的人家耕种，收得的租子作为族产。如祥镇陈约有5亩族田，固定租给一两户族人耕种，每年收取三四担谷子的地租，分上下季收取两次。年景不好，收成差时也会调整地租。收来的谷子出售后，收入一般由族长公支配，主要用于春夏秋冬各季的祭祀活动，也有一次捐助一个念高中的本宗族学生。黄姓的族田少，一般轮流给每家耕种，不收租子，自种自得，成为一种福利。宗族山林一般分片由数家管理一片。新中国成立前，蒜岭的山林多为松树（马尾松）。为了松树长直拔高，数年要清除一次主干下方的枝丫，砍下的枝丫作为薪柴出售后，得到的收入大部分为管理者所得，小部

---

① 用大张红纸上下固定有一根竹棍，内用毛笔写上大名等，挂在墙上。蒜岭人结婚都要挂表轴。

分上缴族里作为族产。如祥镇陈的族长公规定，每 100 担薪柴回收十五六担作为族里开展民俗活动用。一般族长公所收取的薪柴由村民雇人挑到市场出售，扣除劳务成本，余款全部交给族长公。祥镇陈还有 30 株龙眼树的族产。龙眼成熟时，则由族人摘下来出售，扣除劳务成本等，余款交给族长公，用于族里的其他活动。

宗族的公共设施是宫庙和宗祠。前者供奉着宗族共同信仰的神明，是宗族举行信仰活动和祈愿的场所；后者是宗族供奉祖先牌位，祭祀祖先的场所，同时也是商议族事，上谱、嫁娶、丧葬、晋祖等举行宗族活动的场所。龙津黄的宗祠在后屿，不在蒜岭。

宗族内部发生纠纷，如在一房范围内，就由房长出来主持公道。如发生伤人事件，房长出来调解并决定如何进行赔偿等问题；如纠纷是涉及数房的问题，就请族长公出来调解。

二 九社（宫庙）联合的村庄公共活动

蒜岭是个主姓村，村庄的公共事务与公共活动基本由杭霞林、祥镇陈、霞渡陈和龙津黄四大宗族商议后，联合其他小姓宗族共同进行。历史上，蒜岭的围海造田，北头岭自然村的开发和明天启年间建造的武当别院等，都是村庄公共活动的产物。另外，属于全村人供奉和举行全村性民俗信仰活动的宫庙还有雪峰寺（由于武当别院和雪峰寺前后相连，所以，文章中出现武当别院时，如无特别提示，也包括雪峰寺）等。

雪峰寺和武当别院坐西北面东南，坐落在蒜岭古街的北端，它们与古街的北头隔着一条玉屏山上流下来的溪涧。溪上架着一座石砌单孔的"镇峰桥"。桥下溪水涓涓，桥上绿荫遮蔽，是一处风景优美的地方。雪峰寺的建造年代已无据可考，但是，与其连成一体的武当别院正门右墙的墙眉上刻有这样的文句："雪峰寺建于唐朝，曾设漆林书院，造就了探花翁承赞。"因此，根据史书记载的翁承赞的出生年代，即公元 859 年和其成为探花的年龄推测，雪峰寺在唐昭宗时代就已存在。雪峰寺供奉着五皇大帝，是福建民间普遍都有的瘟神崇拜，闽中民间多称为"五帝"（林蔚文，2004）。蒜岭的五帝是张元伯、赵光明、刘元达、史兆明和钟仕秀五兄弟的总称。以雪峰寺为平台的村庄整体性活动不少。主帅张元伯的寿诞在农历五月初五的端午节，长期以来从初一到初五要在武当别院连续上演莆仙戏庆贺其神诞；每年农历二月，雪峰寺要举行总元宵（也称尾夜元宵），抬出张元伯巡游蒜岭三个自然村一周，即举行巡游保境活动。这期间也要演两天莆仙戏；一年中，村庄除了这两次热闹的佳节外，长期以来，雪峰寺每隔 12 年有一次"轰动全光贤里，甚至全县"的"出郊"活动，即抬出张元伯巡游到光贤里辖区，直至莆田的一些村庄，为所到之处赐福保平安。这些村庄公共活动都是由杭霞宫、祥镇宫、霞渡宫和龙津社四大宫庙牵头，联合霞东宫（黄姓，又称"里厝宫"）、祥东宫（陈姓，又称"上中宫"）、祥舍宫（黄姓）、南屿宫（庄姓、陈姓、林姓）和南上陈（是祥镇陈分出来的，没有宫庙，后又合并回祥镇陈）共同出资进行。因此，蒜岭的老人们都知道村庄公共活动是九社门联合。

保甲制实施以前，蒜岭村的公共管理与公共活动留下的遗迹还有明天启年间建造的武当别院。从宫中遗留下来的文物可知，该宫的功德主与檀越主是霞东黄的黄克勤、黄克俭父子。他们献地并捐助白银 200 两，在紧贴雪峰寺的前面建了玄天上帝殿和关帝殿。从那以后，雪峰寺实际上成为武当别院的后殿，由武当别院正门出入，并且雪峰寺的活动也常被称为武当别院的活动。

建造武当别院的契机有一个有趣的传说。明嘉靖年间倭寇十数次侵掠莆田。莆田的黄石镇原是商贸中心，地方富庶，人烟辐辏，所以受害最惨烈。村舍被焚掠，百姓遭杀戮，据说当时尸体堆了 90 多堆。几十年后，有几十户人家搬到那里开发居住。但是，青天白日有鬼魂出现，于是黄石的北辰宫便派人到湖北武当山请玄天上帝来镇压。回来途中几个人轮流继香，不让香火熄灭。到了蒜岭，他们将插有香火的香筒挂在雪峰寺前的大榕树上，进寺投宿。不料香火被风吹灭，而榕树干上聚集了许多蜜蜂，绕成了"武当别院"4 个字。于是，蒜岭村民砍倒了大榕树，雕成约 1.5 米高的玄天上帝坐像（这尊木雕坐像在"文化大革命"中被烧毁，现在的是泥塑的），并在雪峰寺前盖了武当别院，供奉了玄天上帝。

武当别院门口的横匾上"武当别院"四个镏金大字是明朝的左丞相周如

磐（1567～1626 年）题写的。观其书法，意气飘逸，沉稳劲健，恣肆放达，磅礴壮阔，不愧为明代著名书法大家的笔迹。因为周如磐出仕之前曾在雪峰寺当过私塾先生，村民传说，当时周写"武当别院" 4 个字时，没写上"武"字的一点，说是等自己出仕后再补上。后来周当上了国师回乡时才补上了这一点。而且说是坐在轿上举笔点的，因此此点特别有劲。但据史书记载的周如磐的情况推测，武当别院的这一横匾上"武当别院"四个字不可能在周如磐还没出仕时写的。因为那时武当别院尚不存在，只有雪峰寺存在。

周如磐所题武当别院横匾

周如磐，字圣培，莆田县连江里（今黄石镇）人，明隆庆元年（1567 年）生。万历二十六年（1598 年），登进士第，改庶吉士，获授检讨。万历三十五年（1607 年）礼部会试时与丁绍轼同被授为首席阅卷官。万历四十年（1612 年），被任命为江西乡试主考，后升任右谕德。万历四十三年（1615 年）担任应天府乡试主考，后转为右庶子，分管司经局事。后奉命册封江淮藩王。不久，升任南京国子监祭酒。在任期间，他严格训导士子，时称师表，深得神宗皇帝的赞赏，升少詹事兼侍读学士。期间神宗立储久议未定，他竭力支持神宗立朱常洛（光宗）为太子，使政局安定。天启元年

（1621 年）熹宗升如磐为礼部侍郎，纂修玉牒，任经筵日讲官，神宗、光宗实录总裁，历任太子宾客、吏部右侍郎。天启五年（1625 年）晋升礼部尚书，次年进东阁大学士。当时四川、贵州一带发生民变，事态比较严重，朝议要召集数省兵力剿灭，如磐坚决反对，他主张"诛魁赦从"的剿抚方略，定下秘计，授予武臣，不过数月，事态平定，一方既得安宁，又减少兵民伤亡。熹宗十分赞赏，封他为太子太保、文渊阁大学士。他更诚心调理国事，因操劳过度，积劳成疾，入值才四十余日，即上疏请求致仕，踏上回乡的路途（莆田市地方志编纂委员会，2001）。

根据史书记载的周如磐的经历推算，陈德恩先生认为"武当别院"四个字应是周如磐辞官返莆田家乡途经蒜岭时题写的。因周如磐在雪峰寺教过书，当时是黄克勤聘他来的，所以，在他返乡途中，可能应黄克勤邀请到蒜岭作客。当时，正值武当别院竣工，遂为该院题写了"武当别院"的横额。然而最近，笔者查阅《莆田市志》时，其中记载：周如磐"因操劳过度，积劳成疾，入值才四十余日，即上疏请求致仕，踏上回乡的路途，还未出京都大门就逝世。终年 60 岁"（莆田市地方志编纂委员会，2001）。如果《莆田市志》的记载属实，那么，武当别院门口横匾上的"武当别院"四个大字，可能是黄克勤特地去函京都，向周如磐索取的了。

清乾隆四十五年（1780 年）武当别院曾进行过修葺。清光绪五年（1879 年），光贤里信士、时任直隶州判的郭昌龄等施主集资对武当别院进行了修缮，并建造了精美的歌台。清光绪二十四年前后，由于举行五皇大帝"出郊"活动剩下捐款，蒜岭村民们花了 700 余块大洋，在五帝殿后，即现在的老君殿的位置上又建造了观音殿。但是，民国初年观音殿便倒塌了。

三 古街南头的公共设施与公共活动

蒜岭村除了上述林、陈、黄姓等 9 个宗族的宫庙与宗祠及武当别院外，在古街的南头还有佛公堂、普明堂和三清宫①等公共设施。

佛公堂是明代建的，它的功德主和檀越主与武当别院一样，也是黄克

---

① 三清宫新中国成立前有宫但无名称，"三清宫"是改革开放后重建时写上的。

勤、黄克俭父子。佛公堂也是蒜岭村民共同奉祀的庙宇，但平时主要由南头村民，即现在的第 7、第 8 生产队村民共同管理。通过佛公堂的公共活动，联络了四大宗族村民与杂姓家庭之间的感情。

佛公堂曾经是菜堂，叫"上堂"，古街下面的普明堂也是吃菜的，叫"下堂"，是村中吃斋村民的公共活动场所。后来佛公堂的吃斋者都合并到普明堂共同操办佛事。最初有 48 户人家，一个月做两次佛事，一次两户操办，正好一户人家一年操办一次，就可以吃一年。但在岁月的流逝中，吃斋者减少到 24 户，一个月只办一次佛事。现在村里还有两三人吃素，不过已经不懂得做佛事了。

四　保甲制下的村庄公共管理

大约在 1933 年以后，国民政府在村庄建立了保甲制。蒜岭村设置了一个保长和七八位甲长。保长是由几个大族族长商量后，共同推荐，由上级批准的。因此，一般是大姓人家，轮不到小姓的人担当。由于保长是几个大族族长共同推荐的，一般与族长们关系不错，也听得进族长们的意见。保长一般有文化，有家族势力，家庭经济较好，威信较高。保长没有工资，但有政府补贴，并在收缴村民的治安费时，也从中抽取一点补贴。在蒜岭，陈建新、林诗芳、陈见明、陈定友、陈振芳等都当过保长。据村民回忆，这些保长都还可以。只是最后一任保长因参加白军，新中国成立后被人民政府枪毙了。甲长也是村中比较有威信的人，有的地方是轮流担任，有的是由保长提名。

保甲制实施后，蒜岭各宗族的族长公在村庄公共管理方面的职能退缩了，只管理各自宗族祠堂活动和宫庙活动。村中邻里之间的纠纷一般由保长、甲长出来调解。保长最经常的工作是催缴公粮和派壮丁。由保长决策，让甲长执行。除了解决村中的民事纠纷和执行上级规定的行政任务外，保甲制度没有更多作为。保长虽然向村民收取治安费，但如上个世纪 30 年代开始的村庄防范土匪的联合行动，却依然是各个聚落村民的自发行为。保甲制连对如此威胁村民安全的匪患都无所作为，更不要说在村庄的其他公共管理与公共活动方面有所建树了。保甲制下，蒜岭村以雪峰寺为中心的民俗信仰活动依然由九社联合进行。

第二节　1949 年以后的村庄基础设施与
公益事业建设

从新中国成立以后直至改革开放前为止，国家强调的是阶级斗争和支援国家经济建设。人民公社成立后，村庄的公共管理机构是生产大队，而生产大队主要抓的是农业生产和贯彻执行政府各个时期下达的政治任务。在生产第一、生活第二的精神指导下，大队基本上没有进行村庄公共建设的意识，同时由于公共积累贫乏，也不可能进行公共建设和公益建设。但是，或许由于蒜岭宗族自治和宗族联合开展村庄公共活动的传统遗风，一些宗族领头人和乡老依然关心着村庄的公共生活和公益事业。他们自发地利用他们与海外蒜岭同乡的亲密关系，向乡村管理机构献计献策，引进侨资，为蒜岭的公益事业的发展作出了很大的贡献。改革开放后，在发展经济提高人民生活，以及经济、社会必须同时发展的政府政策引导下，蒜岭大队（后来为村委会）也开始积极引进侨资，对蒜岭的基础设施和公益事业进行了全面的建设和改造，在海内外蒜岭人的共同努力下，在不到十年的时间里，蒜岭村成为新厝镇第一个通电，通自来水，铺水泥路，而且拥有影剧院、灯光球场、科技文化中心、露天戏台等基础建设和公益设施，并且是最好、最齐备的村庄。因此，蒜岭曾成为全福清，甚至福建省各地农村学习的现代村庄的模范，1987年 2 月 21 日，福建省省委书记陈光毅、福州市市委书记袁启彤也到蒜岭视察。蒜岭村曾风光一时，闻名遐迩。

一　由村民推动海外捐资的公共事业建设

1. 对公共建设无作为的生产大队

如上所述，从 20 世纪 50 年代初到改革开放前，蒜岭的公共管理机构在村庄公共建设方面基本上没有作为。由于破除迷信和反对宗族主义，历史建筑如武当别院和各个宗族的宫庙、宗祠破败的破败，挪作他用的挪作他用。1961 年，蒜岭与新厝分开，单独成为一个生产大队后，大队在破陋的杭霞宫旁，建了一座每层 30 余平方米的二层土墙房由大队部使用。旁边的林姓宗祠成为大队的会议厅，社员大会就在该宗祠召开。20 世纪 60 年代中期之前，福清县粮站的仓库也分散设在蒜岭的武当别院、华侨地主"同春"的空房子，以及蒜岭小学的旧校舍里。1962 年蒜岭大队办了粮食综合加工厂，厂房也设在古街上废弃了的小学旧校舍里。武当别院的后殿，即五皇大帝殿因年久失修，坍塌后，1965 年被公社建成农业中学。不久以后，该农中撤销，改成新厝中学（现在的江兜华侨中学）蒜岭分校，即一所普通全日制初级中学。"文化大革命"结束后，该分校撤销。1977 年，蒜岭大队的大队部从杭下前的土墙房迁到该校舍办公。原来占用了华侨地主"同春"的房屋的大队保健站也迁到了该校舍。1978 年，蒜岭大队与早年外迁泉州的乡亲陈玉麟合办的塑料厂（详见本书第五章）也设到了武当别院的中殿，即上帝殿里。人民公社期间，霞渡宫成为生产队的牛栏。祥镇陈的宗祠住进了林场工人和两户没房子的人家。因此，公共机构基本上都利用了历史上遗留下来的旧建筑。而一年两度的武当别院的演戏和五皇大帝的巡游保境活动，以及各个宫庙的活动中止了。

2. 村民促成了蒜岭小学的重建

新中国成立后不久，看到在海外华侨华人的援助下，周边许多村庄学校得到了重建或新建，一向关心和组织村庄公共活动，曾是祥镇陈的族长公的陈振元的父亲，年近 90 岁的陈彦俸，以及陈开美的父亲陈明顺（侨领陈金煌的堂兄）等也萌发了请海外乡亲资助，重建已破烂不堪的蒜岭小学的念头。因此，与乡干部商量后，于 1953 年，向旅印尼乡亲陈明顺的堂弟陈金煌先生发出了一封求援信。这一请求立刻得到了旅印尼蒜岭乡亲的热烈响应。陈金煌先生认为，能联络散布在印尼各处的旅印尼蒜岭乡亲共同参与支援家乡建设意义重大，因此，在他的牵头带动下，几位在雅加达等地的旅印尼蒜岭乡亲不辞辛苦，一面向各处旅印尼蒜岭乡亲发函劝募，另一面"动用两辆汽车，往返十多天，所走的路程大约 3000 公里"（陈金煌，1981），在爪哇岛从东到西挨家挨户进行劝募（详见本书第三章第五节）。于是，翌年，崭新的蒜岭小学便诞生了（详见本书第十一章）。正因为有了新校舍，蒜岭小学的旧校舍便被福清县粮站用来做仓库，被蒜岭大队用来做粮食综合加工厂厂房。

由于捐建蒜岭小学的款项来自于旅印尼蒜岭乡全体男女老幼，因此，陈金煌等旅印尼蒜岭乡亲决定，以"旅印尼蒜岭乡同人"这一名称来表示为蒜岭小学捐赠的这些旅印尼乡亲最为妥当。此后，一直到21世纪初，只要是由旅印尼蒜岭乡亲集体捐赠的物资与款项，都冠以"旅印尼蒜岭乡同人"之名，而其召集人基本上都是陈金煌，后期是陈子兴与陈丽英。

1958年，为了给蒜岭小学建围墙、购置办公桌，以及支付民办教师和学校工人工资等，旅印尼蒜岭乡同人由陈金煌先生牵头，在旅印尼蒜岭乡亲中组织了第二次大规模的劝捐活动。不过，第二次虽然再度从西爪哇的雅加达出发去中、东爪哇募捐，但目标与第一次稍异。"即此次目标上比较大的人家而去，小的就舍去而不去"（陈金煌，1981）。这样，比起第一次的劝募行动简单了许多，但所获得的印尼盾的数额不逊于第一次。只是由于1958年与1953年相比，港币的价值相差悬殊，兑换到的港币数额少得可怜。幸好，蒜岭方面除学校的项目工程外，没有其他项目，因此够用。

旅印尼蒜岭乡同人确定："凡捐献5000印尼盾以上及对募捐出力者均称为发起人"，发起人有陈金辉、陈玉麟、陈金煌、陈德发、陈丰美、陈金坤、陈金裕、陈亚我、陈亚春、陈新局、陈明亮、陈公益、陈振友、黄当富、林紫通、庄霖宝、陈伯珠、陈金鼎、林亚粿仔、林亚戴、陈振兴等21位。中期加入的还有陈亚粿、陈福顺、陈新论、陈学忠等（陈金煌，1981）。从陈金煌的《记录册》可以看出，陈先生是个做事十分仔细的人，在下述重建武当别院的记录中，他不但列出了发起人的名单，还列出了所有慨捐者的名字。据此推测，对捐建蒜岭小学的旅外同人除了上面的发起人外，也记录了所有慨捐者的名字的。只是在该部分《记录册》散失了十数页，因此，无法将所有慨捐者的名字列出，实为遗憾。

3. 全镇第一个亮起电灯的村庄

1966年，国内开始了"文化大革命"，政治局势动荡，极"左"思潮泛滥。华侨汇款不但不受欢迎，而且还被极"左"分子诬陷为是在印尼剥削人民得来的臭钱；与华侨华人联系也会被怀疑为与海外间谍有勾结。因此，蒜岭村民几乎与旅印尼蒜岭乡亲断绝了通信往来。继承父亲关心家乡公益事业美德的陈振元先生在"文化大革命"中，也被加上莫须有的罪名，被叫到

"一打三反"学习班隔离审查，并被责问有没有贪污华侨的钱款等。

　　1969 年东方红水库建成，莆田、福清的一些村庄装上了电灯，村民们十分羡慕。旅印尼蒜岭乡同人知道了这一情况后，于 1973 年初由雅加达汇回了约 2 万多元人民币，加上以往捐款使用剩余后寄存在陈振元、陈开美和陈开荣（后 2 者为陈金煌的堂侄）3 人处的近 3 千元，为全村家家户户都安装了一盏 25 瓦的电灯，并在一些大房子前安装了公共用灯。旅印尼蒜岭同人为家乡成为全镇第一个亮起电灯的村庄而感到欣慰和自豪。陈金煌在《记录册》中感慨道："自有史以来陷入黑暗世界"的蒜岭，"自安装电光（灯）后，遂使我乡全体男女老幼大感万分的欣慰，从此的生活进一步提高""我乡就进入新的纪元由黑暗的时代而进入光明灿烂新的世界的环境中矣！"安装电灯需款不多，只在雅加达一处筹募。据陈金煌在《记录册》中介绍，从 20 世纪 50 年代到 70 年代末，在 20 多年的时间里，旅印尼蒜岭同乡中的不少人的事业已今非昔比，有了很大的发展。而且陈德发父子、陈玉麟先生等也已从外地迁到了印尼首都雅加达，陈亚粿、陈福顺先生等作商发财，旅印尼蒜岭同人的资本均集中在雅加达。因此，不但不必出去劝捐，不必再挨家挨户走访，只向大户人家如陈德发父子及陈金煌、陈亚粿、陈福顺等几位先生筹募即可。

　　虽然蒜岭曾经是全镇第一个亮起电灯的村庄，但是，后来却发生了重新陷入黑暗、令人啼笑皆非的一段故事。事情是这样的，原先在安装电灯时，因为没有经验，没有同时为各户安装独立电表，而是核定每盏电灯为 25 瓦。然而，不少村民因此擅自将自家的灯泡换成 40、60 瓦，甚至 100 瓦。另外，据说当时一些家庭甚至为了培育蘑菇需要保温，而偷偷使用电炉。一旦使用大瓦数电器，电灯变暗，大队干部立即出动检查。但是，违规行为仍然无法得到有效阻止，以至于用电量严重超过核定电量。按每盏 25 瓦收缴的电费与实际应缴电费相差甚远，而违规者又拒不补款。最终，电力部门只得将电源切断，蒜岭重又陷入黑暗之中。1978 年 10 月，陈金煌先生从海外返国顺便回蒜岭看看。发现"我乡老早已安装电灯，为何仍旧黑暗一团"，大为惊奇。询问之后才知道了上述缘由。于是，当场决定由他捐款给每家每户安装一个电表。但是，事情并没有这么简单就解决，翌年，即 1979 年，陈金煌先生重返家乡时知道，仍有大部分家庭没有装上电表。原来，陈先生所捐款额购买完电表之后没有剩余，经办人没有钱赚，所以迟迟不肯购置。于是，陈先生答应每装一台电表奖励经办人 5 元钱，此事才得以迅速解决。陈先生在《记录册》中开玩笑地写道："此乃重赏之下，必有勇夫"，"由此见之，我乡尚有部分思想不开明的乡胞存在也"。在总结产生上述问题时，陈先生写到："与其说是技术的缺点，不如说是我乡的乡胞是生在大海航行靠舵手的毛泽东时代的新人，[1] 却仍带些不开明和狭窄的思想何。"

4. 武当别院的重建

20 世纪 70 年代后期，一方面国内意识形态控制开始松弛，地方性民间传统文化活动开始复萌；另一方面，政府的侨务政策也开始恢复正常，侨乡与海外侨胞的联系频繁了起来。蒜岭人看到莆田一带村庄纷纷开始修复或重建寺庙宫观，也萌发了希望旅印尼蒜岭乡同人能重建家乡的武当别院这一古迹的念头。但是，武当别院除歌台看上去尚好外，关帝殿与上帝殿已破烂不堪，而且，蒜岭大队部设在五帝殿遗址的校舍中，队办塑料厂也占用着上帝殿，因此，不敢奢望重建武当别院。1979 年 12 月 30 日，陈振元、陈开荣和陈开美三先生去信陈金煌，提议陈金煌先生在武当别院附近的鲤鱼井后兴建一个小型的雪峰寺。没想到这个建议在海外"一呼百应，大声赞同"（旅印尼蒜岭乡同人 1983 年 12 月 21 日来函），并且不久便决定改为重建武当别院。

如前所述，长期以来武当别院一年中给蒜岭村，甚至周边村庄带来两次热闹的佳节，一是农历五月初一到初五为庆贺五皇大帝寿诞，要连续上演 5 天莆仙戏；二是每年农历二月，雪峰寺要举行总元宵，抬出五帝巡游蒜岭三个自然村一周，即举行巡游保境活动。这期间也要演两天莆仙戏。这在文化生活贫乏的农村，尤其是 20 世纪前半叶的中国乡村，可以称得上是中国的"狂欢节"。陈金煌先生还记得："旅外同人们在 20 世纪 20 年代尚未南渡而仍在家乡时，寺院内尚有一位和尚，每日都有乡中甚至四邻乡的善男信女到寺拈香求平安，为数众多。特别是初一、十五两日香火炽盛……"农历二月

---

① 原文是"……毛泽东时代的聪明却仍带些不开明和狭窄的思想何"。由于意思不通，笔者将"聪明"二字改为"新人"。

的"保境"节的具体日期，是由杭霞社的轿官将该社的九天元帅的龙轿扛起，用事前插在龙轿上的笔在置有香炉的桌上写下的。佳节日期一定，儿童们欢天喜地，恨不得节日早日来临，既有戏看又有佳肴。"因演戏而请到别乡的亲朋好友们来看戏，须备好些佳肴好菜接待来宾们。由于接待来宾的结果，而来宾当然带些客气，不敢将佳肴吃光而留下。所以，无知的小儿童也趁机共享余烹"。

　　1979 年秋，陈金煌先生由南洋返回家乡时，蒜岭大队当时的书记陈文华及干部们邀请他吃晚饭，地点正好就在残破不堪的武当别院内。陈金煌"眼看昔时香火炽盛，而今菩萨安在哉……触目伤心，而内心暗思，可能这残破不堪的武当别院是没有重建的希望而成为历史的陈迹矣！"谁知南返新加坡后不久，便收到了上述三位家乡亲友的来信，"读后心里大感欣慰"。不过，他的想法与陈振元等三位乡亲不同，他认为不应由个人承建，而由旅外同人集体承建更有意义。于是，由新加坡返印尼雅加达后，立即邀请旅外同人陈德发、陈玉麟、陈丰美、陈亚粿、陈明光、陈金坤、陈金鼎及林金福等人商量。"大家一听要兴建小型雪峰寺之建议，一呼百应，大声赞同……即向旅外同人进行劝募，成绩斐然。"旅印尼蒜岭乡同人于 1980 年 4 月 12 日回信陈振元、陈孙政、陈开荣、陈茂基、陈开美和林文标之子林秋生等 6 位乡亲，信中主要讲了 3 件事。首先，表明赞同陈振元等人的建议，兴建小型雪峰寺；其次，要求上述 6 人组成蒜岭大队代表保管旅印尼蒜岭乡人全体外汇保管会，简称侨汇保管会；再次，请侨管会了解另外盖房让蒜岭大队部与队办塑料厂迁出武当别院，然后整修武当别院恢复其原貌需要多少费用。侨管会于 1980 年 5 月 5 日回信告知旅外同人：①蒜岭大队尊重海外同人意见，答应将大队部与塑料厂迁出武当别院；②包括拆除院内公社的校舍等在内，重建武当别院与雪峰寺共需人民币 105000 元。旅印尼蒜岭乡同人一收到此信，立即决定放弃原拟兴建小型雪峰寺的决定，而改为重建武当别院。

　　为此，旅印尼蒜岭同人又于 1980 年 7 月 19～22 日乘飞机进行了自 1953 年以来的第三次大规模的劝募活动。陈金煌、陈德发、陈丰美和林金福一行 4 人乘飞机赴泗水，途中又加入了陈伯珠一行 5 人赴梭罗劝募，在梭罗由陈明亮的长孙驾车到马吉冷埠和三宝龙劝募后，乘机返回雅加达。当年 9 月中旬，同人汇回第一笔捐款，而家乡蒜岭也开始了重建工作。从1979年12月30日陈振元、陈开荣和陈开美三先生发出建议信，到1981年7月11日，为重建武当别院，旅外同人与侨管会之间的往返信函就有23封之多。武当别院于1981年下半年便已竣工，1982年主要是购置内部的香案、桌椅、法器等。竣工典礼在1982年农历10月举行。为出席该仪式，有近20位旅外同人回国，蒜岭村顿时沸腾了起来，创下了蒜岭华侨华人于同一时间回国人数之最。而且，其中多数人是出国后第一次回国者。

此次作为重建武当别院、兴建大队办公楼（名为"侨建楼"）及大队塑料厂的旅印尼蒜岭同人的捐款人共51位（见本书附录一）。作为发起人，国内方面是陈振元、陈开荣和陈开美；旅外同人方面以捐款数额由多至少的顺序排列为：陈子兴、陈金煌、陈德发、陈子煌、陈德森、陈伯珠、陈明光、陈瑞春、陈振芳、陈明亮、陈亚我、陈亚粿、陈子来、林金福（占碑）、林元魁、林文标、陈文财、陈福顺、陈黄福清母子、陈玉麟、陈振辉、陈振兴、陈通新、林元美、陈瑞临、陈光益夫人、关宣临、林亚清、林元洪、林锦全等（武当别院，《扬德以名》石碑）。

改革开放后，中国东南沿海侨村在与海外华侨华人恢复联系后，由村庄老年人牵头，[①] 在侨资的援助下，逐渐恢复重建了1949年以后被破坏、损毁的村庄的宫观庙宇，并恢复了被禁止近30年的各种地方性民俗活动。对于这一现象，不少人认为，这是改革开放的政策给意识形态"松绑"的结果。老年人生活在旧社会的时间长，因此比年轻人有更浓厚的迷信思想；海外华侨华人没有接受过政府数十年唯物主义教育，因此比国内迷信。正因为如此，国内老年人与海外华侨华人对恢复重建这类事情一拍即合，尤为起劲。甚至有人认为是海外侨胞回乡祭祖，促使乡村迷信活动复活。刘朝辉也认为："多数是通过海外的华侨'带回来'的。"但是，根据这几年笔者对福州沿海地区农村的调查，以及蒜岭村"走番"侨胞当时的年龄，与重建武当别院的过程中海内外的通信内容来看，笔者认为，20世纪80年代的传统民

---

① 老年人一般都是20世纪前半叶走番的华侨华人的孩提好友，他们才有可能最先动员华侨华人引进侨资。

间文化"复振运动"的原因更为深远。2000 年，笔者调查了福州市沿海乡村 31 个老人会时，已经隐约感到，事实上传统民间文化复振的因果关系并非如人们所理解的那么直观。与其说是封建迷信或为了祭祖促使人们要恢复村庄旧貌，不如说是这些宫观庙宇是长期以来唯一可以带给村民精神文化生活的平台载体，使体验过它的老年人和华侨华人难以忘怀使然。那种抬出神像游村的祭祀活动，尽管是传统农业社会人们为了祈求神灵保佑的一种愚昧行为，但也成为传统农业社会一种朴素的文化娱乐形式。用默顿的功能分析概念来解释，祈求神明保佑是抬出神像游村的"显功能"（虽然这只是人们主观认为会产生的效果），而抬出神像游村的"潜功能"却是给精神文化生活平淡如水的乡村带来了无限的快乐。人类是一种群体生活的高等动物，人类不仅需要群体进行生产劳动，也需要群体参与的精神文化生活氛围。一年中能有几次在震耳欲聋的爆竹声、锣鼓声中欢歌起舞，忘记日常生活中的一切烦恼，使一年的生活张弛有序、激越平淡交替是人类的一种精神需求。在老人们热衷于传统民俗活动的情感中，笔者体味到这些老人并非有意蛊惑人心、宣扬迷信或急于祭祖，而是企图从中寻回和再现自己青少年时代曾经感受过的、那种村社中的难得的热烈欢快的气氛（郁贝红，2001）。在蒜岭村民与旅外同人共同重建武当别院的 20 余封来往信件中，这一情结更是一览无余。陈金煌先生对孩提时代，武当别院的演戏和巡游保境活动，如何让儿童们望眼欲穿的回顾就是一个例证。在经济生活和文化生活都极其贫乏的 20 世纪前半叶，武当别院的节庆带给村民的兴奋，无疑是极其深刻的。据老人们说，那时演戏，十里八乡的村民都赶来看，武当别院被挤得水泄不通，每场都有六七百人之多。在第三章中已经讲过，20 世纪前半叶，蒜岭的"走番"几乎都在八九岁，大的也只有十七八岁就离开了家乡，因此，这些人自身根本没有搞过烧香拜佛之类的活动①。但是，武当别院一年两度的节庆，却无疑成为他们对家乡印象最深刻、也是最美好的眷念。在 20 余封来往信件中，没有一处提到武当别院神明有多么灵验，相反，在侨管会列出武当别

---

① 据村中老年人介绍，新中国成立前到宫庙烧香、拜神的大多数是老年人，尤其是男性老年人。不像现在以女性居多。过去，认为女性污秽，神明的处所忌讳污秽之身入内。迄今，雪峰寺门口还有该禁令。

院原供奉的各神像、器具等细目寄给旅外同人，请同人看看有否疏漏时，同人的回信是："但却对同人来说一句老实话，无以补充的资料。原因同人自幼离开家乡，对家乡的风貌有些陌生，更何况寺院内部各种神像更感隔膜"。因此，蒜岭的华侨华人是"带不回"迷信的东西的。但来信却一再强调修旧如旧，如"这装修并不是镶龙嵌凤的装修，不过这只恢复旧的风貌而已"，"一切需料须用上乘的木材，工艺方面也不例外，也须按照过去一样的仿造。即雕龙镶凤的地方也应一样雕龙镶凤，……使人看之一如过去的后殿一模一样的感觉才对。""但须按照原状复建，即包括上下厅、拜庭、东边的大门等等。总说一句话，一如遭破坏前一样的形式"，"原有各殿各门及戏台的对联是不能模仿的，需符合于原来的联句，未知大家记得住吗？但愿记得住最好，否则乃美中不足的遗憾也"，"一旦建成写联句时，须写正楷，绝对不可简体字，原因恢复旧观所致。"（陈金煌，1981）可见他们内心有一种强烈的"怀旧"情结，也就是他们记忆中的少年时代带给他们快乐的武当别院。陈振元、陈开荣、陈开美和陈金煌先生都属于祥镇陈，按理去信提议陈金煌重建祥镇宫，更在情理之中，但是，他们却只建议兴建雪峰寺。这一方面说明，蒜岭的宗族观念不是十分强烈；另一方面却说明比起蒜岭的大大小小的宫庙，雪峰寺在他们心目中具有特殊魅力。雪峰寺造就了蒜岭人"喜闻乐见"的地方性民间文化。因此，虽然蒜岭人以它是古迹为合法理由重建武当别院，但实际上更大的动力在于它能传承蒜岭地方的民俗文化，只不过当事人并未意识到而已。第三，由于国内大环境把恢复重建宫观庙宇当作封建迷信的死灰复燃，所以，虽然当局对华侨华人给予了更大的宽容度，但是，华侨华人本身并没有放胆大干。相反，由于他们不知道国内的情势，比蒜岭村民更加小心谨慎。例如，在讨论是重建武当别院，还是兴建一个小型雪峰寺的时候，即1980年4月12日的信中，最后追加了一句："警告：希大家小心谨慎地进行工作，不可外扬"；当谈到建个形如武当别院的小型武当别院时，旅外同人认为："要塑的神像最好像旧雪峰寺所奉的神像一样更好"，但是，其中的大爷二爷很高大，而且通常由人钻在里面可以走动外出的，旅外同人担心局势不允许搞这么大的神像，因此信中说："当然大爷二爷则成问题，抑或在壁上画图像？"该信还考虑一旦武当别院修竣后，"政策许可的话，供人拈香，否则当为古迹也可"；在 1980 年 8 月 1 日旅外同人给侨管会的回信中，因侨管会已提到塑神像的事了，因此回复说："关于一旦雪峰寺重建竣工后的一切，如重塑神像事，当然这是属主要的一环，但须视那时的情势的发展情况为先决性的。如情势许可的话，当然急需雕塑各神像，所需费用，当然再由同人负责支援无误。但这是后话。相反的，若情势不许可的话，则视为古迹视之，谁曰不宜哉"；在收到侨管会对雕塑所有神像的费用清单后，旅外同人在 1981 年 6 月 10 日的回信中写道："请即将体积细小的神像先行逐步雕塑无妨，但关于大爷二爷等等须最后进行装塑更妙。原因虽然我国政府对宗教信仰有些自由的放宽，但也却不可不防，因太放胆而会招来无谓的麻烦后果。"（陈金煌，1981）在 1982 年 8 月 24 日回复侨管会询问何时给武当别院神明举行开光、点眼及设醮仪式的信中，同人写道："若按照上述所述，四邻村已比我乡而先举行开光、点眼，有关部门既不支持，也不干预，似此的置于不闻不问就等于默许无疑，因此，我乡也可步其后尘而举行无妨。"总之，蒜岭村民看到莆田一带村庄宫观庙宇复兴的情况，已开始大胆地往前计划，而海外同人不知国内情势，反倒处于谨慎被动状态。因此，笔者认为，至少蒜岭村的传统民间文化复振，不是通过海外华侨"带回来"的，而是蒜岭村民将国内的信息告诉海外，在获得海外资金支持后，变成是海外华侨华人的行为，而当局对海外行为是宽容的，就使得重建宫观庙宇更加顺当。

1994 年 10 月，旅印尼蒜岭华侨陈德森捐款 14 万元为武当别院购置銮舆、銮伞、大纛、香亭、绣旗、绣伞、五方、十斗等神具。1995 年农历二月，武当别院又开始了五皇大帝巡游保境的总元宵民俗活动，相隔数十年，该活动出人意料地吸引了周边众多村庄的村民前来观赏。因为，尽管村民家家几乎都有了电视，但依旧还没有一种村民能简单地进行的、集体参与的、能渲染气氛、造成声势的娱乐活动形式。

早在林耀华于 1935 年所著《义序的宗族研究》一书中，就将村民的游神活动视为娱乐。义序在福州南郊，是黄氏单姓村，村内有大王宫和将军庙，每年均要抬出神像进行游神活动。例如将军迎会，林耀华写道："年例阴历二月为出巡迎会，热闹非常。"迎会日期确定后，"街谈巷议都以迎神为资料。家家户户备办接神礼品。移居乡外族人或本族亲属都相继来乡，参与这个盛大的娱乐会"。可见，在当时人们的眼里，乡间民俗活动是一种娱乐。费孝通在 20 世纪 30 年代所著的《江村经济》中也写道："有趣的是人们并没有认为由于暂停了集会（宗教活动——笔者）而造成了经济萧条；相反的却认为是经济萧条造成了每年集会的中止。这表明聚会的真正意义是娱乐多于宗教或迷信。"

二 侨资大力捐建基础设施与公益事业时期

因为武当别院竣工庆典，大批旅外乡亲相约回国，并且在后来的近 20 年里不断有旅印尼华侨华人回来探亲。这一方面使蒜岭大队的干部们有了与旅印尼华侨华人进一步熟悉、联络的机会；另一方面，也使旅印尼蒜岭华侨华人对家乡的情况、需求更加了解。家庭承包制实施后，蒜岭大队的工作重心逐渐从生产向村庄公共建设方面转移。1981 年 11 月，趁陈德发先生回家乡，大队一方面请他向旅印尼蒜岭乡同人转交了一份建设蒜岭的十项远景计划草案书，请求同人予以资金支持；另一方面也让侨管会将蒜岭的十项远景计划草案书寄往印尼。据当时的大队支书陈通龙介绍，十个项目有：通自来水；铺水泥路；建科技文化中心（包括建幼儿园、灯光球场）；填埋旧式露天厕所，建若干新式厕所；建一个华侨果场；建华侨纪念馆；成立一个福利基金会；建武当别院旅游区；兴建机砖厂；建蒜岭街。这一时期，除了以旅印尼蒜岭乡同人的名义捐建外，陈德发、陈子兴、陈德森、陈明光等华侨华人也以个人独资的形式，参考家乡的实际情况，及村委提出的远景计划开始了对蒜岭村的基础设施和公益设施的全面建设。

1. 在基础设施建设方面

建自来水工程。旅印尼蒜岭乡同人捐款 20 余万元，于 1983 年初动工，翌年通水。使蒜岭村成为全镇第一个有自来水供应的村庄。这项工程"属于艰巨和空前的创举，预算也是空前的数额"，有了自来水，蒜岭"群众的生活定会进一步提高，也臻至与城市居民一样的生活水准无差"，因此，旅印尼蒜岭乡同人"鼎力付出"（1983 年 1 月 10 日旅印尼蒜岭乡同人来函）。

电力工程的完善。由于早期东方红水库的电站经常停电，陈子兴于 1981 年捐赠了两部发电机，而同人在武当别院旁边捐建了电站用房。发电机给蒜岭人带来了极大方便，使蒜岭在电力使用上不受停电影响，尤其是电视剧《霍元甲》热播期间，一停电，连周边村庄的村民都跑到蒜岭来看电视。农忙时节，发电机也为打谷子等带来了方便。使周边村庄羡慕不已。20 世纪 90 年代中期，华侨陈德森捐款 9.4 万元，又为蒜岭村委购买了一台发电机。另外，同人又捐款更换、重新布设了 1973 年的用电线路，安装了路灯，使蒜岭的夜晚如同城市一般亮堂、方便。

修桥建亭。陈德发先生结合蒜岭村的实际情况。1981 ~ 1983 年，他捐款 9 万余元修建、改建和新建了村里的镇峰桥、镇峰亭、下桥、下桥亭（德发亭）、土围头桥和亭（我嘉亭，"我嘉"为陈德发父亲之名）、南头桥和亭（细妹亭，"细妹"为陈德发母亲之名）等 4 座桥和 4 座亭。

铺水泥村路和建村门楼。陈德发先生独资捐款 29 万余元，1982 ~ 1987 年，铺就了蒜岭、北头岭、杭下前 3 个自然村的水泥村路，全长约 7000 米。1990 年，从 324 国道到村委的一段，又加宽一米。并在蒜岭和北头岭两个自然村的福厦公路边各建了一座村门楼。

有了自来水、电灯、路灯和水泥村路，蒜岭村的基础设施成为新厝镇的文明新农村的榜样。

2. 在公益设施建设方面

兴建蒜岭华侨影剧院。为了村民有机会享受现代文化娱乐生活，陈德发先生独资捐款 66 余万元，于 1983 年 8 月 24 日建成了有 1320 个座位的蒜岭华侨影剧院，并配备了舞台设施、电影放映机等。影剧院建成后对丰富村民的文化生活发挥了很大作用。

兴建科技文化中心和幼儿园。根据村委会的远景计划，陈德发先生独资捐款 23 万余元，于 1985 年建成了占地面积为 2533 平方米、建筑面积为 894 平方米的 3 层楼房，第二、第三层为科技文化中心，第一层为幼儿园。并为科技文化中心购买了各类图书、民乐乐器、相应的家具设备；为幼儿园也配置了相关设备、用具，还建有幼儿游乐场所。有了幼儿园，蒜岭村的儿童开始按年龄建起了从小班到大班的正规幼儿教育。

兴建灯光球场和露天剧场。应村委会的远景规划和陈德发先生的个人创意，陈先生捐款近 14 万元，购买土地 2000 平方米，为蒜岭建了一个 621 平

幼儿园的游乐场

方米的灯光球场，和 172 平方米的露天舞台，灯光球场和露天剧场的共用看台 321 平方米，看座 1040 位。

改造旧式茅坑，建设新式厕所。长期以来，蒜岭人的茅厕都是建在自家的房屋旁边，用碎石块和黄土围成约一米高的长方形矮墙。里边是一个粪坑，坑上搁两块条石或厚板条即成。由于是露天，坑上又没加盖，不仅雨天不方便使用，而且许多就建在村路边，既臭又不美观。1984～1985 年，陈先生说服部分村民迁移和填埋这些旧式露天茅厕，一个坑位给予 100 元人民币补贴。一共填埋了 59 个旧式露天茅厕坑位，并捐款 1.6 万余元，在村中多处新建了 5 个男女公共厕所，计 53 个坑位。这使村庄面貌大为改观。

完善村卫生所设备与环境。20 世纪 80 年代中期之前，蒜岭村卫生所还是面积狭小，设备简陋，只能简单打针、开药的地方。1986 年陈德发先生给村卫生所捐款 2000 元港币，用于购买办公桌、橱柜、简单的医疗器械和室内装修等，使卫生所粗具规模；1996 年定居香港的陈瑞临和旅印尼华侨华人陈子富、陈丽英夫妇以其母郑祥珠（陈德发先生夫人）的名义和陈明光、陈金美、林金山又捐款总计 33338 元，为蒜岭村卫生所进行了更大规模的装修，并扩大面积，使村卫生所既有药房、门诊室、医疗室，又有病房（4 个床位）、厕所

旧式茅坑

等，添置了较高新的器械，一跃成为新厝镇第一所甲级卫生所（详见本书第十三章）。当年，福州市卫生局一位处长来检查农村卫生所工作时说："如果我们福州市卫生所有三分之一像蒜岭卫生所这样的话，就是全国一流了。"

建新村委会大楼。蒜岭村委的十项远景计划中有一项是建华侨纪念馆，陈德发先生认为，建一个专门的华侨纪念馆的必要性不大，不如建一座钢筋混凝土的新式大楼作为村委办公楼，而取其中的几个房间用来当纪念馆即可。于是，陈先生于 1987 年捐款近 12 万元，盖了建筑面积为 600 平方米，共 4 层的德发楼，即现在的蒜岭村村委会办公楼。并购买了室内所有办公设备。然而遗憾的是，村委会设想的华侨纪念馆则因自身能力有限而尚未办成。

依靠旅印尼华侨华人的力量，上述各项建设从 20 世纪 80 年代初开始，仅在五六年时间内便陆续完成。因此，在短短的数年内，蒜岭村的基础建设大大改善，公益设施如雨后春笋般不断涌现，村庄面貌焕然一新，村民生活质量大大提高。蒜岭村的变化岂止轰动了整个新厝镇，甚至轰动了整个福建省。1985 年 6 月 9 日的《福建侨乡报》用一整个版面刊登了《蒜岭侨乡画中行》的文章，和蒜岭的各公益设施的照片，介绍了在旅印尼华侨华人捐助下蒜岭村的变化。1987 年蒜岭被评为省级文明村。福州市，甚至福建省各地来蒜岭参观的团体络绎不绝。为此，陈德发先生从 1987～1997 年的 10 年间，每年捐款 3000 元给蒜岭村委会作招待费。蒜岭村委会甚至也曾去信印尼华侨，希望让旅印尼蒜岭乡同人捐资 2000 元，建一个"美丽的侨乡——蒜岭"的立体模型，以方便来宾参观。

第三节　民间组织

蒜岭村长期以来主要以宗族的形式管理、维护着村民的生活，因此，几乎不可能产生非血缘性的民间组织。正如许烺光在《比较文明社会论》中所讲，宗族成员按照父系血统被紧密地编织在宗族的亲族关系网络中，几乎没有被排斥出去的顾虑。宗族成员可以得到来自四周亲族的援助，同时，亲族们也期待得到他人的援助。人们生活在宗族里，不会产生要离开它而游离到外面去的愿望。因此，在宗族强大的社会里，很难产生非血缘性的社会组织。此外，由于蒜岭是侨村，在融资方面可以向富裕的侨眷借贷，因此，中国普遍存在的"钱会"（标会）也没有存在的土壤。人民公社时期，村民的生产、生活全部交由生产队和生产大队集体负责，更不可能产生另外的民间组织。不过，家庭承包制后，生产、生活又回到了各家各户经营管理，个体经济的脆弱、农村生活中的互助、农业生产中的协作、市场经济的风险、公共活动的组织等都使得建立社会组织的必要性加强了。在蒜岭，人们可以借鉴的社会组织无疑是宗族，因此，宗族组织的复兴成为历史的必然。另外，组织村庄公共娱乐活动的武当别院也因管理上的需要成立了董事会。根据社会生活的需要，蒜岭自发地产生了若干民间组织。

一　宗族组织的复兴

1. 借助华侨华人的资金和声望重建宗族设施

长期以来，宗族组织与宗族活动是中国社会的重要特质之一，对我国政治、经济和文化一直产生着重要的影响。1949 年以前，宗族组织与宗族活动在蒜岭的公共管理与公共生活中占有重要的地位，扮演着重要的角色。但是，1949 年以后，在新政府倡导的新意识形态下，它却成为一个最黑暗、最反动的代名词，成为人人畏惧的东西。从本章第二节已经知道，武当别院得以重建的合法理由是，它是明天启年间建的古迹，有明代大书法家周如磐挥毫的"武当别院"的石刻横匾为证。蒜岭的各个宗族的宫庙的历史有可能比武当别院更加古老，但苦于缺乏有力的证据，并且宗族宫庙既是宗族主义的象征，又是封建迷信的象征，因此，恢复重建的压力极大。但是，改革开放后，政府要求重视引进侨资，欢迎海外华侨华人参与家乡的建设，对待华侨华人的态度，成为衡量各级干部是否解放思想，是否开拓进取，是否坚持改革开放方向的标准。因此，对华侨华人在家乡进行的一些在当时看来有些"过头"的行为，大都采取睁一只眼，闭一只眼的"宽容""默许"的态度。蒜岭宗族宫庙和宗祠的重建与修复就一方面得益于海外华侨华人的资金援助，另一方面得益于政府赋予华侨华人行为的"特别通行证"。

除了武当别院外，全村另一个恢复重建的庙宇是蒜岭古街南头的佛公堂。它不是宗族宫庙，虽然只有 40 平方米，但却是蒜岭村每年第一个闹元宵的庙宇，平时由南头村民，主要是第 7、第 8 两个生产队村民管理。陈德发先生原来的祖屋在蒜岭古街南头，应村民的请求，陈先生于 1981 年捐建了佛公堂。佛公堂的恢复重建给村民，也给华侨华人吃了一颗"定心丸"，知道政府允许华侨恢复宗教建筑。接着，陈德发先生和其在印尼的家族成员又共同捐资重建了霞渡宫和霞渡陈氏宗祠。

武当别院竣工庆典后，大批旅外乡亲相约回国。旅外乡亲和家乡父老血浓于水的亲情交流与文化认同达到了历史的最高点。重温亲情与谒祖祭祖等，进一步拉近了海内外的感情。此后，村中各个宗族宫庙与宗祠等在海外华侨华人的捐助下，一个接一个地获得恢复重建（见表 8 – 1）。

2. 宗族组织的变异

蒜岭的宗族宫庙和宗族祠堂恢复重建，宗族活动重新兴起（详见本书第十二章），但是，由于时代已经变化，社会已经发展，因此，宗族组织也不可能"原封不动"地恢复成过去的模样。无论组织结构也好、组织活动也好、组织功能也好，都发生了这样那样的变化。

表 8 - 1　蒜岭村各主要宫庙概况

单位：平方米，万元

宫庙名	祥镇宫（陈）	霞渡宫（陈）	杭霞宫（林）	龙津社（黄）	溪头宫（陈）	佛公堂	武当别院
修复重建年份	1986 年	初次：1981年；第二次：2003 年	1989 年	1991 年	1989 年	1981 年	1. 1980 年 2. 1985 年 3. 2004 年
材料结构	土木结构	初次：土木结构；第二次：砖木结构	土木结构	土木结构	土木结构	土木结构	土木结构
建筑面积（平方米）	120	初次：120 二次：440	240	270	96	40	4000
建造费用	21 万元	初次 5 万元 二次 40 万元	20 万元	12 万元	1.2 万元	6000 元	1. 重建 48 万元；2. 观音殿 6 万元；3. 老君殿 50 万元
资金来源	陈金煌为首的 7 位印尼华侨华人	华侨陈德发家族及定居香港乡亲陈元来	林姓华侨集资	旅印尼华侨、出境务工者及村民集资	印尼华侨及村民集资	华侨陈德发	1. 旅印尼蒜岭乡同人；2. 陈德发；3. 港澳台乡亲和村民
供奉的主坛神灵	昊天帝子	张公圣君	九天元帅	安善圣王	齐天大圣	泗洲文佛	五皇大帝、弥陀尊者、大爷、二爷

　　说明：南屿宫（庄、陈、林姓）于 2006 年重建竣工，供奉泰山康元帅。祥东宫（陈姓）于 2008 年 8 月重建竣工，供奉五显大帝和天上圣母。

　　首先，在领导层方面发生了变化。过去宗族的领导层是族长和房长，族长的权力最大，指挥权、财权都掌握在族长手中。领导层内没有分工，是家长制式的领导。而现在，宗族组织已没有了族长、房长，取而代之的是董事会。董事会设有董事长和若干董事，董事长与董事们不是按房，也不是按辈分，而是根据人品、能力由族人推举出来的，因此，董事会有不少有知识的、退休回乡的教师、国家干部和被族人信任的老年人。而且，董事会中进行了分工，如设有会计、出纳和保管等职务。董事长已没有过去族长那样的独断权，一切事宜由董事会民主讨论决定。

　　其次，在组织成员方面发生了变化。以组织成员的加入方式划分，宗族组织应该属于"先赋性"组织，即组织成员是与生俱来的，非个人能选择或改变的组织。但是，如今的宗族组织，虽然成员依然必须具有相同的父系血统，但有相同的父系血统的人不一定必须参加其活动。换句话说，实际上有退出宗族组织及其活动的自由，即其成员是自愿加入的，他们已没有依附或归属宗族的关系。在 2003 年 1 月的调查问卷中，在 348 份有效回答中，70.7%，即 246 人回答会参加宗族聚会；而 29.3%，即 102 人回答不会参加宗族聚会。霞渡宫董事长陈孙美也说，族里各户是较为松散的。所以纠纷调解之类主要在住宅附近邻里之间，即远亲不如近邻。在调查中我们也发现，年青一代的宗族意识更加淡漠。

最后，在组织功能方面发生了变化。传统宗族组织的功能是多元的，综合性的，涉及政治、经济、社会、文化、对内、对外等各个方面。但是，如今它的功能缩小为只有祭祀祖先、添丁上谱、联络感情、元宵娱乐、神诞庆典、烧香祈愿等数个功能。为了娱乐活动的开展，祥镇宫、龙津社、杭霞宫都组织有车鼓队，溪头宫组织有打击乐队，霞渡宫组织有大头娃娃队，在元宵节、雪峰寺举行总元宵，以及村民有喜庆等时，这些队伍便参加演出，渲染气氛。

3. 宗族活动的正反功能分析

用默顿的功能分析范式来考察宗族组织的功能，笔者认为，正功能多于反功能。也就是说，它对促进社会安定、进步方面的积极作用大于消极作用。如祭祀祖先，祭扫祖墓可以促使人们追思先人的功绩，学习先人的优秀品质，促使后代赶超前代，以致达到"青出于蓝而胜于蓝"；还可以加强尊老敬老的风气。

添丁上谱也有它的积极作用。原蒜岭小学的校长林玉霖就认为，从族谱可以看到人口增长情况，可以看到祖先的生活情况，和这一地域的社会历史变化。在 2003 年 1 月问卷调查的 352 份有效回答中，40.1% 的人回答有必要修族谱，认为没有必要的只占不到三分之一（表 8 - 2）。

表 8 - 2　您认为有没有必要修族谱

单位：人，%

类别	人数	百分比	类别	人数	百分比
有	141	40.1	没有	106	30.1
无所谓	105	29.8	总计	352	100.0

资料来源：2003 年 1 月问卷调查。

宗族的感情联络虽然只局限在族人之间，有一定的局限性，但对今天以出国务工为主要经济支柱的蒜岭村来说，出国费用的融资主要靠亲族帮助；另外，过去村民多为聚族而居，一座大房屋里住着十几、二十户同族兄弟，而今，家家几乎都各自搬进了自己的单门独院里，居住方式改变了；在经济活动方面，各家也分散在各自的田地里，或分赴于境外不同的国家，相互之间的交往较公社的集体生产时期明显减少。不少老人叹息说，村中一些年轻人是谁家的孩子都已不认识了。在这种状况下，在对留守家乡的老年人和儿童的相互照应方面，加强族人与族人之间的沟通，守望相助，稳定村庄社会显得十分必要。在 2003 年 1 月问卷调查的 352 份有效回答中，64.2% 的人，即 226 人回答在族人有困难时，帮助过族人，主要提供的是金钱帮助和劳动力帮助。前者在 226 份有效回答中占 59.7%；后者在 226 份有效回答中占 54.9%，均超过半数。另外必须一提的是，由于蒜岭是侨村，宗族组织还起到联络海外宗亲的功能。历史上，许多华侨华人虽然不能回来参加宗族活动，但都要求家乡亲人代为交款，以示自己没有忘记祖先和家乡。

　　宗族宫庙活动此起彼伏，频繁、热闹的神诞庆典、元宵活动和莆仙戏演出，极大地充实、丰富了蒜岭村民的日常生活。尤其是莆仙戏不仅给蒜岭村民带来了美的艺术欣赏，丰富的地方戏传统剧目还寓传统美德教育于艺术之中。这些戏大多宣传助善惩恶、忠贞爱国、尊老爱幼、家庭伦理、婚姻自由等，尤其是没有什么文化，听不懂普通话的老年人更是依靠观看莆仙戏充实闲暇生活。

　　至于烧香拜佛，求神祈愿"做虔诚"的确是一种迷信活动，宫庙重建、神明重塑的确会助长迷信思想的滋长。但是，在现实生活中，无法靠自身力量达到所要追求的目标时，人们往往会借助超自然的力量企图获得目标的实现，这是人类的一种普遍心理现象，它可以暂时解除人的内心痛苦，获得精神慰藉。因此，没有必要多加指责。就像龙津社的董事长，原学区校长黄金春先生所说："农村迷信活动会产生一种凝聚力，宗教长期存在有其历史根源，已形成风俗习惯，如果去反对它，反倒会使人反感，不如让人们去搞，农村会有一定活气，人们心里会有一定安慰。真心去做的人倒不会去做坏事。"不过，迷信活动常常容易引导人们产生非理智行为，如为了表达虔诚而大量焚烧纸钱类象征物，造成不必要的浪费和污染，甚至引起火灾。这样的反功能则需要帮助、教育和引导。笔者 2007 年在台北看到，在环境保护意识教育下，寺庙烧香，人们已主动改为只烧一炷，而不是一把，这倒是值得借鉴的。

　　总而言之，宗族组织实质上是今天的公民利用传统组织资源而结成的社团，我们要避免因为它们的传统形式而把它们视为过去时代的组织。"宗族已经蜕变为适应当今政治和法律环境的公民社会组织"（高丙中，2008）。

二　武当别院董事会

1. 武当别院新貌

　　1982 年农历十月，在蒜岭村民与旅印尼蒜岭乡同人的共同努力下，一座重檐歇山顶格式，保持唐、明、清建筑风格的武当别院终于又以崭新的面貌重新矗立在蒜岭古街的北头。武当别院按照海内外蒜岭人的共同意见"修旧如旧"，因此不但建筑物如旧，就连里面的各条楹联也是村民和侨领陈金煌共同记忆出来的。但是，毕竟历史已经前进了数百年，一些地方为了适应现代的需求不得不进行了少许调整。如歌台，名曰"遏云台"，昔日莆仙戏一般前台演员只有 9 人左右，因此戏台狭小，只有 5.2 米宽、4 米深。而今，前台可有 28 人登场。如果仍按原来大小修建的话，就只能观赏而不能实用，因此，现在的歌台改为 8.3 米宽、7.5 米深。1985 年，侨领陈德发独资在武当别院的后面重建了观音殿。由于原观音殿遗址上已是一片龙眼树，所以，把观音殿建到龙眼树后面的高坡上。但是，因为龙眼树是各家各户的，平时村民进来锄草、施肥、打枝、采摘等，不但影响了武当别院的卫生，并且乱哄哄的影响宫观管理。所以，2004 年，武当别院董事会决定买下这些龙眼树，干脆把这块地盖成供奉道教祖师爷李耳的老君殿。当时，龙眼大幅度跌价，村民们也认为无利可图，同意出卖龙眼树。因此，当年下半年在原观音殿的遗址上建起了老君殿。与此同时，在通往观音殿的台阶右边建了一个会议室，正好与功德祠对称。现在的武当别院占地面积为 5000 平方米，建筑面积为 4000 余平方米。布局如图 8 - 1。

　　不过，最令人叫绝，且显示出武当别院董事会睿智的是正门墙上的那两副对联。1981 年重建的武当别院正门两边墙壁原来是砖砌的，墙上贴有画在瓷砖上的彩画。但是彩画没几年就开始退色脱落了。为了经久牢固且美观大

武当别院鸟瞰

	观音殿	
功德祠	台阶	会议室
	老君殿	
	五皇大帝殿	
二爷		大爷
边门	漆林书院	
	玄天上帝殿	
	天井	
	舞台	
	关帝殿	
	大门	

图 8-1 武当别院平面图（林芳绘制）

方，后改为用墨色整块玻璃石板镶嵌，墙高 9.5 米、宽 16.5 米。墨色石板上用现代工艺——影雕，在左右石墙上分别刻画了 4 幅隋唐演义中的故事和"龙飞""凤舞"两幅图。在这些影雕画之间，镶嵌了两副对联。靠近大门的一副对联的右联为："雪峰继往千年古刹留圣迹"，左联为："武当开来万方朝礼见真诚"；在石墙中部，右联为"动静相宜但愿尔等行好事"，左联为："虚实互变不需求神问前程"。这两副对联既道出了雪峰寺和武当别院的悠久历史，又劝导人们多行善事且不搞迷信。在宫庙门前劝导人们不搞迷信这不愧是蒜岭人的与时俱进的创举。这两副对联的产生过程还有一段小小的故事。武当别院董事会原讨论决定请林紫谅先生（原江兜华侨中学校长）为武当别院正门写一副对联。紫谅先生曾读过《宗教活动要与社会主义相适应》的文章，因此，写了"但愿尔等行好事"，"不需求神问前程"的一对联句。但是，拿到武当别院正门两边一摆，大家都感觉一条 7 个字太少，字与字之间空隙太大，显得太稀，最好再加上 4 个字就好看了。但是，此时，紫谅先生已赴海外探亲，因此董事会决定请蒜岭村中公认的最善于赋诗作对的陈德恩先生予以修改。陈先生是天主教徒，陈振元先生和武当别院的庙祝林金銮曾多次登门请陈先生为武当别院写几条对子，都被陈先生坚决拒绝了。因此，这次陈德恩先生会否接受大家的请求令人担心，但是眼下也只有他能胜任此事。大家抱着试试看的心情到他家去。没想到陈先生一看是一副宣传不搞迷信的联句，竟爽快地答应了下来。他在紫谅先生的联句前，各加上 4 个字，结果就变成"动静相宜但愿尔等行好事"，和"虚实互变不需求神问前程"了。由于武当别院正门墙面空间还很大，董事会就又请陈德恩先生作了"雪峰继往千年古刹留圣迹"，"武当开来万方朝礼见真诚"的又一对联句。陈德恩先生告诉笔者，他写这两副对联讲的就是不要搞迷信。

　　1987 年 11 月，福清县人民政府将武当别院确定为市级第二批文物保护单位。1998 年 8 月，武当别院成为福清市宗教局首批"登记发证"的道教宫观。

　　2. 精英荟萃的武当别院董事会

　　新中国成立前，武当别院没有任何管理机构，履行的仅仅是传统意义上寺庙的功能。整个宫庙内只有一个庙祝在负责日常事宜，如内外卫生，每日定时给神明上香，替香客抽签，解签，为其祈求平安，收取缘金①及香火钱，逢年过节祭祀及宫庙的修葺等琐事。要进行五皇大帝神诞庆典和总元宵等大

---

　　① 向神明祈愿，并口头许诺愿望实现后要捐的钱。

事时，便请林、陈、黄的族长公出来组织并出款。据现任的庙祝林金銮
（1923 年生）回忆，新中国成立前的庙祝一般是由孤寡老人自愿担任的。20
世纪 30 年代初的庙祝是莆田湄州人楷登，楷登故去后由莆田人阿明接任，
最后一个庙祝是祥厝人九旺。

　　1982 年武当别院重建后，为了管理好武当别院，当年，侨管会就请林金
銮住进宫里，每天负责开关门、上香点烛、搞卫生、当保卫。林金銮是有家
眷的人，但是，看到村民们如此信任他，便毅然决定把家庭放在一边而住进
武当别院。为了管理好武当别院，组织好武当别院的活动，1989 年农历 8 月
成立了武当别院董事会，共有 21 名成员。董事长为陈振元，名誉董事长为
陈孙政、第一副董事长为黄金春、副董事长为陈茂基、副董事长兼保管林文
富，会计林金凤、出纳陈开荣，保卫林金銮，消防陈金辉，另外，还有成员
为陈开美、林金凯、陈玉坤、林紫谅、林金魁、林金守、黄以祥、黄春明、
陈玉凤、陈文林、陈志坚、陈通福。副董事长均为各宗族宫庙的董事长，如
黄金春为龙津社董事长，林文富是杭霞宫董事长，陈茂基为霞渡宫董事长。
董事会成员组成既考虑到村庄的宗族组成和宗族大小，也实行了工作分工。
成员几乎都是各个宗族里面德高望重、有能力、不自私，为村民所信赖的
人。其中有不少退休的国家干部、大队干部，如林金凯原为新厝公社社长，
陈玉坤原为公社干部，陈开荣原为蒜岭大队大队长，林金凤原为大队会计，
陈开美原为大队文书；也有不少退休回乡的教师，如陈孙政原为福建师范大
学讲师，林紫谅原为江兜华侨中学校长，黄金春原为学区校长；还有不少热
心公益、办事公道的乡老，如陈振元，陈茂基、陈志坚等。2004 年初，陈振
元先生因年事已高退出董事会。经董事会成员民主选举，原蒜岭小学校长林
玉霖接任董事长职务。2008 年末，又选举陈孙美（原蒜岭侨兴中学总务主
任）为董事长。在近 20 年期间，武当别院董事会的一些董事或因年事已高，
或去世等原因，补进不少新成员，但这些新成员同样都是村民信得过，有能
力，有水平的精英。董事会成员没有薪酬，完全是义务性质的。一般有事的
时候才召集开会，是不定期开会。董事会的主要职责是利用武当别院这一村
庄公共设施，举行武当别院历来进行过的村庄民俗活动。

　　董事会的资金来源一是华侨捐款；二是宫里的缘金；三是群众捐款搞建

设的余款。如果不计华侨的捐款，一般每年收入约有 2 万元。主要的支出就是用来组织大型的民俗活动。例如 2002 年举行的五皇大帝赐福巡游活动，就花去宫里几年的积蓄。武当别院的财务一个月公布一次，十分透明，赢得了广大村民和旅外同人的信任。

1998 年，武当别院成为福清市宗教局首批"登记发证"的道教宫观后，根据福清市宗教局要求，成立了武当别院管理委员会，共由 7 人组成。管委会主任陈振元，副主任黄金春，会计林金凤，出纳陈通福（陈开荣去世后补上的），保管林文富，保卫林金銮，消防陈金辉，即从董事会中推出 7 人组成武当别院管理委员会。这是上报给福清市宗教局的武当别院管理委员会名单，而实际上组织武当别院活动的仍然是上述 21 人组成的武当别院董事会。武当别院举行的村庄公共活动将在本书第十二章中详述。

三　老人会（新厝镇老年体育协会蒜岭村分会）

蒜岭村老人会成立于 1987 年 6 月 25 日，是自发性民间组织，也是新厝镇第一个成立的老人会。当时，退休回村的新厝公社社长林金凯看到福清县许多地方组织了老人会，因此也在村里发起成立老人会，以便老年人"老有所乐"。当时规定入会年龄为 60 岁（虚岁）及以上者，后来村民反映 60 岁以上太大了，于是改为 50 岁（虚岁）及以上即可加入。男女自愿参加，入会时一次性交会费 5 元。加入的人相当多，有 300 余人。因此在各个生产队（即村民小组）都指定了一名老人为老人会小组长。林金凯为第一任老人会会长，会计为林金凤，出纳为陈文榜，保管为陈茂基、陈文新。

当时正巧村委会搬到陈德发为村委新盖的 4 层钢筋水泥的德发楼办公，所以，老人会会址就设在 1980 年重建武当别院时，旅外同人为蒜岭大队盖的二层砖木结构的办公楼——"侨建楼"的二楼。那里有 5 个房间，一间为办公室，订有《老年报》、《福建日报》、《参考消息》、《法律报》、《农业科技报》；一间为会议室；一间仓库，里面放有举办葬礼使用的花圈、黑纱等，还有老人会组织的送葬乐队使用的大小洋鼓、五色旗、钹等；两间棋牌室。老人会安排有一位老年人专门负责打扫卫生、烧开水、出售香烟、饮料等为来玩耍的老年人提供方便。棋牌室出租麻将半天为 2 元，出租四色牌半天为

1.2 元。每月所收租金除付水电费和交给村委会 50 元外,该管理人月收入二百余元。村委会负责每年购买两副麻将牌和修理桌椅等。

老人会成立初期,最经常、最多人参与的活动是打麻将或四色牌;当某个老人生病时,老人会会去探望、慰问病人,以及慰问五保户;某个老人去世时,老人会会员每人交一元钱,凑在一起送上 300 元钱补助丧家;并且买来彩色纸等自己做花圈表示哀悼;老人会为丧家开追悼会,会长致悼词,老人会的乐队义务为丧家送葬;根据去世老人所属的生产队,由一部分会员参加送葬仪式。因此,老人会成立后,除了老年人有了娱乐场所外,还发挥了相互体恤的作用。

老人会成立后不久,许多旅印尼华侨华人、定居港澳的乡亲及在外地工作的乡亲等向老人会捐了款,[1] 合计人民币有 56288 元,港币 9700 元,因此有约 6 万余元人民币的经费。一方面,每年农历 9 月 9 日重阳节时,老人会给每个会员赠送一块礼饼,[2] 春节时赠送一对橘子。这一做法一直延续到 2000 年代初,因为经费拮据中止了。另一方面,因为有了经费,1989 年 5 月开始,如有老年人去世,就不再向会员收费,而是从经费中拨出 300 元补助丧家和购买花圈。并且,给参加送葬的会员每人发 5 角钱。蒜岭历来有丧家给送葬者发红包的习惯,1995 年前后,因为许多村民经济收入增加了,有些丧家认为老人会会员来参加送葬,应该由他们丧家发给红包,不能由老人会发。从那以后,老人会会员参加送葬皆由丧家发给红包。不过,这样一来,老人会会员参加送葬反倒给经济情况不是很好的家庭增加了负担,因此,老人会只好采取不主动参加葬礼的做法,有邀请时才去,没邀请不去。结果,好事变成了"坏事",逐渐的老人会的葬礼乐队也解散了,现在已被市场上的专业乐队所替代。至于购买花圈和给丧家的 300 元补助费,由于上面规定村委会每年至少要拨给老人会 3000 元活动费,所以,这笔费用便由村委会直接支付给丧家,并且如果丧家有要求的话,追悼会也变成了由村委会主要干部来主持了。

---

① 其中捐款最多的是陈德发、陈子兴、陈德森、陈子富 4 人,均为 1 万元人民币,陈金煌、陈明光也各捐款 5000 元人民币。

② 内中是肥肉等半咸半甜味的肉饼。

1997 年福清市老年体育协会要求在各个行政村成立老体协分会。蒜岭的老人会便原封不动地成为新厝镇老体协蒜岭村分会，即一个团体两块牌子。那时，蒜岭老人会会长林玉霖也被任命为蒜岭村老体协副主席。在镇老体协的指导下，蒜岭老人会开始学习如打排球、门球、太极拳等健身活动，活动内容丰富了，层次和品位也提高了。

1998~2001 年，在会长黄金春的领导下，蒜岭老人会文体活动开展得最为活跃。一方面老人会组织了太极拳集体学习，另一方面成立了女子舞蹈队。由于参加活动的人数多且男女皆有，活动项目多，所以成为全镇的先进单位。

但是，遗憾的是老人会集体太极拳锻炼在活跃了数年后解散了，男性老年人只在市里举办老年人体育比赛时，临时拉一些积极分子训练一下，出场比赛，而平时则只有低层次的打麻将和四色牌娱乐了。相反，老人会女子舞蹈队在后来的老人会会长陈金英和骨干陈妹金、陈菁菁、陈妹妹、黄玉霞等的带动下，活动十分活跃，新舞蹈、新节目一个接着一个，并且已经走上轨道。她们的服装、腰鼓、双球、音响和其他各种道具等的费用有的来自旅印尼华侨和出境务工成为企业家的陈光彩、陈枝忠、陈开坚、姚国秋等人的捐助；有的是舞蹈队成员自己捐出，如陈妹妹等；2001 年 8 月因病辞掉老人会会长职务的黄金春仍支持着该舞蹈队，为其筹款等。

为了把蒜岭老人会，尤其是男性老年人的现代文化娱乐活动重新开展起来，蒜岭村委会最近已动员黄金春老师再度"出山"，设法让更多的老年人，尤其是男性老年人走出家门，参加到各种有益于身心健康的活动中去，使老人会真正成为整个村庄的老人们的乐园。

四　旅印尼蒜岭乡同人

"旅印尼蒜岭乡同人"，简称"旅外同人"或"同人"（陈金煌，1981）。正如本章第二节一中所述，从 1953 年集资建设蒜岭小学时开始，一直到 21 世纪初为止，蒜岭村来自旅印尼蒜岭乡亲的集体捐赠都冠以"旅印尼蒜岭乡同人"这一名称。陈金煌等旅印尼蒜岭乡亲也曾考虑使用"旅印尼蒜岭同乡会"的名义来表示，但是，如果这样做的话，"好是好"，但变成了一种正规的社团组织，社团组织一般有固定的组织成员、成员之间有层级式分工，通常有办公地点，并且制定有规范成员行为的组织制度等。考虑到旅印尼蒜岭乡亲散居在印尼 3000 多个群岛中的好几个大岛上，且是个多宗族归属的群体，不容易组成正式社团。"不比邻乡的后屿侨民集中在雅城①及马尔干二地；岭边乡侨民集中在雅城及茂物二埠；双屿乡侨民集中在雅城一埠；江兜乡侨民居住在雅城、泗水、新加坡及马来西亚"。而且这些乡"每乡都是清一色一姓"（陈金煌，1981）。因此，陈金煌等旅印尼蒜岭乡亲决定，以"旅印尼蒜岭乡同人"这一组织化水平较低的群体名称来表示旅印尼蒜岭乡全体男女老幼最为贴切。"同人"的创始人和召集人是陈金煌先生。直至 1989 年陈金煌先生逝世之前的近 40 年中，蒜岭村有什么需求，一般都由村民或村干部通过信件告知陈金煌，由陈金煌邀请旅印尼蒜岭乡亲中热心家乡建设，主要是居住在雅加达的几位华侨共同研究达成一定意见后，由陈金煌执笔回信；侨管会的收支账目陈金煌主动审核；具体的劝募活动也主要由陈金煌组织热心的华侨自愿参与。但他们之间未有任何职务上的任命，更未有职位高低之分，是完全平等的旅外乡亲关系，只是陈金煌主动做了大量具体工作而已。1981 年后，陈德发先生几乎年年回蒜岭探亲，村中的一些需求也有人直接向他提出，因此，偶尔陈德发先生也成为"同人"的召集人。总之，"同人"是以一种松散的群体形式存在和运作的。

"同人"的功能有两个，一是集资援助蒜岭村建设；二是留下少量款项作为"同人"的各种活动经费，加强旅外蒜岭乡亲的感情。同人集资方式有三种，一是发函或登门劝募；二是在雅加达的几个富裕人家筹款；三是主动捐赠办喜事的礼金，如子女结婚所获得的礼金等。根据《记录册》记载，"同人"在 1953 年、1958 年和 1980 年共进行了 3 次大规模的劝募行动。1953 年是为了捐建蒜岭小学而进行的。只要是陈金煌、其兄陈金辉及陈丰美、陈玉麟等人知道的旅印尼蒜岭乡亲，均一个不漏地去函劝募，并且动用两辆汽车，在爪哇岛从东到西挨家挨户进行劝募。逐户劝募的目的主要不在于钱，而在于一是为了借此机会联络和团结旅印尼蒜岭乡全体男女老幼；二是为了避嫌，怕有爱乡之情的旅印尼蒜岭乡亲怪罪是否嫌其不富裕而拒之

---

① 雅加达的简称。

"门外"。因此，此次捐款成员最多。1958 年是为了给蒜岭小学建围墙、购置办公桌等进行的。考虑到第一次劝募时各家各户都拜访过了，第二次不去不会被怪罪，所以只在爪哇岛的大户人家中劝募，也不曾向在其他岛屿的蒜岭乡亲发函。此次捐款家庭虽然比第一次少得多，但款额并不比第一次少。1980 年的第三次劝募活动是为了在家乡重建武当别院。也只在爪哇岛的大户人家中劝募。每次募集到的款项除了大部分汇回家乡搞建设外，均留下小部分款项"作为旅外我乡的同人家有婚丧喜庆时而制作布联、挂钟、登报贺喜，及第二和第三次等出埠的费用"（陈金煌，1981）。

在 1958～1980 年期间，蒜岭有些零星的建设，如为大队购买碾米机、安装电灯等需款不多时，便在雅加达的几个大户人家如陈德发父子及陈金煌、陈亚粿、陈福顺诸先生处筹募（陈金煌，1981）。

捐赠办喜事所获得的礼金，是海外蒜岭人一种颇具特色的捐资形式。在海外办喜事时，往往主人家会得到大笔礼金。有些旅印尼蒜岭乡亲便将礼金捐献给"旅印尼蒜岭乡同人"，作为支持家乡建设的资金。如 1953 年适逢陈金煌先生的儿子成云与玉妹二人结婚，贺仪礼金一部分捐给雅加达玉融公会和兴安会馆为建馆基金，留下 1 万余印尼盾"拨充家乡建校的基金"（陈金煌，1981）。又如 1981 年陈德森之子结婚时，捐出贺仪礼金约 18 万元港币之巨。对此，陈金煌先生感慨道："如此热爱家乡而慨献巨金，使今后我乡凡有兴建一些公益福利事业需要经费时，得以及时应付，乃陈先生之厚赐也。"（1981）由此可见，老一辈华侨华人对中华民族、对中华文化强烈的归属感及对家乡深厚的感情。他们借此形式不但为家乡建设筹集资金，而且，可使对祖籍国的归属感和对家乡的深厚感情代代相传。

"所谓同人即是旅印尼蒜岭乡全体男女老幼的总称"（同人 1981 年 11 月 25 日来函），同人的捐赠是旅印尼蒜岭乡亲集体的心意，所以，陈金煌先生等特别在意这一称呼。由于家乡方面有几次去信时随意称呼，同人于 1980 年 12 月 13 日的回函中特地指出："注意及之！希今后来信时，须统一名称，即'旅印尼蒜岭乡同人'……须知名称须遵循原已决定的名称称之才对，绝对不可随心所欲称呼，果如此无异以乱混正，弄得分不清矣！"（陈金煌，1981）。笔者收集到的同人最迟的一封来函是 1985 年 5 月 11 日发出的，其中的署名仍为"旅印尼蒜岭乡同人"。但是，在蒜岭村调查中，笔者听到了"旅印尼蒜岭同乡会"的名称，而且，在武当别院功德祠外墙所嵌的记录武当别院重建经过的短文中，也看到了"旅印尼蒜岭同乡会"一词。经过与陈振元先生核对后才知道，这其实是非"侨管会"成员的武当别院董事会，大部分董事不知道"旅印尼蒜岭乡同人"这一专用名词的来历造成的错误。实际上，从1953年迄今都不存在着"旅印尼蒜岭同乡会"，而只有"旅印尼蒜岭乡同人"。这一称呼的确定始末只有1980年建立的侨管会成员与几位在雅加达的旅外蒜岭乡亲知道，其他人均不知道。《新厝镇华侨史》编委会于2004年出版的《新厝镇华侨史》中，也错误地把"旅印尼蒜岭乡同人"称为"旅印尼蒜岭同乡会"。

"同人"的主要成员陈金煌、陈德发、陈德森、陈瑞春、陈明光等相继仙逝后，"同人"的余款交由陈子兴保管，2003年陈子兴逝世后，又交由其妹陈丽英保管。不过据陈孙政先生说，现在在印尼的确已有用"旅印尼蒜岭同乡会"的名义开展的活动。由于笔者无法向印尼方面进行调查，所以不清楚这是怎么回事。按笔者推测，这里有两种可能性：一是和武当别院董事会的大部分董事一样，陈丽英等旅印尼蒜岭华侨华人的第二代也不知道"同人"这一专有名词的来历，把"同人"错称为同乡会了。二是陈丽英等旅印尼蒜岭华侨华人的第二代的确已在印尼新成立了一个"旅印尼蒜岭同乡会"，并以此开展活动。

五　蒜岭大队侨汇保管会

"蒜岭大队侨汇保管会"简称"侨管会"，或"保管会"。实际上是一个临时性民间组织，是"旅印尼蒜岭乡同人"响应陈振元、陈开荣和陈开美要兴建一个小型雪峰寺的建议后，于1980年4月12日回函中，要求他们在家乡蒜岭组建一个小组，即全称是："蒜岭大队代表保管旅印尼蒜岭乡人全体外汇保管会"，简称"侨汇保管会"，或"侨保会"。后在1980年12月13日同人的来函中，在纠正对同人的混乱称呼的同时，也明确了对"侨保会"的正确称呼，即"蒜岭大队侨汇保管会"。但在后来的往返通信的过程中，逐渐被称为"蒜岭乡侨汇保管会"，"蒜岭侨汇保管会"。村民们则习惯简称其为"侨管会"。

成立侨管会的目的。在同人 1980 年 4 月 12 日回函中写明："有了该侨汇保管会后，今后就可直接与旅外同人联系更加方便，原因该侨汇保管会的工作是特殊的，所以不便通过大队介入才对"，且表明"蒜岭大队侨汇保管会的成立宗旨，并非仅仅针对建寺而成立的，而是具有永久性的，待建寺竣工该会继续存在至另行通知止"（陈金煌，1981）。

侨管会的组成人员。侨管会的成员是同人指定的。"成员由陈振元、陈孙政、陈开荣、陈茂基、陈开美和林文标之公子（即林秋生）六位先生组成"（陈金煌，1981）。这几位成员除了陈振元先生外，均为同人的亲属。而陈振元与陈金煌两家是至交。由于侨管会 1980 年 6 月 2 日发给旅外同人的信件曾请陈德恩先生"增添笔墨"，旅外同人发现该信与以往的文风不同，十分欣赏，特地在回函中询问该信的执笔者是谁。当知道是陈德恩先生后，当即决定侨管会增加陈德恩先生为顾问（陈金煌，1981）。1981 年 1 月 8 日同人在来函中又在侨管会中增加了陈德发的堂弟陈文德。另外，侨管会成员之一的林秋生于 1981 年 2 月 20 日赴香港定居。因此，最终侨管会成员为陈振元、陈孙政、陈开荣、陈茂基、陈开美、陈文德和陈德恩七人。侨管会成员的工作分工曾请旅外同人安排，但在实际运作中逐渐变成陈振元是总负责，陈孙政保管现金，陈开荣为会计，陈开美为出纳，陈德恩为书信执笔者。所有成员只有分工不同而无地位高低之分，以共同商议、相互监督为工作方式，成员们的工作态度以对旅外同人的个人信誉为基础。

侨管会的职责。"对外接受由旅印尼蒜岭乡同人汇回的款项妥为保管，对内呢，付出由旅外同人同意拨出的款项，将余长结存的余款放入银行保本生息等的工作"（陈金煌，1981）。并且，"不分昼夜召集开会讨论和磋商有关应付内外所交托的艰巨的工作外，另一方面也不避风吹雨打太阳晒，须到每个建筑物的场地巡视检查和察看承包商每天所需的配料、工艺、规格和结构是否与合约内容和条文相符合，如符合更好，否则须提出纠正等的任劳任怨和负重（责任）感的工作才对，并非挂个名而已"（陈金煌，1981）。因此，侨管会实际上是旅外同人在蒜岭的捐建代理者，一方面管理好旅外同人的汇款；另一方面是协助解决华侨有心于蒜岭的建设，但又对家乡情况不甚了解的问题。侨管会可以根据家乡需要，提出建设项目，并且审核蒜岭大队（后来为村委会）和蒜岭小学等单位需要同人援助的立项的必要性、资金预算的真实性。然后，经同人审议通过之后，将款项汇到侨管会的账户上，交由侨管会全权负责资金的管理以及项目建设过程的监督。一旦项目建成，则交由有关单位或组织管理使用，侨管会不再负有管理的责任。由于侨管会可以为旅外同人减轻许多捐建中的手续，所以，蒜岭小学和蒜岭大队需要同人捐建的项目，同人都要求他们直接告诉侨管会，由侨管会审核后传达给同人，或让他们与侨管会联名写信给同人。"若不通过蒜岭侨汇保管会的话，今后会产生除蒜岭大队外的各个机构如蒜岭学校等的各自来信，类似这样的情形下，将使旅外同人无从应付"（同人 1981 年 11 月 21 日来函）。侨管会虽然是海外同人捐助蒜岭村建设的执行代理组织，但其负责项目的审核及捐助资金的流转，有时账面的资金数额十分巨大，最高曾达到 120 万元人民币。因此，侨管会曾深受村民关注，并且侨管会成员也有一种荣誉感。

侨管会的待遇。同人指出"……工作虽然是义务的，无奈是长期性的工作所致，所以难免对农业生产工分肯定受影响的，因此到春节新年前夕，当由同人酌情给予一些补贴"（陈金煌，1981）。1981 年 1 月 8 日农历春节将至，同人来函让侨管会拨出人民币若干元，送予侨管会各成员每人 300 元，"作为农历春节的送礼，原因成员们是任劳任怨和无受薪的艰巨工作所致，所以，一年一次送些礼物是合情合理的。"但来函中又指出："但送礼只限一年而已，后不为例"，"原因明年的工程业已竣工所致，就是有些送礼的话，以后也要凭着来信榜上有名的签盖者为决定性而送给的。"（陈金煌，1981）而实际上直到侨管会 1985 年解散为止，每年都发给成员 300 元报酬。从这里可以看出，同人是很有经营管理经验的群体，如果让侨管会成为有固定工资的团体，慢慢地很可能出现"干不干都一样"的早先我国国有企业"吃大锅饭"的现象。

侨管会在协助海外侨胞建设家乡的过程中发挥了很大的作用。尤其是在重建武当别院和因重建武当别院而涉及需建设的几个项目中，成员们的工作态度认真、肯干，如在项目估价上大多十分精确，在寻找所需原材料和工匠，以及监督工程质量方面任劳任怨，旅外同人十分满意。

对于项目估价，同人一再要求："同人宁愿等候以后没有要求再补足而详细的估价，而不愿意因赶时间而粗枝大叶以后又要求再补足的约略的估价。"原因是，同人的资金来自公众的劝募，"绝对不可能一而再、再而三出去募捐所致，并非与私人兴建房屋的厨全土水半①的估计可比，明乎此，非小心精细地核算不可。"（陈金煌，1981）因此，同人几乎每次在得到家乡的建设项目估价后，都强调"多则须退回，但相反的，少则无再补足的希望"。为了重建武当别院，必须为蒜岭大队在别处新盖办公楼；为塑料厂新盖厂房，要移建紧贴在武当别院边的村发电站、要新建后殿、重建中殿、修葺前殿和歌台，以及为了卡车能直接运砂石到工地，需拓宽部分村路，加固一座桥，一项项工程侨管会都估计到几角几分。1981年对雕塑神像和宫庙必须买的器具也造了价格细目，但是，由于该预算很可能变动，因此侨管会事先向同人声明："所造预算方案仅就现在所知列出金额，而不可预见之开支，连老刻家在估计时也言会遇上意外需要，是不可避免的问题。其造价比土木建设造价有更大潜在之膨胀性，为此，我等认为应附加百分之十不可预算经费，以备缓急，并有回旋余地……"（陈金煌，1981）即对没把握之预算事先向同人作了交代。因此，同人对侨管会的工作基本上都很满意。

对于工匠及原材料方面，旅外同人要求"但须注意及之，一切需料须用上乘的木材，工艺方面也不例外，也须按照过去一样的仿造"（陈金煌，1981）。当时，正逢割麦插秧季节，侨管会成员不顾分田到户后的农忙，为了寻找手艺精湛的木、石雕刻家、泥塑家以及雕刻之珍贵木材，分头深入莆田、仙游各地众多宫庙考察，寻找技艺高超的老刻家和专供雕刻龙凤、花鸟和神像的各种木材，使得重建武当别院既未耽误工时又能保质完竣。在完成上述工作中，侨管会与旅外同人联系紧密，不断汇报工程进展情况，同时也不断求得同人的指示，因此同人对侨管会的工作是充分肯定的。

但是，后来在审核蒜岭大队提出的建设项目时，侨管会暴露出了它的一些缺陷，以至于不但给同人增添了一些麻烦，同时使同人与大队之间，甚至同人与侨管会之间也发生了误会与意见。

---

① 莆田地区俗语。即当厨师的喜欢多估价，可以让客人吃饱；而盖房屋的师傅喜欢少估价，等盖一半后说材料不够，让你骑虎难下，只得追加继续盖下去，而且，如多估了，剩下材料的话，主人会有意见。

侨管会工作的缺陷之一是，侨管会毕竟是民间组织，自身是村民，在大队的权力管辖之下，侨管会大部分成员担心如果对大队的要求不予应允，大队干部会给自己穿小鞋，今后办事可能遭到麻烦，如拖延给其家人开出国证明等等。因此，在心理上受到来自村大队"法理型"权威的压力。对村集体提出的一些项目，即使不一定符合蒜岭的实际需求，侨管会一般也不敢向大队提出自己的反对意见，而是原封不动地传达给同人，由同人自己去判断；大队拿出的项目估价，侨管会也未再度核实，按原数额传达给同人，仅仅起了同人与大队之间的"传声筒"的作用。而实际上，大队方面也有大队方面的顾虑。因为侨管会成员基本上都是旅外同人的亲属，大队建设需要同人支援，因此，对侨管会敬而远之，"在村庄建设中，也不敢随便插手侨管会，怕引起双方（主要是同人）的误会。只是被动地按照侨管会的意思去做"（陈通龙，2009 年 4 月 14 日）。缺陷之二是，它没有指定专人负责与蒜岭大队联系，使大队的某些信息错误传递给了旅外同人，或信息没有传递到位。造成同人与大队之间，甚至同人与侨管会之间产生了误会与意见。对于造成同人与大队之间产生的误会，笔者将在本章第四节中详述，这里仅举造成同人与侨管会之间产生的误会与意见。

　　在 1983 年 12 月 21 日同人给侨管会的来函中，严厉批评侨管会在同人捐建自来水工程的预算上误差较大，同人批评道：自来水的预算有些突破，但这"也是保管会自己事前经再次的核算所得出的，开始预算 15 万元，后又来信称不够，须预算 21 万元"。为了家乡"自有史以来从未聆听和看到的巨大工程早日实现"，"旅外同人也如数甚至超额汇回款项大力支持"。"谁知工程已经进行中又来信详告突破"。最终，自来水工程造价为 22.74 万元，比预算出超 1.7 万余元。对于这一情况，当年任蒜岭大队党支部书记的陈通龙回顾说："自来水工程需要 15 万元，这仅仅是我们请求华侨捐建蒜岭自来水工程时的概算，而不是预算"（陈通龙，2009 年 4 月 1 日）。当同人表示同意捐建自来水工程后，大队一方面派出当时的大队长黄金发和林紫荣、关文贵 3 人，侨管会派出陈文德、陈开美 2 人，组成自来水工程筹建小组开展工作。另一方面，委托福清市水电局重新预算为需 21 万元。于是，侨管会去信同人汇报预算有突破，因为突破 6 万元之巨，使得同人对侨管会十分不满。另外，在武当别院、大队办公楼（侨建楼）、塑料厂等建设上，侨管会是将整个工程包括材料和施工全都承包给某单位，因此预算可以做到精确到分。而自来水工程是单项承包，施工承包给福清市水电局工程队，但材料由自己准备，如水管、机器设备等，这就可能产生不可预见的误差，如水管可能购买太长，或机器设备品牌不同，价格也不一样等。加上，蓄水池原计划是深 8 米，口径 3 米，但后来认为太小，水量会不够，因此，又扩大成深 10 米，口径 4 米；在供水途中又增设了一个加压站，这些都使费用增加了（陈通龙，2009）。由于一开始信息传递错误，后来，侨管会又没有事先向同人说明费用可能出超的原因，最终造成同人对侨管会的误会和意见。结果，侨管会在完成大队与同人的沟通方面，使得它无法完全胜任同人对它的期待，并且增添了同人与大队之间的误会与意见。侨管会的这一缺陷可以说是它自身难以解决的、不可避免的缺陷。

1980～1985 年是侨管会最忙碌的时期，村里的许多重要的工程就是在这一时期完成的，比如蒜岭小学建膳厅、扩建厕所、大队拉广播网线、建自来水厂、建车库、更换电灯线等等。1985 年后，同人表示蒜岭各项重要项目均已建成，侨管会的历史使命已经完成，侨管会由此解散。侨管会余下的一万多元钱，分别赠送给蒜岭小学、老人会与武当别院。

1996 年旅印尼蒜岭乡同人再度要求恢复侨管会组织。恢复后的侨管会成员为陈振元、陈茂基、黄金春、陈开荣、陈玉毡（出纳）、林文富（旅印尼华侨林文标之弟）6 人。其中陈开荣去世后，换成陈通海（会计）。后又增加林紫谅（其兄为旅印尼华侨）陈开美、林玉霖 3 名。主要办理三件大事：①装修改造新厝镇卫生院，为其购买仪器、汽车等；②修葺蒜岭小学两座教学楼房顶及装修会议室；③为村自来水厂建过滤池等。重新成立的侨管会保留了原有工作形式和职责，但成员不再有补贴。一方面由于 1998 年发生东南亚金融风暴，同人停止了捐款；另一方面原先旅外同人的主要捐资人相继去世，侨管会自行解散。

为了保证海外汇款的准确收受，也为了保证侨资的高效利用，旅印尼蒜岭乡同人在捐资建设家乡时，建立上述侨管会的临时性代理组织的做法，虽然不能完全达到他们所期望的效果，但还是起了很大的作用的，是一种明智的做法。1953 年为建设蒜岭小学时，陈金煌就要求成立与 1980 年成立的侨管会类似的"校管会"（详见本书第十一章），可以说，"校管会"就是最早意义上的侨管会。校管会主要承担与蒜岭小学建设相关的各项事务的处理，及与旅外同人的联络。后来，"文化大革命"时期在"左"倾政治气候的影响下，海外侨胞对国内的捐赠被视为"臭钱"而不受欢迎，校管会被迫解散。而剩下的 2952.36 元余款则委托陈金煌的至交陈振元与亲人陈开美、陈开荣保管。直至 1973 年同人为蒜岭村架设照明线路时，取出使用（陈金煌，1981）。

第四节　村两委

一　村两委构成、职责与收支

1. 村党支委构成与职责

蒜岭村党支委的支部委员有 3 人，分别是：书记兼妇女主任关建香（女），副书记兼宣传委员、纪检委员林玉坤，组织委员兼团支书黄玉忠。其中林玉坤与黄玉忠兼村委委员。党支部组织系统兼管：村妇联、团支部等。蒜岭村共有蒜岭自然村、北头岭自然村、杭下前自然村三个党小组，党员共计 45 名。

党支部的活动按规定一个季度上一次党课，每个月过一次党组织生活，但来开会的人要发给 20 元误工费，为了减轻村财政负担，只在发展党员、传达上级指示、七一党的生日及年底时才开党员会议。另根据上级布置的任务不定期召开或布置各项活动。

党支部的工作主要有：一是监督领导村民委员会的一切工作；二是组织党员学习；三是发展新党员。按规定每年应发展 2～3 名新党员，要求是素质好、有文化、能带头致富的在村村民。现在群众对入党不是十分积极，尤其是年轻人都出境务工去了，村里留下的大多数是老年人与儿童，所以村党支部发展党员一方面是村民要有入党的要求；另一方面党支部要做进步村民的工作，鼓励他们提交入党申请。2005 年未发展党员，2006 年发展 2 名，2007 年与 2008 年各发展了 1 名党员。过去，直系亲属是华侨华人的侨眷基本上入不了党，因为需要长期考验。现在则已取消这一内部规定。

蒜岭村委会

2. 村民委员会构成与职责

根据蒜岭村的人口，村两委的职数应为 5 人。但 2006 年改选后不久，其中一人赴英国务工，所以只剩下 4 人。其中一人为村党支部书记，所以村委会的成员仅有 3 人。村主任林玉坤负责日常工作安排，村副主任黄玉忠负责农林管理、村庄建设、征兵及兼报账员①（出纳），文书关来华兼管华侨资金出纳工作、综合治理工作（即调解和治安保卫）。村支书关建香暂时兼管计生工作。

村干部的主要工作：一是抓计划生育工作；二是处理民事纠纷，主要有田地纠纷、房产纠纷、果树纠纷及家庭纠纷等；三是为村民开证明，如办公证的证明、火葬证明、身份证丢失证明、盖房证明等；四是在 2004 年，政府宣布取消农民税收之前，还必须督促村民交税，即"三提五统"。

---

① 过去村委会设有会计，但 2008 年开始村委会取消会计，只设报账员，即出纳。会计统一由镇政府的"村集体会计委托代理服务中心"负责。

3. 村委会的收入与支出

从前面可以看到，尤其从 20 世纪 70 年代中期开始，蒜岭生产大队（村委会）得到了旅外蒜岭乡亲的大量援助，不仅村庄基础建设、公共设施可与城市相媲美，而且在生产设备，企业建设及资金上也得到了大量援助。1993 年，华侨陈德森、陈子兴、陈子富又合捐 30 万元，称为"森兴富基金"，给村委作福利基金，用于过年过节（传统节日和教师节、儿童节等）补助，遇到天灾人祸时救济困难户，奖励蒜岭中、小学优秀师生等；1996 年旅外同人通过侨管会捐款 26 万元敷设与更换新自来水管等；与此同时，陈子兴应村委要求，捐款 18 万元建设村公墓。这些资金为专款专用，不能随便挪用。总之，在外界看来蒜岭村财政是富足的。

但是，2002 年及 2003 年我们进村调查时，蒜岭村却是另一番景象。村民们告诉我们最多的一句话是："村委没钱了"。原来，随着老一代华侨华人的相继去世，及东南亚金融风暴的影响等种种原因，到了 20 世纪 90 年代末蒜岭村委已难以获得海外援助了。正值此时，村委所办的新蒜基金会又倒闭了，使得村财政受损，蒜岭村委会的经济情况雪上加霜。用村委会干部的话说，村委会处于"吃老本阶段"。关于"吃老本"情况大致是这样的：村委不得不变卖当年旅外乡亲为村庄所建的一些倒闭或关门的厂房，如塑料厂厂房、华侨粮食综合加工厂厂房、农械厂厂房、车库等；出租旅外乡亲为村庄所建的一些公益设施，如科技文化中心等，七拼八凑"过日子"（维持村委的日常开支）。据 2003 年 2 月向村干部了解得知：当时村庄财政属于入不敷出的状况，村委年度开支情况如下。

（1）党员活动 20 元/次·人，一年 6 次，共 38 个党员，总开支为 $20 \times 38 \times 6 = 4560$ 元。

（2）每个村民小组长及小组会计每年补贴 300 元，全村共 14 个村民小组，总开支为 $300 \times 14 \times 2 = 8400$ 元。

（3）订阅报纸杂志：以前是 7000～8000 元/年，后规定不能超过 2000 元/年。

（4）当时村干部共 7 人，每月从村财政中补贴工资 400 元，每年奖金 1500 元/人，总开支为 $400 \times 12 \times 7 + 1500 \times 7 = 44100$ 元。

（5）退休村干部共 7 人，每月补贴 50 元/人，总开支为 $50 \times 7 \times 12 = 4200$ 元。

（6）困难家庭补助 1000~2000 元/年。

（7）村庄卫生费，即村庄主干道两旁的除草打药 7500 元/年。

以上的开支合计 72760 元。此外还有其他杂七杂八的费用开支，如抗旱、农田基本建设费、森林防火、水费、电费、电话费、办公用品费、接待费等等。把所有的费用加起来，一年支出将近 10 万元。而另一方面，2003年前后村集体收入如下。

（1）人均村统筹（公积金、管理费、公益金）20 元/年，村委共收入 $20 \times 1685 = 33700$ 元。

（2）集体果场承包费原为 8000 元/年，但 2000 年以后，由于承包者亏本，村委也拿不到承包费了。

（3）设在本村的机砖厂和养鳗场管理费共 5000 元/年。

（4）出租科技文化中心，租金 5600 元/年。

（5）山林收入 6000 元/年。

以上（5）收入合计只有 50300 元。因此，不但"森兴富基金"的本金被动用了十余万元，而且，村里的一些基础建设也无法进行，如自来水供应不足问题、被损坏的路灯修复问题等都无法解决。村民们意见很大。从新蒜基金会倒闭到 2003 年这一段时期，可以说是蒜岭村委最"黑暗"的时期。从 2004 年开始，一方面政府取消了税收制度，村民子女上小学免费；另一方面由于 2005 年 1 月镇政府征地建蒜岭工业小区，2006 年 5 月国家征地建设福厦铁路，蒜岭村委从征地中获得了道路、沟渠、桥梁，及村集体山林的补偿款数十万元，村委开始一步步修缮旧村路、铺设新村路，解决自来水问题等，在村建方面有了作为，办了一些实事。

二 重视完成政府任务的村委会

村委会在理论上是村民的自治组织，但是它的工作是在村党支委领导下进行的，而村党支委必须接受镇党委的领导，所以，村委会实际上是在镇政府的领导之下开展工作的。镇政府每年都会派出由一两名干部组成的工作组专门负责帮助村委开展工作。镇工作组一般是传达镇政府的政策、指示，同时监督村里的工作。如工作组看见哪片地抛荒，就会责成、督促村委负责这一片的村干完成种植或罚款等。

蒜岭村委会在抓计划生育工作和交税这两项重大工作上的表现是令镇政府满意的。

1. 计划生育走上轨道

蒜岭村的计划生育从 1975 年就开始了，那时，处于生育年龄的夫妻，如果其中一个接受结扎的话，可以一次性补贴 300 个工分，并赠送一担谷子。1979 年 6 月 1 日开始实施《福建省革命委员会关于计划生育若干问题的暂行规定》，推行一对夫妇生育子女最好一个最多两个的原则。1988 年 7 月 1 日开始实施更加严格的计划生育政策，即《福建省计划生育条例》。[①] 至今，推行一对夫妇生育一个子女，特殊情况经批准可以生育第二胎，生育第二胎的间隔期为四年。换句话说，如果第一胎生了男孩的话，就不能再生育了；如果第一胎生的是女孩的话，间隔四年以上，并且女方在 25 周岁以上，可以再生一胎；如果女方已满 30 周岁，不必间隔即可再生。1988 年 7 月 1 日开始实施的《福建省计划生育条例》还规定：已婚夫妇，女 20 周岁 9 个月，男 22 周岁 9 个月之后才能生育，之前生育者为早育。为了不耽误出境务工，蒜岭容易出现早育和第二胎间隔不足的情况，另外，由于夫妻都在国外打工村委无法监控而违规的情况也较多。

按理计划生育就是通过宣传教育和"双查（查环、查孕）"、"四术（男女结扎、引产、流产）"使村民能够按照政府规定生育就达到目的了。但是，上面还要求村委做许多工作，如要在育龄青年中成立计划生育协会，一个月开一次计划生育例会；要办人口学校一个月上一次课；每个月要出一次计生墙报；村广播站每个月要播放一次计生内容的稿件。这些活动都要有文字记录，以备上级来检查。蒜岭村育龄青年都出境务工去了，而且，村里早已没有广播站了，但是为了上级来检查时能过关，不得不专门雇了陈中和来做上面这些活动的文字工作。陈称其为"四簿"，即"计划生育备忘录"、"福清市计划生育例会记录簿"、"福清市计划生育宣传

---

① 2002 年修订为《福建省人口与计划生育条例》。

教育人口学校活动记录簿"、"福清市计划生育协会综合记录簿"。凭空编写这些活动记录没有一定文字功底还真不容易，为此村委订阅了《中国人口报》和《卫生墙报》供陈参考。陈中和的工作被称为计生管理员，各村都有，2006 年以前每月 290 元报酬。现在每月 440 元，其中由镇政府支付150 元，村委补贴 290 元。笔者认为，蒜岭的计生工作走上轨道与上述"四簿"的活动毫不相干，上述"四簿"的活动有的也超出了村干的能力范围。并且，现在村庄中有什么会议都必须发给"误工费"，所以"四簿"活动各村都没实施，搞"四簿"既劳神又费财，上级部门应该考虑取消才对。

　　2003 年 12 月笔者组织的问卷调查中，询问村民"您认为农村一对夫妇没有男孩行不行?"。在 396 位回答者中，41.7% 的人回答"行"，45.7% 的人回答"不行"，12.6% 的人回答"说不清"。回答"行"者比回答"不行"者少 4 个百分点，看来，重男轻女的观念在蒜岭已大为扭转。另外，从表8-3和表8-4的百分数比较中可以看到，重男轻女的观念虽已不太明显，但希望有两个男孩的比希望有两个女孩的仍然多出 8.7 个百分点。不过可喜的是，72.5% 的人只希望有一个男孩；80.3% 的人也只希望有一个女孩（见表8-3、表8-4）。因此，有一男一女是多数人的期望，多子多福的观念大大淡漠。从表8-5 中还可以看到，42.2% 的人养育子女是为了防老；为了传宗接代的人占 39.4%，虽然后者只少了 2.8 个百分点，但是，这在农村也是个很大的进步，如果农村的养老保险能得到解决的话，计划生育工作就会顺利得多。

表 8-3　理想生育男孩数

单位：人，%

理想男孩数	回答人数	百分比	理想男孩数	回答人数	百分比
无效回答	4	1.0	4	1	0.3
1	279	72.5	5	2	0.5
2	82	21.3	6	1	0.3
3	16	4.2	总　计	385	100.0

资料来源：2003 年 12 月问卷调查。

表 8 - 4　理想生育女孩数

单位：人，%

理想女孩数	回答人数	百分比	理想女孩数	回答人数	百分比
无效回答	19	5.0	3	7	1.8
1	306	80.3	4	1	0.3
2	48	12.6	总　计	381	100.0

资料来源：2003 年 12 月问卷调查。

表 8 - 5　为何养育子女

单位：人，%

项　目	回答人数	百分比	项　目	回答人数	百分比
养子女防老	166	42.2	说不清	48	12.2
增加生活乐趣	14	3.6	无效回答	4	1.1
维系家庭感情	6	1.5	总　计	393	100.0
传宗接代	155	39.4			

资料来源：2003 年 12 月问卷调查。

目前，福清市规定的违反计划生育的罚款如下。

一是提前生育者，即早育或两胎之间间隔不够者，罚其上个年度夫妻总收入的 60% ~ 100%。但由于不容易掌握其总收入，因此一般按本镇上年度人均收入的 2 倍的 60% ~ 100% 进行。2008 年最低罚款为 1.1 万元。

二是超生一个孩者，罚其上个年度夫妻总收入的 2 ~ 3 倍。一般最低为 32000 元；超生两个孩者，罚其上个年度夫妻总收入的 4 ~ 6 倍，即翻倍罚款。季检时发现计划外怀孕，一般要实行人流，不允许再生。

2. 千方百计年年及时完成统购与税收任务

在统购与税收方面，镇政府一向要求要在 5 月 30 日以前完成全年的任务。蒜岭村每年要完成二十七八万元统购与税收任务。家庭承包制后至 1997 年种植甘蔗期间，由于大队负责甘蔗的销售，实行"三代"即"代收"、"代运"、"代结账"，所以，统购与税收只需在结账时扣下来即可，十分方便。但是，福清清华糖厂倒闭，甘蔗停种后，村委会只得一户户去收款，麻烦多了。1997 年新蒜基金会倒闭后，村民纷纷到基金会取回存款时，存款少的，村委会从其存款中扣下 1998 年与 1999 年的税收与统购款额；存款多的，从其存款中扣下 1998 ~ 2000 年的税收与统购款额后，余额退还村民。从村民的角度看，许多村民已经超前交了税收与统购款，但是，由于基金会呆账的缺口大（当时有 300 万元），实际上村委会手上没有那么多款。另外，因为有的人多年外出务工，有的家庭确实有困难，所以，这些家庭的税收一时很难收齐。本来一时收不上来的，可以先由包片村干的工资及村财代垫，但村财拮据，为了及时完成统购与税收任务，村委会不得不动用了作为福利基金的 30 万元"森兴富福利基金"，补充村财和代垫税收与统购。

新蒜基金会酿成的 200 万元呆账，不但使村民存款受损，而且使得村委会年年必须及早完成的统购与税收任务十分艰难，村干不得不垫上自己的工资、奖金，还需四处借款凑钱缴交。但是，借款总是要还的，村干的工资总是要发的，因此，2001 年村委会征得村民小组长的同意，以 7 万元的价格卖掉了塑料厂厂房；2002 年同样征得村民小组长的同意，以 26 万元的价格卖掉了农械厂和华侨粮食综合加工厂厂房。其中取出 4 万元作为历年来使用这块土地时、14 个生产队支出的农业税就此归还给 14 个生产队，余下的 22 万元与出卖塑料厂的 7 万元一部分用于填补交税的缺口，另一部分用于归还"森兴富福利基金"。现在"森兴富福利基金"虽然没有补回到 30 万元，但已达到 17 万元。因此，又是旅印尼华侨华人的捐赠使蒜岭村委会度过了倒闭基金会酿成的困境，及时地完成了各年度的税收任务。

三　近年来村委会办的实事与好事

1. 在降低特产税方面办了件好事

特产税在蒜岭指的是龙眼税。早期税收开始时，蒜岭的特产税每年只有100 多元。但是，有关部门认为随着时间的推移，龙眼会越收越多，因此，对蒜岭规定的特产税也越定越高，20 世纪 90 年代中期，达到了 11 万余元。但是，一方面龙眼的价格在 90 年代末开始急剧下跌，从每斤七八元，跌至每斤一两元，增产不增收；另一方面，虽然蒜岭人在山上扩种了龙眼树，但是，老果树死亡、建房砍树及刮台风减产等，使得蒜岭人无法承受巨额的特产税。一向努力完成上级任务的蒜岭村委会不得不于 2001 年向镇政府反映情况。当时，有人提醒村主任黄玉飞，顶撞国家税收会犯错误的，但是，黄认为，我们反映的是实际情况，因此没有退缩。不久，福清市财政局、新厝镇财政所派来十余人到蒜岭驻村调查了数天，认为的确收税太高，于是当年对蒜岭调低了特产税，只征收了 6 万元。2002 年再次调低为 2.2 万元。① 由于蒜岭村委反映了特产税情况，后来全镇其他村庄的特产税也普遍降低。蒜岭村委会算是为许多村庄做了一件好事。

2. 拖延多年的自来水供应不足问题基本解决

蒜岭村早在 1984 年就通了自来水，是全镇最早有自来水的村庄。当时旅外同人捐赠了 22.7 余万元在石牌山脚的一处泉水边，挖了一个 4×10 米的露天水井，在青蛙山上建了一个容量 150 吨的水塔（条石与混凝土结构），建了配电房、安装了水泵，从水井抽水到水塔，供应全村用水。泉水不经过过滤，只通过在水塔中沉淀，从水塔下方排污。早期村民还不怎么信赖自来水，许多人吃井水，洗刷才用自来水，所以不存在自来水不足的问题。但是，1992 年几个村民等在水源上方建机砖厂，机砖厂取土破坏了水源，水质也不行了（林玉坤，2008）；另外还出现了自来水不能充分供应的情况。于是，村委在玉屏山山腰处找到了一处自然水，请旅印尼华侨陈明光捐赠 8 万元，在该处建了一个拦水坝，买来 110 厘米口径的铸铁管，接到原来的主管道上，该水就可以流进青蛙山的水塔供全村使用。1996 年旅外同人又捐赠 26 万元更换了已经旧损、破裂或堵塞的主管。同时，为了避免环境污染、提高水质，建了两个 1.5×1.8×1.5 米的沉淀池，和两个 6×4 米的初过滤池和 3 个细过滤池，再将水输到青蛙山的水塔上供全村使用。然而，一方面自然水遇到干旱季节，水量少，供不应求；另一方面村中洋楼越来越多，使用抽水马桶和使用自来水在自家院子里浇花种菜的多了，自来水用水量大了，结果，蒜岭自然村因地势相对较高，用不上自来水。2003 年村民对自来水供不应求之事怨声载道，而村财"囊中羞涩"，无法为村民解决该问题。直至 2006 年，定居香港的陈元来捐赠 7 万元，加上村财政 2.6 万元，在古街南头打了一口 108 米深的机井，在山上建了一个容量 50 吨的蓄水池，从

---

① 2002 年特产税上缴 5.2 万元，但后来又退回 3 万元，等于实际上缴 2.2 万元。

机井抽水到蓄水池，缓解了蒜岭自然村的用水问题。但是，由于资金缺乏，所建蓄水池容量小，尚未完全解决自来水的供应问题。2008 年福厦铁路征用了青蛙山水塔地段，由铁路方面补偿了 11 万余元，村财政支出 6 万余元，在原华侨养猪场附近的虎干底重新建了容量 100 吨的水塔，自然水到新水塔之间铺设了 200 多米长、110 毫米口径的高压塑料管。另外，在新水塔附近也打了一口机井，以补充自然水水量之不足。这样，拖延了多年的自来水供水不足的问题基本得到解决。

在 1983 年 1 月 10 日旅外同人为正在建设自来水的侨管会及蒜岭大队干部的来函中就已提到："该自来水设备一旦完成而供应饮水时，那时我乡群众的生活定会进一步提高，也臻至与城市居民一样的生活水准"，"到那时，大家一旦无水供应等于一旦无粮食供应更不好过的感觉无疑，明乎此，须对每天生活无自来水供应万分不好过的警觉"。没想到蒜岭村的自来水供应不幸被旅外同人言中。笔者询问负责自来水管理的村主任林玉坤，为何自来水供不应求之事如此难以解决？他认为一是资金缺乏；二是对水源的水容量估计不准确；三是村民生活水平提高，村中的现代楼房越盖越多，自来水的使用量也越来越大。即使这样，眼下蒜岭村的别墅楼仍在不断增多，自来水供不应求问题很可能再度出现。笔者听说自来水费的收缴一直不正常，一方面村委认为自来水是旅外同人捐建的，不能像商品一样收费，只以服务性质一吨收 1 元钱；而且，因为自然水水源原为第 5、6 生产队村民的灌溉用水，所以不收他们的水费。村委的想法从短期看固然不错，但还是要有旅外同人所提醒的"警觉"。在村委没有"生财之道"的状况下，以水费保养、修缮自来水设备，甚至扩建自来水设施也是一种办法。不能等供水不足后，再到处设法筹款，让村民再度感受比"无粮食供应更不好过的感觉"了。

3. 最近两届村委所办其他实事

统一处理垃圾。长期以来，蒜岭村的垃圾都是由各家各户自行处理、焚烧，公共场所垃圾成堆无人过问。2005 年，村委会拿出 3 万余元设置了垃圾投放点，配备了垃圾焚烧场。并一年一度通过投标的方式，以一年 1 万元的报酬雇村民承运、清理、焚化垃圾，使村卫生有所改善。

建设健身场所。为了发展农村村民的健身活动，村委于 2005 年在村委会对面修建了一个门球场。2008 年在村委旁边浇灌了一个约 400 平方米的水泥场地，安装了 17 件健身器材，供村民开展健身活动。现在每天晚上都有三四十人到场锻炼身体。

尊老敬老措施。为了尊老敬老，从 2006 年开始，村委于每年春节前夕给年满 90 周岁的老年人发放 300 元，外加一小袋橘子以示慰问。2007 年开始，年满 80 周岁的老年人也予发放 200 元及一小袋橘子，以体现人们对老年人的关心。

铺设水泥新村路。2007 年村委从镇政府争取到 3 万元钱，村委投入 1.7 万元钱，加上武当别院捐资、附近村民集资，在蒜岭自然村南头铺设了一条 400 米、在武当别院附近铺设了 280 余米及在北头岭拓宽了主干道约 300 米的水泥村路。

4. 让利村民和替村民付款

在征地补偿中让利村民。蒜岭村除了 1997 年国家建设高速公路被征旱地 38 亩外，2005 年、2006 年及 2007 年镇政府为了建设蒜岭工业小区，征去合计 364.8 亩田地，2006 年国家为建设福厦铁路也向蒜岭征走 77 亩田地。按照镇政府规定，征地补偿每亩 2.808 万元，共分 3 部分内容，其中 57.7% 为土地补偿费，38.5% 为安置补助费，3.8% 为青苗补偿费。而 57.7% 的土地补偿费中 30% 应为村集体收入，70% 支付给村民。蒜岭村委会为了征地顺利进行，没有收取 30% 的土地补偿费，100% 发放给村民。

替村民支付水利费。2004 年国家取消了农民的税收，但是责任田的水利费仍然必须缴交。到 2005 年为止，水利费均由村民自己负担。2006 年通过村民代表讨论决定，除了承包给他人的田地水利费由承包人自负外，余下部分全部由村财支付。2007 年村财支付了 7196 元水利费。2008 年由于有 260 余亩地承包给他人，村财只支付 1016 元水利费。

替村民支付新型农村合作医疗费。蒜岭村于 2006 年 9 月开始实施新型农村合作医疗。加入合作医疗者 2008 年每人必须缴纳 20 元钱。为了让全体村民都能参加合作医疗，村委会决定从 2007 年 9 月开始这笔款项[①]由村财统

---

① 2007 年为每人 13 元。

一支付。因此，即使出国在外，但户口在村的村民也全部加入了新型农村合作医疗。2008 年村委会为此支付了 3 万余元。

四　村民对村委会的意见

2002 年课题组进蒜岭调查以来，不断听到村民对村委的微词，既有认为村委贪污的，也有说"村委是败家子"的。总之，说村委不好多于说村委好。蒜岭村委到底怎么样，为了写这一部分，笔者费了颇多时间把村民反映的事情——进行了解，得出结论是：家庭承包制后至 2003 年前为止的村两委是想干点事情的，尤其在村庄基础设施与公共设施方面作出了相当贡献。但是，一方面他们对侨资过度依赖，重视引进侨资，却忽视了对侨资引进后的有效管理和利用的研究，结果使建设成果及侨资不能得到可持续利用与增值；另一方面，村里主要干部能力也有限，从旅外华侨华人处索取了许多物资和资金，却"没办出什么像样的事情，群众有意见也是合情合理的"（陈通龙，2008）。

1. 有人认为"村委是败家子"

村民称村委是"败家子"的主要原因是，20 世纪 70 年代以来旅外蒜岭乡亲有求必应，捐赠给蒜岭许多物资、不动产、资金甚至企业。村委不但没能充分利用使其产生效益，相反，一件件物资、不动产被变卖，企业倒闭，基金本金被使用但未增值。因此，被村民说成"败家子"。

第一，关于拖拉机。第五章已经论及 1975 年侨胞陈子兴就捐赠了上海 45 型大型拖拉机一部及其附属机件等给蒜岭生产大队，同时还为大队建了一座拖拉机库。1977 年陈又先后赠送东风牌 12 匹马力手扶拖拉机 13 部及其附属机件等给蒜岭生产大队。大队除了将手扶拖拉机分送给每个生产队每个一部外，留下两部归大队使用。也就是说，大队拥有一大二小共三部拖拉机。农忙时大队拖拉机替各生产队耕地，生产队支付给大队一些劳务费和燃油费；农闲时，拖拉机主要代客户运输基建沙石，20 世纪 70 年代末，整个新厝公社只有新厝大队和蒜岭大队有拖拉机，因此生意很好，客户都是自己找上门来的。当时大队很穷，拖拉机为大队增加收入起了很大作用，大队开支几乎就依赖拖拉机的收入。据关文贵介绍，1979

年他进大队当干部时，拖拉机已很破旧了，大约一两年后就不能使用了。跑到上海购买零件，因该型号拖拉机已淘汰，买不到零件无法修理。结果就成为一堆废铁了。所以，旅外华侨华人捐赠的拖拉机对蒜岭的贡献是很大的，只是大队在使用过程中的保养、维修不够到位，所以使用寿命不长。

第二，关于载重卡车和旅行车。在第五章也已论及，由于驾驶员都是新手，出了两次事故，大队赔了万余元后，才以承包形式运营。但从新车变成没人愿意继续承包的破车前后只有 5 年时间。大队没有得到多少收入。看来如何使承包者能像爱护自己的物品一样爱护、使用好车辆，的确对作为管理者的蒜岭大队来说，是一道"难解的管理学题目"。

第三，发电机。本章前面也已论及，由于早期公社经常停电，陈子兴于 1981 年捐赠了两部发电机，而同人在武当别院旁边捐建了电站用房。20 世纪 90 年代中期，华侨陈德森捐款 9.4 万元，又为蒜岭村委购买了一台发电机。据现任村主任林玉坤说，两台发电机因当时零件难买，一台坏了就用另一台的零件拆来补去的，结果两台等于只有一台（2008 年 9 月 10 日）。使用了 10 多年坏了，于 1992 年以 7000 元卖掉了。另一台是新的，现仍出租给向阳正骨医院使用，年租金为 1000 元。

第四，几座不动产的变卖。陈子兴捐赠的侨兴农械厂、旅外同人捐建的华侨粮食综合加工厂，以及大队塑料厂都为了填补因新蒜基金会倒闭而亏损的村财，于 2001 年与 2002 年相继变卖。

第五，华侨影剧院。虽然因客观原因停止使用，但玻璃窗等破损严重，2004 年为了将影剧院出租给某印刷厂，所有坐椅的铁脚均被打掉当废铁出售。另外，露天戏台、村路上的凉亭等也被人用钝器敲得破烂不堪。这说明村两委对村民教育不够，对公共财物管理、保护不力。

总之，村民认为，旅外华侨华人赠送给村里的物资，现在卖的卖，坏的坏，所以村委是"败家子"。笔者认为，从表面上看，事情的确如此，但正像笔者在前面相关部分所分析的那样，有许多问题因村委"是门外汉，对市场经济抓不准，不会做"（陈通龙，2008 年 9 月 3 日），能力有限。村主任林玉坤说："一些固定资产不卖是一个累赘，卖掉也是村财"（2008 年 9 月 2

日），这话也不无道理。实际上，笔者认为，村委主要失策在于民主意识不强。毛泽东说过："群众是真正的英雄"，如果在侨资管理上经常能主动倾听广大村民的意见，请村民出出主意，不但可能拿出有效的办法，而且即使失败了，群众也明白事情的缘由，也就不会简单地从现象上给村委戴上"败家子"的帽子了。

2. 有人提出疑问"公墓没建好，钱到哪里去了？"

20世纪90年代，镇政府建议各个村庄最好都能建一个公墓，要保证从福厦324国道上只能看到一丛山，不能见白（坟墓）。蒜岭村委向陈子兴提出了捐建村公墓的请求。计划建一个阶梯式的墓地，一个公墓门楼，一条通往公墓的水泥路。预算需要18万元。陈先生爽快地答应了。1996年公墓开始动工。由村委陈通书、林紫森和关文贵负责。在公墓建设开始后，遇到了许多"没想到"的问题，结果墓地是搞好了，但余款已不够建门楼与水泥通路了。"没想到"的问题是：一认为地是集体的，没想到必须向第5生产队买地；二没想到墓地岩石很多，需要开炸；三没想到须填的土方因为岩石多，而没能测算准确；四没想到挖出了许多无主骨头，需要捡骨填埋。这些"没想到"的费用使得公墓无法按预算建成。当然，本来贴进村财还是可以继续完工的，但是，1997年高速公路的线路突然从原来的穿越村庄改为从后山通过，这使得辛辛苦苦所建的公墓从高速路上"一目了然"，违反了"一丛山，不见白"的原则，这样就使公墓不能继续建下去了，需要重选地址才行，所以就暂时搁在那里了。2005年5月30日凌晨福清市开始实行火葬，村公墓也就不必重建了。

关于建村公墓的会计账目如下：

付公墓迁移补助2000元；　　　　　付排洪沟340元；

付护坡砌石418元；　　　　　　　付挖层平整、重修砌石14900元；

付照相480元；　　　　　　　　　付挖掘砌面等115028.50元；

付清理700元；　　　　　　　　　付第5生产队赔清1000元；

合计134866.50元，余款45133.50元，加上利息为5万元整，存入旅印尼华人华侨捐建的自来水的款项中，用于自来水建设。

以上介绍的是"公墓没建好，钱到哪里去了"的问题。笔者认为，由于蒜岭村委没有认真实行三年一选村民代表，并充分发挥村民代表大会的职能，外加 1988 年之前没有村务公开的做法，从而使村民对村委的财务疑团重重。据原蒜岭村支书陈通龙介绍，2003 年有村民指名道姓去函福建省和福州市检察院，告发他变卖农械厂机器设备、两部卡车、一部旅行车而未入账从中得利，以及挪用华侨基金 30 万元等。后福清市检察院派清查小组下来，将村委 20 余年的账目翻出来，查了一个星期，结果账目收支清楚，没有发现任何问题。不过，从这件事上，陈通龙若有所思地对笔者说："前段村中没有什么收入，村民不关心。但现在村财多了，就要规范为好"（2008 年 9 月 3 日）。这句话看来是他当了 26 年村支书悟出的经验。

3. 实行民主制是得到村民信任的关键

在调查本章内容的过程中，一个问题一直缠绕着笔者，这就是同样是公共组织，同样都公布收支，为什么村民对村委的经济那么在意，而宗族董事会，尤其是武当别院董事会也掌握有几万元，甚至几十万元巨款，却几乎听不到村民对这些组织的董事会产生怀疑呢？民间组织领导层与"官办"组织村委会干部比较，到底差别在哪里呢？

首先，民间组织董事会成员的工作是义务性质的，没有薪酬，而村两委是领有工资的，工资来自百姓的税收，因此，百姓对其要求也会更高，这是毫无疑问的。

其次，民间组织的活动经费与村委一样，一部分来自华侨华人的捐赠，但另一部分则来自村民的自愿捐款。民间组织董事会成员往往带头捐款，如武当别院的董事们。这是村民看在眼里的。而村委会干部从来没有这类表现。

最后，民间组织董事会成员是村民推举出来的，被村民信赖的有能力的人。而蒜岭村委会干部虽然是选举产生的，但民主还不到位。表 8-6 是2003 年 1 月笔者组织的问卷调查，结果显示 56.5% 的人认为所当选的村干部是上级内定的，即一半以上的村民认为村干部并不是他们自己所想推举的人。另外，蒜岭的村委选举还存在着贿选现象，表 8-7 表明，在选举期间，有三分之一以上的村民知道或有候选人托其投他一票。这类情况至今仍没有改变。

表 8 - 6　您觉得当选的村干部是村民选举的，还是上级内定的

单位：人，%

类　别	人数	百分比	类　别	人数	百分比
村民选举的	123	39.0	不知道	14	4.4
上级内定的	178	56.5	总　计	315	100.0

资料来源：2003 年 1 月问卷调查。

表 8 - 7　在选举期间，有没有候选人托人说情请您投他一票

单位：人，%

类　别	人数	百分比	类　别	人数	百分比
有	109	33.6	不知道	3	0.9
没　有	212	65.4	总　计	324	100.0

资料来源：2003 年 1 月问卷调查。

由于村委干部的产生并非完全代表民意，换句话说，一部分干部本身就不是村民信赖的、有能力的人，所以，在没有办出村民满意的事情来时，必然会遭到村民的指责。

另外，按照村委会组织法，通过三年一选的村民代表大会，村民对村委会工作有知情权、参与权和监督权。但是，蒜岭的村民代表大会已 30 年没有正式选举过，依然是家庭承包制前的生产队长和生产队会计为主体，很难说还有多少代表性。村民的利益诉求、意见表达的路径不畅通，因此，村民干脆对村务不闻不问，停留在发牢骚的层次上。表 8 - 8 和表 8 - 9 就反映出这种情况。84.2% 的村民从来不去看村委公布的账目。问其为什么不去看时，近一半的村民（占 49.8%）回答"看了也没用"。所以，笔者认为，要像蒜岭民间组织董事会那样得人心，就必须让村民享受到真正的民主，这是最关键的。

表 8 - 8　您是否经常去看村委会公布的账目

单位：人，%

类　别	人数	百分比	类　别	人数	百分比
经常去	18	5.4	从来不去	282	84.2
偶尔去	35	10.4	总　计	335	100.0

资料来源：2003 年 1 月入户问卷调查。

表8-9　为什么不去看村委会公布的账目

单位：人，%

类　别	人数	百分比	类　别	人数	百分比
没有时间	44	16.6	未公布	22	8.3
没有兴趣	67	25.3	总　计	265	100.0
看了也没用	132	49.8			

资料来源：2003年1月问卷调查。

五　沟通不够使村委会给旅外同人造成不良印象

笔者根据陈金煌的《记录册》中所抄录的旅外同人与侨管会及蒜岭大队截至1981年7月16日的来往信件，及到1985年5月11日为止数封旅外同人寄到侨管会的信函内容归纳整理出旅外同人对村委会的意见。笔者写好后，让当年担任大队党支部书记的陈通龙先生过目，以便看看有没有什么误会之类的问题存在。没想到陈先生看后大为吃惊，原来他一点也不知道当年旅外同人对大队有这么多意见。看来，当时侨管会成员并没有把旅外同人对大队的意见一一如实转告给大队干部，以致大队干部一直蒙在鼓里，即使有错也没有采取补救措施和进行某些情况说明。由于侨管会成员去世的去世、高龄的高龄，离开蒜岭的离开蒜岭，在旅外同人对蒜岭大队的批评中，哪些是蒜岭大队做得不对的地方；哪些是属于侨管会没有当好信息传递者，将同人的意见和蒜岭大队的意图等传递清楚；哪些是同人不了解国内情况而侨管会和蒜岭大队没有解释到位产生了误会等，笔者已无法进行全面调查。并且，由于有些情况，只有海外来信，而无国内去函，又已隔20余年，陈通龙等当时的大队干部对许多事情的来龙去脉也已记忆模糊。因此，笔者只能根据陈通龙的记忆，及个别侨管会成员如陈孙政、陈开美等人的推测或记忆，以及笔者的逻辑判断来推测旅外同人对蒜岭大队意见中，可能出现的一些误解，或侨管会及大队存在的问题。下面笔者就同人对蒜岭大队的意见进行一些分析。

第一，关于蒜岭大队"办事有头无尾"之事。1979年，蒜岭大队去函建议旅印尼乡亲以投资的方式，为大队所办的塑料厂购置一套车床（需2万元）。旅外同人于 1980 年 4 月 12 日回函蒜岭大队（寄到侨管会），答应捐赠这一车床。但要求大队寄来该车床将要生产什么产品等的资料计划书。但是，旅外同人最终没有收到大队的回函。所以，认为大队"办事有头无尾"。陈通龙说：大队"不知道华侨同意捐资 2 万元购置车床一事，因侨管会没有将这一信息告诉大队"。另外，塑料厂经营不下去后，改由泉州陈玉麟承包经营，而侨管会"也没有将塑料厂承包经营之事告诉华侨"（2009 年 4 月 1 日）。笔者询问陈开美得到的回答是："塑料厂已经承包给私人了"，在侨管会看来，此封信已没有给大队看的必要了。如事情确实如此，侨管会有一定责任的。不过，既然大队曾向同人提出过援助，那么，在情况发生变化，不需要援助后，不论同人是否答应援助，按理都必须亲自去函通知同人才对，这才是办事有头有尾。

第二，关于蒜岭大队"有失礼貌"之事。1981 年农历春节前夕，同人来信让侨管会转交给蒜岭大队干部每人一份红包①，以感谢在 1980 年重建武当别院的过程中大队的支持。但同人始终没有收到蒜岭大队干部收到红包的回信，所以认为大队干部有失礼貌。陈通龙认为，"这笔款是谁给的，村干部全体心中不知"，大队没写感谢信，"同人有意见，大队干部也不知道。按道理人家给好处，我们怎么能不感谢"（2009 年 4 月 1 日）。笔者知道早从 1976 年开始，陈德发与陈子兴先生就年年给家乡亲人和朋友发红包了，陈子兴先生还根据蒜岭大队提供的名单给困难户及第 8 生产队成员发红包，而且一发就是几十户，上百户。根据不同对象，少的发 10 元，多的发 200 元。但据陈孙政介绍，当时村民拿到华侨的钱物，也是不讲一句感谢的话的，当时村民就是这种水平。大部分村民认为反正华侨有钱。而且，早期还有个别人思想极"左"，表示："我不要你的臭钱"，"这是你剥削得来的钱，我们要自力更生"。陈子兴先生给困难户的红包是陈通龙发的。据陈通龙说，困难户拿到华侨的红包是有口头感谢的，但谁也没有想到给华侨寄感谢信。结合陈孙政先生及陈通龙的介绍，笔者推测，当时侨管会的成员给大队干部发红包时，可能对前一二人说明过红包的来源，但后面的人就没有——重复说

---

① 红包内装有 60 元人民币。当时蒜岭大队的 12 名干部的月平均工资为 15.5 元。

明了，大家拿了钱也只知道是华侨给的，既没想详细了解是哪个华侨给的，同时也像其他村民一样，没有必须写信表示感谢的意识。侨管会当然也没有提醒大队应给同人写感谢信的义务。但是，在同人来信表示对大队收到红包为何没有感谢信的批评信后，侨管会也没有将该批评告诉大队干部，以至于大队干部连补发感谢信的机会都没有了。

第三，关于蒜岭大队"涉及越权"之嫌一事。按同人规定，在使用华侨捐款时，要根据每个项目工程费用，由侨管会拨发给使用单位，而不能将大笔款项交给使用单位，让使用单位自设账簿。但是，在侨管会寄给同人的收支结单中，同人发现蒜岭大队曾向侨管会提取了10.6万余元人民币，因此认为大队有越权之举。陈通龙认为："家乡情况华侨有些也不知道，华侨意见大队也不知道，因侨管会没有如实告知华侨，也没有将华侨来信意见告知大队，因此产生了许多误会。华侨爱国爱乡，我们村干部应全力以赴去做，而且要做好，使华侨满意，不可能因这样那样问题而影响华侨热情的。华侨—侨管会—大队三者关系，产生许多误会，不知责任在谁，谁没有做好"（2009年4月1日）。笔者认为，关于申请和使用华侨捐助的程序最清楚的是侨管会，侨管会不但要将此程序详告想申请和使用华侨捐助的单位，而且，本身应坚持按这一程序办事。如果因某些原因无法按同人要求的程序做的话，也应该向同人汇报，征得同意。但侨管会没有请示同人，就将大笔款项及侨汇拨给大队，因此，错误主要在侨管会。对于此事，同人在1983年12月21日的来函中，也批评了侨管会："似此情况，侨管会也有些不对的地方。"笔者还认为，具体地说，如果是大队向侨管会施加压力，使侨管会不得不这样做的话，大队要负主要责任；但如果是侨管会为了图方便，或为了讨好大队而自作主张违规操作的话，就是侨管会要负主要责任了。

另外，蒜岭大队曾向同人申请资助，说是要更换村里的电线，不然将存在安全隐患。但是拿到钱后，却擅自拿去购买机器，待购得机器后，才又向同人要求补足换电线的费用短缺。这也使同人认为蒜岭大队有"越权之嫌"，不按照申请华侨捐助的程序办事。据陈通龙解释，更换电线是由渔溪电站派技术员来处理的，因为上级一直没派人来，所以拖延了。后来1983年开始建自来水工程，出超1万多元，就把更换电线的钱先垫上，去购买自来水的抽水机和电泵等了。笔者认为，在这件事上就是大队的不对了。因为，即使确有急需购买机器的必要的话，也得先征得同人同意才对。

第四，关于蒜岭大队"有不诚实"之嫌一事。陈通龙的解释是："华侨捐资是专款专用，每一笔每一张发票都经过侨管会审核报给华侨，村里没有私设小金库。自来水工程因结算超支1万多元，因此，影响村低压线路换修，村里如实将情况告知同人，每次和华侨去信来信，都由侨管会负责，大队只是按他们意思去做的。"（2009年4月1日）不过，按照同人的来信，最初大队说缺少1万元，但"谁知一旦由保管会拨出其所要求的1万元时，并不是以该数为依据，而竟然超过524.98元，收去10524.98元的款项"（同人，1984年12月14日来函）。笔者认为，侨管会按照大队的发票报账这是肯定的，大队并没有贪污。但是在汇报短缺多少款时，是否预算粗糙了些，又超出了预算，才使得同人不满意呢？因为，直到现在，笔者依然听到现任村委干部说："我们农村人做事就是做到哪里是哪里，谁去算那么清楚！"

第五，关于蒜岭大队依赖侨资之事。陈通龙承认这倒是事实："蒜岭村是福清四大侨乡之一，名声在外，实际村非常穷，没有什么村财收入，也只能利用华侨优势把蒜岭建设好。当然，我在利用侨资和管理上不是十分到位，但我们村干部还是尽心尽力去做，都想把事情办好。有些事是心有余而力不足，有些是时代和市场限制，如汽车、拖拉机，当时那个年代，哪个单位不亏本。并不是我们找借口，实事求是地说，哪个人在家乡当干部不想干好而流芳？"

归纳上面旅外同人与蒜岭大队互动中产生的意见，笔者认为，最大的问题出在大队干部与同人的联系太少。这里虽然有侨管会传递信息不畅的原因，但从大队方面来说，也存在不够积极主动沟通的问题。就如陈通龙所说：一方面"认为反正有一个侨管会在与华侨联系，产生了依赖性，也就很少与同人联系"；另一方面，如积极向侨管会了解同人来信又担心被怀疑插手侨管会，引起误会（陈通龙，2009年4月14日）。而实际上，侨管会成员之一的陈开美虽然当时也是大队文书兼出纳，但他并没有受侨管会或大队委托负责大队与侨管会及旅外同人的沟通事宜将大队的事情样样详告同人，同人也就不清楚许多事情的细节。在与同人通信方面，虽然同人要求大队写信①要交与侨管会寄出，但并不妨碍大队也可以像侨管会那样，时时事事请示，说明、汇报给同人，并经常主动到侨管会去看同人的来信。如果真是这样做，同人不但会满足大队提出的各种合理的捐助，而且，如果产生什么误会，也可以及时解释说明，从而得到化解。

第五节　失去侨资开始村民集资建设

一　失去侨资的原因

大约在 20 世纪 90 年代末东南亚金融风暴后，蒜岭村委几乎没有再得到旅印尼蒜岭乡亲的捐赠了。究其原因是多方面的。首先，最主要的原因是蒜岭村的旅印尼华侨华人主体结构发生了根本性的变化。那些 20 世纪前半叶走番，即出生蒜岭而后移居海外的老一代华侨华人所剩无几，在同人的骨干中据说就只剩下定居香港的陈瑞临老先生一人。取而代之的则是在侨居地出生的"土生华人"。虽然蒜岭的许多老华侨在世时非常重视培养下一代对于蒜岭村的感情，希望下一代能够继承老一代华侨华人对于家乡和祖籍国的眷念。但除陈德发之子陈子兴先生、陈金煌之子陈瑞春先生等一部分土生华人在父亲的影响下对中国、福建和家乡蒜岭仍怀有深厚感情外，大部分土生华人对中国、对家乡是陌生的。

其次，对家乡利用侨资的失望。以往旅外同人对蒜岭的大量捐助并未得到村委的很好管理，并未产生良好的效益使侨资增值，相反却助长了蒜岭村委、依赖侨资而又缺乏管理的思想，引起侨胞的不满和失望。老一代华侨华人可以一而再再而三地容忍、原谅蒜岭村委，但土生华人却办不到。据说，有的土生华人就是回到福州也不愿回蒜岭，宁愿住宾馆，也不回来住在老家房子里，主要是因为他们认为家乡的人太会向他们索要，那样的索要多么富的人也受不了。

再次，土生华人由于淡化了"祖籍家乡"的感情，他们的投资更加理

---

① 据陈通龙讲，因为华侨习惯阅读旧时那种文章体的信函，不习惯阅读现在年轻人写的白话文的信函，所以，蒜岭大队去信同人也是委托陈德恩写的。这无形中也就增加了大队给旅外同人去信的难度，结果与旅外同人的联系不足。

性。他们开始反对向蒜岭的无偿捐赠，正逐渐将主要精力转移到印尼当地。在印尼，一些土著居民仇视华人，以致历史上多次发生排华事件。据了解，在印尼某些地区，一些注重在当地开展福利慈善活动的华人社团取得很大成功，在 1997 年"排华"时，这些地区的土著居民自发组织起来保护华人。这对于旅外蒜岭乡同人有很大的启发。现在同人有意识地将资金主要用于当地的福利和慈善事业，以改善与当地土著居民的关系，即土生华人更加积极主动地融入当地社会。

最后，多数蒜岭人已经富裕，完全可以自立。在东南亚金融风暴中，华侨华人大多受到沉重打击，经济实力下降，有的甚至处于破产边缘。但是如今的蒜岭村已今非昔比，大多数村民生活都较为富足，一些侨胞认为，蒜岭村民的生活水平已经超过了海外大部分华侨华人的生活水平，应该、也完全有能力依靠自身的力量建设村庄。总而言之，蒜岭村原有的侨乡优势已发生变化，以往有求必应的来自老一代华侨华人的侨资的优势已悄然消失。

二 侨资利用的反思

在扶助贫困的问题上，我们常常提到要给予"造血型"扶持，而不能是"输血型"扶持。在蒜岭，旅外华侨华人不仅提供了如给生产大队电视机、摩托车，建各种文化设施；给各家各户缝纫机、自行车、金戒指、困难补助等"输血型"的扶持，更给予大队如拖拉机、载重卡车、旅行车、碾米机、发电机、农械厂，和建造塑料厂房、粮食综合加工厂厂房，建造自来水站等"造血型"扶持。以至于在 1984 年 5 月 9 日同人写给侨管会暨蒜岭大队全体干部的信中指出：大队的财政来自"塑料厂、华侨粮食综合加工厂及 3 辆汽车等各部门的出租、出产品的利润，为数相当可观的"，即使旅外同人不再捐助"也相信大队对财政方面是不会发生拮据的"。但是，旅外华侨华人万万没有想到，这些"造血援助"有的因管理不善，有的因能力有限，有的因市场转型而几乎没有"造出血来"。所以，反思蒜岭村委的侨资利用，可以得出这样的结论："'造血型'扶持还需要有'造血'能力的人才来管理，才能真正造出'血'来"。回顾历史，旅外华侨华人在援建蒜岭小学与蒜岭侨兴中学方面是成功的，就是因为这些学校建起来后，是地方教育部门派来了教育专家来管理，所以才得以成功。如果蒜岭大队得到的卡车、旅行车、自来水站等，当时也是请有经营能力、没有私心杂念的人来管理，来使用，就如旅外同人所说，可以以车养车，以水养水，可能蒜岭村委已经有了强大的集体产业。甚至侨兴农械厂如果聘来了农机经营专家和专业技术人员，或许它也会闯过市场转向的难关而发展至今。

以上谈的是"造血型"扶持还需要有"造血"能力的人才来管理的问题。对于"输血型"扶持，如给生产大队电视机、摩托车，捐建各种文化设施等，是为了提高蒜岭村村民的文化素质和生活质量。对于这些物资和设施，村委会应该教育村民予以爱护，并指定专人妥善维护和管理。一些由于社会生活的变化，一时派不上用场的设施，更应像各宗族的宫庙、宗祠那样有专人经常注意检查、保护，这样才不会伤害侨心，才可能长久使用。蒜岭华侨影剧院虽然就在村委会的旁边，但玻璃窗有的敞开，有的关闭，玻璃破碎不少，一看就知道村委没有指定专人负责管理。华侨捐建的公益设施破损严重，据说陈德发先生看了心痛不已直摇头。笔者没有机会采访和了解这些捐建蒜岭公益设施的华侨华人的内心感受，但捐助笔者到日本留学的福清籍旅日神户福建同乡会的华侨领袖林先生在家乡独资捐建了一所小学、一所中学及其他许多公益设施。他告诉笔者，他回到家乡看到不少对公共设施管理不善的地方，但不愿多说，以免别人认为他因为捐建了这些学校与设施而自以为了不得。所以，不要以为蒜岭华侨华人没有指责，就是没意见、没看法。

三　靠自身的力量建设村庄是最好的办法

由于长期以来蒜岭的大部分家庭，以及村庄公共管理、公共设施都依赖海外援助，办什么事都要向海外华侨华人伸手已成为许多蒜岭人的思维定式。不少村民在指责村委是败家子的同时叹息说："以后华侨再也不会拿钱回来了！"。他们依赖海外援助已成习惯，似乎谁也没想到，现在蒜岭人几乎家家户户也都已成为"新侨眷"，已都有了钱，为什么还要旅印尼华侨华人拿钱回来呢？为什么不能自己拿钱出来办公益事业呢？自己拿钱出来办公益事业，就会知道这些设施来之不易，就会知道爱护公共设施，这对培养公共道德是个很好的方法。

20 世纪 80 年代中期，旅外同人出资给蒜岭村装了路灯，但是，很快一盏盏路灯就不知道被谁、用什么给打坏了。一次次安装，一次次被破坏。后来，将路灯罩上铁丝网，照样仍被打坏。当时路灯的电费是村委支付的，村委也不再重装了。结果，蒜岭村到了晚上村路一片漆黑。2002 年开始，第 3 和第 4 村民小组邻居之间合伙出资，在自己的房屋附近的村路上安路灯，合伙缴电费。这样反倒没有人破坏了。于是，各个片的村民也都陆续合伙安装路灯，合伙缴费，现在全村几乎都恢复了路灯。可见自己掏钱办事更能爱惜，更有成效。

蒜岭村委失去了旅印尼蒜岭华侨华人的捐赠已有约 10 年，前些年，几乎停止了村庄的公共建设与公共活动。21 世纪初，靠第二次出国热潮出去的、定居港澳的村民的捐助搞了两年春节文娱活动，没有外面捐助就什么也不开展。不过，前面已提到，近两年因为有了征地的收入，村委开始以向镇里争取一点、村委出一点、村民也集资一点的方式铺设和修补新水泥村路。笔者认为这是一种好方法，大家都来参与村庄建设，既透明又公开，又会爱惜建设成果。前面已经论及的老人会女子舞蹈队除了向第二次出国热潮中新"华侨"筹集费用外，也开始由队员自己出资开展活动，这都是好现象。蒜岭人的生活水平已普遍提高了，靠蒜岭人自身的力量①完全可以把村庄建设得更好，使村庄公共活动搞得更出色。

---

① 不过这力量依然来自海外，只是不是来自 20 世纪前半叶"走番"的老一代华侨华人，而是来自自己的子女、或丈夫、或妻子在海外务工的收入，即新一代华侨华人。

第九章　家庭、婚姻与外来媳妇

第一节　家庭成员结构状况

从 20 世纪 70 年代中期开始，蒜岭村民中就陆续有人出境定居和出境务工。在出境务工者方面，由于流动性大，非法滞留者多，所以，许多人虽然多年不在村中，但户籍并未改动。一方面办理户籍注销手续麻烦，需要提交海外的批准定居原件；另一方面我国也没有明确的限定定居海外者必须注销户籍的相关法规，所以，蒜岭村的户籍管理困难，名不副实的空户很多。对于家庭成员结构的调查只能凭借村民的自报进行。

一　蒜岭家庭结构特征

1. 核心家庭众多，主干家庭偏少

2003 年 12 月，笔者组织社会学专业学生在村中进行的调查数据显示（有效问卷 399 份），在蒜岭村的家庭中，核心家庭是家庭的最主要类型，为184 户，占总调查有效户数的 46.1%，居所有家庭类型中第一位（见表9-1）。但是，如果根据更为严密的核心家庭定义来计算的话，为数更多。核心家庭的严密定义是："以婚姻为基础，父母与未婚子女共同居住和生活。它有三种具体形式：仅由夫妻组成、夫妻加未婚子女（含领养子女）、仅有父或母与子女（单亲家庭）"（郑杭生，2002），因此，若再加入表9-1中的单亲家庭、无子女夫妇家庭和子女已分户的夫妻家庭，蒜岭的核心家庭将

猛增至 249 户，占总调查户数的 62.4%。远远超过其他家庭类型的户数。

另一方面表 9 - 1 显示，蒜岭村的主干家庭①仅有 72 户，仅占有效调查总户数 399 户的 18.0%，与我国大多数农村相比，主干家庭的比例偏小。如《屯堡乡民社会》中，九溪村主干家庭占总有效调查户数 828 户的 24.5%（孙兆霞，2005），而苏浩主编的毡匠营村的主干家庭更是占总有效调查户数的 30.91%（2006），分别比蒜岭村的主干家庭多出 6.5 和 12.91 个百分点。

表 9 - 1　蒜岭家庭类型

单位：户，%

家庭类型	户　数	百分比	累计百分比
核心家庭	184	46.1	46.1
主干家庭	72	18.0	64.2
单亲家庭	11	2.8	66.9
联合家庭	20	5.0	71.9
夫妇家庭（无子女）	2	0.5	72.4
夫妇家庭（子女分户）	52	13.0	85.5
单人家庭	49	12.3	97.7
隔代家庭	7	1.8	99.5
其　他	2	0.5	100.0
合　计	399	100.0	

资料来源：2003 年 12 月问卷调查。

2. 家庭小型化，空巢老人家庭居多

蒜岭家庭人口规模小型化突出。表 9 - 2 显示，4 口之家最多，有 128 户，占被调查户数的 32.1%；其次为 3 口之家，有 70 户，占被调查户数的 17.5%；再次是 2 口和 1 口之家，分别为 67 户和 52 户，占被调查户数的 16.8% 和 13.0%；蒜岭的 5 口之家比 1 口之家更少，仅有 51 户，占被调查户数的 12.8%。5 口及以下人口的家庭合计 368 户，占总调查户数 399 户的 92.2%。只有 7.6% 的家庭人口在 6 人及以上。

---

① 主干家庭指父母（或一方）与一对已婚子女（或者再加其他亲属）共同居住生活。

表 9 - 2　蒜岭家庭人口规模

单位：户，%

家庭人口数	户数	百分比	家庭人口数	户数	百分比
1	52	13.0	6	21	5.3
2	67	16.8	7	8	2.0
3	70	17.5	8	1	0.3
4	128	32.1	无效回答	1	0.3
5	51	12.8	合　计	399	100.0

资料来源：2003 年 12 月问卷调查。

　　蒜岭家庭不仅人口规模小，而且其中 1 口、2 口人家庭之多尤为显著。1 口、2 口人之家合计 119 户，占被调查户数的 29.8%，仅比占最多比例的 4 口之家少 9 户，少 2.3 个百分点，与通常的我国农村家庭相比有很大不同，令人费解。在孙兆霞所调查的九溪村，1 口之家在 828 户中只占 3.7%，2 口之家也只占 11.8%，1 口、2 口之家合计只有 129 户，只占总调查户数 828 户的 15.5%。在总调查户数是蒜岭的 2 倍有余的九溪村，1 口、2 口之家却仅比蒜岭村多出 10 户，可见，蒜岭村的 1 口、2 口之家户数之多。

　　另外，蒜岭家庭成员为同一代人之家众多。表 9 - 3 显示，蒜岭村家庭成员中有两代人的家庭最多，共 212 户，占回答此问题的 396 户的 53.5%。但是，家庭成员为 1 代人的家庭有 119 户，占回答此问题的 396 户的 30.1%，仅次于 2 代人家庭。这一现象也是我国一般农村家庭中少见的。结

表 9 - 3　蒜岭家庭代数状况

单位：户，%

家庭代数	户　数	百分比	累计百分比
无效回答	1	0.3	0.3
1	119	30.1	30.3
2	212	53.5	83.8
3	60	15.2	99.0
4	4	1.0	100.0
合　计	396	100.0	

资料来源：2003 年 12 月问卷调查。

合上述蒜岭 1 口、2 口人之家众多、主干家庭偏少的特征，以及下面将要论及的蒜岭家庭小型化、核心化的契机，可以推定，上述 1 口、2 口之家和家庭成员为同一代人的家庭，绝大部分都是空巢老人家庭，是联合家庭和主干家庭，尤其是主干家庭裂变的结果。这一点从表 9 - 1 中也可以得到部分验证。表 9 - 1 中的与子女分户的夫妇家庭及单人家庭合计有 101 户，占有效回答 399 户的 25.3%。

　　由于蒜岭家庭的小型化和核心化，换句话说，由于蒜岭的核心家庭与空巢老人家庭众多，因此，如表 9 - 4 所示，家庭夫妻对数以 1 对居多，有 305 户，占有效调查 399 户的 76.4%；而有 2 对夫妻的家庭仅有 58 户，仅占 14.5%；3 对及以上夫妻对数家庭更少，仅有 10 户，占 2.6%。

表 9 - 4　家庭夫妻对数

单位：户，%

夫妻对数	户　数	百分比	累计百分比
0	26	6.5	6.5
1	305	76.4	83.0
2	58	14.5	97.5
3	7	1.8	99.2
4	2	0.5	99.7
5	1	0.3	100.0
合　计	399	100.0	

资料来源：2003 年 12 月问卷调查。

二　传统式分家与突击"分家"

1. 传统式分家

　　蒜岭的家庭因受中国传统文化和宗族制度的影响，有尽量维持联合家庭的心理趋势。兄弟包括伯、叔儿子，按出生先后排行，人们希望 3 代同堂，有的甚至 4 代同堂。联合家庭的存续至少需要一个条件，即家庭成员，尤其是复数已婚家庭之间的和睦。在蒜岭不分家为和睦家庭，有一种自豪感，也说明该家庭的父母有能力。但是，在实际生活中，联合家庭人际关系复杂，在婆媳、妯娌、父子、兄弟之间出现矛盾时，只得以分家来解决。因此，与中国其他农村一样，"大家庭制度的实行不如平常所说的那样普遍"（林耀华，2000），蒜岭村原先核心家庭及父母与一对已婚儿子共同生活的主干家庭曾是家庭的主要类型。根据新厝派出所提供的资料，1964 年蒜岭有 252 户，1146 人，因此在 20 世纪 60 年代蒜岭的户均人口为 4.55 人。

儿子成婚是核心家庭裂变的起因，一个儿子结婚，如果与家庭中的其他成员合不来，就可以分家；如果几个儿子陆续成家，家庭依然和睦则不分家。分家时要请母舅来当公证人，分家时，有的家庭立契约，有的家庭没有。

父母的财产诸子均分，[①] 父母一般不留财产，由诸子分摊供养父母，或由诸子轮流赡养，以免父母离世后兄弟再分财产时引起纷争。分家时如还有儿子未婚，父母则一般和未婚儿子共同生活。

分房子时，长子一般住左边，次子住右边。厨房用品由娘家送来，因此媳妇的娘家要来贺灶。

分家不办宴席，只请母舅吃点心。

2. 20 世纪 80 年代的突击"分家"

"一般来说，家庭的规模与结构，随社会发展，日益由联合与主干家庭向核心家庭转化。从实体单位来看，由于家庭的共同生产功能日减、大家庭的人际关系不易协调、住房逐渐增加、社会流动扩大等原因，我国也出现了核心家庭化的趋势"（郑杭生，2002）。蒜岭村家庭的小型化、核心化和空巢老人家庭增多，不排除受上述我国社会发展变化影响的因素，但是，20 世纪 80 年代前半期，蒜岭村发生的突击"分家"现象却与上述社会因素无关，而是该村华侨华人按户赠送礼品所促成。

1964 年蒜岭村共有 252 户人家。1979 年时，为了阻止人们随意增加电灯瓦数又不肯按实际使用量付款，陈金煌赠送每户一只电表，共赠送 300 个电表。即该村当时仅有 300 户人家，1964 ~ 1979 年 15 年间只增加了 48 户，即平均每年只增加 3.2 户。1981 年陈德发先生以户为单位赠送蒜岭村民每户一台缝纫机，总共送出 331 台。该年陈子兴先生也以户为单位赠送蒜岭村民每户一部自行车。可见，1981 年时该村已进一步发展至 331 户。1979 ~ 1981

---

① 过去长子要分两份，因为长孙等于儿子。

年，该村陡增了 31 户，即平均每年增加 15.5 户。1983 年陈德发先生又以户为单位赠送每户一枚金戒指，但此次共送出 371 枚，即此时全村户数已增至371 户。1981～1983 年，蒜岭增加了 40 户人家，即平均每年增加 20 户人家。1985 年陈德发先生又送给每户 100 元，在蒜岭村总共送出 45000 元，即此时全村户数进一步升至 450 户。1983～1985 年的短短 2 年间，蒜岭的家户剧增了 79 户，平均每年增加 39.5 户。户数的年增长数越来越快，是 1964～1979 年年增长户数 3.2 户的 12.3 倍。很显然，户数的增长是不正常的。对此现象村民们坦陈，是为了能够从华侨那里多领得一份礼品。蒜岭村的联合家庭和主干家庭的"闪电式分爨"，致使该村家庭的小型化、核心化和空巢老年家庭众多现象成为我国绝大部分农村家庭结构中的特例，不具代表性。2003 年 12 月蒜岭村总人口为 1685 人，总户数为 526 户，户均人口 3.2 人。截至 2008 年 10 月，包括户口在村，但在海外务工的人口在内，蒜岭共有1568 人，521 户，即平均每户为 3.01 人。而蒜岭还有一些户口在村，但全家都不在村的人口（蒜岭村委提供）。

顺便一提的是，"家为经济的单位，指共灶合炊的父系亲属"（林耀华，2000），"更强调共居和共同的经济生活。其中最重要的是经济核算范围"（郑杭生，2002），但是，蒜岭村 20 世纪 80 年代前半期的突击"分家"，有些家庭碍于舆论分了灶，而有些家庭仅仅是在户籍上分了户，实际上并没有分灶另过，尤其是主干家庭中的父母与已婚儿子的分家存在更多非真正分家的情况。因此，笔者把这几年的突击"分家"加上了引号。

三　妇女在家庭中的重要作用

蒜岭的妇女非常勤劳，她们不仅和男性一样下田种地，而且要做好与家庭生活有关的一切劳动。如砍柴基本上是妇女的工作，喂猪喂鸡鸭，煮饭，洗衣，缝缝补补，侍候公婆，带孩子都是她们的工作。而且，过去一般一家总有七八个孩子。除了田间劳动，家庭劳动外，家庭与邻里、与娘家、与媳妇的亲家，以及与女婿的亲家的礼尚往来等也都是妇女操持。因此，蒜岭 50多岁的妇女比起她们的丈夫常常显得更加苍老。弯腰驼背的不少。蒜岭的老年男性也承认，他们的妻子比自己辛苦得多，"在家务和农田劳动中，妇女劳动力占了 80%"。蒜岭男性几乎就只管农田的事，做完这些，他们似乎就完成了任务，可以聊天打牌了。可是，妇女们做了田里的工作后，还有做不完的家庭劳作。下雨天男性不能出工，就闲在家里，而妇女们在雨天里仍然有做不完的事情。笔者与村民探讨，蒜岭妇女如此勤奋，是否与长期以来男性"走番"有关，村民们同意这一看法。在丈夫"走番"的家庭，撒下的田地里的耕种，以及侍候公婆，拉扯孩子，内外应酬等一切大小事情都得由妇女来承担。这样的男女分工一代代延续下来，就使得蒜岭妇女特别辛劳。笔者也问过来自外省的媳妇，是否感觉到蒜岭妇女的勤劳，她们也有同样的看法，而且用"这里的妇女干得很疯"来形容。谈到蒜岭妇女，蒜岭村民告诉笔者，蒜岭有一句土话叫"前七后八"，即劳作的功劳男的只占 7 分，女的占 8 分，一个家庭和谐不和谐，做得好不好，女的比男的更重要。黄淑梅感慨地对笔者说："一个家庭要富要穷，靠的是妇女"，她本身就是个非常勤劳的女性。人民公社时期，砍柴带上山的番薯片，别人是停下手中的活，吃了再砍，而她舍不得花时间吃，一个劲地砍柴，直等到挑柴回来的路上，才边走边啃番薯片。

蒜岭 50 岁以上的妇女不仅勤劳，而且节约、贤惠，不乱花钱，很会当家。虽然在家庭中承担了大部分劳动，但是，在家庭决策方面，常常尊重公婆的主张，或夫妻共同商量，或就由丈夫做主。

现在年青一代蒜岭妇女依然很勤劳，不过已经不像她们的母亲辈那么辛苦了，因为一方面剩下的一点田几乎都承包给别人耕种，自己不种田；另一方面子女只有一两个，因此轻松了很多。她们不少家庭丈夫在海外收入可观，在村庄附近企业工作的收入简直与其不能同日而语。但是，许多年轻妇女仍然闲不住，哪怕只有一点小钱也去挣，总希望自己的家庭不能比别人差。年青一代几乎都与公公婆婆分了家，丈夫在外务工汇回的钱，都由妻子掌管，妇女成为家庭的决策者。

第二节　婚姻状况变化

婚姻是建立家庭的前提，下面就介绍一下蒜岭村的通婚圈、配偶认识途径、结婚自由度、初婚年龄的特点及其历史变化。

一　以蒜岭为原点的扇状通婚圈

本书第二章中，笔者根据 2003 年 1 月进行的问卷调查绘制而成的表 2-1数据及个案调查，已指出蒜岭村村内婚发达的特点，并根据村民分析和笔者个人看法阐述了蒜岭村村内婚发达的 3 个原因：一是村内 20 世纪前半叶"走番"的人多，改革开放后出国务工者多，相对于本镇的其他村庄富裕，所以外村的人愿意进来，本村村民不愿离去；二是至 20 世纪 50 年代初为止，村庄里有一条商店街，这使得较之其他村庄，蒜岭是个生活比较方便，经济结构较为多元的地方；三是蒜岭是个主姓村，既有 3 姓 4 支发展成熟的宗族群体，又有集中于古街一带的许多杂姓人家，没有单姓村那种必须实行村外婚的限制。为了进一步了解蒜岭的婚姻随时代变迁等状况，2003 年 12 月笔者进行第二次问卷调查时，又了解了相关问题。表 9-5 为 2003 年 12 月问卷调查结果。该表同样显示出蒜岭村村内婚的发达，在 464 名回答者中有 49.1% 的人为村内通婚；其次是镇内通婚，占总调查人数的四分之一以上；再次为蒜岭语言、习俗所属区域莆田和行政辖区福清市的其他镇，分别占总调查人数的 8.4% 和 8.0%；最后是外省和福建省内除福清莆田外的其他地方，分别占 5.8% 和 3.2%。

表 9-5　初婚年代与通婚圈及所占比例

单位：对，%

通婚圈 初婚年代	本村	同镇15个村庄	福清其他镇	莆田	省内除福清莆田外的其他地方	外省	总计
新中国成立前	38	6	4	4	4	0	56
百分比	67.9	10.7	7.1	7.1	7.1	0	100.0
新中国成立后到改革开放前	78	47	12	21	3	9	170
百分比	45.9	27.6	7.1	12.4	1.8	5.3	100.0
改革开放后	112	65	21	14	8	18	238
百分比	47.1	27.3	8.8	5.9	3.4	7.6	100.0
总　计	228	118	37	39	15	27	464
百分比	49.1	25.4	8.0	8.4	3.2	5.8	100.0

资料来源：2003 年 12 月问卷调查（黄江波统计，林芳绘制）。

新中国成立前后在通婚区域的变化方面，主要表现为村内婚减少，镇内婚增多，以及出现了与外省人通婚的情况。新中国成立前蒜岭结婚者中，村内婚高达67.9%，镇内婚占10.7%，而没有与外省人的通婚案例；新中国成立后村内婚比例降至46.6%，而与新厝镇其他行政村的通婚比例则升高至27.5%，比新中国成立前提高了16.8个百分点。另外，新中国成立后出现了与外省人的通婚，占到6.6%。其他如与莆田、福清及省内除福清、莆田外的其他地方的通婚比例变化不大。

由于在新厝镇的村庄中，蒜岭北边的棉亭村和东北边的东楼村讲的是福清方言，行的是福清习俗，而蒜岭及以南的村庄讲的是莆田方言，习俗与莆田基本相同。因此该次调查还显示，在蒜岭与本镇的其他行政村通婚中，与北边紧邻的棉亭村的通婚不多，仅占9.2%，而与南边紧邻的新厝村联姻的比例最大，占37.2%；其次是更南面的界下村（离蒜岭2公里）和硋灶村（离蒜岭2.5公里），分别占13.2%和11.6%；除上述4个行政村外，蒜岭与本镇其他11个村庄虽均有通婚案例，但比例均在5%以下。可见蒜岭在本镇的通婚圈集中在本村及离本村较近的南边村庄，呈以蒜岭为原点的、向南辐射的扇状形。受语言、习俗等文化因素的影响，蒜岭的通婚圈不呈以蒜岭为圆心向外同心圆状扩展。

二　自由恋爱成为结成婚姻的主流

国家社会制度的变化，以及各个时期社会经济、人口流动、政治思想、观念意识方面的变动也对蒜岭村的婚姻产生种种影响。表9-6反映了新中国成立前及新中国成立后各个时期蒜岭人配偶的认识途径的变化。

从表9-6可以看到，新中国成立前配偶多由媒人介绍，其次是熟人介绍，包括亲戚、朋友和乡亲介绍，分别占新中国成立前总调查的结婚对数76对中的36.8%和31.6%；自己认识的极少，只占7.9%；新中国成立前也存在着拐卖妇女的人贩子，而没有婚介所；另外，回答通过"其他"途径认识配偶的居第3位，占21.1%，比新中国成立后各个年代都多。根据具体访谈知道，这主要指的是童养媳。因为童养媳从小在夫家长大，结婚几乎不要什么花费，不少家庭有机会就会收养童养媳为儿子将来的婚姻作准备。蒜岭村长期以来是福建南部通往福州的交通通道，常有一些穷苦人家卖儿卖女经过蒜岭，因此许多蒜岭家庭收留了不少男女儿童，尤其是日军入侵，福州沦陷时期，从福州逃难的人在蒜岭抛弃不少婴儿。表9-6还显示，进入21世纪，自由恋爱的婚姻明显增多，已达到59.4%，超过了一半，居各种配偶认识途径的第1位；而经熟人介绍者占21.9%，居第2位；传统的媒人介绍这一婚介方式从20世纪70年代后开始明显下降，只占当时结婚者的15.6%，居第3位；进入21世纪出现了一个新现象，即已经有通过婚介所结成婚姻的情况。表9-6显示的另一条信息是，在20世纪60~80年代，均存在拐卖妇女的人贩子，而90年代以后人贩子则销声匿迹。

表9-6　不同结婚年代配偶认识途径及所占比例

单位：对，%

结婚年代	媒人介绍	熟人介绍	自己认识	从人贩处买	婚介所	其他	合计
1949年前	28	24	6	2	0	16	76
百分比	36.8	31.6	7.9	2.6	0	21.1	100
50年代	17	11	10	0	0	6	44
百分比	38.6	24.9	22.7	0	0	13.6	100
60年代	19	15	13	1	0	2	50
百分比	38.0	30.0	26.0	2.0	0	1.5	100
70年代	38	69	21	2	0	4	134
百分比	28.4	51.5	15.7	1.5	0	3.0	100
80年代	32	80	55	1	0	3	171
百分比	18.7	46.8	32.2	0.6	0	1.8	100
90年代	14	45	47	0	0	1	107
百分比	13.1	42.1	43.9	0	0	3.1	100
2000年后	5	7	19	0	1	0	32
百分比	15.6	21.9	59.4	0	3.1	0	100
合　计	153	251	171	6	1	32	614
百分比	24.9	40.8	27.9	1.0	0.2	5.2	100

资料来源：2003年1月问卷调查（黄江波统计，林芳绘制）。

三　婚姻自由度显著增大

配偶的认识途径常常影响着婚姻的自由度，另外，随着中国社会的文明发展,婚姻逐渐从仅仅认为是两个家庭的联姻,逐渐变成是尊重男女两个当事人的个人感情。下面我们来看看蒜岭婚姻自由度的变化。

从表9-7中我们可以看到蒜岭在新中国成立前、新中国成立后到改革开放前,以及改革开放后这3个时期婚姻自由度的变化趋势。新中国成立前,蒜岭半自主性婚姻居第1位,非自主性婚姻居第2位,自主性婚姻居第3位,在调查总数中分别占53.3%、24.4%和16.7%;新中国成立后至改革开放前,在婚姻自主性方面,依然保持半自主性婚姻居第1位,非自主性婚姻居第2位,自主性婚姻居第3位的态势,只是非自主性婚姻所占比例降低了5.1个百分点;相反,半自主性婚姻比例升高了7.4个百分点。而改革开放后婚姻自主性顺序发生了质的变化,半自主性婚姻虽然仍居第1位,但自主性婚姻已跃居第2位,非自主性婚姻落居第3位。在所调查的450对结婚者中分别占47.8%、43.3%和8.7%,即自主性婚姻虽居第2位,但只比居第1位的半自主性婚姻低4.5个百分点,差距不大,而比居第3位的非自主性婚姻高出34.6个百分点,差距极大。改革开放后自主性婚姻比例显著提高,比改革开放前升高了28.2个百分点;相反,非自主性婚姻却比改革开放前下降了10.6个百分点,自主性婚姻和半自主性婚姻在所调查的450对结婚者中占了91.1%。因此,可以说,改革开放使蒜岭村的婚姻状况获得了巨大进步。

表9-7 初婚年代与婚姻自由程度及所占百分比

单位:对,%

初婚年代	自主	半自主	非自主	童养媳	总计
新中国成立前	15	48	22	5	90
百分比	16.7	53.3	24.4	5.6	100.0
新中国成立后到改革开放前	43	173	55	14	285
百分比	15.1	60.7	19.3	4.9	100.0
改革开放后	195	215	39	1	450
百分比	43.3	47.8	8.7	0.2	100.0
总　计	253	436	116	20	825
百分比	30.7	52.8	14.1	2.4	100.0

资料来源:2003年12月问卷调查(黄江波统计,林芳绘制)。

四 初婚年龄推迟

蒜岭村村民的初婚年龄在时代变迁与政府政策主导下，也显示出比较大的变化。从表 9 - 8 可以看到，新中国成立前，不分男女 19 岁以下结婚者占多数，尤其是女性，男女分别占回答人数的 33.4% 和 50%；新中国成立后至改革开放前男女结婚年龄均向后推迟，22～24 岁结婚者，男性占总回答者的 44.6%，女性占 34.8%；改革开放后，男性初婚年龄进一步推后，25 岁以上结婚者占总回答人数的 46.5%，而女性虽然依旧以 22～24 岁结婚者为多数，占总回答者的 41.4%，但比起改革开放前多了 6.6 个百分点。村民的初婚年龄大幅度延迟。但是，根据 1980 年通过的《中华人民共和国婚姻法》结婚年龄男不得早于 22 周岁，女不得早于 20 周岁的规定，蒜岭村的男女性，分别有 10.1% 和 10.6% 的人违反了婚姻法而提早结婚。

表 9 - 8   三个不同时期男女结婚实际年龄及所占的百分比

单位：人，%

初婚年代 \ 年龄分组	性别	16 岁以下	17～19 岁	20～21 岁	22～24 岁	25 岁以上	总计
新中国成立前结婚	男	1	11	10	10	4	36
百分比		2.8	30.6	27.8	27.8	11.1	100.0
新中国成立后到改革开放前结婚		0	16	15	58	41	130
百分比		0	12.4	11.5	44.6	31.5	100.0
改革开放后结婚		0	5	18	99	106	228
百分比		0	2.2	7.9	43.4	46.5	100.0
总　计		1	32	43	167	151	394
百分比		0.3	8.1	10.9	42.4	38.3	100.0
新中国成立前结婚	女	7	17	12	8	4	48
百分比		14.6	35.4	25	16.7	8.3	100.0
新中国成立后到改革开放前结婚		4	34	45	55	20	158
百分比		2.5	21.5	28.5	34.8	12.7	100.0
改革开放后结婚		3	21	57	94	52	227
百分比		1.3	9.3	25.1	41.4	22.9	100.0
总　计		14	72	114	157	76	433
百分比		3.2	16.6	26.3	36.3	17.6	100.0

资料来源：2003 年 12 月问卷调查（黄江波统计，林芳绘制）。

另外，对于婚姻，蒜岭村民过去法律意识十分淡漠，到了 20 世纪 70 年代，村民仍不重视领取结婚证书这一重要程序，许多人都是到了 80 年代出国出境务工热开始，许多手续需要提交结婚证书时，才去补办的。

第三节　外来媳妇

"外来媳妇是指从某一个较远、贫困的地区嫁到另一个相对富裕地区的女性，这种婚姻流动主要指农村间的流动，婚出的地方是偏远、落后的地区，而婚入地则是靠近市区、经济比较发达的沿海或平原地区的农村。"（陆学艺，2001）前面表 9-5 已经告诉我们，在蒜岭，长期以来的通婚圈不大，受方言及习俗的影响，多集中在蒜岭本村及莆田以北的地区；另外，因蒜岭在福清市的行政辖区内，因此，也有少数婚姻扩及福清市其他乡镇；而在新中国成立前几乎没有直接娶来自外省的媳妇的。村里出现外来媳妇是新中国成立后的事。本书将新中国成立后从外省及本省西部与北部山区嫁过来的女性都称为外来媳妇。外来媳妇一般又被蒜岭村民称之为"外地妇女"。

一　蒜岭外来媳妇概况

蒜岭村从 20 世纪 60 年代末到 1998 年，娶外来媳妇的男性据村委估计有 100 余人，这相对于蒜岭不到 2000 人的村庄，是个不小的数字。目前大部分的外来媳妇已经随其丈夫或出国劳务、或海外定居、或省外打工、或者到邻近的市县定居。常住村里的只有 34 人，这次的访谈收回 31 份问卷，另有 2 人拒访，1 人重病瘫痪没能进行访谈。通过查阅户籍以及访谈发现，外来媳妇有以下特征。

（1）从迁入年份看，外来媳妇的大量流入集中在 20 世纪 70 年代末到 90 年代前期，在 1998 年重新进行户籍登记时表明：自 90 年代后期以来，几乎没有外来媳妇流入蒜岭。根据此次对常住村里的 31 位外来媳妇访谈结果知道，她们来到蒜岭的年代分布如表 9-9。即 20 世纪 70 年代有 11 人，占总数的 35.5%，80 年代有 14 人，占总数的 45.2%，90 年代有 6 人，占总数的 19.4%。由此可知，80 年代婚入的外来媳妇最多。

表 9 – 9　常住村的 31 名外地媳妇来到蒜岭的年份

单位：人

年份	1973	1975	1976	1977	1978	1980	1981
数量	1	2	1	2	5	1	5
年份	1982	1985	1988	1990	1991	1993	总计
数量	3	2	3	3	2	1	31

资料来源：2005 年 5 月问卷调查。

（2）从迁出地看，主要集中在中国西部的四川、陕西和贵州、湖南等省区。其中四川 15 人、陕西 6 人、贵州 3 人、重庆 2 人、湖南 2 人、广西 1 人、福建建阳和龙岩各 1 人。可以说，外来媳妇的婚出地比较集中，都是些偏远，交通不便，经济相对落后的省份和地区。

（3）从文化程度看，她们大都受教育水平低，多为小学文化，甚至是文盲。其中 21 人具有小学文化程度，7 人具有初中文化程度，3 人是文盲。

（4）从婚嫁的年龄看，外来媳妇的平均婚嫁年龄在 21 岁左右，年纪最大的新娘当时是 28 岁，最小的只有 17 岁。

最近，笔者又从户籍本上收集到截至 1998 年来自外省的媳妇（不包括来自福建本省山区媳妇）共 50 户，其中 20 世纪 70 年代和 90 年代来蒜岭的各为 12 人，各占总户数的 24.0%，80 年代来的最多，共 26 人，占总户数的 52.0%。即 80 年代来的来自外省的媳妇最多，超过了半数。笔者从户籍本上查到的 50 位外省媳妇中，来自四川的最多，有 26 人，占总数的 52.0%，已超过半数；来自陕西的居第 2 位，有 10 人，占总数的 20.0%；来自贵州与湖南的各为 4 人，其他为来自广东、湖北、广西、浙江的，都只有一二人。

二　蒜岭村迎娶外来媳妇的优势

外来媳妇的形成原因简单地说是由两个方面的需求结合而成的：一方面，处在偏远、落后地区的青年女性想脱离贫穷，到经济相对发达、交通相对便利的东部沿海地区谋工作，谋生活，改善自己的现有状态；另一方面，东部经济相对发达、交通相对便利的村庄中，一部分因家庭经济贫困，或个人性格缺陷、身体缺陷等各种原因，而不容易在本地区娶到媳妇的男性，顺应上述外地青年女性的心理欲望，利用地理位置上的优势，及相对优越的地方经济优势，通过中介人的牵线搭桥，实现远距离婚姻。

蒜岭村之所以成为外来媳妇相当集中的地区，有多方面的优越因素。首先，蒜岭村地处东南沿海的福建省，长期以来，沿海发达于山区，东部发达于西部地区，这是不言而喻的事实。而福建省也是我国改革开放最早的省份之一，尤其是福清等沿海地区经济发展迅猛，城乡变化巨大，就业机会较多。其次，蒜岭村隶属于福建省省会城市福州。蒜岭的行政区划属福州市辖下的福清市（1990 年前为福清县），福州市是福建省的省会，蒜岭人对外省人可以说自己是福州人。再次，蒜岭交通便利，离数个城市近。福州至厦门的 324 国道穿越蒜岭村。单程一个半小时车程就可以到达福州。30 余分钟车程可以抵达福清市和莆田市。最后，福清是个拥有 62 万华侨的著名侨乡，蒜岭又是著名的侨村。20 世纪 70 年代初，中央开始扭转一度极"左"的华侨政策后，华侨在人们心目中的分量日趋重要。蒜岭村不论亲疏几乎家家都可以举出一二个华侨亲戚。并且，村民出境务工渐趋增多。这些优越的大环境成为那些在本地难以寻得配偶的蒜岭劣势村民在外来媳妇面前的有利筹码。

在调查中知道，当地的媒人或者蒜岭男性本人向外地女性吹嘘的就是此地为沿海地区，经济发达，交通便利，赚钱容易，离香港①很近，家里有华侨钱多，生活条件很好，吃穿住没问题，甚至有人谎称这里的妇女不必参加劳动。这对来自交通不便、经济相对落后的边远地区的青年妇女具有很强的吸引力。有这样一个例子，S. Y1957 年出生在偏远的陕西，小学文化。1978 年，蒜岭人林某（她后来的丈夫）退伍回乡前对 S. Y 说，想不想去他家乡福建打工，那里靠海，工厂多，经济发达，生活好，赚钱容易。信以为真的 S. Y 瞒着父母来到了蒜岭。虽然没能像林某所承诺的介绍她去打工，但蒜岭的交通和经济的确是那些偏远地区无法相比的。尤其是改革开放后，福清的确已称得上是发达地区。蒜岭村的经济水平也大幅度提高。外地女性中绝大

---

① 从蒜岭乘大巴 11 个小时可以到达，即傍晚乘车第二天清晨就可到达香港边境。

多数人告诉我们说，福清与她们的家乡相比，地处沿海，经济方面具有较大的优势，乡镇企业多，工厂林立，打工赚钱的机会比在她们的家乡多得多。她们当初嫁过来时夫家也很穷，但是比娘家的经济总体情况要好。引用某陕西籍的外来媳妇的话：“娘家当时很穷，现在比以前好一些，当初嫁过来时这边生活比那边好。”另一位也是陕西籍的外来媳妇也承认，“娘家最穷。嫁过来后就打工啊，赚钱啊，才好一点，从前夫家经济中等。”

　　表 9-10 告诉我们，外来媳妇在来到蒜岭时，虽然娘家经济在村中不是很差，有 54.8% 的家庭在村中处于中等及以上水平，处于中下和下等的分别占 29% 和 16.1%；而夫家在村中的生活水平与娘家相仿，中等以上者占 51.7%，其中没有上等者，而中上者也只占总体的不到五分之一，处于中下和下等的分别占 29% 和 19.4%，下等水平者多出 3.3 个百分点。尽管不少夫家的经济状况在本村不甚理想，但整个大环境要比外来媳妇的家乡好许多。有的外地媳妇告诉笔者：“嫁过来时，丈夫家也很穷，不过，比起娘家好一些。”因此，夫家在村中的劣势地位没有阻挡住外地媳妇远嫁蒜岭的脚步。

表 9-10　嫁出时娘家和夫家在各自村里的经济状况

单位：人，%

娘家的经济	人数	百分比	夫家的经济	人数	百分比
上　等	1	3.2	上　等	0	0
中　上	0	0	中　上	6	19.4
中　等	16	51.6	中　等	10	32.3
中　下	9	29.0	中　下	9	29.0
下　等	5	16.1	下　等	6	19.4
合　计	31	100.0	合　计	31	100.0

　　资料来源：2005 年 5 月问卷调查。

三　外来媳妇的流入渠道

　　上面介绍了蒜岭吸引外来媳妇远距离婚嫁的优越因素，下面再来看看这些远距离婚配是如何实现的。2005 年 5 月我们在对 31 位在村外来媳妇进行调查时，得到了表 9-11 的统计数据。

表 9 - 11　外地媳妇嫁到蒜岭的途径

单位：人，%

婚嫁途径	人数	百分比	婚嫁途径	人数	百分比
自由恋爱	3	9.7	其他	9	29.1
亲戚朋友介绍	15	48.4	总计	31	100.0
被拐卖	4	12.9			

资料来源：2005 年 5 月问卷调查。

　　从表 9 - 11 可以看到，外来媳妇嫁到蒜岭的第一途径是亲戚朋友介绍，在 31 位被调查对象中占 48.4%；而回答"其他"的居第 2 位，占 29.1%；再次是被拐卖，只占 12.9%；最少的是通过自由恋爱而远距离婚嫁者，只占 9.7%。本章第二节的调查已经显示，新中国成立前蒜岭几乎没有来自外省的媳妇，既然如此，新中国成立后蒜岭又从何处钻出这么多能与偏远省份沟通的亲戚朋友呢？据了解，1969 年，福清一批参军的村民（其中也有数位蒜岭青年）分配在铁道兵第 6、第 7 师，他们开拔到四川和陕西与当地的民兵一起修筑铁路，有的甚至在当地支左（"文化大革命"时，党中央派部队入驻地方单位实行军事管制，当时称为"支左"），与当地的村民十分熟悉。那些地方的确十分贫穷，比如陕西安康当时连公路都没有，人们住的是草房，一天只吃两餐。因此，在 20 世纪 70 年代中期，这批军人复员回来时，曾有一些人说服了当地的年轻妇女到蒜岭来成家。而这几位外地妇女到蒜岭结婚，生活一段时间后，她们又将自己的姐妹或亲戚朋友也介绍来这里成家，像滚雪球一样，因此，蒜岭的四川与陕西籍的外地媳妇特别多。为了证实数据的可靠性，笔者从询问四川籍外地媳妇中知道，她们在平时的闲谈中，发现在大家嫁到蒜岭的途径中，由亲戚朋友介绍而来的大约在一半左右，因此，表 9 - 11 "亲戚朋友介绍" 占 48.4% 的情况看来还是比较准确的。

　　不过，居第 2 位的是"其他"到底指什么呢？当我们具体询问是怎么一种情况时，许多外地媳妇缄默不语；或推说事情已经过去几十年了，没有再提的必要，含糊其辞不愿启齿。在向其他村民了解后知道，她们中很大一部分人是媒人或者可以说是人贩子把她们拐卖过来的。因此，她们对嫁至蒜岭的途径有难言之痛。并且下面将谈到，绝大部分外地媳妇对现在的家庭生活都还满意，这也使她们忌讳再提当年的"被骗"往事。另外，据了解，除了自由恋爱结婚的情况外，即使复员军人或先到蒜岭的外来媳妇又将其亲属或老乡介绍到蒜岭来时，也或多或少夸大了蒜岭的优越之处，或夸大了男方的条件，隐瞒了男方的缺陷等等。如长期以来在同等条件下，参军时，贫下中农优先，没有华侨关系者优先；在部队里，不论旁系、直系有华侨关系者不得提干。所以，福清的军人基本上不是侨眷，但为了吸引外省女性，假说自己亲属中有华侨，有钱。因此，在我们采访她们时，大多数外地媳妇认为事情已经过去，没有再提的必要。只有少数几个直率的媳妇干脆明确地回答："我是被骗的，没什么好说的。"

　　归纳起来，外来媳妇来到蒜岭大致有以下3个途径：第一个途径是福清一带的所谓媒人（媒人和人贩子难以截然区分开来），以来福清结婚后可以到工厂打工等为借口从偏远贫困地区诱骗农村青年妇女到本地，然后"介绍"给村中娶妻比较困难的单身男性做妻子，而这些媒人则从中收取一定的"介绍费"。第二个途径是福清籍的军队服役人员（当中也包括蒜岭村的男性）在复员回家时从驻防地区带回的女青年，或与自己结婚，或介绍给自己的兄弟等。这种形式的婚姻也多多少少夸大了对蒜岭的描绘，以及对女方的随意承诺。在我们访谈的近期，就有一个已经嫁到村里的外来媳妇的娘家人过了近20年才找到这里，到村里的时候她的丈夫躲了出去，家里的家具被媳妇的娘家人砸了个透。第三个途径是已经嫁到，或被骗嫁到村里的外地媳妇在蒜岭生活习惯后，将家乡的亲属或朋友介绍到蒜岭，给有娶妻需求的本村男性当媳妇；这种情况一般只收取三五百元的介绍费；虽然介绍的是自己的亲戚朋友，但因为可以获得介绍费，因此，除了介绍自己的亲姐妹等外，也有人夸大了蒜岭的优势。

　　在20世纪70年代初期到90年代初期，每介绍一个外地女性到村里，媒人（或也可以称为人贩子）就能收取三四千元的"介绍费"，最低的也要一两千元。而如果是介绍本地妇女，媒人最多只能收到男女双方各500元的"媒人费"。因此，一些人贩子和媒人冲着这一高额利润乐此不疲，甚至违犯法律。蒜岭就有一户人家，所娶的外来媳妇是有夫之妇，结果被公安局带走了。再者，对于蒜岭男性来说，娶外来媳妇也是很上算的事。如表9－12所示，娶一个本地媳妇要比娶外地媳妇高出至少一倍以上的花费。因为娶外地媳妇，男家不需要向那些外来媳妇的娘家送聘金，等等。

表 9 – 12　各个时期通过媒人娶本地妇女和娶外来媳妇的费用对比

年代＼费用	娶本地妇女的总费用	娶外来媳妇的总费用
20 世纪 70 年代	15000 ~ 20000 元人民币	6000 ~ 8000 元人民币
20 世纪 80 年代	30000 ~ 40000 元人民币	15000 元人民币左右
20 世纪 90 年代	60000 ~ 70000 元人民币	不超过 20000 元人民币

资料来源：2005 年 5 月问卷调查。

　　截至 20 世纪 90 年代末之前，沿海发达地区农村出现了大批外来媳妇的原因，笔者认为从本质上说，是我国长期实行城乡二元户籍管理制度的"产物"。长期以来，农村户籍的青年想要离开贫穷的乡村，当时基本上只有参军或上大学两条路可走。落后地区青年妇女为求改变生活环境往经济发达地区移动，就只得以婚姻作为代价，并且也只能从这个农村移动到另一个农村。为了向生活环境相对较好的农村移动，常常不得不违心地降低自己的择偶条件与较发达地区的劣势男性结合。而一旦政策允许农民进城务工，贫穷落后地区的青年妇女就可以不再以婚姻为代价，而且不是到农村，而是到城市，甚至大城市去实现自己的人生梦想。因此，在蒜岭，20 世纪 90 年代末，以上述方式嫁到蒜岭的外来媳妇现象逐渐消失。

　　有趣的是，笔者在户籍本上查到 3 户 2000 年以后结婚的、配偶为外省人的家庭。他们的认识途径已经与上述外来媳妇的婚姻途径有了本质的不同。陈通凤的妻子是陕西人，原在新厝和莆田江口一带打工，经朋友介绍两人认识，于 2001 年结婚。陈娟的丈夫是四川人，他们是在新加坡打工时认识的，2002 年其丈夫入赘到陈家，现在全家迁到福清市居住。黄某的妻子是云南人，是黄某到云南做生意认识的，2008 年其妻的户口迁到蒜岭，现夫妻仍在云南。其实，20 世纪 90 年代中后期结婚的外来媳妇中，有些也是通过这种情况认识而结婚的。可见，随着农民可以进城务工政策的出台，农村的婚嫁圈已大幅度、无规则地向外拓展。有的是西部内陆农民到沿海一带打工，与沿海村民认识，结了婚；有的是沿海一带农民到内陆做生意，办企业等，认识了内陆姑娘，结了婚；有的是不同地方的男女农民到同一个地方打工，认识后结婚。

四　外来媳妇在蒜岭的适应、融合与她们的"我群体"

1. 外来媳妇在蒜岭的"入乡随俗"

调查结果显示，外来媳妇嫁到蒜岭后，最大的不适应是语言，其次是风俗习惯和饮食。在语言方面，无论是来自外省的媳妇也好，还是来自福建本省西部和北部的媳妇也好，是她们嫁到蒜岭后遇到的第 1 个不适应。四川、陕西、贵州、湖南等省份虽然也讲方言，但这些地区的方言与普通话相近，容易听懂，容易学会。而福建省本身方言众多，并且相互之间差异较大，蒜岭村的独特方言要说对所有的中国人来说，都可以视为"外国语"。因此，与外省来的媳妇相比，来自福建西部与北部山区的媳妇在理解、学习蒜岭语言方面同样没有任何优势可言。好在，20 世纪 70 年代以后的 20 来岁的蒜岭男青年一般能上学都讲普通话，但是，外来媳妇与公公婆婆这些老年人，以及没上过学的妇女就难以交流沟通了。因此，一些外来媳妇"诉苦"说："老公虽会普通话，而且在平日里也用普通话交流，但一旦和亲戚朋友聚在一起，方言自然就冒出来了。"她很不愿意参加这种聚会，尽管她能听懂部分方言，但总觉得自己被孤立了。由于大部分外来媳妇在来蒜岭时都只有 20 来岁，经过一二十年的耳濡目染，基本上都学会了蒜岭方言。虽然仍有个别外来媳妇的语言中仍夹杂着普通话，但她们大部分人的语言已和本地人没有什么两样，而且有的人讲的本地话已经相当地道了。因此，在与村民的互动中，可以说基本上已不存在因语言造成的障碍。

风俗习惯与饮食的不同是仅次于语言的第二个障碍，不过，这一障碍一般只会引发家庭成员间的冲突，而不至于对外界的交流方面产生太大影响。一些外来媳妇坦言：由于这些障碍，"生活中也会有不少磕磕绊绊，矛盾是避免不了的。比如在吃的方面，我们的口味差异比较大，并且更喜欢吃面食。起初还常为吃什么主食而意见不合，后来采取了折中的办法，谁爱吃什么就吃什么。"

总之，外来媳妇既然来到蒜岭，就只好入乡随俗，克服困难，让蒜岭文化同化自己。

2. 绝大部分外来媳妇满意目前的生活

前面我们已经指出，不少外来媳妇的婚姻多多少少都有被诱骗的阴影，那么，她们后来的生活如何呢？我们已经提及，蒜岭村大部分的外来媳妇已经随其丈夫或出国劳务、或海外定居、或省外打工、或者到邻近的市县定居，因此，我们只能从目前仍长住村里的 31 位外来媳妇的情况来大致了解她们的情况。从调查中知道，她们绝大部分受到了丈夫和公婆的关爱、邻里的接纳，过上了满意的生活。也正因为这样，大部分外来媳妇已不愿意提起当年受骗的往事。

在人际关系方面。表 9 – 13 显示，外来媳妇婚后与丈夫的感情绝大部分是好的，31 位中只有一位感情不好。与公婆的关系基本也都不错，51.6% 的人与公婆关系一般，其他 48.4% 的人均回答好和非常好（见表 9 – 14）。与邻里的关系除 2 人未填写外，55.2% 的人认为一般，而 44.8% 的人认为与邻里关系好和非常好（见表 9 – 15）。大多数人已经融入了蒜岭的社会生活。调查中我们也看到有些外地媳妇经常跟她们的邻居一起打牌、说笑；在村庄的公共活动中她们也很活跃，如在各个宫庙组织的车鼓队、武当别院十音八乐队里都有外来媳妇。另外，据说许多从西部地区嫁进来的媳妇也和蒜岭妇女一样勤快、肯干、任劳任怨，她们的出色表现已使她们成为街坊赞叹的对象。

表 9 – 13　婚后与丈夫的感情如何

单位：人，%

与丈夫的感情	人数	百分比	与丈夫的感情	人数	百分比
非常好	1	3.2	不好	1	3.2
很好	6	19.4	合计	31	100.0
好	23	74.2			

资料来源：2005 年 5 月问卷调查。

表 9 – 14　与公婆的关系如何

单位：人，%

与公婆的关系	人数	百分比	与公婆的关系	人数	百分比
非常好	4	12.9	一般	16	51.6
好	11	35.5	合计	31	100.0

资料来源：2005 年 5 月问卷调查。

表 9 – 15　与邻居的关系如何

单位：人，%

与邻居的关系	人数	百分比	与邻居的关系	人数	百分比
非常好	1	3.4	一般	16	55.2
好	12	41.4	合计	29	100.0

资料来源：2005 年 5 月问卷调查。

　　以上谈的是外来媳妇与家庭成员及邻里的关系，下面再来看看她们的工作与经济状况。据调查，31 位外来媳妇中，1 位随丈夫在外打工；2 位是丈夫在海外打工，而自己在村种田；另有 8 位是在家操持家务、照看孙子；其他 20 位外来媳妇和丈夫一起从事农业劳动，后者占了这次调查到的 31 位外来媳妇的 64.5%。但是，夫妻都在种田并不等于家庭经济不好，因为，如果他们的子女在从事其他职业，尤其是在海外务工的话，经济就不会差。因此，上述情况仅仅反映了外来媳妇自身及其丈夫目前所从事的工作而已，反映不了她们的家庭经济情况。以笔者从户籍上查到的 50 户外省来的媳妇家庭的情况看，她们中的大部分可以说家庭经济情况都是可以的。在 50 户外省来的媳妇家庭中，全家定居海外的有 3 户；儿女在海外务工，或夫妻均在海外务工的有 29 户；丈夫在海外务工的有 4 户；自己在海外务工的有 2 户；另外，家庭搬迁到福州市和武汉市的各 1 户；丈夫在外省管理企业的有 2 户。也就是说，有 42 户外省来的媳妇家庭，即占总户数 84% 的家庭经济情况都较好；全家都在村的仅有 8 户，占总户数的 16%。从笔者了解该 8 户家庭的情况看，有的家庭搞多种经营，如既种田，又养鸭养羊；有的是养鸭专业户；有的除了种田外，还到附近企业做工；有的经营摩托车载客；有的在企业或在大面积承包农田者处当季节工；有的儿子在企业工作。他们的大部分经济虽比不上出境务工家庭，但都过得去。只有两三户经济较差。在此 50 户外省媳妇家庭中，只有 1 户享受低保。即年人均收入不到 1000 元。表 9 – 16 显示，在所调查的 31 名外来媳妇中，26 位即占总调查人数 83.9% 的人表示嫁到这里后对生活现状是满意或很满意的，仅有 5 位，即仅有 16.1% 的外来媳妇不满意生活现状。因此可以说，虽然结婚当时不少外来媳妇家庭处于这样那样的劣势地位，但是，目前她们的家庭已发生了变化，绝大多数家庭的经济情况已好转和提高。

表 9 – 16　嫁到这里后对生活现状的满意度

单位：人，%

生活满意度	人数	百分比	累计百分比	生活满意度	人数	百分比	累计百分比
很满意	7	22.6	22.6	不满意	5	16.1	100.0
满 意	19	61.3	83.9	合 计	31	100.0	

资料来源：2005 年 5 月问卷调查。

3. 外来媳妇 "我群体" 的形成与慰藉作用

在调查统计中发现，蒜岭村存在着外来媳妇的 "我群体"。在问及 "你们和村中其他外来媳妇是否有来往以及是否经常来往" 时，28 位外来媳妇，即占 31 位被调查者的 90.3% 的人回答："有来往，而且经常来往"。当我们进一步对这 28 位外来媳妇了解她们具体 "跟哪些外来媳妇来往" 时，如表 9 – 17 所示，57.1%，即一半以上的外来媳妇并不区分是否老乡，或是否自己家乡的亲戚，只要是外来媳妇，谈得来就经常来往。

表 9 – 17　您经常是跟哪些外来媳妇来往

单位：人，%

交 往	人数	百分比	累积百分比
老 乡	7	25.0	25.0
谈得来的外来媳妇	16	57.1	82.1
自己家乡的亲戚	4	14.3	96.4
其 他	1	3.6	100.0
总 计	28	100.0	

资料来源：2005 年 5 月问卷调查。

形成外来媳妇 "我群体" 的原因，笔者认为主要在于经济因素。外来媳妇最初刚到蒜岭时，一方面自身来自贫穷落后地区；另一方面接纳她们的夫家当时在村中大部分是劣势男性，因此，外来媳妇曾有过被蒜岭村民边缘化的时期。她们来到蒜岭后，一方面进行 "入乡随俗" 的努力，另一方面在寻找知己，获取慰藉的过程中，与有共同遭遇与感受的外来媳妇结成知己，从而逐渐自然地形成了区别于本地人的"我们"的"我群体"。

虽然随着与本地村民沟通的语言障碍的消失，尤其是蒜岭经济结构的变化，使外来媳妇家庭经济与其他村民一样获得改善，歧视逐渐弱化，但是，最初形成的外来媳妇的"我群体"则依然存在，并依然发挥着对外来媳妇来说的"我们"的慰藉作用。

表9－18显示，在有效回答的30位外来媳妇当中，虽有83.3%的外来媳妇觉得村民是用正常的，甚至友好的眼光看待她们的，但是，依然还有16.7%的外来媳妇感觉到受到歧视，特别是在经济困难的家庭里，这样的感觉尤其明显。

表9－18　您觉得村民如何看待您

单位：人，%

村民的态度	人　数	有效百分比	累计百分比
友　　好	4	13.3	13.3
正　　常	21	70.0	83.3
歧　　视	5	16.7	100.0
合　　计	30	100.0	
无效回答	1		
合　　计	31		

资料来源：2005年5月问卷调查。

据对3位外来媳妇的访谈得知，仍有部分外来媳妇和村民互动不佳，需要在外来媳妇的"我群体"中得到温暖的情况。调查人与1978年就嫁到蒜岭的四川籍外来媳妇Y.Y.B的一段对话如下：

调查者："平时你做些什么呢?"

Y.Y.B："在家待着。"

调查者："你有没有和邻居聊天?"

Y.Y.B："很少啊，听他们说话很怪啊，而且也不想跟她们聊，这边的人都很小气，不像我们那边的。"

调查者："在这边有老家的人吗? 有没有和她们来往呢?"

Y.Y.B："有啊，我们经常交往。和本地人比较少说话啊，总觉得她们

315

和我们那里的人不一样，好像是因为我们是外地人，所以总瞧不起我们似的，村里有活动什么的，他们也不叫我们啊，和他们聊就是聊不到一起啊。而和老乡就比较经常来往了，因为大家都是外地人，外地人跟外地人有感情，所以经常是跟她们一起聊。"

从访谈中了解到，被访者与本地人很少来往，而且她把自己定义为"我们外地的"，这说明在她们心里存在着"外地人"、"本地人"的概念，间接地说明了外来媳妇的"我群体"和"他群体"、"内群体"与"外群体"的距离意识。

在与另一位20世纪90年代初来蒜岭的福建省籍的外地媳妇 X. G. M 的访谈中也发现同样与本地村民互动不良的情况。据她自己说，她平时说话不多，因为听不懂当地话，最多只是跟邻居打个招呼。她虽然已经结婚近15年了，但也只是跟来自四川的妯娌来往，并没有因为时间的推移而和村民融合。她基本上不参加村里的宗族宫庙活动，公共活动参与度很低。

在与福建籍外来媳妇 L. H 的访谈中，她也谈及："明显觉得村里人用异样的眼光看待我们这些外地人，所以觉得跟外地媳妇们（不仅仅指老乡，只要是外地来的都行）来往有个心理依靠，就经常是和她们来往，而较少跟本地人来往。因为我觉得大家都是外来人，只有团结在一起才不会被欺负。而且像我那样的家庭（指经济困难）更是被人瞧不起。"

笔者认为，外来媳妇的"我群体"意识存在的原因，其一，外来媳妇来自贫穷落后地区；其二，接纳她们的夫家大部分是村中劣势男性。因此，随着以前述方式嫁入蒜岭的外来媳妇的消失和外来媳妇家庭经济水平的提升，外界歧视就会逐渐减弱，从而"我群体"的凝聚力也将逐渐弱化。

正如第七章已经指出的，蒜岭人认为，只有有资产的人才可能获得较高的社会地位，才会受到尊敬。因此，蒜岭村民最关心的是挣钱。与此相同，那些明显感到受歧视的外来媳妇，她们自身也隐约感觉到被歧视背后的缘由，所以，在调查中我们看到，她们最迫切的需要和其他本地村民一样，也是改善她们家庭的经济状况，而没有一个人要求需要改善邻里关系或公婆关系的。只要她们的家庭经济水平提高了，她们的社会地位就会随之得到改善，从而她们也就会融入蒜岭社会。

第十章　人生仪礼和岁时节日民俗

第一节　诞生仪礼

一　求子、孕期、生子

中国传统的"传宗接代"观念和意识在乡村是根深蒂固的。人丁是否兴旺，常是村民们日常议论的主题，也是一些村民自豪或自卑的缘由。

结婚求子。蒜岭村的一个风俗是，结婚的第二年农历十二月初六、初八、初十、十二、十八、二十、二十二、二十六中的某一天，不论媳妇怀孕与否，娘家都会"送丁（灯）"来。即送十样果品和三盏灯笼来。十样果品是：炒花生 10 斤、瓜子、胡萝卜、荸荠、橄榄、冰糖，红枣、蜜枣、寸枣各 2 斤和橘子 20 个，用花篮挑来；三盏灯笼一对大盏的，一只小盏的，含添丁之意。另外，如新娘有婆婆、奶奶的话，还要送给她们 10 朵人造小花和 6 朵大花，给她们装饰头发用。"送丁"一般要连送 3 年。这些东西送来后，新婚夫妇把胡萝卜切成小块，将每样东西都抓几个去分送给左邻右舍。如果新婚夫妇已经生了孩子，那么"送丁"时还得多送一盏小灯笼。

孕妇忌讳。妇女一旦怀孕，就要有所忌讳。不可以看木偶戏，因为传统认为木偶无骨，怕将来生出的孩子软骨。别人的婚礼与丧事均不能参加。同时，村民们相信怀孕的女子睡的房间里有胎神，孩子未出生之前，胎神没归位，因此不能在房间里锯、砍、钻或做泥水工等，不然就有可能会伤到胎神，导致孩子畸形或不健康。这些忌讳直到现在还存在。

先天足优于后天养。蒜岭人认为，先天不足后天是补不回来的，先天足优于后天养。因此，妇女在怀孕的时候，要多吃些营养的东西，如含钙质的食物，保证营养的均衡和母婴的健康。而野生的东西不吃为妙，以免对孕妇和胎儿造成不良影响。

重男轻女。十月怀胎，一朝分娩，婴儿出生后，男方要派人向产妇娘家"报生"，娘家会送来鸡蛋、线面①、鸡等礼品，以示庆贺，并让产妇补养身体。但是新生婴儿由于性别的不同，当他们来到世间后，欢迎他们的是两种不同的眼光。祖籍福建漳州的著名文化人林语堂先生在其名作《吾国与吾民》中谈及"妇女的从属地位"时，曾引用了《诗经》"小雅"中的两句："乃生男子，载寝之床，载衣之裳，载弄之璋"；"乃生女子，载寝之地，载衣之裼，载弄之瓦"。（2002年）故后人称生男生女为"弄璋弄瓦"。璋即圭璋，是一种宝玉，为春秋时功臣朝见王侯时所执，使男婴弄璋，是希望他长大后做官。瓦是古代妇女纺织时用的纺锤，让女婴弄瓦，有从小就培养她勤于纺织的寓意。孔子更是大肆宣扬"不孝有三，无后为大"，使得积淀在诞生仪礼中的男尊女卑、重男轻女的偏见十分浓重。蒜岭人在旧时生男，要马上到祖祠去燃放鞭炮，有的甚至鸣火铳，以示向祖先报喜。生女则缺乏如此热情，而且所送礼品也有区别，亲友一般仅送鸡蛋，不送线面，以免有连续不断生女之虑。新中国成立以后，政府提倡男女平等，重男轻女的传统观念受到了冲击。尤其是实行计划生育后，蒜岭村人们的传统观念有了较大的改变，生女的也放鞭炮、送线面。

坐月子。在婴儿出生的一个月内，外婆要赠送外孙蛏干、目鱼干、黄花菜、腐竹、红菇、芡实、莲子、数只活鸡鸭，及婴儿衣服、帽、裙子等。这叫"送生"。这一个月也是产妇的调养期，俗称"坐月子"，要在房内卧床静养，多吃富有营养的食品以恢复体力，并保证婴儿奶水充足。这个月产妇的房间，外人一般都不能进入。尤其是孩子出生后直到满月之前，产妇和婴儿的房间不能让属虎的人入内。因为村民们相信属虎的人，特别是晚上九十

---

① 像线一样又细又长的面条。

点出生的老虎，是下山虎，属于恶虎，这些人如果进入产妇的房间，会对产妇和婴孩造成威胁和损害。

坐月子期间，女性不能吹电风扇，因为体虚会受风。只能使用芭蕉扇。不能使用生水，只能使用放凉后的开水。总之，一切都要以防万一。因为大家相信如果"月子"没料理好，会影响妇女以后几十年的健康。

二　命名——宗族因素与保护意识

命名是生俗中的重要内容之一，蒜岭人在婴儿诞生三个月后，即由父母为其命名，多数以父亲的意见为主。也有请爷爷或村中长者或宗族中有威望的人为其命名。但实际上，无论过去还是现在，对于命名的时间都没有十分严格的规定。

自古以来，中国人就非常重视起名。古人甚至认为：赐子千金，不如教子一艺；教子一艺，不如赐子好名。一名美国传教士在 19 世纪曾说："公正地说，汉语是一种富有诗情画意的语言。皇帝的称号，男人的名字，以及商店的招牌等等，都含有巧妙的含义"（明恩溥，1998）。纵观我国两千多年来的命名习俗，各有时代的特点，但也存在着共同点，如从命名所取文字的本义看，主要集中在自然景观，如天文、地理、植物、动物等和人文现象，如道德修养、经典用语、生活用品等两个方面。十年"文化大革命"期间，多以具有浓烈政治色彩的文字命名，如"卫东"、"向东"、"爱武"等，反映了鲜明的时代特色。而蒜岭村的各个宗族的族人则一般是遵循着族辈命名的。新中国成立后，虽然这种按辈分取名的习俗随着对宗族观念的批判逐渐淡化，但在于蒜岭村民当中仍然存在。

蒜岭村民给新生婴儿取名，男女有很大不同。男孩子一般有三个名字：小名、书名、大名。小名是人们小时候的非正式名字，其取名时间，或早于正式名字，或同时取定。小名可取阿九、阿三、狗、憨等鄙俗轻贱的文字，因为过去有这样的一个说法，鬼怪都爱吃父母亲疼爱的孩子，如果小孩子取了贱名，鬼怪就不会去骚扰，孩子就会平安。贱名为昵称，年长后即不用，只让家里人或亲戚呼唤，外人及晚辈均不使用，以示尊重。但如果孩子没有念书或者念书不多，那么小名就可能成为一生的名字，比如大华侨陈德发、村民陈玉山的名字都是小名。书名与大名严格按照宗族辈分来取名。每个宗祠都有一副族第联，一边用来取大名，一边用来取书名。现列出蒜岭村5个宗族取名族第联如下：

杭霞林

大名：志尚诗书行敦孝友懋修崇典则文章科第允绍箕裘。

书名：宗传金紫世守钟彝迪训在钦承道义事功克光室祚。

祥镇陈

大名：初文则孔尔德克昌朝廷有道诸彦飏明学优登仕献可策名致君尧舜翌赞钦承秉公守正永世肃清。

书名：生添宋仲孙一筏嘉时元长政成见振通开枝焕彩光大重宣广積善述唯尔季昆弘我恒谋是在能聪。

霞渡陈

大名：大夫士恭聿崇孔孟书我伯叔仲季志笃圣贤于以黼家黻国。

书名：老长幼谨咸遵周召礼尔孙子元曾行敦孝友斯为尊祖敬宗。

溪头陈

大名：彦太宗子元孙贵为卿士侯辅翊朝廷屏潘邦国扬名简策家声宏富大绍中华。

书名：凡英才积学宜有文章道德尊崇贵孝建树纲常立志步圣贤俊业光辉隆真世。

龙津黄

大名：初祖文章光于志其有绍兴美元弘泰盛登世钟俊贤承夫宋明及我清宇继起愈奇。

书名：开公忠义显当时以尚颖守善政江夏良誉家载宗德肇自汉晋至尔唐朝子孙留念。

林姓家族的林金凤、林紫谅等，其中的金、紫就是表示族内的辈分排行。再如陈振元、陈通龙、陈开政、陈子滨、陈元福等，其中的振、通、开、子、元等也都是属于族辈的排行。现在，蒜岭村中林姓存活者有"宗、传、金、紫、世、守、钟"7代人；祥镇陈存活者中有"振、通、开、枝、焕、彩、光、大、重、宣"10代人。

大名主要用在三个场合：一是取书名时要根据大名来找相对应的字；二是结婚挂表轴时要写大名；三是造墓立碑。书名就是常用名，主要用于上户口，也叫学名，日常生活中所用的都是书名。比如属于霞渡陈的陈孙政先生，他的大名叫陈伯华，根据大名伯字相对应的是孙字，所以他的书名中就必须有个孙字，他的书名叫陈孙政，这是他的常用名。大名陈伯华只用在结婚挂表轴、造墓立墓碑时用，其他时候基本不用。他还有一个小名叫陈德祥。

新中国成立后至改革开放前的 30 年中，由于宗族活动停止，再加上村民文化水平有限，按照族第联取名的习俗逐渐淡化，许多村民就只给孩子取个小名，这个小名逐渐确定下来，成为通用的学名。但结婚挂表轴时还是要按族第联写大名的。

改革开放后，随着宗族组织及活动的复萌，按宗族辈分取名的人又多起来。在问及给孩子起名是否愿意按本宗族的规定起名字时，有 48.6%（有效回答 393 人）的人选择了愿意；15.8% 的人选择了不愿意；有 34.9% 的人选择了无所谓。可见，多数村民在给孩子取名时，仍会考虑按宗族的辈分起名。但这与其说是希望加强宗族组织，不如说是仅仅想遵循原有的乡村文化而已。据陈孙政介绍："能知道自己本族辈分的，一般都是有文化的，所以他们在给孩子取名时，都会考虑按辈分取名。主要是让孩子明白自己在族里的辈分，以便尊重自己的长辈。"

村民在给女孩子取名时，就不考虑辈分了，因为，女孩子长大出嫁后，是载入夫家族谱的。女孩子一般只定个小名，小名就成为大多数女性一生唯一的名字。但如果有同胞姐妹或堂姐妹的，她们名字中一般都会有一个相同的字，比如黄泥琴、黄小琴、黄燕琴、黄瑞琴等都有一个"琴"字。但无法从女性名字中看出她在族里的辈分，若要判断或估测一个宗族发展的历史轨迹与时段，只能从男性姓名入手。

三　满月礼——对婴儿正式进入世俗社会的庆贺

孩子的满月在蒜岭是个很重要的日子。满月标志着孩子已经正式在这个世界上生存下来，度过了第一个月的危险。因此，过满月是很隆重的。为了让孩子长大有志气，一般都得选好日子，如果第三十天不是吉利的日子，男孩子的满月礼可以推迟一天做；女孩子的满月礼可以提前一天做。

满月这天最重要的仪式就是告知列祖列宗家中添丁这一喜讯。生孩子的家庭要准备五凤一架。① 五凤是指虾（虾的本地方言的发音同"和"，表示家和万事兴的意思），方肉（带皮的四方形猪肉，并在猪皮上划四刀），叩（猪脚），鱼，猪肝（肝在本地方言的发音同"官"，表示希望婴儿日后升官发财）。这家的家长，一般是孩子的父亲会在供桌前祷告祖先，祝词如下："今据中华人民共和国福建省福清市新厝镇蒜岭村某社或某宫的某人（烧香人）为小儿弥／满月虔备香花灯烛清茶美酒菜饭一尊、五凤一架，奉敬列祖列宗共庆喜筵，伏祈玄孙一路顺平、保养成人长大。金银冥香纸造于公妈用。"

祷告之后，再拿三盏酒置于案前，斟三回，一次一点点，第三次大体斟满。取中央一盏，浇入烧"贡银"② 的火堆中。

贡银

<hr />

① 这是当地对五碗荤菜的量词。
② 一种用稻草、纸和细竹条等扎成的用作焚烧的祭祀品。

满月这天的另一个重要仪式就是请一位理发匠给婴儿剃胎发，称"剃满月头"。同时要旁置一盆洗头的温水，有的人在盆边放几株葱，一面镜，葱代表"聪"，镜代表"明"，合称聪明，其用意一目了然。当天，爷爷要用毛笔沾上胭脂粉在婴儿的头顶画一个桃子，蒜岭人认为这样就可以避免长大后被人欺骗。因为蒜岭有这一习俗，所以，如果有人被骗的话，别人就会开玩笑说他："你头上没画桃。"

在婴儿满月这天，外婆家要用"十个盘"的担子①挑来许多礼物，即红蛋120个（如果生的是女孩子只要60个），红龟②120个，红团120个，猪肺、猪脖子各一个，猪尾一条，放入两束线面的小枕头一个，煮熟的鸡鸭蛋各一个，一套红衣服（过去只送一件）、线钩的帽子、童被、襁褓等。

"十个盘"的担子

而生孩子的家庭则要分送给各户（按村民小组，即原生产队）红龟、红团、红蛋。分送数量的多少主要取决于经济和孩子的性别。按通例，以往男

---

① "十个盘"是蒜岭一带结婚、办喜事时用来送礼品的一种器具。其形状类似大圆盘子，上面有盖子，一般是用竹子或木材制成的，外涂大红漆，现在一般是用红色塑料制成。从下往上，依次由大到小共叠五层，类似宝塔状，一挑两头合起来刚好有十个盘子，所以称为"十个盘"。一头五层盒子装在尼龙网袋内便于肩挑。

② 一种用发酵面粉蒸成的椭圆形，像乌龟状的食物，面上涂有红色，有长寿吉祥之意。

婴分送的是红蛋 1 个，红龟 1 只，红团 1 个；生女婴则只分送给邻里红蛋半个，糖果 2 粒。现在男女一样，都是分送给各户红蛋 1 个，红龟 1 只，红团 1 个。而分送的范围有 3 种：邻里、族内或全村。比如一个村有 500 户，那么至少得准备红龟、红团和红蛋各 500 个，通常要多备些。对方家里有老人家的要额外多分送一份，体现了对老年人的尊敬。过去，红龟的原材料是糯米，现在做的是面粉龟。以前是自己做，现在是定做，江兜那边有出售。一斤面粉做六只或七只的龟。

较讲究的家里还要请酒宴，俗称"出月酒"，五六桌、三四桌的都有。娘家送来的食品除了红龟、红团、红蛋用于分送给各家各户外，其余的均可拿来做下酒菜。娘家送来的里面放有两束线面的小枕头要给婴儿睡一睡，两个鸡鸭蛋分别从中抠出一点蛋涂在婴儿脸上，然后，放在婴儿的头两边，以表示希望孩子长大脸形像蛋一样漂亮。这一天，婴儿的摇篮里还要放进书、毛笔、砚、墨等。

在孩子满四个月的时候，要过"四头月"。这一天，孩子的外婆家要用花篮或红色的袋子挑来许多礼物，通常是光饼 200 块，猪肺、猪脖子各 1 个，猪尾 1 条，另外，黑色衣服 1 套，绣花头圈 1 个，长命银锁 1 个，意在锁住孩子，不让其受灾受难，以及手镯、脚环等含有避邪、吉庆、长寿之意的金银饰品（过去多数送银制的，现在人们收入多了也有人送金的）。

而生孩子的家庭同样要分送给各家各户光饼一双。范围大小自定。与满月相同，这户人家也要祭拜祖先，告知祖先小儿已满四个月。

这一天有个仪式叫做"坐椅轿"，就是让小孩穿戴整齐：穿上新衣裳，项上戴银锁，手腕上戴手镯，脚上戴脚环。然后，郑重地把孩子往椅轿里放，让他自己坐着。这意味着孩子再不是用被巾包着，而是穿着自己的小衣服；可以自己坐着，不用一直抱着，已经逐渐自立。

四　抓周——对婴儿命运的卜测

婴儿周岁，是蒜岭村婴儿出生后最为隆重的一个喜庆日子。这一天要敬神祭祖，还要设宴请客。外婆家在外孙周岁时要用花篮挑来的礼品如下，有红龟 200 个，蛋 10 个，猪肺、猪脖子 1 个、猪尾 1 根，还有 1 套蓝色衣服，

婴儿满四个月，外婆送来的绣花头圈*

* 此绣花头圈本应是满四个月的婴儿戴的。此处为拍摄方便让一个儿童戴上了。

1 件短袖衫，帽子、鞋袜等。

孩子周岁那一天，还有"抓周"仪式，又称"抓龟"。父母为周岁的婴孩洗完澡后，给孩子穿上外婆家送来的新衣服、鞋袜，然后抱到客厅，放在一个大竹匾里。这时，竹匾里早已摆满了书、笔、算盘、秤、尺、剪刀、玩具剑、红龟等，让婴孩自己自由抓取匾里的东西，以他所抓着的东西，来预测他未来的一生和前途。如婴孩抓取书、笔，预示将来喜爱读书；抓取算盘、秤，则预示日后善于经商；抓取剑，则预示将来善武；抓了红龟，就让他吃了再抓。

大约从"文化大革命"期间开始，由于物资紧张，外婆送给外孙的满四个月和满周岁的礼物，往往在外孙满月时就一次性送过来了。因此，除了满月送的礼物外，增送一盘满 4 个月的礼品和一盘满周岁的礼物。前者是光饼10 块或 20 块，熟花生一两斤，黑色衣服一套，绣花头圈一个，长命锁一个，手镯、脚环各一对；后者是红龟、红团各 20 个，以及蓝色衣服一套，短袖衫一件，鞋袜各一双，帽子一顶等。

蒜岭村几个大宗族还有一个生俗，即如果是生男孩，则在孩子出生以后的第一年正月初六，要在族内宗祠里办一次酒席请族内的人吃；到结婚时也要办一次酒席（详见本书第十二章）。

第二节　婚俗

一　传统的婚姻程序

婚姻是维系人类自身繁衍和社会延续的最基本的制度和活动。我国各地区，各民族的婚姻形态多种多样，贯穿于婚姻过程中的礼仪习俗更是花样迭出，纷繁复杂。中国古代的婚姻仪礼讲究"三书六礼"。"三书"是：聘书，即定亲之书，男女双方正式缔结婚约，纳吉（过文定）时用；礼书，又称过礼之书，即礼物清单，详尽列明礼物种类及数量，纳征（过大礼）时用；迎亲书，即迎娶新娘之书，结婚当日（亲迎）接新娘过门时用。"六礼"即：纳采，古时婚礼之首，中意女方时，延请媒人做媒，谓之"纳采"，今称"提亲"；问名，男方探问女方之姓名及生日时辰，以卜吉兆，谓之"问名"，今称"合八字"；纳吉，问名若属吉兆，遣媒人致赠薄礼，谓之"纳吉"，今称"过文定"或"小定"；纳征，奉送礼金、礼饼、礼物及祭品等，即正式送聘礼，谓之"纳征"，今称"过大礼"；请期，由男家请算命先生择日，谓之"请期"，又称"乞日"、今称"择日"；亲迎，新郎乘礼车，赴女家迎接新娘，谓之"亲迎"。

蒜岭村的婚俗基本没有脱出古礼的套数，但在原有基础上有一定的变化。

二　新中国成立前的蒜岭婚礼习俗

1. 婚礼的准备："媒妁之言"与"生辰八字"

新中国成立前，男女之防甚严，因此双方在婚前一般未见过面。双方的一切信息都是通过媒人传递，因此媒人在这个时期的婚姻中扮演着极为重要的角色。当时的媒人一般有两个，男方会请一个媒人，女方也会请一个媒人，但也有一个媒人兼做两方的。

经媒人介绍，男方中意女方的条件，就可以请媒人前去说媒。媒人前去女方家时，女方同样有选择权，一般是考虑男方家族的大小、强弱、家中兄弟个数、家产，当然还有男方的品行。媒人一般也会约个时间，让男方去偷看女方的长相。名为"偷看"，实际上不全是，只是碍于未婚男女不得相见的礼节，只能偷偷前去看对方。女方事先会得到媒人的通知，知道男方会在某一个时间来看她，所以女方在媒人的指引下，当男方来时，故意走出闺房，做些动作，让男方看清。同时男方也会带上特定的物品，拿起锄头什么的当作标志，让女方认人。若双方看后都觉得中意，男方就会请媒人前往女方家中开出姑娘的生辰八字，俗称"标头"。最原始的格式如："坤造某人长女命宫甲辰年己卯月巳卯日甲辰时祥（瑞）生"。这即是某人家长女的生辰八字，整个"标头"包括女方姓名、在家中排行、出生年月。因为以天干地支法书写年月日有一定难度，一般的人不容易看懂。所以有些人就将其简化为"坤造某长女命宫甲辰年某月某日生"。生辰八字的字数以双数为佳，可在"生"字前加"祥"或"瑞"。一些有学识的人认为以数字计算年月时不够庄重，所以以固定的几个字表示月份：一月为端月，二月为花月，三月为桐月，四月为梅月，五月为蒲月，六月为荔月，七月为瓜月，八月为桂月，九月为菊月，十月为阳月，十一月为葭月，十二月为腊月。

男方得到这帖生辰八字后，以同样的格式写一张男方的生辰八字，一起送至道士处，请道士推算吉凶。推算的过程有"属相相犯"和"合婚"等。所谓的"属相相犯"，就是推算男女属相是否相合。在传统中，部分属相是不能相配的，俗名断头婚，又称穿心六害，所以应当回避。民间有歌谣："从来白马怕青牛，羊鼠相逢一旦休。蛇见猛虎如刀断，猪遇猿猴不到头。龙逢兔儿云端去，金鸡见犬泪交流。"

若属相相合，则可进行第二步："合婚"。合婚之法，先看男女生年命宫，有男几宫女几宫，假如男是一宫，女是四宫，合成一四，即生气上等婚，合成一八即天医上等婚，主子孙昌盛，百事皆吉。合成一六即是游魂中等婚，为次吉。合成一七即是五鬼下等婚，不可配。合婚之法中并不苛求，有折中之法曰"凡男女五宫，男寄坤二宫，女寄艮八宫，大抵婚姻之事，理无十全，但得中平就好。如遇下等婚，按八字中神煞相敌，用之无妨"。《命书》有云："男逢羊刃主克妻，女逢伤官夫早离"。二命有羊刃伤官者亦可配，酌量用之，不可太拘。大意是说，只要男女的命数大体相合，婚姻就可成。即使不合，有时也可以适当变通，不应太过苛求。合婚中除了算男女宫数是否相合外，还须推算女方命数是否与公婆相冲。因为命数相冲之法过于繁琐，所以虽然存在，却基本不用，而是在结婚仪式中增添了避免媳妇与公婆相冲的程序，即在下面提到的拜堂时，男方的父母必须回避。

若在"属相"、"合婚"、"相犯"中男女双方都合（当然十全的可能性不大，一般只要基本相合即可），则男方就会遣媒婆前往女家告知吉兆，即古礼中的"纳吉"。同时，媒婆会问清楚女方所要聘金的数目，如果一切合理，男方就会再派人往女家"定聘"，即送定情之物，又称为"纳征"。早先的定情信物一般是金银首饰（到了20世纪70年代，定聘一般是送手表），这主要依各家经济情况而定。"定聘"或称为"纳征"之后。男女名分就定下来，一般不可以悔婚。当然，事情总有例外，若"定聘"之后男方悔婚，则过错在于男方，女方可不退还"定聘"之物。若女方悔婚，则女方应退还"定聘"之物。从此以后，两家互不来往。

"纳征"之后即为"择期"。"择期"也是按生辰八字推算。一般是请道士算出吉年、吉月和吉时。吉年是嫁娶之年必须宜男、宜女、宜翁姑（公婆），推算吉年也有古法可依。如翁姑禁忌，翁禁忌："子年忌鼠马，逢寅牛羊凶，辰年猴虎忌，午羊鸡兔逢。申年龙狗避，戌年蛇猪惊。阳年翁方忌，阴年两无凶。"姑禁忌："子年忌鸡兔，寅年龙狗凶，辰年蛇共猪，午年鼠马逢。申年牛羊忌，戌年虎猴惊，姑年若逢此，便是河魁星。"也就是说公公若是属鼠马，则子年不宜让儿子娶媳妇，以免公媳相冲，以此类推。因为此法推算吉年，较难相合。所以当时的嫁娶之家又以天干地支之法推算，俗称"六冲"，即子午相冲，丑未相冲，寅申相冲，卯酉相冲，辰戌相冲，巳亥相冲。就是说肖鼠者，午年男不宜娶，女不宜嫁，以此类推。由于此法较简单，禁忌又少，便渐渐为人们所接受。时至今日，蒜岭村的婚嫁还以此法推算。定了吉年后，再由道士根据皇历推出一个吉日、吉时。男方得到这些时间之后，就写在纸上，送往女家征求意见，谓之"请期"。若女家无异议，结婚的时间就此定下。接下来，男家开始发请帖给亲朋好友。当喜帖送给亲人时（这里的亲人指的是同一祖宗的亲戚），过去随帖要送一对大红团，一般内为绿豆馅，外壳是糯米粉做的，[①] 染成红色，象征团圆，每个达半斤重。现在是随帖送给亲人 10 粒糖果，如果是同事和朋友的话，还要送一包香烟。

2. 婚礼的举行：对平安与多子的祈求

蒜岭有一个怪风俗，如果新郎小时候多病，或很顽皮等难以抚养，父母会向天地祈求让孩子平安，并许愿在孩子结婚时去"乞姑"（方言），即孩子结婚的前 7 天，新郎的奶奶或母亲会穿上蓝色的衣服，带着一个孙子或女儿，即带着一个儿童，像乞丐一样到 7 户人家去乞讨。有的人家给她线面，有的人家给她几元钱。蒜岭人认为这样做会得到平安。现在，许多没有向天地许愿的家庭，在孩子结婚时也会去"乞姑"，一般向 3 户人家乞讨。"乞姑"这几天还必须吃素。

举行婚礼的前一天下午，男方会派人送一些果品到女方家。作为回礼，女方会回赠一个篮子，里面装有一些花生、瓜子和一件新娘子亲手做的白布上衣。这件白布上衣类似于坎肩，领子是蓝色的，衣服的下摆有细绳，可绑起。晚上八点时分，新郎开始沐浴。沐浴的水是以六月霜（一种带刺的草本植物）、艾草和姜等烧煮而成。据说用此水沐浴，六月霜的刺可以刺破一切邪恶的东西，而艾草和姜可去晦气。沐浴的时候要选一个好命的人（指已婚，妻子健在，子孙满堂的富贵之人）给新郎进沐浴用的水。这样做后，新郎就会和好命人一样，富贵吉祥，子孙满堂。沐浴的时候，新郎还必须用女家送来的衣服擦洗身子，而不能用毛巾。沐浴之后，新郎换上新衣，绑上一条红腰带。而那件女方送给的白上衣就会被收起来，等他的第一个儿子出生后穿。新郎换好衣服后，好命人就会送上沐浴面，新郎吃下以保平安。整个沐浴礼节完成后，新郎必须待在房中到次日天明，其间不能见生人。

在新郎沐浴更衣的时候，新郎的家人也在忙碌着。他们在新房的门上挂上一个贴着"福"字表示生活圆满的筛子，并在上面绑上一块包有红纸的表示日子会过得红红火火的木炭，和传统中认为可以破邪的芦荟或杉树叶等。

---

① 红团和红龟都有面粉做的和糯米粉做的两种，前者无馅，后者一般有馅，馅有的用糯米，有的用绿豆。

用毛竹削制两枝竹钉，以红纸包上，分别插在床架上面的两边，然后在每个钉子上系一条红线，在红线的另一头绑上一个勾，勾上就挂着第二天晚上闹洞房时用的小红灯笼。这两个灯笼上一边写着"百子千孙"，另一边写着"三元五桂"。此外，新房的眠床的四脚要用铜片钉住，据说这样能阻挡鬼怪进入眠床。同时，新郎家还会拾八块红砖，一横一竖摆在四角作为床的垫脚。这一横一竖的放法类似"丁"字，意为添丁。当晚，好命人则会陪新郎一起睡在新房内，这样新郎以后也会和这个人一样有福气。需要说明的是，结婚前一天晚上与新郎同睡，以及后面提到的第二天早上给新郎"上头"、挂表轴以及转马当天随新郎前去岳父母家的为同一个人。可以说，这个人是贯穿整个婚礼的重要人物，所以民间对他的要求是，有福气，有学识，因为在转马当天，此人陪同新郎一同到达新娘家后，新娘家会有专门的一个人接待他，陪他谈天，如果没有学识或不够机灵的，会使新郎家受到嘲笑。

门上辟邪和表示生活圆满的物品

第二天早上天微亮，当天的第一项仪式为梳弄，俗称"上头"。即请一个有福气、子孙满堂的好命人替新郎梳头，以示万事顺意。上头的时候，将一个大竹匾放在地上，中间摆一张有扶手的靠背椅，前面放一个红纸包好的石臼，下面压红"福"字。上头的时候，新郎就坐在椅上，脚轻搁在石臼上，好命人用梳子替他梳三下头，就算礼成。梳头之后，新郎就换上拜堂成亲的服装。新郎要穿上马褂，戴上礼帽，脚穿黑色的布鞋。礼帽是特制的，帽子的两边各插一枝纸糊的红"元花"。这一整套服饰都要求是新的。

"梳弄"之后是祭祖，又称"告祖"，要摆五凤一架在祖宗牌位前，这些供品都必须是熟食。五凤摆好后进行第二项仪式——答谢苍穹，俗称"呈牲"，就是摆案于大门前，取鲜全羊或鲜全猪一副供于案上。另外还要置备"十斋五果"。"十斋"则是十种素菜，一般是黄花菜、香菇、红菇、木耳、东粉、供煎（将豆腐切成长方形，并油炸）、菜圆（将豆腐捏碎，拌上花生米、青菜等搓成团，可煎可炸）、浮豆（将豆腐切成正方形，并油炸）、豆角（将豆腐切成三角形，并油炸）及粉面；所谓"五果"，即五种水果，可以是苹果、橘子、梨、龙眼、甘蔗、菠萝、桃、杨桃或橄榄等随意的当季水果①；在祭天地时并不一定要备齐十斋，可以根据实际情况适当调整，可为"六斋"，即黄花菜、香菇、木耳、东粉、供煎及浮豆。供品摆好之后，道士就开始做法司道场，绕着供桌边走，边念咒语，以示驱邪避祸。同时，新郎全家要烧香礼拜，感谢上苍赐以良缘。

第三项仪式是"挂表轴"。男家在红纸上按从中到右再到左的顺序，在中间纵书新郎在家族中的大名，如"其龙"，就是"其"字辈的名号；大名右边写上新郎的常用名，即书名；大名左边写上新郎在家族兄弟中的排行。"挂表轴"的仪式就是将表轴挂到大厅的墙壁上，一般是挂在二楼的厅堂中。表轴挂上后，就可燃放鞭炮，并由宗族中声望高的人大声喊吉祥话。比较常见的有："挂表轴喜冲冲，名登挂起龙虎榜。五百年前天注定，状元榜眼探花郎。"这个仪式主要是为了祝愿新郎步步高升，仕途光明。而表轴一旦挂起，就不取下。

挂完表轴后，过了相当一段时间，往新娘家送聘礼，俗称"起轿脚"的

---

① 水果在莆田话中称为"青果"，意为长青。

队伍就出发了。这支队伍所送的东西以担计算。一般为十一担、十三担、十五担，或十七担。第一担是使用"十个盘"的担子挑，内有猪脚 2 只 20 斤，羊肚、猪肚各 1 只，猪肺、猪尾、猪脖子（用猪头也行）各 1 个，线面 10 斤，蛏干 2 斤，干虾仁 2 斤，红菇 2 斤，目鱼干 2 斤，干贝 2 斤（也可是蛋 50 个，但档次低些），芡实 2 斤。"十个盘"上面还要有两只活公鸡。如果新娘家有爷爷、奶奶要增挑一担"十个盘"，或八个盘也行，作为第二挑；第三挑是使用花篮，挑的是肉 10 斤，线面 10 斤，过去是"送日子"即告诉女方结婚的日子时挑去的，现在则简化成和"起轿脚"一起挑去；从第四挑开始是使用"竹匾篮"①，挑的是肉、线面各 30 斤，也可以挑 50 斤、60 斤、80 斤或 100 斤，分成几担来挑，但不能是 90 斤，因为"9"字在方言中与"狗"同音；第五至第九挑为礼饼 240 块；第十挑至第十二挑是类似馒头，但上面有红绿斑点的面包 120 个，及马耳饼 240 个（过去是挑一个约 3 两重的豆腐丸 240 个）；第 13 挑是米粉 20 斤……这十几担礼品送到了女方家里之后，除了两只活公鸡退还男家，并由女方回送给男方一只童子鸡外，其他礼品女方均收下。礼饼、面包、马耳饼切半后分送给女方的亲戚与邻里，其他大部分东西留着娘家自己使用。从上面可以看到，所送聘礼虽五花八门，但其中突出体现了对长辈的尊重，要专门送给女方的爷爷、奶奶一担"十个盘"。

"起轿脚"的队伍回到新郎家后，迎亲的队伍才能出发。传统的迎亲队伍是由十人（八男二女）和一顶轿子组成，经济条件好的或亲友较多的家庭也有超过十人的，但人数一般是以偶数为佳。轿子一般都是租来的，而且，并不是所有姑娘家都有奶妈，所以租轿子的商店还会派一个奶妈随轿。这边迎亲队伍出发的同时，新娘子那边也在行"梳弄"礼。梳弄礼也是成人礼，做法与男方一样。若以莆田方言念的话，其含义一目了然，即"脚踏石臼，越做越有；手扶藤椅，越做越起；稳坐藤椅，越早做娘底（母亲之意）"，礼毕即代表姑娘已成人。等迎亲的轿子一到，新娘穿戴整齐，由奶妈扶出闺房上花轿。迎亲队伍就抬起新娘，这时，新娘家的亲人会端一盆水泼向轿

---

① 竹篾编的，平底，类似竹匾的篮子，也漆有红色。

脚，以示"嫁出去的姑娘，泼出去的水"。迎亲队伍吹吹打打地往回走，在去夫家的路上，新娘是不可以露面的，以防邪气侵身。而且根据蒜岭村的风俗，必须在迎亲的轿子门上挂一条肉和芦荟。之所以要挂这些东西在蒜岭有这样的一个传说。传说与临水夫人陈靖姑有关。临水夫人在福建沿海一带是个广受敬仰的女神，她的祖籍在福建福州下渡，尊称很多，如临水陈太后、顺天圣母等。陈靖姑闾山学法，学到了许多的法术，神通广大，能降妖伏魔、庇佑百姓、扶胎救产、保赤佑童，所以很受百姓的敬仰。传说临水夫人与黄甫斗法的故事：黄甫是一个算命先生，算命奇准无比，自称如果算命有不准的话，可以砸他店的招牌，算命的银钱十倍奉还。一天，一个老妇人来黄甫这里算命，黄甫算出她儿子将在某年某月会死于房子倒塌，老妇人一听，大为悲伤，求黄甫为她的儿子改命，黄甫说这是天意不可违。老妇人没办法只好哭哭啼啼地回家。路上碰到了陈靖姑，陈靖姑一占卦，果然如此。看那老妇人孤苦可怜，就动了恻隐之心，给她儿子改命。吩咐她在某年某月某日的时候站在门口，叫她儿子三声，把她儿子引出房子，可以使其儿子不死。到了那一天，老妇人按照陈靖姑的吩咐照作，果然她儿子一出房门，房子便倒塌了，避免了一死。这老妇人就到黄甫店铺去交涉，并说明是陈靖姑出的主意。于是黄甫就有意找陈靖姑斗法，假装儿子要娶媳妇，到陈靖姑家里提亲，说想娶陈靖姑为其儿媳妇。陈靖姑算出了黄甫的意图，知道黄甫想在接亲的路上，变成一只老虎来吃掉她，于是陈靖姑也就假装应允。但在出嫁那天在新娘的花轿门上挂了一块肉和芦荟，施展法术使肉化身为陈靖姑，芦荟化为狼牙棒藏在身上。结果在路上果然遇到老虎，老虎吃了陈靖姑的化身和狼牙棒，痛得满地打滚。就这样临水夫人陈靖姑斗败了黄甫。以后在新娘出嫁的花轿上挂肉和芦荟的这一风俗也就流传了下来。但据笔者推测，这一习俗与蒜岭的地理环境是有关联的。新中国成立前，蒜岭就有数名村民被老虎吞噬过，更不用说古时候玉屏山上老虎就更多了。在新娘的花轿门上挂一块肉和芦荟，是村民认为一旦遇上老虎，老虎就会去吃轿门上的肉片，而芦荟有刺可使老虎吃了害怕，而不会再去动新娘，这样迎亲队伍就可以顺利抵达。

　　吉时一到，迎亲队伍归来，新郎家燃放鞭炮，宾客聚集在门前。花轿要直接抬到厅堂的天井边，花轿停下后，新郎要上前解开系在轿门①上的用红绳打的结。之所以用红绳系住轿门，是因为担心若是中途轿门打开的话，新娘有可能被妖怪虏走。红绳解开后，新郎家的人会先在轿前放个米筛，再由奶妈将新娘扶出，新娘踏出轿门的第一步必须踏在这个米筛里，这象征着团圆。若新郎家房屋较小，无厅堂的话，一般花轿抬到门前即可，但是这种情况下，新娘在进入厅堂的途中必须由两个人持一块红毡遮于新娘面前。这样做的原因是怕晦气、煞气冲到新娘。

新娘进入厅堂，站在厅堂的右边，新郎站在左边。站好后开始拜堂。礼生（礼生一般是新郎的舅舅充当，他也充当证婚人的角色）开始高声喊道："先拜天地，二拜高堂（指祖先），夫妻对拜。"新郎和新娘按礼生所喊拜堂。

拜堂时，新郎的父母要回避，躲在自己的房间里。这么做是因为前面提到过的，合婚的仪式中废除了推算媳妇与公婆命数相冲的程序，婚礼的时候怕新娘的命数与公婆相冲，所以新郎的父母必须先回避。拜完堂后，新郎独自前往找寻父母，找到父母后，将父母请到厅堂，然后新婚夫妇拜父母。此外，新郎的哥哥、嫂嫂在新郎和新娘拜堂的时候也要回避，新婚夫妇拜完父母后到哥哥房中拜哥嫂，哥哥和嫂嫂无须到厅堂中。接下来，新婚夫妇要拜见所有在厅堂中辈分比他们高的人，而这些人要给新人红包。长辈们事先一般都商量好，因此大家送的见面礼都是相同的金额。当然，关系深的亲人也会多送。所有红包由一个专门的人（忠厚老实的亲人）负责登记。需要说明的是，这里所说的"拜"除了拜天地、高堂和父母时要真的下跪以外（有的新人对父母也不下跪），拜其他人只需要象征性的鞠躬，或者是弯一下右膝即可。

当新郎和新娘在厅堂拜堂的时候，新郎家的亲戚要在洞房内布置好新房里的床铺和蚊帐。因为新房的被褥和蚊帐是新娘嫁妆的一部分，所以要等到拜堂时才能布置。当被褥和蚊帐铺好后，会有一个好命的人拿着花生和瓜子

---

① 蒜岭村过去用的花轿同我们平时在电视上看到的不同，不单单由一块布遮住轿门，而是由两扇门组成。

撒在床上，边撒边喊道："撒开罗帐千点红，吾奉敕令姜太公，百无禁忌挂在此，诸般妖怪走他方。""撒帐撒帐天，夫妻快乐似神仙，小罗（人名）长者家道齐，贵子双胎在眼前。撒帐撒帐地，世虎（人名）拿字街上卖，生下长子名世龙，长大高魁占及第。撒帐撒帐福，有财有子兼有福，洞房喜见鸳鸯枕，赛过唐朝杨官束（人名）。撒帐撒帐禄，夫妻和谐琴瑟乐，人说一子受皇恩，果然全家受福禄。撒帐撒帐寿，忠孝两字受庇佑，一家俱全财丁贵，天赐满门福禄寿。"这些句子大体上是祝福新人家庭和睦、福禄寿三全、早生贵子、多子多福。此外，新郎家要给撒帐人礼物，男的撒帐人一般是给红包，意思是感谢他的帮忙，请其抽烟；女的撒帐人则是送扇子和毛巾，意思是给她扇风、擦汗。这个撒帐的习俗与河南婚俗的撒帐习俗极为相似。（全文见附录三）。

撒帐之后，新郎新娘即可入洞房。当新娘和新郎到达新房门口时，要进行"拦门槛"的仪式，这个程序是由两个有福气的并且多子多孙的妇女进行的。她们先将房内的八仙桌抬放在门口，然后将一个方盘放在桌上，并在方盘里摆了把剑，口中喊道："千金对对开，夫妻入房来，老人拦门槛，千子万千金。"这时新郎新娘必须给这两人礼物（一般是糖果）或是一定的财物（过去是五角钱）才能通过。这个仪式是为了防止新娘把晦气带到新房中，保证新郎新娘幸福美满、生活富足。

进入洞房后，新郎便可揭开新娘的头巾。待到婚宴时间，新郎出洞房招待宾客，而新娘则留在房里。

酒席结束后，新郎家人会请宗族中一个有声望的人为新人"送孩儿"。"送孩儿"也是为祝愿新人早生孩子，多子多福而进行的仪式。送孩儿的人手捧着一个放有一对瓷娃娃（一男一女）的盘子进入洞房，这对瓷娃娃是在白天时随新郎家人和族人到土地公庙祭拜后带回的。当他一踏进洞房后便开始高声唱"送孩儿赞"（赞是当地的一种类似歌谣的顺口溜）："一对孩儿入洞房，双双花烛照新郎。新郎此夜逢仙女，仙女巫山十二逢。十二逢头昆玉现，昆玉现成淑女妆。淑女妆兮梅花叶，梅花叶点桃花红。桃花红兮巧笑倩，巧笑倩兮眉目光。眉目光兮天台女，天台仙女喜相逢。喜得相逢成佳偶，良辰佳偶庆华堂。华堂有庆三仙幸，三仙幸满与辉煌。与得辉煌生贵子，连生贵子吐兰房。吐出兰房芝兰穗，芝兰穗起兆凤凰。兆出凤凰双双舞，双双对舞入兰房。送入兰房登五桂，五子登科挂中堂。"然后，送孩儿的人将盘子放于洞房的桌上。在念"送孩儿赞"时，每念一句，旁边的众人就"好！"的附和一声。现在"送孩儿"的仪式基本上不做了。

3. 闹洞房——众人对新人夫妻关系的认可

蒜岭人把闹洞房称为"小登科"。同时是因为古时当地闹洞房时，新郎、新娘、主持闹洞房的人以及众人要一起唱《五盏灯经文》，因此又称为"做经文"。闹洞房一般是由新郎的舅舅主持。闹洞房时，众人会想尽办法捉弄新人，而在这一晚，新人也会尽力满足众人的要求，让大家都尽兴。古时蒜岭闹洞房主要有两个节目——做经文和换灯。做经文时，新郎和新娘互相问答，众人会频频附和，还有二胡伴奏。经文的内容非常丰富，每段分别以新娘和新郎朝东西南北中五个不同方向看花灯为开头，引出六段爱情故事。

五盏灯经文片段：

媒人：今夜正月十五天官赐福，家家户户点灯结彩，那二人齐去看灯多好？

女云：官人今夜男女多多，奴也看灭告（方言：我也看不到）。

男云：待小生克汝（方言：给你）抱高看。（这个时候开始新郎必须抱起新娘）

女云：是好，官人，东边一盏灯，二个小娘（姑娘）一个多铺（方言：小伙子），许是什么故事？

男云：贤妻，许是陈三五娘故事。陈三、五娘共（和）益春（五娘的丫鬟），陈三骑马楼下过，五娘荔枝奔乞伊（方言：丢给他），卡起（方言：拾起）荔枝结成双啊结成双。

赞曰：陈三送兄上任时，看灯遇到五娘伊（方言：她），假意金扇失落去，益春送扇结亲谊。

……

（全文及解释见附录四）

新郎必须抱着新娘唱完全部经文，中途不能将新娘放下，若是放下的话，就得分柿饼、瓜子、花生等（现在一般是烟）给在场所有的人。由于唱完整段经文至少要花上一个小时，新郎往往会筋疲力尽，途中将新娘放下是难免的。因此，新郎家事先至少要准备两百斤的柿饼留着闹洞房用。做完经文后，新郎抱起新娘，由新娘将挂在床两边的灯笼对换一下位置，当地称之为"换灯"。"换灯"完了之后，新婚夫妇"送房"，将宾客送走。送房时，也由司仪唱送房赞。比较常见的如："脚踏门外足出丁，两边一对好凤灯。凤灯生得龙凤子，龙凤相交万万年。千声好炮响当当，双手牵君入洞房。夫妻好合鱼似水，今宵帐里凤求凰。一喜洞房花烛夜，二喜天赐麒麟儿。三喜三元联及第，四喜金榜挂名时。五喜五福随吉日，六喜合家齐团圆。七喜七男共八女，八喜赛过郭子仪。"接着，会有几个小孩子去"偷房"。孩子们将新郎和新娘的鞋或床上的枕头或梳妆的小件物品"偷"出去，每人只能拿一件。等天亮后，奶妈会拿着花生、瓜子和糖果给小孩，将物品换回。"偷房"意味着新郎新娘以后会子孙满堂，而且孩子会很健康活泼。

　　按照传统的礼仪，在蒜岭闹洞房必须持续到鸡打鸣（大约是凌晨三点），据说之所以要闹洞房并持续到凌晨，是因为那时当地经常有狐、狸、猫这三种动物出没，会来扰乱新房。这三种动物中以狐出没的次数最多，要是狐进入洞房的话会附在新娘的身上，将新郎勾走。而要是猫和狸进来，就会带来晦气和不幸。为了使新人免受这些动物的侵犯，所以在新婚之夜要闹洞房，而且越热闹越好，以达到驱邪避恶的目的。

　　根据礼仪，新娘在结婚后的第三天才可以下眠床，在这三天脚都不能着地，最多只能踏在床前的踏板上。因此，新娘在这几天必须尽量吃干的东西，如干饭，可以喝少许的蛋汤，并吃些桂圆干或含些洋参补充体力。而新郎在这三天都必须带着礼帽。三天后，新娘由奶妈扶着出厅。出来时，新娘必须先到厨房，奶妈边扶边喊道："火叉拨灶膛，子孙满上堂，火烧火光光，状元满上堂。"之后，新娘必须将厨房的厨具都拿过一遍，这象征着新娘以后会打理好厨房的一切。新中国成立以后，新娘在结婚后的第一天就可以下床，新人起床后在新房里等待家人把早餐送入房里，这一天的早餐的菜肴丰盛，一般都要吃猪肝、猪心等，这是由于当地方言"肝"同"官"同音，借此讨个吉利，同时也因为这些东西营养比较丰富，第一天早上给新娘吃，意味着新娘以后在夫家会受到很好的照顾。

吃完早餐后，新娘便可出房门，而且从此以后可以随意出入新郎家中，正式成为夫家的一员。接着，新婚夫妇到厅堂拜见父母，不需要奉茶。在新郎、新娘拜完公婆的时候，新郎家的人便去新房清点新娘带来的箱子里的嫁妆。"点箱"由新郎的伯伯、伯母和叔叔、婶婶负责，他们打开箱子，清点新娘嫁妆到底有什么东西。新娘以后在丈夫家的地位在很大程度上取决于嫁妆的多少。嫁妆少的新娘往往会被婆家的大小亲人看不起。新人拜过父母后，就等新娘家的小舅子到达新郎家。小舅子来后，新郎家里要煮点心给他吃。吃完后，新婚夫妇及小舅子"转马"（当地方言），即姑娘出嫁后第一次回娘家的"归宁"。去时新郎新娘必须穿结婚当天的服饰，并带一只装有花生、糖果和烟的花篮。转马时新郎和新娘各坐一顶花轿，小舅子如果小的话，可以一同坐在新娘的花轿里。去娘家的途中若遇到熟人不能打招呼，按老一辈人的话来说，要是搭了话后，鬼怪会跟随新人回家（返回夫家时不受限制）。

4. 转马——女家对新郎的考验

按惯例，转马这一天，新郎在岳父母家的地位最高。这天过后，新郎就算新娘家的半个儿子，要尊长辈，孝敬岳父母，属于小辈。在新郎进门时，新娘家会有一人在几步远处挡住去路。这时新郎应不动，而不能拐弯走进厅堂。因为这天新郎地位最高，若这时还拐弯，就会被认为没见识，不机灵。若新郎站着不动，挡住去路的人会斜身让路，并做"请"的手势恭迎新郎。这样新郎就可以径直走进厅堂。厅堂中间是新娘家祖宗牌位，以及新郎带来的花篮。供桌前事先放好了一个蒲团。这时，新郎须行"三跪九叩"大礼。这"三跪九叩"大有讲究。新郎须站在蒲团前，斜迈左腿，然后屈右膝跪下，收左脚，两膝并拢，接着弯腰，将上身前倾，双手着地，以额头轻叩地面三次，为"三叩"。"三叩"之后起身，身子稍向后拖（向后只是象征性的动作），然后再跪并"三叩"，如此跪三次，叩九次，即为"三跪九叩"。在这个仪式中必须注意的是：一是新郎下跪时，不可同时屈双膝下跪。二是叩头时不可将礼帽脱落。三是不能弯腰用手移动蒲团。如果做错了这些事，新郎就会被认为是不机灵、不懂礼数的，并可能招致新娘家大小亲戚的嘲笑。

拜完祖宗，女方的人会先端上用花生、桂圆和红枣做成的"三子汤"。喝完"三子汤"，女方家人会给新郎和跟他来的亲人各递上一碗点心。亲人可以吃完，而新郎只能用筷子轻点碗，或小尝一口就算吃过了。若吃完它，会被认为是不懂礼数。

吃完之后，女家会有个亲人指引他拜见每一位长辈，拜见长辈时屈右膝为跪，并递上事先准备好的红包，以示尊敬。递红包只是象征性的，离开女家的时候，所有收红包的人都会主动归还。新娘则要准备零钱送给亲人的孩子们，这些钱是不收回的。等新人生子之后，可带孩子回门，长辈们就要还礼送红包了。

家人在这天中午宴请亲朋好友（用新郎家"起轿脚"的那十几担东西办酒席）。宴请结束之后，新郎新娘回家。至此，整个婚礼算是圆满结束。

三　新中国成立后婚俗的变化

新中国成立以后，中国的整个社会形态发生了翻天覆地的变化。婚礼习俗作为社会文化中的一个要素，也不可避免地受到了社会变迁的影响，发生巨大改变。

1. 新中国成立初期至"文化大革命"结束的婚俗——政府行政控制下的婚礼

从整体上看，在新中国成立后到"文化大革命"结束的这段时期内，蒜岭村的婚礼习俗极大地简化了。主要表现在以下几个方面：

第一，大部分的婚嫁礼仪被当作封建的、落后的东西废除了。新中国成立以后，由于政府倡导破除迷信，不仅推算生辰八字和答谢天地这一类的迷信活动被取缔，连祭祖、挂表轴等也被认为带有迷信色彩而不允许进行。在"文化大革命"时期，由于全盘否定了孔子的"忠孝礼义"思想，所以甚至连拜堂中叩谢父母的礼节都被取消了。

第二，传统的"无媒不成婚"的思想在这个时期也大大弱化了。这不仅在于专门从事婚姻中介的专业媒婆数量减少，而且还表现在媒人在婚姻中所起的作用大大降低。大部分婚姻中的媒人是男女双方的亲朋好友，而且由于新中国成立后颁布的《婚姻法》倡导"婚姻自由"，把"下聘"等活动看做是"买卖婚姻"的表现，所以禁止下聘。这样一来，媒人所起的作用就仅仅是在初期传递男女双方的信息而已。当时，有的婚姻已不通过媒人。

第三，婚俗简化的另一个重要表现，在于轿子迎亲的消失。被视为封建地主阶级特殊身份象征的轿子在当时的婚礼中是不能用的。1951 年、1952 年，在政府号召下，各地大肆破除封建残余，蒜岭村也不例外。几乎所有的轿子毁于一旦。从那时开始，迎亲不用轿子，婚礼也因此有了变化。在此之前迎亲时，新郎并不亲往，但没有轿子以后，新郎开始随迎亲队伍一起前往，称为"牵新娘"。其实也并不是一路上都牵着手，只是快到家门时，牵着手做个样子。从 20 世纪 50 年代初到 60 年代后期，新娘都是步行到新郎家的（在传统的礼仪中，新娘往夫家的途中脚若是着地会被认为"下贱"）。20 世纪 70 年代后，情况稍有改观。经济情况好一点的人家也会用自行车或三轮车去接新娘。比起新中国成立前敲锣打鼓的迎亲队伍，形式上的确是简单了许多。值得一提的是，无论是新中国成立前，还是在这个时期，迎亲队伍的人数始终保持在 10 人（八男二女）规模。

可以说，1949～1976 年，蒜岭村中的婚嫁形式是比较简单的。表面上看，所谓嫁娶就是男方到女方家将新娘接到新郎家中，然后置办一些简单的酒菜，宴请少数亲友，就算礼成。这里之所以说"表面上看"，是因为各种仪式被禁的背后，实际上仍然存在。在蒜岭村，传统观念根深蒂固，传统的婚礼习俗影响深远。因此，虽然当时党和政府三令五申不能在婚礼中搞封建迷信活动，但事实上，推算生辰八字在大部分的婚姻中依然悄悄存在，只是从明处转到暗处，而胆大的人家在举行婚礼时也依然按古法谢天地、挂表轴，只是场面较小，不作张扬。当时道士很难找到，就算找到了，也缺乏法器和道袍（在当时的四清运动中都被付之一炬），于是道士们就用报纸贴成道袍，以报纸折成法器，将就着用，做完道场后马上销毁，以免落人话柄。之所以在那种形势下，还要冒险搞这些活动，是因为按老人家的话来讲就是求个心安，以免以后出什么事。

第四，在这个时期，酒席的规模也变小了。20 世纪 50 年代初期，村民们都不富裕。但摆酒的两个规矩大家都不敢破：一是酒桌上的酒菜必须要是十二道；二是酒席一般不少于 20 桌。于是办婚事的人好凑歹凑也要办得符合礼数，甚至在三年经济困难时期也没有改变这 12 道菜的礼数。"文化大革命"前后，政府开始严格限制婚礼的规模，不允许大办酒席，有些婚礼中的酒宴甚至改为茶话会。当然，也有些人家不愿失了面子，还是偷偷地办。有趣的是，在办酒席的时候，他们把所有的桌子拼在一起，摆成一排，不论多少桌都称为"一桌"，以堵他人之口。

第五，新人服饰的变化。新中国成立前，新郎一般是头戴礼帽（圆柱形帽身，圆形帽檐，在帽身上以红绳系两根竹枝，一边一枝，对称、竖起），身穿蓝色长衫，上身套黑马褂，内穿白色内衣。无论是贫是富，穿着是一样的，只是富贵人家的衣料质地是绸缎，一般人家用棉布，比较穷的人家也有做不起的就向人家租借。新娘一般头上盖着红色头巾，身穿桃红色内衣，红色外衣。这种外衣与旗袍的上半节相似，是斜排扣，称为"古装"，这是当时的传统装束。若穿直排扣，会被认为不庄重。而下半身可穿裤子也可穿裙子。20 世纪 40 年代以裤子居多，裤子与衣服的样式要相配，颜色不限。20 世纪 50 年代初的一段时间，新人的服饰没有大的变化。此后很长一段时间，流行新郎穿中山装，新娘照例是红色的服饰。在物资极其匮乏的那个年代，新娘的新衣是靠客人们合送的布料才做得了的。从 20 世纪 80 年代中期开始，新郎的服饰开始流行西装，现在新郎普遍身着西装，而新娘是白色的婚纱。

第六，布置新房和闹洞房时所唱的、赞的都换成歌颂领袖、歌颂社会主义、符合当时大潮的句子。如"文化大革命"时期，村民们就将撒帐歌"撒开罗帐千点红，吾奉敕令姜太公，百无禁忌挂在此，诸般妖怪走他方。"改为"撒开罗帐千点红，吾奉主席毛泽东，百无禁忌挂在此，诸般妖怪走他方"等。新中国成立后，在闹洞房的节目中也渐渐增加了打扑克等活动。新娘在新婚头三天不能下床的习俗被废除了。

第七，新中国成立前，男女定亲后，要给全村分发糖果，每户 6 至 8 粒；第一个儿子结婚时，要做一个一斤重的大红团，分送给全村各家各户，每户两个。新中国成立后改变了这一风俗。20 世纪 60 年代中后期，这里婚礼程序中多了办订婚酒的仪式。

2. 改革开放以来的婚俗——传统的复苏与部分西化

随着"文化大革命"的结束，蒜岭村的一些婚俗也逐渐恢复。原先在"文化大革命"期间被禁止的许多仪式又重新出现在当地的婚礼中。与此同时，许多村民出境务工，蒜岭村的整体经济状况逐渐好转，生活水平大大提高。所以，改革开放后，村中婚礼的花费提高，并且有些部分也日趋西化。

目前，年轻人一般是自由恋爱结婚，所以过去推算生辰八字的习俗，许多人已无法遵循，只有少部分比较迷信的人家还会去找算命先生看看生辰八字。而从下聘开始的大部分婚礼程序都没有什么变化，只是简化了具体的内容。

举办婚礼的前一天，新郎同过去一样要沐浴，并且要"梳弄"。当天凌晨，男方家中还是要谢天地、挂表轴。另外，迎娶时也必须挑"起轿脚"的十几担礼品，"头担盘"中的"十个盘"所装的东西也没有变化。迎娶当天，现在一般用轿车到女方家接新娘，也有人家喜欢传统的方法，去江口租花轿回来迎娶新娘。结婚当天，新郎是西装革履，新娘多是身着西式婚纱，但新娘在进入轿车前还必须行"梳弄"礼。

新娘到达新郎家门口后，不再是遮头巾或是由两人抬块红毡遮其面部，而是改撑伞（没有颜色限制）入新郎家，但还必须按传统拜堂。现在的新房大部分是新郎家布置好的，新房里的大部分物品也是夫家直接购置，像被子、蚊帐一类的已经很少由新娘带来。撒帐的习俗仍有，只是简单了些，念撒帐经文习俗的少了，一般就是整理好床铺之后往床上撒花生、瓜子一类的小零食。此外，现在闹洞房的形式也有很大的变化，做经文的活动基本没有了，主要是因为懂得那些经文的人已经不多，但换灯的仪式依然保留了下来。现在闹洞房，虽然众人也是想尽办法捉弄新郎新娘，但是只闹一会儿就结束，然后开始打牌、搓麻将到凌晨。

结婚后第一天的习俗形式同过去大致相同。新婚夫妇必须在新房中用过早餐才能出房门，然后出来拜见父母，接着等小舅子来后"转马"回娘家。中午在娘家摆酒席。

在对蒜岭村的调查过程中，笔者有幸参加了一次比较规范的婚礼。也许有助于读者通过婚礼现场的描写，体会蒜岭村婚礼习俗的变化。

该婚礼是在 2003 年 11 月 14 日举行的，但准备工作却是在几天之前就开始了。

婚礼的前一天晚上七点钟左右，笔者与村主任林玉坤来到离他家不远处的新郎家。新郎家门口的地上散落着一些鞭炮纸屑，正门与偏门上都挂着红色的绣有"囍"字的横幅。门前的红灯也亮着，透出喜庆的气氛。走进门，大厅里坐着几个人，大厅的正中间是由几张方桌拼成的台子。一位老人正围着台子忙碌着。那几个人中有新郎的大姐、二姐、二姐夫以及邻居们。村民们端上了装着瓜子、糖果、蜜饯等的盘子，热情地招待客人。

与他们谈笑了一会儿，回过头看大厅中间的台子时，只见那位老人已在台子上摆满了红色的塑料小碗、小盘，并依次往里放进炸豆腐块、香菇等物。最靠近大门的那张稍高一点的方桌上摆了两个酒杯，两个插着假花的瓶子，五个分别装着橘子、苹果、梨、柚子、杨桃五种水果的盘子。原来老人正忙着准备的就是"十斋五果"。在这长台的另一边是一张比较矮的长桌，上面放着杀好的一只生猪、两只生羊，地上的一个盆子还放着一条鲜鱼，这就是第二天凌晨用来祭天地的鲜猪羊等。

大厅的一头有一间装修得特别漂亮的房间，门上贴着大红"喜"字，无疑就是新房了。走到新房门口，发现门的上方挂着一些东西，仔细一看，原来是在门上钉了一个钉子，用红线在钉子上系了个筛子，筛子上还绑着芦荟、木炭、红纱等，据说挂着这些东西可以辟邪。走进新房，里面是一套全新的家具，梳妆台前还摆着两碗线面，旁边则是一袋袋的各种零食，是准备在婚宴时以及闹洞房时用的。新房里新郎的大姐与几个小伙子正忙着贴各种彩纸并挂上了第二天晚上"换灯"仪式用的灯笼。几个人说说笑笑，脸上充满了兴奋与喜悦。

他们忙到九点左右，新房布置妥当，而"十斋五果"也已摆好。台子上一排排碗盘整整齐齐，各种斋菜如腐竹、黄花菜、木耳、豆腐块等琳琅满目。除了这些，那位将担任司仪的老人还摆了面粉蒸的各种造型的食品，有猪头、鸡、羊、鱼、福饼，十分漂亮。

第二天，也就是婚礼当天凌晨 3 点钟，这时周围的人家仍在熟睡中，四处一片漆黑，只有新郎家灯火通明。新郎的两个姐姐与妹妹还在忙碌，新郎的二姐夫与父亲还有司仪都在，而村主任林玉坤作为宗族中比较有威望的人，前夜被请去与新郎同睡，此时也醒来，在新房里帮新郎系领带。3时15分，一个穿夹克的中年人来到了大厅里，这就是请来的道士，道士看了看用来祭天地的五凤架与鲜猪羊，表示满意，接着便与新郎的父亲聊了起来。

林玉坤帮新郎穿戴完毕后，出来问道士是否可以进行"上头"与"挂表轴"的仪式了。得到同意后，玉坤领着新郎、新郎的妹妹与小侄子往二楼走去。只见厅中间的地上摆着一个大竹匾，竹匾里放着煎鱼、目鱼干、蛏干等几碗海产品，此外还有一碗饭、一碗线面。玉坤搬来一张椅子放在竹匾前，让新郎坐下，然后拿起一把梳子，在新郎的头发上梳了三下，梳最后一下时，玉坤喊了一句："幸福美满，早生贵子。"新郎有些不好意思地笑着。接着，玉坤示意小侄子把米饭端来，并说让新郎象征性地碰一下即可。小侄子把米饭端到新郎面前，新郎拿起筷子在碗边碰了一下就拿开了，小侄子又端来线面，新郎同样是象征性地碰一下就拿开了。

"上头"仪式结束之后，玉坤把椅子搬开，又搬来一架梯子靠在墙上，并取来了表轴挂在了事先钉好的钉子上，边挂边喊："放鞭炮！"话音刚落，在门外阳台上等候的新郎的妹妹立刻点燃了鞭炮。在鞭炮声中，挂表轴的仪式也就完成了。

忙完这些，玉坤、新郎等人下了楼。那位道士已换好了道袍，正指挥着众人把生猪、生羊抬到大门外。大门外的几张桌子上已经摆了一些水果和面食。众人喊着号子将生猪羊放到桌子上，那位当司仪的老人便在生猪羊的背上画上一道红颜料。各种祭品都摆好之后，祭天地的仪式开始了。

新郎的家人都跪在大厅里"十斋五果"架的后头。道士站在一边，一手拿着新郎的生辰八字，一手摇着铃铛，念念有词地唱着。所唱的无非是祝新郎婚后生活美满，家道昌盛之类的。唱完之后，道士示意新郎的二姐夫把台子上的东西一盘盘端到新郎父亲处。新郎的父亲必须捧着每一盘供品向天地叩拜。

快到四点时，道场结束。新郎的家人把"贡银"搬到门外焚化，并把几块红布、家中的一些轻便物件在火上绕了一圈以祈兴旺，然后又在鞭炮声中把门外的东西都搬进门里。等这一切都结束后，道士换回原来的衣服，拿了新郎家给的红包与礼物离开了。新郎的家人都有些疲惫，但也都松了一口气。

上午 10 点钟，响起了鞭炮声与"十音八乐"的演奏声。大厅里摆了 6 张酒桌，已有一些村民坐在那里聊天。大厅的一角是武当别院"十音八乐"队，二十几个人在那里吹拉弹唱，不亦乐乎，整个场面十分热闹。除了大厅里的 6 桌酒席外，门口还有两桌给端菜人留的酒席，另外新郎家对面的两个场地上也分别有 4 桌、8 桌，共 20 桌。

酒宴的厨房设在屋后的一个晒谷场上。场上现在放着几个木架，上面摆了各种有待加工的食物。还有两个砖头临时砌成的炉灶正烧着水，几个厨师和帮手忙着洗菜。

十一点多，新娘来了。在西装革履的新郎和替她撑红伞的奶娘的陪伴下，新娘进了门。参加婚宴的村民们马上聚拢来，兴奋地看着这一对新人，并评论着。新郎的叔公取来一张草席铺在大厅的供桌前，供桌上是林、方两家的祖先牌位和各式供品。在司仪的示意下，新人对祖先进行了"三跪九叩"，然后就是拜堂。新娘并没有盖头巾，所以羞涩的表情一览无余，人们又是一阵笑闹……

拜完堂，新郎在司仪的陪伴下去寻找回避的父母。经过司仪的指点，新郎在大厅一侧的小屋中找到了父母，并将他们请了出来。之后，新人牵着一对小孩，在人们的簇拥下进了新房。之后，新娘要待在里面，而新郎则穿上围裙，帮助准备酒席去了。

中午十二点半，酒宴开始。在鞭炮声中，穿着红衣的妇女们往每张桌上菜。第一道照例是卤面。村民们不客气地吃了起来，边吃边谈笑着，其乐融融。吃到三四道菜，大家开了啤酒，推杯换盏起来，场面更加热闹。菜数过了一半，宾客们酒兴正浓时，新人在父亲和两个善于喝酒的亲戚的陪同下出现了，他们挨桌敬酒，当然也是先敬长辈。而每桌人在新人前来敬酒时都说着祝福的话，或者夸新郎能干，或者说新娘漂亮。有的酒席坐的都是年轻人，他们自然不肯轻易放过新人，要么逼新郎敬每人一杯，要么要新娘多喝，于是那两个善于喝酒的亲戚便出面挡酒了。

在笑闹和祝福声中，新人敬过酒，被安排在一桌酒席入座。新娘害羞而小心地吃着，同桌的人向她了解各种事情。过了一段时间，新娘与他们熟识了一点，便聊了起来，大家不时发出开心的笑声，而新郎则有些发窘，显然他们是在开新郎的玩笑。

酒宴在下午两点左右结束，宾客们离席向主人道谢，而主人们则说着招待不周等歉意的话送着他们。客人们走尽之后，主人以及留下来帮忙的亲人、邻居们开始收拾餐桌的残茶剩菜。等收拾妥当，已是下午四点，新郎家又摆了两桌酒席宴请厨师们。这时已没有什么顾忌，大家一起边喝酒边开玩笑。

不知不觉天色已渐渐暗了下来。在几个师傅的要求下，闹洞房开始了。新人被众人簇拥着进了房间。新房里有昨晚挂好的两盏灯笼，上面分别写着"三元五桂"、"百子千孙"。新人的任务就是对换两盏灯笼的位置，称为"换灯"。"换灯"时要求新郎抱着新娘。于是，在众人的笑声和催促声中，新郎抱起了新娘，新娘则伸手去取下一盏灯笼。但这时总有年轻人故意挡在中间，不让新人碰到另一盏灯，延长新郎抱着新娘的时间。为解救新郎，新郎的姐姐出马了。她们向众人分发各种零食，请求他们让路。在磨蹭中，年轻人们终于让开一条路，新人得以"换灯"成功，之后又是一阵喧闹，气氛热烈。众人想尽办法调笑这对新人，新人只能一件件地满足着大家的要求。

闹了近两个小时后，新人都筋疲力尽了。众人终于满意了，决定放过他们。于是大部分人退出了新房，在大厅里摆开阵势，或打麻将或玩牌。另一部分是新郎或新娘的好朋友，他们在新房里陪新人玩，因为此时直到明天天明，新娘是不能踏出房门的。

九点半左右，亲人好友们渐渐离去。最后只剩下新郎的二姐夫和几个朋友，还有一个懂礼仪的人。他们又摆了一桌菜，边吃边等"送房"，新郎也加入了，大家天南地北地聊着。到了十一点，大家都露出倦意，于是准备"送房"。那个懂礼仪的人吩咐二姐夫去放鞭炮，自己则将新郎送到新房里，并在门口喊着吉祥话。等鞭炮一响，他就拉上房门，新人就可以休息了。"送房"仪式完成了，二姐夫向参与"送房"的人表示感谢，之后大家便散去了。

现在的婚礼中，传统的礼俗还是保存着很大的部分。根据传统礼俗，人们趋利避害的心理、早生贵子的心理是一样的，人们虽然不再死守礼数，但对于这些世代相传的习俗依然不敢小觑。同时，也可以看到，从新中国成立至今，在政治意识变革的影响下，婚礼文化发生了很大的变化，特别是在男女平等、妇女解放的思想的宣传教育下，婚礼中对于新娘的禁锢，特别是那些近乎摧残人的"礼节"，如婚前需禁食三天，婚后三天不能下床等已被人们所摒弃。

四　婚礼花费的变化

由于各个时期的经济条件和婚礼的繁简程度的不同，婚礼的花费自然也有很大差别。婚礼的花费分为三个部分：一是媒人的费用；二是聘金；三是各种仪式以及酒席的花费。先介绍第一部分——媒人的费用变化。所谓"无媒不成婚"，可见媒人在婚姻中的重要作用。在新中国成立前，媒人的地位更是不可动摇的，但那个时期媒人的费用也是最低的，或者说基本上是不收费的。媒人在促成婚姻后，收到的往往只是几斤米面和猪腿一类的实物。把这些实物折算成人民币显然是不多的。新中国成立后到"文化大革命"结束，媒人的待遇也没有什么变化，一般也都是收些实物，基本没有拿现金。到了 1977 年，媒人开始收费，当时促成一桩婚姻所收取的费用一般是两百至三百元，另外，还收取一些婚礼中的实物。20 世纪 80 年代中期以后，费用就更高了，一般在 300~500 元。1990 年以后，费用达到了 1000 元以上。如果是成功介绍了与华侨的婚姻，费用更高，有的可以得到 5000 元以上。媒人的报酬从实物变成金钱，又从小额金钱变成大额金钱，充分表明了社会从物质匮乏到物质逐渐丰富，从贫困到富裕的变迁。

第二部分是聘金的变化。新中国成立前，一般人家的聘金在 400~500 元（当时的货币），而女方的嫁妆中包括了一些生活用品和一定金额的现金，所以实际上男方付出的聘金一般是 300 元左右。20 世纪 50 年代初期，聘金与新中国成立前差不多。后来《婚姻法》颁布，禁止买卖婚姻，把聘金视为是买卖婚姻的表现，因此取消了聘金。男方仅给女方一些物品，如米面，肉类等，数量多些而已，女方的嫁妆也没什么大的变化。到了 20 世纪 80 年代初期，聘金又开始流行了，而且成为女方身价的表现。当时的聘金在 1000~2000 元，后来逐年上涨，现在一般至少要 2 万元。长相和家世好一点的聘金自然更高。当然，聘金高，嫁妆也多。刚开始时嫁妆里有梳妆台、电视机什么的，后来不流行实物了，女方一般是直接把现金带来当嫁妆，要什么东西嫁过来后再买。因此一般来说，给女家 2 万元的聘金，她基本上是全部又带过来了。有的女家有钱，带过来的嫁妆是聘金的几倍甚至是几十倍。所以，真正算起来，男方在聘金这一块上付出的钱是不多的。当然聘金一般是父母为儿子付出的，而带过来的嫁妆是媳妇管的，算是小两口自己的金库，父母无权干预。

第三部分是酒席的花费变化。整个婚礼真正花钱的地方在酒席上。在农村，结婚是件了不得的大事，一辈子只有一次，不办得隆重怎么对得起祖宗，所以无论有钱没钱都得奢侈这么一回。无论是新中国成立前的酒席还是新中国成立后到现在的酒席，蒜岭村的规矩是不少于 20 桌，每桌 12 道菜，也可以是 14 或 16 道，但必须是双数，这笔花费是很可观的。新中国成立前办酒席的花费在 3000 元左右（别看数字不大，但比比上面当时的嫁妆就知道这是一笔不小的数目了）。20 世纪五六十年代生活比较困难，婚宴的质量下降了，但规模不减，一般的花费也在 500 元左右（当时给"拦门槛"的妇女仅仅是 5 角钱）。80 年代以后，花费有所上升，据在当时结婚的蒜岭村前任书记陈通龙说，他当时办的酒席是 18 元一桌（他当时的工资一个月也只有 18 元），办了五十几桌。最近这几年结婚的酒席更是一个赛过一个，一年赛过一年，总体要花到 2 万元以上。

而就所收的贺礼来看，新中国成立初期，同村里的熟人（后来是同个大队或生产队的熟人）来参加婚宴，一般都带些小礼品。接下来的几年物资极其匮乏，来宾一般都是两户或是三户合买一件东西，比如两三户人家把布票合在一起，扯一块布（有些人家提前买布送到新人家给新娘做新衣）等。当时比较流行的还有送镜框，大都是一些不太值钱的物品。到了 20 世纪 80 年代，情况有了好转，来宾送的礼品也就有了变化，好一点的也送手表什么的。到了 1985 年前后，同一个生产队里来赴宴的人开始带红包过来，最早是每人 5 元（亲人来是不收钱的，只收一些实物），后来也有每人送 30 元的。到了 1993 年左右就什么也不必送了，同生产队的人来赴宴都是免费的。现在的婚宴有的必须是红包，有的只收亲戚和好友的红包（每人一两百元不等），交际广的人有时也可以收到万儿八千的。总的算下来，婚宴是男方花钱最大的部分。

赴宴者从最先赠送实物，改为赠送现金，再变成免费赴宴的这些变化，同样反映了蒜岭社会经济生活水平的发展变化。在家庭经济贫困，物质生活匮乏的年代，亲戚朋友送些实物恭贺新人，起到帮助建立新婚家庭物资不足的作用；一旦社会物质丰富了，人们开始以现金支持新婚家庭的建立；随着蒜岭人出境务工，收入大幅度提高，新婚家庭的自立已不成问题后，免费邀请亲戚朋友前来赴宴成为蒜岭婚俗的新风尚。

除了上面提到的蒜岭婚礼的三部分花费外，还有其他的花费，如请道士做道场，大概要花 5000 元，装修和购置家具也要花费 5000 多元。总的算起来，现在蒜岭村的婚礼大体都要花费 6 万元钱左右。

综上所述，新中国成立前蒜岭村的婚俗可以说是中国传统婚俗的典型，从纳吉到亲迎，再到拜堂等一系列的环节，一个都不少，中规中矩。随着社会形态和经济生活的变迁，蒜岭的婚礼习俗曾发生过剧烈的变动。改革开放后，随着极"左"思潮的退出，蒜岭侨村的重振，婚俗中一些传统的东西又得以继承，而海外经历与经济收入的提高又使蒜岭的婚礼既含有传统的余味，又显现出现代的气息，这种"中西合璧"式的婚礼文化使蒜岭村古老的婚俗文化有了新的色彩和生命力。

第三节　寿宴礼俗

在蒜岭，男性及丧偶的女性达到 59、69、79、89……岁或夫妻健在的女性达到 60、70、80、90……岁时，在这一年的任何一天都可以做寿，一般多选择在下半年举行。如果夫妻双全的话，一般在农历 10 月、12 月进行；丧偶者在农历 9 月、11 月进行。

新中国成立前，经济条件好的家庭很少，一年之中做寿办酒席的只有一家，甚至没有。人民公社时期更没有人做寿。20 世纪 80 年代以来，村民的生活水平渐渐提高，做寿也开始盛行起来。

办寿宴之前，也必须"乞姑"，"乞姑"那几天必须吃素，不能穿红色的衣服。

做寿分两个内容进行,一方面是办酒席,邀请亲朋好友赴宴。酒席费用由儿子支付;另一方面是给亲戚朋友、族人和本村民小组成员分送礼饼。做寿老人如夫妻双全,送给每户两块礼饼;如配偶已故,则送一块。这一费用由女儿支付。蒜岭村有第5、6、7、8四个村民小组,长期以来婚丧喜庆等都会互相邀请,因此,如果是这些小组的成员做寿的话,就不光只给本村民小组的村民赠送礼饼,其他三个村民小组的家庭都将得到礼饼。一块礼饼根据大小,价格在2~5元之间。由于做寿的人越来越多,每年家家户户收到不少礼饼,来不及吃就发霉了。大约2000年时,陈孙政做寿,改变了以往分送礼饼的做法,分给各家一包饼干,由于饼干保质期长,村民大受启发,从那以后,人们做寿都改为分送各类包装饼干。可见,创新只要是科学的,村民也是很容易接受的。女儿除了替父母分送礼品外,还必须给父母一担"十个盘"的衣服、鞋帽、袜子和肉、线面等。有条件的,还可以送大衣、请戏班子在宗族宫庙演戏,有的甚至请两个戏班子在家门前搭台演戏。此外,女儿还要送红包给父母,根据经济情况,至少要送500元。

收到寿宴邀请的人家必须买10束线面(表示长寿)、10个鸡蛋(表示太平)、一对红烛、一包鞭炮、两束带有柏树枝的鲜花(表示长青),以及装有50元、或100元、或200元,甚至1000元,根据亲疏关系数额不等的红包,送到主人家表示庆贺;而主人只收下线面2束、鸡蛋2个,以及红烛、鞭炮和鲜花。至于红包,有的主人是当场打开,记下金额后,还给送礼者;有的主人担心送礼者不肯入席,先收下红包,待酒宴进行到中途时,还给送礼者,即做寿是不收亲戚朋友红包的。除了上述贺寿的物品外,有的好朋友还会合伙送一面题有"福海寿山"、"祝寿图"的大镜框,或屏风,或花瓶等摆设品。

做寿办酒席桌数不限,有的只办三四桌,但多数办四五十桌。每桌8人,每桌12道菜,有:炒面、太平蛋(寿宴才有)、炖排骨、大肉、明虾、清蒸桂花鱼、炒墨鱼、猪肚干贝汤、羊肉汤、软糖与甜汤、蛏干豆腐、炸鱼。表10-1是2005年陈茂基做90岁大寿时,办了38桌厨师开的菜单。这份菜单只是很一般的,现在,有一定经济条件的还要有蟳、鲍鱼、章鱼、跳跳鱼等更高档的海鲜。以上仅是"正宴"一餐的食物，还需要分发烟酒：每桌要两包香烟，一包是"红七匹狼"，市价12元，另一包是"红石狮"，市价10元，根据经济条件，有的分发"大中华"等高档香烟；每桌一瓶白酒，啤酒任意喝。这样一算，每桌要500元以上，40桌就要2万元以上。另外，雇厨师的费用一桌15元，合计600元。

表 10 – 1　蒜岭村一村民寿宴菜料单

采购物品	数量	采购物品	数量	采购物品	数量	采购物品	数量	采购物品	数量
排　骨	100斤	薯　粉	5斤	保鲜纸	1筒	香　菇	1斤	田　豆	12斤
猪腿肉	130斤	面　条	40斤	调味品	3瓶	油炸粉	30包	菜　头	20斤
花生油	10斤	豆　腐	18斤	酱　油	2瓶	羊　肉	4斤	胡萝卜	3斤
猪　肚	50斤	鸭　蛋	350粒	软　糖	41袋	可　乐	80瓶	白　醋	5瓶
牡　蛎	20斤	味　精	8斤	扁肉*	20斤	生　姜	5斤	香　菜	20斤
桂花鱼	41条	茴　香	5元	木　耳	2斤	蒜青**	5斤	芋　头	20斤
目　鱼	90斤	麻　油	7瓶	白　糖	12斤	韭　菜	5斤	蒜　头	7斤
虾	50斤	沙　司	20瓶	老　酒	3瓶	芥　菜	5斤		
海鳗鱼	80斤	当　归	5元	罐　头	330罐	葱	5斤		
蛏　干	20斤	枸　杞	5元	花　菜	15斤	大白菜	5斤		
虾　肉	3斤	桂　皮	5元	芥蓝菜	5斤	幼　豆	5斤		
干　贝	10斤	鸡　精	2罐	洋　葱	10斤	菜　椒	5斤		

＊馄饨的方言说法。

＊＊带叶子的大蒜，主要用于当烹调的作料。

资料来源：2005年陈茂基媳妇陈菁菁提供。

做寿还要请道士来做道场，给道士的红包是100元。如果做隆重的道场，要花1万元左右。因此，一般根据规模做寿合计需1万多至2万多元。陈茂基过90岁大寿时共计花了2.4万元。

蒜岭人的宴席有一个独特之处：桌子都是四方桌，坐8人，桌上始终只有一碗菜，端上来一碗菜后，就撤下前面的一碗菜，而不像一般其他地方的宴席，桌上摆满了佳肴。

第四节　葬俗仪礼

安葬死者的礼俗，起源于"灵魂说"。恩格斯说过："在远古时代，人们还完全不知道身体的构造，并且受梦中景象的影响，于是就产生一种观念：他们的思维和感觉不是他们身体的活动，而是一种独特的、寓于这个身体之中而在人死亡时就离开身体的灵魂活动。从这个时候起，人们不得不思考这种灵魂对外部世界的关系。既然灵魂在人死时离开肉体而继续活着，那么就没有任何理由去设想它本身还会死亡，这样就产生了灵魂不死的观念。"①

因为人们对于一些生理上出现的诸如梦幻等的不理解，所以以为人死了之后灵魂会变成鬼。当人活在世上时，魂魄附身支配着人一生的活动，但是不对别人构成威胁或起庇护作用。然而，一旦人死亡，灵魂所变的鬼却具有非凡的能力和作用，可以对亲戚、朋友或者其他人产生或好或坏的影响。因此，人们为了祈求鬼魂，避灾求福，对遗体就不敢漠然置之了。这样，便产生了丧葬习俗。丧葬礼俗成了封建伦理的一个重要的内容。考察一个人是否符合"孝"的标准，看他对丧葬礼俗遵循的程度也是一个重要的方面。正因如此，丧葬习俗在民间受到普遍重视，并流传至今。

中国的丧礼富有浓重的伦理色彩、人情味，宗教信仰观念也糅含在丧俗中。葬礼中基本信念是"不死其亲"，表现在行动上就是"事死如事生"。因此，一个人去世随之而来的是一系列丧葬礼仪，成为一次特殊的离别，要装点行程、话别饯行、依依不舍地惜别。

一 生前对死后丧事的准备：寿衣、棺材和墓地

1. 寿衣和棺木

在蒜岭，老人活到 50 岁时就会开始准备寿衣和棺木。备置寿衣和棺木的年份必须在 50 岁至 70 岁之间，逢有闰月的年份购置。寿衣的上装和下装的件数合计取奇数，内衣多用白绫裁剪。一般来说寿衣要 13 层，上装 7 层，下装 6 层。男性寿衣的颜色为蓝色，女性的寿衣是白色。整套寿衣不能够有扣子，而且要全部用带子系紧，这样做是表示"带子"，就是后继有人的意思。除此之外，还要准备白手套一副，因为按照古代的丧礼，死后不能露

---

① 《马克思恩格斯选集》（第 4 卷），人民出版社，1972，第 346 页。

体，所以在当地去世的人的手还要用白手套罩住。至于头饰方面，男性要准备礼帽一个，女性要准备油巾（一种黑色的丝织汗巾）一条。为了防止在去阴间的途中滑倒，胶底的皮鞋是不能用来给死去的人穿的。按当地的习俗，老人要准备手工做的布鞋，男性穿白底黑鞋，女性则穿白底蓝鞋，且鞋面和鞋底各绣有莲花一朵。由于莲花在佛教中，多用作佛祖和菩萨的底座，有着吉祥的意思，所以寓意是死后顺利升天，走向极乐世界的意思。

在当地，棺木的选材一般为杉木，棺材一头大一头小，死后头放在棺材大头的一边，脚在小头那边。棺材的颜色为黑色，没有什么繁杂的图案，只在棺材头的两侧画有一个以红色为底的黄色祥云。

2. 墓地

蒜岭人不认为在生前做墓是不吉利的事，他们一般在儿子们都娶完媳妇后就开始选地造墓。当地人十分重视墓地的风水，他们认为好的墓地能造福子孙，使得家庭兴旺和生意兴隆。笔者在村中做调查期间，经常听到村民说华侨陈子兴、陈德发和陈金煌家之所以会如此兴旺发达，是因为他们家祖坟的风水很好。例如，陈子兴家的祖坟据说是在一座像佛祖的山的佛手上。但是，蒜岭村武当别院的庙祝林金銮老先生对风水的看法是，墓地的风水再好也要看这家人是否兼具阳德和阴德，阳德即这家人在世的人的品行，阴德即过世的人生前的品行，只有阴阳二德兼具，风水才能起作用，造福全家。

墓地选地的学问十分精深，只有懂风水的人才能看懂。风水先生一般以子午为中线，罗盘上甲乙丙丁戊己庚辛壬癸。天干十，地支十二组成的不同方位，分别代表着不同的朝向及墓地的好坏，此外，还要考虑墓地附近水流的方向，水往左或往右流，结合墓地的具体朝向，都有不同的风水含义。建墓的花费也比较大，单单给风水先生的红包就要八次。当地有句俗语："房七墓八"，指的是造房要给风水先生七个红包，建墓则要给风水先生八个红包。建墓比建房子要多一个红包。造坟墓的八个红包分别是：造坟墓，第一天动工，给一个红包；坟墓挖好打底，包括水泥砖头、白灰、粉金底，给第二个红包；两边挖好做好大坪，给第三个红包；墓做好"放水"，墓前有出水的地方，朝什么方向很有讲究，墓朝哪边有讲究，给第四次红包；立墓碑，要用罗盘看，是放在墓顶、墓中、墓前以及墓碑长、高都要有讲究，给第五次红包,这道工序叫"企牌";"后土"是放在左边,还是右边,哪里凶险不利就朝哪里,"后土"是一柱状条石,是土地公的位置,给第六次红包;第七次红包是"进葬",开墓门、进棺材、看日子;有的人把第八次红包含在第七次一起给。表 10-2 显示,蒜岭人中 68.8% 的人都认为墓地风水与后代的兴衰祸福有联系(395 份问卷)。

表 10-2　您认为墓地风水重要与否

单位:人,%

墓地风水重要否	人数	百分比	累计百分比
决定着后代的兴衰祸福	115	29.1	29.1
与后代的兴衰祸福有一定的联系	157	39.7	68.8
与后代的兴衰祸福没有联系	121	30.6	99.4
无效回答	2	0.6	100.0
合　计	395	100.0	

资料来源:2003 年 12 月问卷调查。

通常,墓穴少则两穴多则十六,许多人家都将自己和儿子、儿媳妇的墓建在一块,一般来说一个墓所埋葬的人数不超过三代。因此,墓碑上往往有一排姓名。墓碑上所刻的字的格式如下:

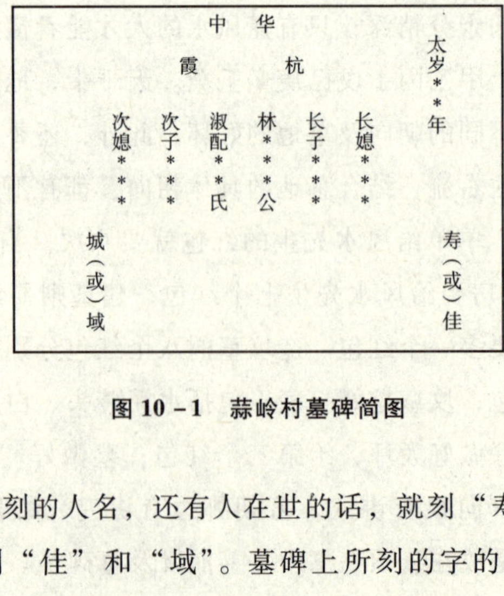

```
              中　华
          霞        杭        太
                              岁
                              *
                              *
      次  次  淑  林  长  长  年
      媳  子  配  *  子  媳
      *  *  *  *  *  *
      *  *  氏  公  *  *
      *  *                  寿
      城                    (或)
      (或)                   佳
      域
```

图 10-1　蒜岭村墓碑简图

若是墓碑上所刻的人名,还有人在世的话,就刻"寿"和"城",若建墓时都已去世就刻"佳"和"域"。墓碑上所刻的字的总数要遵循"三四五"原则。"三"是指"兴旺衰"三字，"四"是指"生顺死哀"四字，"五"是指"生老病死苦（或孤）"这五字。所刻的总字数分别除以三、四、五，然后将余数分别对应"兴旺衰"、"生顺死哀"、"生老病死苦（或孤）"，只要墓碑上的字有对应"三"中的"兴"或"旺"，或是对应"四"中的"生"或"顺"，或是"五"中的"生"，这几个中的一个即可。总的来说要对应"三四五"中意思比较好的一个字为佳，否则为忌。例如，某一墓碑上的字的总数是四十七，除以三后得余数二，除以四后得余数三，除以五后得余数二，分别对应"三"、"四"、"五"的"旺"、"死"和"老"，虽然这三个字中有两个比较不吉利的字"死"和"老"，但是它还对应有"旺"字，所以这个墓碑所刻的字可以用。

二　临终上厅堂及其禁忌

中国古俗很讲究寿终的场所，即所谓"死于适室"，"寿终正寝"。蒜岭人自古以来也十分讲究"寿终正寝"，人们认为要把临终的人从寝室及时地搬铺到厅堂。他们认为是房子中最神圣的场所，寿终于此是"死得其所"，死后在阴间才可以与祖宗、亲属团聚。若寿终于偏房侧室，死者魂魄会滞留在寝室床架上，不易超度转生。老人在病危时，只要神志清醒，往往也会自己要求到厅堂去。若寿终于偏房寝室，子孙也有照顾不周之嫌，会招来非议。

事实上，"上厅堂"在蒜岭被视为礼遇，只有将要"寿终正寝"的人才有资格"上厅堂"。旧时年满50岁且有子女者称为"上寿"，临终时才有资格搬铺为正寝。当然也有例外，在蒜岭，若是未满50岁就去世，但已经当了爷爷或奶奶的人，因为子孙满堂了，所以也有资格"上厅堂"。在当地因车祸、自杀、难产及其他意外身亡的（凶亡）、16岁至50岁之间身亡的（夭折），以及16岁以下死亡的儿童（殇）都不能上厅堂。尸身不全的尤为忌讳，一般不把尸体搬进房子里，直接埋葬了事。

村里人把不吃不喝、不能讲话和神志迷糊作为病重的人临死的征兆。在这个时候，家人要及时将其搬铺到厅堂，摆放的方位为，头朝里，脚朝门口，以便去世后死者灵魂顺利走向黄泉路——顺行。按照男左女右的传统，男性的铺摆在厅堂的左边，女性的摆在厅堂的右边。

当家里人认为病重的人快不行了，就抓紧给他穿寿衣。因为，若在死后穿寿衣，死者身体变僵硬，很难穿进寿衣。穿寿衣时由死者的儿子和儿媳妇及家中的亲人帮忙。

三　小殓：家门贴白联、乞水为死者洗身

临终的人一断气，家人便在厅堂的桌上放一盏煤油灯；另用一只放有花生油的小碟子，里面点一根草灯芯。此外，家人还要拿个碗，在里面放些沙，若临时找不到沙，可用米代替。然后在碗上盖块瓦片，将香横插在碗与瓦片的缝隙内，以区别于烧香拜佛时的竖插。香要一直点到尾七，按古礼来说，在这七七四十九天里，香是不能断的，但是，毕竟村民要下地干活，不可能天天待在家里，所以一般早晚上香即可。同时，在临终的人断气后，丧主会将家中的门联贴上白纸条，以告知邻里家中在办丧事。

全家男去冠、女披发，号啕哀哭，然后全家人一起到离家最近的井边，跪着向井公、井婆乞水。现在，家中及附近没有井的人家，他们就到自家自来水的蓄水池"乞水"。孝男跪下乞水。家人拿个桶打点井水带回家。到达厅堂后，长子为死去的父或母洗身。一般是拿根筷子，缠上白布，沾上水，掀起寿衣，象征性地在死者身上搽洗三下。为死人沐浴的目的除了"用水洗去死者生前的罪恶，消除死者在生前所犯下的罪孽"外，主要是要让死者的灵魂知道，这不是在给活人沐浴，而是要让死者干干净净地到达阴间，被祖先所收容。

四　入殓：七世俱、落帐

入殓就是将死者遗体放入棺材。在准备丧事时，家人会准备好"七世俱"，用来放进死者口内和棺材内。"七世俱"是纸银、草灯芯、一对玻璃珠及一把梳子这四样东西。

在收殓前，家属将买来的草灯芯截成10公分左右的一段段，竖放于棺材的底部，然后铺上三层草纸，这些叫做"寿底"。草灯芯是由一种长在河边的植物，将其外皮剥去，留下里面的芯，晒干制成的。之所以用草灯芯做

棺材的铺垫，是因为草灯芯质地酥软，有吸水性，铺在棺材底可以吸尸水。但是，在过去，草灯芯价格较高，只有有钱的人家才买得起，所以，中等人家一般是直接铺上厚厚的碎纸，然后再铺上草纸，穷人家直接用草木灰铺底，然后再铺上草纸。此外，还要将几根麻绳横放入棺材，麻绳两头露出棺木，有多少个儿子就放几根麻绳。

放好麻绳后，长子抬死者的头部，其余按次排下，将死者抬入棺材，然后将一对玻璃珠放入死者嘴里，这叫做"含"，这样做的目的是让死者到了阴间能够开口说话。放好玻璃珠后，为其盖上绿色的天地被（当地也称"水被"），被子要从头盖到脚。入殓的衣服和被子忌讳用缎子，因为"缎子"谐音"断子"，唯恐因为这个原因遭到断子绝孙的恶报。人们的做法一般用绸子，"绸子"谐音是"稠子"，可以保佑后代多子多孙。

之后，家属将头梳在棺材边上敲一下，截成两段，一段放入棺材内，一段扔到房屋上，表示死者已归西。然后，儿子们上前，将麻绳抽出系于腰间，以示戴孝。最后盖上棺盖。

入殓后，家属将死者生前睡的草席拿出去烧掉。家人拿出头梳把头梳好，尤其是妇女，由于入殓前妇女必须将头发放下，以显示悲伤和对死者的尊敬，女眷梳完头后拿出一条白髻绳将头发扎起。这个过程叫"落帐"。

五　孝服制度——亲疏远近的区分

在蒜岭，孝服的穿法和"五服"制度大致相同。"五服"，即：斩衰、齐衰、大功、小功、缌麻。

第一等叫"斩衰"，是五服中最重要的一种。"衰"是指丧服中披于胸前的上衣，下衣则叫做裳。斩衰上衣下裳都用最粗的生麻布制成的，左右衣旁和下边不缝，使断处外露，以表示未经修饰，所以叫做"斩衰"。凡诸侯为天子、臣为君、男子及未嫁女为父母、媳对公婆、承重孙对祖父母、妻对夫，都要穿"斩衰"。

次重孝服叫做"齐衰"，是用本色粗生麻布制成的。自此制以下的孝衣，凡剪断处均可以收边。孙子、孙女为其祖父、祖母穿孝服；重孙子、重孙女为其曾祖父、曾祖母穿孝服；为高祖父、高祖母穿孝服均遵"齐衰"的礼制。孙子孝帽为蓝色。

"大功"是轻于"齐衰"的丧服，用熟麻布制作的，质地比"齐衰"用料稍细。为伯叔父母、为堂兄弟、未嫁的堂姐妹、已嫁的姑、姐妹，以及已嫁女为母亲、伯叔父、兄弟服丧都要穿这种"大功"丧服。

"小功"是轻于"大功"的丧服，用较细的熟麻布制作的。这种丧服是为从祖父母、堂伯叔父母、未嫁祖姑、堂姑、已嫁堂姐妹、兄弟之妻、从堂兄弟、未嫁从堂姐妹，和为外祖父母、母舅、母姨等服丧而穿的。

最轻的孝服是"缌麻"，是用稍细的熟布做成的。现在大多用漂白的布做成。称为"漂孝"。凡为族曾祖父母、族伯父母、族兄弟姐妹、未嫁族姐妹，和外姓中为表兄弟、岳父母穿孝都用这个档次的孝服。

此外，孝男头戴"龙圈"——由稻草编成的草圈，孝妇头戴麻帽，孙子、孙女们头扎蓝色头巾。死者的配偶穿黑色的布鞋，晚辈都穿白鞋，鞋面上缝有一小块方形的麻布，并用红绳缝订于麻布中间。

六 守灵和吊灵

出葬前的每天晚上，家属都必须为死者守灵，严防猫进入厅堂，而且要在棺材的尾端放个扫把，用来避邪。据说死者若接触到猫后，会起身，将活人抱住，活人很可能被吓死，但是，若在尸体起身的一瞬间用扫把将其一拍，尸体就会重新躺下去。

家属要从晚上 11 点开始吊灵，主要是家中的女眷要边烧纸钱边哭，丧词一般是："您培养我这么大，您的恩德我还没报完，您死去我很悲伤。"吊灵要持续到鸡叫。

七 送葬——宗族势力和家庭财力的显示

出葬前，家人要去看日子，看看该日是否适宜出葬。这主要是为了避免"重丧"日，即村民认为如果在"重丧"日出葬，村里还将有人死亡。1987年蒜岭村成立了老人会，老年人去世都由老人会主持开追悼会。但在 20 世纪 90 年代中期以后，村中一般人家在出葬前又不开追悼会了，只有那些以前当过干部的人和党员去世才开追悼会。有一段时期追悼会由村老人会主持，老人会主持念悼词，现在则由村主任主持（详见第八章）。

出葬前日，族人、朋友等要送赙金给丧家。亲戚要挑方肉、猪脚及一捆纸钱等送去；女儿要送一个猪头；族人要送100元钱；同个村民小组的人要送50元。丧家则要给他们发"头白"。以前是赠送一块三尺长的布，与死者同辈的人发白布，死者的下一辈人发蓝布，下两辈的人发黄布。而现在村里人办丧事发"头白"，以发此三种颜色的毛巾取代发布。

出葬一般选在早上。出葬前，孝眷在棺材周围恸哭，有的人家还请来乐队奏哀乐。时间到时，开始出葬。出葬的队伍以"草龙"为前导，"草龙"即用稻草捆扎成粗的长圆条状，由一人手持草龙头部，将草龙尾部夹在腋下，焚其头端，使其冒烟。紧接着的队伍是撒纸钱者、灵柩、孝眷及送葬亲友。抬棺材的丧夫（棺夫）一般有8人，而且必须是死者同一个宗族的男子，若不是同族人，会被村里人视为死者族中无人。

送葬队伍在村中绕一圈，到达入山的村口时，棺材停下，放在两条板凳上，丧家在棺材前铺一张草席，族人和朋友往前跪下拜三拜后即可返回。这时，丧家要给送葬者每人一个红包，现在一般为5~10元钱，最多20元。

此后，关系更亲的人继续抬棺材到山上，到达墓地后，丧家在墓前烧好香，亲属一一上前跪拜。风水先生将灵柩推入墓圹封闭墓门。丧家全家老少每人兜里装点土，围着坟墓边哭边走将土撒向坟墓。接着祭土地公、修整坟墓，表示葬礼结束。送到墓地的亲朋好友也发给红包，一般为30~50元。

出葬的这天下午（下午的1~3时），丧家还要办几桌宴席，叫"下山饭"，来酬谢亲朋好友的鼎力相助。"下山饭"最少要有8~10道菜。席上仍有烟酒招待，但没有甜食。菜的质量可以差些，以饱食为主。

下葬后的第二天，家人要去"复山"，孝人天没亮就要上山哭泣，边哭边喊道："父亲（或母亲），快去跟祖先走。""复山"的原因是因为刚死后的七七四十九天里，魂魄还处于混沌状态，"复山"能指引死者去见祖先。

八　做七与拜忏

从去世之日算起，每隔七日祭奠亡魂一次，一般要在49天内祭奠7次，故又称"做七"。

"头七"、"五七"和"尾七"是一定要做的。"头七"是全家人一起做,"头七"做完全家人要坐在一起吃饭。出嫁的女儿要带猪头和猪脚回娘家。二七、三七①、四七和六七一般不做,只是到了那天,家人自己把道士做的"王"(用纸糊的小人,贴于墙上,象征着管孝的王)拿去焚化,就表示做了七。"五七"是出嫁的女儿为去世的父母做的,没有女儿的人家一般不做五七。"尾七"是儿子做。

此外,家人每天还必须早晚送饭给刚去世的亲人吃。在灵堂的灵桌边放有两个纸人,一男一女,当地称"床头站",用来服侍死去的人。名字叫"夏兰"和"秋月"。家人将饭放在灵桌后,喊道"夏兰、秋月快叫我爸(妈)吃饭"。然后,再上炷香。七七四十九天里,每天早晚都要送饭。

五七到七七之间还有一个重要的仪式——拜忏。现在一般把拜忏和做五七或七七并在一起同时做。如果在做七时就拜忏,称为"现忏";若过数年,或数十年,或下一代人为上辈人拜忏,称为"古忏"。拜忏的意义有各种说法:第一种说法是,死者在世时,可能做了些不对的事情,死后家里人替其忏悔;第二种说法是,死者在世时,其晚辈有对不起他的地方,即孝道尽得不够,现给予忏悔;第三种说法是,通过"拜忏"阎罗王才知道即将来到阴间的死者身份,并且日后亲属烧纸钱给死者时,管理钱财的库官才知道要交给谁。拜忏时,丧家要请道士做道场,向阎罗王通报死去的人的名字,这样死去的人在阴间才能得到人间寄给他的用品,过得舒服。道士做完超度仪式后,丧家拿出事先准备好的各种纸扎的房子、轿子、仆人以及各种生活用品予以焚烧。现在拜忏时,准备的纸扎物品更加丰富,有轿车及各种家用电器等。但是,不论是过去还是现在,一匹"符使马"② 是必不可少的,因为它能送去世的人顺利归西。拜忏的正日要办宴席,同样要有烟酒招待。参加宴席的是族人、亲戚和同个生产队的村民。拜忏的宴席不收礼金。现在拜忏要花费 2 万元以上。

九 拜初二:过年时对死者的思念

在蒜岭村的葬俗中还有一个习俗称为"拜初二"。只要是"寿终正寝"

---

① 三七是出嫁的孙女做。
② 用竹丝和白纸糊成一匹白马,上骑一长髯官员,高约一米多。2003 年时,300 元一个。

的人，死后次年的正月初二，丧家要进行"拜初二"，即在正月初一的下午，丧家敞开大门，接受亲戚朋友的吊礼。来吊礼的亲戚（当地方言指直系亲属）和"大小人"即族人，要备一盘"礼数"送到丧家。一般是一块方肉、一个猪脚（即七寸）、一捆纸钱和一些如红团等物；而女儿要送猪头和猪脚各一个。丧家将所有的吊礼摆在厅堂。

这天夜里十二时过后，全村任何人都可以前来拜初二。当有人到来时，丧家的女眷要在一旁啼哭，并一张一张地烧纸钱。20 世纪 80 年代以前，前来拜初二的村民每人要捐 2 毛钱，或带一捆纸钱给丧家，拜 4 拜（拜鬼魂都是 4 拜）后，丧家记下其名字，谢其前来拜礼，并馈送一对橘子。现在村民经济条件好了，丧家已不收这 2 毛钱了，并且除了回谢一对橘子外，还送一包香烟给前来拜初二的人。等到鸡打鸣后，即天亮时，按村民说法，此时鬼魂必须离开，吊灵结束。丧家办酒席，款待前来吊灵的亲戚朋友。这称为"初二酒"，20 世纪 80 年代中期后"初二酒"消失了。究其消失的原因，是现在大家的生活好了，正月初更是吃得很饱，不想再吃宴席了。

正月初二天亮后，丧家要把亲戚和"大小人"及女儿送来的东西还给他们。但要把方肉或猪头翻一个面，盖上一块红布，还给亲戚、"大小人"和女儿。此外还要再送给他们 10 ~ 20 元的红包（给亲戚、女儿的红包一般为 50 ~ 100 元）、一对橘子、数块饼干，以及向亲戚赠送一对有根有梢的完整甘蔗；对"大小人"则是 2 节 15 公分左右长的甘蔗。

蒜岭有句俗语，"拜初二"的人数每达到 100 人，等于拜一次忏。最近几年，各户丧家一般都会有约 300 人前来"拜初二"。

十　起服：恢复正常家庭生活秩序

"起服"是丧期结束的标志。过去要戴满三年孝才能起服，但现在一般一周年后就可起服。"起服"时，丧家要准备一桌菜祭拜祖先，在门前贴上红色对联，即起服联，例如有些起服联上写有"七尺金尸去地府，三魂灵佑上天堂"来表达希望逝去的亲人能在另一个世界得到快乐，并且还要"挂红"（在门口挂一块红布）。家中的女眷要把服丧时佩戴的柏叶和红花放入火中烧掉，然后穿上红色衣服；男性则将服丧时系在臂上的红髻绳烧掉，以表示丧期的结束。

此外，丧家当年除夕不贴红色的对联，只贴绿底黑字的守制联（守孝联），以寄托对逝去亲人的怀念。例如："思亲惟尤日，守制不知春"等。

丧葬期间，至少要办四次酒席：第一次是出殡那天下午要办 10 多桌；第二次是"三七"孙女做七那天要办 10 桌左右；第三次是"五七"那天女儿要办 15 桌左右；第四次是"七七"那天儿子要办 40 桌左右，合起来大概要办 80 桌左右，如果以每桌 400 元计算，那就要 32000 元。丧葬过程中，不计算其他消费在内，仅食物消费就相当惊人。

十一　殡葬改革：火葬

2005 年，福清市政府宣布从当年 5 月 30 日 0 时开始实行火葬。虽然 2003 年 12 月，我们的问卷调查显示，蒜岭村 72.2% 的人（有效回答 392人）选择土葬，只有 25.5%，即约四分之一的人选择火葬，但是，无论对火葬赞同与否，殡葬改革的规定下来后，蒜岭人不得不遵循。福清市火葬规定，遗体火化后，如果死者的配偶已土葬，可以将骨灰带回合葬；如果配偶健在，则骨灰只能保存于指定地点，不得带回。这样，土葬中的墓地选择、棺木准备及入殓无疑均成为丧礼的多余部分。另外，由于是福清市殡仪馆派灵车运走遗体，以往土葬时，出葬队伍绕村一周的程序也不得不取消。殡仪馆的车子从村里开到 324 国道上后在路边停下，让送葬的村民一一向灵车下跪告别后，径直开往火葬场。送到 324 国道上的村民依然得到丧家发给的 5 ~ 10 元的红包。更亲的亲戚朋友和 8 个抬棺材的人（虽然已无需抬棺材）一直跟车到达火葬场，丧家送给前者每人 30 ~ 50 元的红包，送给后者每人 100 元红包。

十二　蒜岭丧俗仍将延续传统习俗

蒜岭已经从土葬变为火葬，只会去掉上述火葬无需的某些程序，而其他与火、土葬无关的丧俗不会有更多的变动。

不能否认在种种丧葬仪式中，也贯穿着死者亲属对死者的真诚怀念，但丧葬仪礼主要来源于灵魂不灭观念、先人荫庇后代和儒家孝道之类思想的作用。因此，在丧葬仪式中还混杂着既恐惧又有所求的复杂情感。

2003 年 12 月的问卷调查显示，蒜岭村民的 31.7% 的人相信鬼神存在；40.9% 的人对鬼神存在半信半疑；只有 27.4% 的人不相信鬼神存在（有效回答 394 人）。另外，表 10-3 显示，34.2% 的村民认为丧葬礼仪能使死者的灵魂得到安慰；47.1% 的村民认为，虽然没有什么实际意义，但是必须执行丧葬礼仪。也就是说 81.3% 的村民有的相信鬼神存在，有免祸求福，获得祖先荫庇使家道昌隆的动机，有的则迫于尽孝舆论、习俗的压力都愿意将丧礼办得隆重和符合旧规。在这种情况下，丧葬礼仪不但不容易消除，相反，只要经济条件许可还会愈办愈隆重。这些年，蒜岭普通村民去世，竟有 50~60 个花圈；丧家不但雇来专业乐队，而且如果是"老喜丧"，[①] 丧家还会雇来花鼓队、舞蹈队，在墓地前面表演各式舞蹈；由于可以拿到红包，出葬队伍浩浩荡荡……也就是说，蒜岭人富裕起来后，丧俗变得愈加奢华化了。纵观历史，蒜岭村的丧俗也没有出现过太大的变化过程，除了新中国成立初期至"文革"这一非常时期中断过外，政府控制稍有松弛，传统丧葬礼俗即刻得以恢复。因此，殡葬改革同样不可能对蒜岭的传统丧葬礼俗产生太大的影响，倒是经济条件可以左右传统丧葬礼俗的繁简。前面论及的"拜忏"虽说被认为是丧俗中的一个重要环节，但在新中国成立前无经济力量的时候，许多人家也没有进行。据说，许多家庭是在外几年，乃至几十年赚了钱后，回乡补做的。

表 10-3　您认为做七、拜忏、做道场以及超度仪式有意义吗

单位：人，%

选　项	人数	百分比	累计百分比
能使死者的灵魂得到安慰	135	34.2	34.2
没有实际意义，但是必须执行的丧葬仪式	186	47.1	81.3
是封建迷信活动	74	18.7	100.0
合　　计	395	100.0	

资料来源：2003 年 12 月问卷调查。

---

① 蒜岭人认为，凡享年 50 岁以上的因老或因病而死者，为寿终正寝，其丧葬之礼被称为"老喜丧"、"白喜事"，整个丧葬之礼与婚嫁之礼同样称作喜事，只是色调不同而已。

第五节　岁时节日

中国民族众多，在漫长的岁月里，形成了诸多千差万别的节日风俗。这些节日风俗和其他风俗一样，都是伴随着历史的发展而形成、变化的，反映了各个民族、各个地域人民生息、发展、进步的过程。风俗起源于人民群众之中，它既经约定俗成，就变成了一种习惯势力，受到社会的承认。风俗是一种无声的命令，尽管不是法律，但不管地位高低，贫贱富贵，都得遵守，否则就会受到社会的指责，人们的嘲笑。

所谓"节"，一般是指一年的气候变化而言的，也有以纪念某一重大事件而称谓"节"的。节日风俗形成的过程，大致是根据生活的需要，经历了由不自觉到自觉，由不定型到定型，逐步发展和补充的过程。节日习俗的内容，有的是有关生产方面的；有的是祭祀类的；有的是表彰、庆贺性质的；有的是礼节往来性质的等等。

从笔者所调查的蒜岭村来看，节日习俗与传统中国的节日习俗基本相同，但由于村庄自身的环境与习惯的影响，也形成了一些与众不同的独特习俗。从这些与众不同的习俗中，可以看出蒜岭村社会文化变迁的脉搏。以下是笔者收录的蒜岭村一年四季的节日习俗。

岁末大扫除。农历十二月初二、初四、初六到二十"逢双"大扫除，俗称扫尘。它最初起源于古代驱除病疫的一种宗教仪式，后来逐渐演变为年终的大扫除。之所以在这个时候大扫除，是因为这时恰是农闲季节，农田都在休耕，村民们可以利用这段时间搞好家里的卫生，以示除旧，迎接新年的到来。

给土地公、门神烧银钱。农历十二月十六日是一年中的最后一次给土地公、门神烧银钱，俗称"尾牙"。农历二月初二为"头牙"，做事有头有尾，与二月初二的头牙相似，家家户户到土地公庙烧香、拜拜[①]，还要到宗族宫庙和武当别院"做虔诚"感谢神明一年来的荫庇。

---

① 拜神拜佛的方言说法。

送灶公上天。农历十二月二十三、二十四送年，送灶公上天。据说在这一天灶公要上天向玉皇大帝报告人间的情况，所以在这一天家家户户都要摆上供品为他设祭饯行。供品比较简单，主要是糕点及糖果类，之所以供这些甜和黏的食品，意思是黏住灶公的嘴，不让他在玉皇大帝面前说坏话；或者是让灶公的嘴甜，光说好话。当然祭灶的真正意义，并不在于灶公上天言善恶，而在于人们祈求有一个美好的明天，未来一年五谷丰登、吉利祥瑞。

祭天地。农历十二月二十五日是祭天地，各家各户都烧银钱，祈求来年平安。

除夕。农历十二月三十日贴春联，煮团圆饭，蒸糯米粉做的红团。在这一天要把大扫除用的扫把拿到庭院烧掉，烧扫把的时间是在送年的时候。在这个时候烧可以带走一年的晦气和驱邪。大年三十的晚上，房间里所有的灯都必须点亮，据说这样可以驱邪。在这一天的晚上有些人家还要煮一碗番薯片给小孩子吃，教育儿童忆苦思甜，不要忘记过去的苦日子。除夕晚上"守岁"，大家都要等到午夜后才睡觉。守岁有两种含义，一是辞去旧岁，对于年长的人来说，是珍惜光阴；对于年轻的人来说要为父母延寿，所以凡是父母健在的，都必须守岁；二是迎接新年的第一天，以博一个好的兆头，预示新的一年事事顺利，人寿年丰。

正月初一。正月初一早上吃线面，意味着长命。吃完后，早上就出去给大家拜年，下午则不能去，因为初一晚上12点以后到天亮是拜死人年（详见本章第四节的九），下午去会不吉利。

蒜岭村如今还有一些人流行着初五过大年的习惯，这个习惯是从莆田流传过来的。蒜岭村从地理位置来说相对于福清市，更靠近莆田地区。另外，由于蒜岭许多人的祖先是从莆田一带迁移过来的，所以至今还保留着莆田地方的一些风俗习惯。这一天有的地方叫"吃大顿"，有的地方叫"做大岁"，有的地方叫"无头节"。它的起源与一段历史史实相关。明嘉靖某年春节前夕，因倭寇偷袭莆田沿海村庄，人们纷纷外逃，至次年的正月初五前，才先后回乡，于是就在正月初五这天补做"年兜"节（除夕），祭奠来不及逃难而惨遭倭寇杀害的亲人和为抗倭捐躯的将士。

迎帝皇。正月初二晚五皇大帝下凡。这一天五皇大帝从天上汇报回来，所以蒜岭村各家各户都摆供品迎接五皇大帝（详见本书第十二章第二节）。

闹元宵。正月初九到农历二月蒜岭各个宫庙相继闹元宵。各宫庙闹元宵的具体日子不同，闹元宵的方式也各不相同，因此，从正月初九开始一直到农历二月村庄都处在欢乐的气氛中。

从表10-4可以看到，最早闹元宵的是佛公堂，在正月初九；祥东宫在正月十一；霞渡宫和溪头宫在正月十二；祥镇宫在正月十三；普明堂和三清宫在正月十四；武当别院、杭霞宫和龙津社在正月十五；雪峰寺的总元宵则在农历二月进行。而且各个宫庙闹元宵的形式也各不一样。杭霞宫、龙津社、祥镇宫和雪峰寺抬出神明巡游，不过，巡游的范围也各不相同；其他宫庙则只祭祀神明。

表10-4 蒜岭村各主要宫庙闹元宵日及方式

宫庙	佛公堂	祥东宫	霞渡宫、溪头宫	普明堂、三清宫	武当别院	祥镇宫	杭霞宫	龙津社	雪峰寺（即武当别院的后殿,供奉五皇大帝）
日期	正月初九	正月十一	正月十二	正月十四	正月十五	正月十三	正月十五	正月十五	农历二月（具体日期由占卜确定）
方式	白天摆供品、烧香、烧贡银和大金母①敬神；晚上各个宫庙的车鼓队、打击乐队、大头娃娃队、老人会舞蹈队、武当别院十音八乐队前来表演、放鞭炮焰火，佛公堂还放映电影等。	抬神明到南头土地公庙后回头	抬神明绕村一圈，称"封路"	抬神明到黄姓各户行道	抬神明巡游全村保境

说明：武当别院闹元宵是从20世纪80年代初开始的。

最早闹元宵的是佛公堂。正月初八的早上，人们从武当别院抬出关帝、玄天上帝、五皇大帝、弥陀尊者，安放在佛公堂的前厅。吃斋者（现在是第7、第8两个村民小组的村民）供上五果十斋。初九凌晨天还没亮，杭霞宫、祥镇宫、霞渡宫、龙津社就将各自宫庙的主坛神明抬到佛公堂前，摇摆龙轿，以示向佛公堂内的众神明叩拜。叩拜完毕再送回各自的宫庙。下午，蒜岭三个自然村的男女老年人②会来佛公堂烧香敬神、烧大金

---

① 2张金箔纸叠在一起折成立体长方形状,用作焚烧的祭祀品。
② 据老年人介绍,新中国成立前烧香拜佛的大部分是男女老年人,尤其是男性老年人。

母。晚上，村民们将霞东宫①的红脸神明安善圣王抬到佛公堂门前，人们放鞭炮、放烟花，并将烟花在安善圣王身上环绕。大约晚上七八点时，送回安善圣王，闹元宵结束。翌日早晨，武当别院的 4 尊神明也抬回武当别院。新中国成立后，佛公堂与村里的其他宫庙一样，作为封建迷信被废弃。

1981 年佛公堂重建后，闹元宵比过去热闹了许多。全村各个宫庙的车鼓队、霞渡宫的大头娃娃队、溪头宫的打击乐队、武当别院十音八乐队、老人会女子舞蹈队都会集中到佛公堂前喧闹表演一番。并且陈孙政（定居香港）和关来凤（定居澳大利亚）还出资租来电影让大家观看。因此，一般要闹到晚上 11 时左右才结束。

普明堂和三清宫新中国成立前没有闹元宵，但现在重建后于每年正月十四日也是全村各个娱乐团体前来热闹一番，形式和佛公堂初九夜晚相同。正月十五上午第 7、8 两个村民小组的成员，凭自愿各自交来数十元钱，大家一起在普明堂内吃元宵饭，一般办 15～16 桌。在蒜岭，各个宫庙闹元宵后的第二天，全宗族的各家各户一般都会交数十元钱，一家派一个人到本族宫庙吃元宵饭。

这里着重介绍一下龙津社的闹元宵。除了雪峰寺的总元宵外，黄姓龙津社的闹元宵最具特色。从正月十五下午开始一直闹到第二天清晨。他们会将宫里的神明抬到族内各家各户去巡游一遍，村民称之为"出巡"或"行道"。

每年的正月十五的傍晚，黄姓宗族的族人都会到龙津社烧香，之后，他们就围坐在宫埕四周等待观看各宫门的文艺队伍前来表演。如车鼓队、大头娃娃队、十音八乐队、蒜岭老人会女子舞蹈队等。他们精彩的表演赢得族亲们阵阵热烈的掌声。随后，龙津社后勤组负责分发赠送给每个演出队队员一份小礼物，即一双红橘子、两罐八宝粥。各宫门文艺队离开时，龙津社董事长黄金春与各带队负责人一一握手道别，祝贺演出成功并热烈欢送。接下来是请道士做法事，并在前面的广场上放烟花。如果前一年家里生了男孩，或

---

① 霞东宫现在只有几户人家，所以没有重建宫庙。

结婚的家庭一般要放 3~5 筒礼花，同时还要供喜烛。喜烛很粗，有二三十斤重。出游的时间要由道士请示神明许可后方可出发，一般是晚上八九点。这支队伍由七八十人组成。大家聚集在龙津社前的广场上，兴奋地等待着队伍出发。在这之前，人们已作了分工，哪一个人抬神明，哪一个人扛彩旗，哪一个敲锣打鼓，各人忙而不乱。炮鸣之后，"开路锣"开道、彩旗紧跟，而后是抬着宫里所供奉的主坛神明安善圣王的龙轿，队伍的最后是参加祭祀礼仪的族人和做法事的道士。就这样浩浩荡荡，挨家挨户地前去黄氏的各家各户巡视，履行所谓的"保境护民"的职责。

当队伍到达村民家时，该户家庭所有的成员都要双手捧"香"站在门口恭迎神明的到来，旁边还要有人帮忙燃放鞭炮和礼花表示对神明的欢迎。放的鞭炮越多、时间越长，主人的脸上就越有"光彩"。迎接仪式结束后，众人将神明抬入大厅，安放在主人早已摆好的桌子上面。除了置放神明的桌子外，其他的桌子摆满了敬神的斋宴及"五福"（鱼、猪肉、鸡、鸭、羊肉等等）。然后由一位道士为这户村民祈祷祝福，祈求神明保佑这家人的身体健康。如有家人在外的话则保佑他们生意兴隆、工作顺利等等。法事结束后，这家人将已备好的银纸和贡银拿到房子前面的火堆里①焚烧，以表示对神明的感谢。

这样直到每家每户都巡游一遍，众人才将神明抬回龙津社，这时已是第二天凌晨 4 时左右。元宵节的第二天上午，全族来宫庙吃饭，每家派一个人。饭前，由董事长作一年一度的报告，全面总结去年该宫门的工作情况，并布置今年要完成的有关事项。随后公布去年全年的收支情况等。当黄金春宣布会议结束，族亲们报以热烈的掌声，以示赞同董事会所作的报告，然后大家高高兴兴地吃起了元宵饭。

武当别院正月十五闹元宵的来历。前面已经论及，武当别院一年有两次佳节，一是五皇大帝神诞庆典演戏；二是农历二月的雪峰寺的巡游保境活动。怎么又多出一个正月十五闹元宵呢？这件事要从重建武当别院说起。长期以来，武当别院是没有闹元宵活动的。但武当别院重建工程的后期，

---

① 这火堆是主人在迎接神明之前就烧起来的，是给神明暖脚用的。

即 1981 年 4 月，侨管会已开始筹备雕塑各殿神像、龙袍、龙轿、香案、匾额、神龛、围屏、护栏等时，旅外同人来信提醒："我乡拥有九个社门之多，一旦要塑神像之时，除了原有的五皇大帝、上帝爷、关帝爷、大爷、二爷及祥镇社、杭霞社、九天元帅坐镇在武当别院外，……也须顾及别的社门的神像及龙轿龙袍在内，也必须一并塑神像及龙轿龙袍等等。""一经塑完后，也须坐镇在后殿前厅共同奉祀才对。因为，现在的情势不许可给予另外复建各自的宫庙所致，恐影响所及连主寺雪峰寺也会招来后果"（陈金煌，1981）。也就是说，当时，蒜岭村民与旅外同人都不了解当局对恢复重建这些传统的宫庙会给予多大的宽容度，不敢贸然全面恢复重建。但考虑到蒜岭历来都是"九社联合"进行公共活动，没有尊大欺小的行为，因此，特地嘱咐不分族大族小，要将九社的神像一并塑就，放在武当别院内让大家共同供奉。毋庸置疑，侨管会按此照办了。从那以后，每逢正月十五元宵节，全村村民便到武当别院烧香敬神。晚上各宗族宫庙的车鼓队、打击乐队、大头娃娃队、武当别院十音八乐队、蒜岭老人会女子舞蹈队等来武当别院表演，锣鼓大作，乐器齐鸣，舞蹈翩翩，并且放鞭炮，放焰火等。后来，各宗族宫庙陆续重建，神明也回到各自的宫庙，各个宫庙的闹元宵已恢复了昔日的做法，但是，武当别院的闹元宵则从此延续了下来。

拗九节。正月二十九日是拗九节。蒜岭村民早晨要煮菜稀饭（咸的）吃，里面的副料有肉、海蛎、青菜。并且菜稀饭不能送人。[①] 而年龄逢 9、19、29、39……岁的人是吃线面，并且，左邻右舍也会送一碗煮好的线面给他。线面上面有蛋、肉、香菇、黄花菜、腐竹、海蛎、炸花生等 8 种作料。现在，为了避免吃不完浪费和图方便，左邻右舍改为只送一个碗装的快速面或生的线面，外加两个生蛋。

关于拗九节的来历，蒜岭一带有这样的传说：说是福州鼓山上的涌泉寺里，和尚在这一天煮菜稀饭时，一只黑狗掉进鼎里，和尚不敢吃，只好分给老百姓吃。分到新厝镇霞埔村的海岑自然村，菜稀饭分完了。因此，海岑自

---

① 这与福州的拗九节相反，福州是煮甜稀饭，相似八宝粥，并且女儿必须送一份给娘家。

然村以南都不过拗九节。另外，尚未起服的丧家也不过拗九节，左邻右舍和族人会送一大碗菜稀饭给丧家。

头牙拜土地公。农历二月初二为头牙，祭拜土地公。蒜岭村自新中国成立前至今村里有4处供村民共同"做虔诚"的土地公庙：在青蛙山上有一处土地公庙，里面既有土地公，也有土地婆，是北头岭村民常去祭拜的；蒜岭自然村的南头也有一处土地公庙，一般是第7、第8生产队的村民祭拜的；在武当别院上面鲤鱼井处也有一个土地公庙，一般是第5、第6生产队的村民祭拜的；在杭下前还有一个土地公庙，是杭下前村民祭拜的。过去一般只有做生意的人，龙眼种得多的人祭拜土地公。但是，现在几乎家家都有人在外挣钱，拜土地公的人就多了，并且几乎家家都在自家院子里设了一个土地公神位。头牙是历代传承下来的习俗，主要是为了祈求一年的平安。各家各户做头牙是为了祈求在外打工的家人平安。头牙这天，家家户户的妇女穿上红色服装，在自己家的土地公神位祭拜后，还要带着红色花篮，内装水果、糕点、糖果，并带上贡银到村里的土地公庙烧香、拜拜，做"虔诚"。因为这天是头牙（做尾牙也一样），还要到自己宗族的宫庙和武当别院"做虔诚"。

清明节扫墓。三月清明节（大约在农历三月初三前后）村民上山祭祖墓，为坟墓除草，并摆上光饼、熟肉、海产、水果等供品。过去扫完墓后，将光饼夹上肉分给大家吃，也会分给放牛的孩子吃。年纪大的老年人无法去扫墓，家人就把光饼带回来，给老年人吃，这叫做"墓饼分分，多子多孙"。传统的多子多福的思想也体现在清明扫墓上。也有人这一天只在家中祭祖。清明节这天，蒜岭人一般都做番薯饼吃，原料是糯米粉和番薯粉，馅为肉、海蛎、青菜和豆腐干。也有的家庭做糯米粉的红龟，内中的馅有的是糯米，有的是绿豆。另外，有些宗族有集体祭扫祖墓的活动，如玉湖陈在清明时集体祭扫祖墓。祥镇陈祖墓在福清上迳镇蟹屿村的长房处，所以，不进行宗族整体性祭扫祖墓活动。但其中数房的祖先曾是一位探花，所以，清明时，此数房人家集体举行祭扫探花祖墓活动。

五月初五端午节。蒜岭不少村民从五月初四就开始过端午节了。这一天各家各户包粽子，并准备些祖先爱吃的菜，摆上鱼、肉等供品，烧香、烧纸金条、纸金杯①，供奉祖先。儒家伦理的支柱之一是孝，蒜岭人孝道的一个演化是其独特的祖宗崇拜，逢年过节，蒜岭人总要祭拜先人，祈求平安。初五这一天人们割艾草、菖蒲，用红纸条扎在一起挂在门两边，以驱除毒气，并有阴阳相克之意。据说端午是阳气最盛的时候，而菖蒲则"感百阴之气"。这一天还有一个习俗就是用番石榴叶、蛋草、柚子叶、艾草、盐肤木（没有盐肤木也可用稀监草代替）五样叶、草煮蛋，中午 12 点时把蛋放在外面晒一晒后，每人吃一个，说是可以保平安，夏天即使被雷阵雨淋了也不生病。煮蛋留下的热汤给孩子洗澡，可以使孩子夏天不容易长痱子。另外，米酒里放入雄黄，也在中午 12 时放在太阳下晒一晒后，用雄黄酒喷洒房屋的墙边、水沟边，还要将雄黄酒涂在孩子的额头和耳朵上，认为可以避免蛇虫爬进农家房舍和小虫爬进孩子耳朵。农历五月是春末转初夏之时，正是蛇虫生长的时期，昔日农村的房子普遍比较潮湿，蛇虫等喜阴的爬行类动物容易进入农家房舍，而菖蒲、艾草都有一种气味可以令蛇虫不敢靠近，雄黄酒里面的雄黄更是蛇虫等的克星。所以，尽管这看起来只是一个民间的习俗，但还是有一定的科学道理的。

庆贺五皇大帝生日。农历五月初五在蒜岭还是五皇大帝的生日，为了庆贺帝皇的生日，一方面以演莆仙戏庆贺（详见本书第十二章）；另一方面，从初一至初五，安排 14 个村民小组的村民分批到武当别院"做虔诚"。每五户人家约好，一家带肉、一家带猪脚，一家带鱼，一家带鱼丸，一家带虾，到武当别院摆上供品，烧香、拜拜，烧 10 个贡银，烧至少 20 个大金母。然后，于第二天将自己带去的供品取回。

庆贺土地公生日。六月初六是土地公生日，所以，这一天家家户户不仅在家里准备些供品，祭拜土地公，而且也到村里的土地公庙"做虔诚"。此外，若平日里祈求土地公的愿望获得实现的话，便要在这一天还愿。一般是在自家附近放电影或上演木偶戏。

庆贺檐下神生日。七月初七是檐下神的生日。据蒜岭村的老年人介绍，古代蒜岭房屋的大门上都有比较大的屋檐，那里住着神仙。每当家人出门

---

① 用贴有金箔的纸折成圆筒状为金条，折成杯状为金杯。

时，檐下神就跟着家人，保护着人们的平安。所以，檐下神的生日这天，有未满 16 岁的孩子或孙子等的家庭都会准备一碗面、一碗饭、一块肉、一盘粞①、两个熟蛋及水果供拜檐下神。所供的粞是专门为这一节日而做的，是用糯米粉做成一粒粒汤圆，沾上炒熟的黄豆粉、花生粉、芝麻粉和白糖吃的。若是那一年家中有老人去世的话，就不做这种点心。如果父母去世尚未起服的话，出嫁的女儿在该日之前，送炒黄豆给娘家。

鬼节祭祖。农历七月半（即七月十五）是鬼节。鬼节也是蒜岭人很重视的节日，主要是祭拜逝去的祖先。从该月十一日开始祭祖，十四日送走祖先。各家各户准备糕饼、水果、及一些荤菜供奉祖先，还要烧香、烧纸钱。七月十四日做的糕点是浅黄色的，叫"金粿"，是糯米粉和饭米粉各半，并加入用黄豆秆烧成的草木灰经过滤得到的液体做成的。过去，七月半的禁忌是不能到有老年人的家庭去，怕客人将鬼带到家中，冲到老年人，体现了重视孝道和关爱老人的情怀，但现在已无此禁忌。如果父母去世尚未起服的话，出嫁的女儿在该日之前，要送糯米粉给娘家。

"秋祭"。农历七月十六举行"秋祭"仪式。各个宗族祠堂祭奠祖先（详见本书第十二章）。

中秋节。八月十五中秋节，蒜岭嫁出去的女儿、孙女要在农历八月初六、初八、初十，十二这几天中回一趟娘家，送米粉、排骨、猪脚、酒等食品给父母、祖父母。有的还给父母及祖父母 200 元或 300 元、甚至 1000 元钱，这称为"送秋"。原是硋灶村以南及莆田的习俗。由于婚嫁的往来，20 世纪 80 年代后，蒜岭也开始了这一"送秋"的礼节。另外，如果是嫁出去后的第一个中秋节，女儿或孙女要送一担"十个盘"给父母与祖父母。现在，市场上的商品丰富了，有的就只给父母、祖父母数百元现金。家庭成员中若有未满 16 岁（虚岁）的儿童的话，中秋节清晨还要拜天地，祈求神明保佑儿童健康成长。即搬一张八仙桌放在厅堂中央，桌前垂挂一块绣有"福"或"金玉满堂"或"福禄寿"等字的红色桌裙，桌上放一个香炉，香炉左边是斟有酒的 3 个小盏，右边是放有茶叶的 3 个小盏，后面是花瓶，花

---

① 糯米粉做的无馅的汤圆，吃时沾炒黄豆、花生、芝麻粉和白糖。

瓶后面是五果，之后是十斋，最后是排成品字形的 3 个方盘，左方盘放着线面，右方盘放着煮熟的猪脖子、鱼、油炸豆腐和面粉蒸的公鸡状面食，最后面的方盘装着大米。家人手持 6 炷香，在八仙桌后拜天地后，将 3 炷香插在悬挂在厅堂外屋檐下的"天地炉"里，另 3 炷香插在桌上的香炉里。中秋这一天晚上，蒜岭村一般全家团聚，吃芋头炒米粉，并且到屋外赏月。据说，过去赏月人在外面等"月华"，睡觉时要张着嘴，就可以得到"月华"，从而可以长生不老。

重阳节。农历九月初九是重阳节。蒜岭人有在九月初九这天，和清明节一样带着纸钱、香以及先人喜欢的菜肴，上山扫墓的习俗；也有人仅在家中厅堂祭祖。

农历十月半（十五）做"铺姑"（方言发音）。用簸箕装上米粉、线面、鲜豆腐、小芋仔、油炸豆腐、特制的称为"狗猫"① 的点心，盛满一簸箕，而且在每种食物上插一炷香。将簸箕放在房屋前面的埕外的椅子上，进行祭祀，焚烧一种专用的纸钱。祭祀完后，把烧剩的香梗拔出，插在院墙里的墙边。

冬至。农历十一月冬至（大约在公历 12 月 22 日前后）这一天家家户户吃汤圆。汤圆的主料是糯米粉。在蒜岭，汤圆有三种形状，一种是圆的；一种是元宝状扁的；还有一种做成臼状，下小上大，中间是一窟窿，类似"石臼"表示发财。汤圆在冬至的前一天晚上就要做好，第二天一早用开水煮熟，捞起后放在灶台上祭祖宗；同时拿几个汤圆贴在门联上。祭祖时还要有"佛公粿"②。蒜岭人在门联上贴汤圆，据村民介绍起源于这样一个民间传说：传说以前有一个穷妇人为供儿子读书，自己节衣缩食，后来儿子赴京赶考，这个妇人就到处流浪，儿子考中了状元，回家发现母亲不在家，到处找母亲，邻人告诉他，其母亲到山上找野果充饥可能迷了路，儿子便上山寻找，找了许久找不到，于是，想了一个办法，在山上的树上贴上这种用糯米做成的、带黏性的丸子，母亲发现了这些丸子，以为是野果，就沿着树吃丸

---

① 用番薯粉加上熟番薯做成外壳，馅为炒的碎花生、芝麻、白糖、葱，包成三角形，每个角捏出一个翼的糕点。

② 用糯米粉或面粉做成外壳，内为糯米馅或绿豆馅，形状是一个坐着的像弥勒佛的小人。

子，最后回到了家门口，母子得以团聚。这一天恰好是冬至，所以冬至吃汤圆就形成了一种风俗，也含有合家团圆的美好意愿。另外，过去还将汤圆贴在果树上，祈求神明保护果树，使来年台风来时树上的果子不被风刮落。20世纪80年代后这一做法渐趋式微。冬至这天，尚未起服的丧家要做白龟。

观音生日。农历二月十九、六月十九、九月十九这三天称为"谢躬"（方言发音），是观音生日。虔诚的信徒要到观音殿"做虔诚"；武当别院请道士做道场，并备有午餐，邀请自愿参加者入席。自愿参加的村民每人交15元钱。有10至12道菜，均为素食。

第十一章　村庄教育的发展
变迁与教育水平

第一节　流传至今的名学堂：漆林书院

一　漆林书院和漆林乡

第一章就已介绍，蒜岭很古以前就是一个从莆田上通省城福州、下达泉漳的驿道，元代开始正式成为官道，是一个开发很早的地方。人口流动，信息发达，尤其是商贾、官员等十分重视对子女的教育。武当别院正门右墙的墙眉上书有这样的文句：

> 雪峰寺建于唐朝，曾设漆林书院，造就了探花翁承赞，明国师周如磐亦在该院任教⋯⋯

左墙墙眉上书有这样的文句：

> "蒜岭有漆林书堂，唐翁承赞翁承祥肄业之所⋯⋯"

上述短文记载了蒜岭在唐代就有了质量很高的学堂，栽培出了探花翁承赞及其兄弟翁承祥，而且文章还告诉我们，明代文渊阁大学士周如磐亦在该学堂任过教。

据陈德恩先生说，由于漆林书院造就了闻名遐迩的翁家子孙（从福清县志可以知道，翁承赞家族，包括他们的子孙大都成为大大小小的官吏）。因此，翁家居住的新厝镇峰头、钟前、加头一带便改名为漆林乡。也就是说，先有蒜岭的漆林书院，后来才有了漆林乡（现为漆林村）的地名。

二 周如磐在蒜岭执教的一段姻缘轶话

蒜岭不仅因有历史上著名的漆林书院而闻名至今，而且还因后来成为国师的周如磐曾在此执教，不仅留下了气势磅礴的墨宝"武当别院"，而且还留下了一段姻缘轶话，使蒜岭人世代为之津津乐道。

周如磐（1566～1625年）是莆田县黄石镇清江村人，其父周圣监靠卖蛏为生。据陈德恩等多位老先生介绍，周如磐受家住蒜岭的直棣扬州府尹黄克勤、黄克俭父子（从我国取名习惯上看，陈振元、陈德恩两位先生认为，二人为兄弟的可能性更大）之聘，在蒜岭的雪峰寺（唐昭宗时期，即公元889年就已存在）任教。因家境贫寒，终日只有一件长衫。黄家丫头为他解难，让他每天晚上睡时将其长衫从狗窦（洞）送出，第二天洗好熨平后，丫头再从狗窦送入。这样一来一往，两人产生了感情。后来周如磐当上了国师后，约定返乡时与丫头完婚，带她进京。然而，返乡途中周如磐嘱咐轿夫，到了蒜岭叫他一声。但是，轿夫过了蒜岭才记起叫周如磐。当轿子匆匆回头去找丫头时，丫头以为自己已被周如磐遗忘，而上吊自尽了。丫头所葬之处即为蒜岭古街南头南面的礼头山上人人皆知的"娘子墓"。清末莆田一位进士张琴有感于此事，写了一首诗，曰：

孤馆张灯夜复寒，箱匣无衣换洗难。
三年宾馆甘为役，及第还乡不及看。

第二节 公立国民小学的创立

一 "走样"的国民学校

1930年以前，蒜岭只有传统的私塾教育。私塾也称民学，聘请教师一人，学生或 5 ~ 8 人，或 10 ~ 20 人不等。学生交学费给老师，并且要搬桌椅到学校上课。学校的地点不定，有的设在村庙，有的设在宗祠，有的设在私人家中。教学内容开始是《三字经》、《千字文》、《百家姓》等启蒙教材，尔后是《四书》、《五经》、《幼学琼林》、《左传》等。老师还教毛笔书写、文章习作、赋诗作对。教学方法是注重背诵和注入式。

　　从村庄调查中得知，民国时期，政府规定读书人可以免服兵役，因此，蒜岭村民只要有点经济能力，就让孩子去上学，因为请人代当壮丁的付款不如拿来交学费。因此，在旅印尼蒜岭同乡陈金煌记录的，为家乡捐款的旅印尼蒜岭乡同人的简历名册中见到，20 世纪前半叶出洋的蒜岭同乡几乎都曾在私塾学习过 3 ~ 6 年后才走番的（陈金煌，1981）。这为到南洋谋生打下了十分必要的基础。

　　民国以来，蒜岭街东侧的古代驿站和对面的汛地已破败闲置，是村中的两处公地。印尼归侨陈见龙以在蒜岭建立国民学校的名义，向福清县政府廉价购得了这两块公地。他"公私兼顾"，在汛地上盖起了漂亮的五厢房私宅，而将古驿站拆建成一栋双层楼房，一层做了店面（杂货店、饭店、肉店），二楼才辟为教室，置办了课桌椅。这所学校虽获准名为区立蒜岭小学（1931），但很不正规，校长为留美回国的陈庆姚（挂名），学校的一切工作均由莆田籍教师林希文和郭瑞凤操办。学校经费需地方自筹。据当年在该校上过学的陈开美介绍，当时学生有两套课本，学的是《三字经》、《四书》、《幼学琼林》等，一旦县教育科督学下来检查时，老师就让学生把这些书藏起来，拿出国民教育的课本来。督学一走又取出旧课本读起来。另外，聘请教师及学校的经费等均由保甲长等村中说话有力量的人募集筹办。有时资金不足，只好由学生交学费给老师。因此，在村民的眼里，这所学校仍为私塾，只不过有了固定的校址和不必搬来课桌椅而已。按陈开美的说法，"一年后我才进了陈德恩办的国民小学"。

二　陈德恩创建蒜岭国民小学

　　陈德恩先生出生于 1922 年，是村里唯一的天主教徒。他的祖父叶守谦是福州崀屿人，因家境贫穷，流浪到渔溪，住在天主教堂，信了天主教，并成了天主堂的传道员。传道员不能结婚，他买了一个姓蔡的女孩当养女。祖父的亲家陈子变是硋灶人，他的孙子移居蒜岭，曾孙陈贵肃上门到叶守谦家与其养女结了婚。陈德恩是他俩的儿子，原姓叶，德恩是天主教的名字。陈德恩4岁时祖父去世，6岁时，其父"走番"在新加坡拉"牵手车"，因劳累过度卒于他乡。当时，陈德恩刚上学，因父亲去世，母亲只好带着四个子女（其中两个姐姐是领养的，德恩和妹妹是亲生的）回到渔溪，靠做针线活等女工扶养子女，并供德恩和妹妹上学。德恩12岁时，为了让他继续念书，母亲带他到天主教堂请求看在其祖父是传道员的份上，让他到神学院学习。

蒜岭小学创始人——陈德恩先生

1943年夏，陈德恩从福州番船埔的修道院（也叫神学院）毕业，原计划到福州津门楼（在福州孔庙和协和医院一带）一家天主教办的阳光学校任教。但从福州回蒜岭探亲（其母后又从渔溪返蒜岭居住）时，陈德发的父亲陈金瑞（甲长）和村民等向他诉说了陈见龙假公济私，没有很好办学，偌大个蒜岭只有这么个不像样的学校怎么行等，希望他能留在家乡为家乡的教育事业做些贡献。那年他仅21岁，心地善良且胸怀大志，便毅然决定留在家乡，创办一个让村民满意的现代学校。

陈德恩很快接收了所有的店铺改为教室，汛地北邻的那间无人管理的美以美教会的房子也修葺后改成教室。驿站北邻的"同春"大院虽由该楼的亲戚看管着，但无人居住，因此，陈德恩先生也将其大厅改为教室。为了修建教室，他捐出了自家两间倒塌的房屋的木料，还请人将邻村一株倒了的大树扛来做了20套课桌椅。说到此事，陈老先生对笔者说："这本来是不应该的，所以，我心里一直很不安。"我不解地问他"为什么？"老先生一本正经地说："这是邻村的树，本来应该征询他们后才能搬走的。但是，那时为了做课桌椅也就顾不了。"这句话不仅反映出一个天主教徒的诚实心地，也反映出他当时为了创办蒜岭现代教育的那种急切心情。为了聘到好老师，他亲自上门动员有学问者前来担任教师。经过陈德恩先生的悉心筹办，现代学校以崭新的容貌吸引了周边村庄的注意，除了蒜岭村的孩子以外，岭边、坂顶、新厝、后屿、兰底等村的儿童也纷纷到这里上学。学生由原来的数十名增加到了138名。福清县教育科派人来校考察后，1945年将该校正式纳入国家体制，改名为福清县蒜岭国民学校。国家编制1名校长、2名教员，另聘2名教员自筹自给，分5个教学班（其中一个为复式班）。1946年春，又易名为光贤第二中心国民学校，招收安香、东际以南，新厝以北各村学生，编制又增加2名教员，为1名校长、4名教员，乡聘2名教员，分六班单式教学。周边各村适龄儿童踊跃前来就读，学生人数增至200余名。

1950年该校改为硋灶学区蒜岭分班。1951年初，在人民政府关怀下，纳入国家体制并改名为蒜岭小学而迄于今。

第三节　1949年后蒜岭小学的发展

一　为村民扫除文盲作出积极贡献

新中国成立初，文教局要求35岁以下的人应扫除文盲，为了响应政府的号召，蒜岭小学白天照常上课，晚上还办起了夜校。尤其是妇女学习热情特别高，林娃妹、陈惠英等召集了50余名妇女来校学习文化。当时的教员林紫谅、王志学、黄尚德等4位老师忙不过来，聘了几位有点文化基础的村民，同他们一起备课，先教会他们，然后再让他们一起去教其他人。他们除了教识字，同时还配合乡政府的要求，给学员讲时事，宣传缴公粮、征兵和土改等新政府的方针政策。为了使宣传工作做得更生动、更富有感染力，还组织了一个宣传队。多才多艺的黄尚德（后为第二任校长）不仅学会各种乐器，还改编剧本，编排了《海瑞背纤》、《东方解冻》、《祥林嫂》等许多当地农民喜欢的莆仙戏。根据乡政府的安排，晚上到周边村庄，有时甚至到了莆田的村庄演出，常常忙到半夜才回家。那时虽然没有任何报酬，但谈起当年紧张而又愉快的工作，老师们至今仍回味无穷，十分怀念。

二　新校舍的建成：旅印尼蒜岭乡亲第一次联合支援家乡

如第三章第五节所述，新中国成立之初，蒜岭小学原有教室已年久失修，破烂不堪。村里的几位关心村庄公益事业的族老、乡老陈彦俸（祥镇陈的族长）、陈明顺（陈开美的父亲）等看到周边许多村庄在海外华侨华人的援助下，学校得到了重建或新建，于是，与村干部商量后，于1953年向旅印尼乡亲陈金煌先生发出了一封求援信。陈先生收到信后，知道家乡在新政府的领导下，治安有序，人心安定，土地均分，学校恢复，心里充满喜悦，他从心里想为家乡作些贡献，并且，想通过重建蒜岭小学，进一步团结旅印尼蒜岭乡同人，通过团结的力量来援助家乡建设。于是，不辞辛劳，发起了在蒜岭历史上具有重大意义的、为援建家乡的公益事业——重建蒜岭小学，而在旅印尼蒜岭乡亲中进行的大规模的劝捐活动。

从陈金煌的《记录册》的记录看，这次捐款少的捐1000印尼盾，多的捐10000印尼盾不等。陈金煌每到一家都为乡亲的爱乡情怀所感动："大家身在外而心在内具体表现无遗"。

为了汇回这笔捐款，还发生一个让旅印尼蒜岭乡同人虚惊一场的小故事。在同人认捐时，有些人是先口头答允，而后才汇款来的。当时印尼盾贬值很快，一天一个价。为了保值，必须尽早换成港币，尽早汇出。为此，陈金煌和几个在雅加达的蒜岭乡亲便按大家认捐的数额，先垫款汇出。而20世纪50年代，印尼政府对印尼盾实行管制，不允许汇出国外。因此，只好寻找私人地下汇兑庄处理。但是，哪一家地下汇兑庄可靠，谁也不清楚；便找到了东楼村（也属新厝镇）人开在雅加达的同祥公司碰碰运气。按理若款不被汇兑庄挪作他用，最长一个月左右就能到达蒜岭。但是，蒜岭方面收款人接到雅加达方面用暗号写的信后，左等右等等不到汇款，便去信告知海外同人。海外同人知道后，焦急万分，到同祥公司追问，而该公司一口咬定款已交出，等待答复便是。但是，陈金煌他们几个月都等不到家乡收到汇款的消息，海内外乡亲都认为，这笔款项肯定是被同祥公司吞没了。但是，由于汇款出国本身是违法的，无法到法庭控告，只得哑巴吃黄连，三天两头去同祥公司追问而别无他计。好容易过了四五个月，海外同人终于收到家乡收到汇款的来信。至此，陈金煌他们心里的一块沉重的石头总算落了地。他们如此担心的原因，陈金煌在 1981 年的《记录册》中回顾道："钱是公众的，并非私人所有可比。更何况当时旅印尼蒜岭乡同人的资本比不上 20 多年后的 1980 年同人所拥有的财产所致。"后来听说，当时的汇款的确被同祥公司用来做其走私生意，陈先生感叹道："幸好走私平安无事，否则搞走私被捕破产，而汇款也相应被吞没！影响所及而学校也建不成矣！"

　　1954 年，岭蒜小学收到了以旅印尼蒜岭乡同人的名义汇来的 4 万元人民币。为了用好管好这笔款项，应旅印尼蒜岭乡同人要求，村里成立了由 15 人组成的"校管会"，除陈德恩为校方成员外，其他是村中有一定名望的、海外乡亲信得过的村民或亲属，即陈彦俸、陈明顺（陈金煌的堂兄）、陈通章（陈金煌的亲人）、陈茂基（其兄陈伯珠在印尼）、黄当尧（小名黄阿九，黄金春老师之父，其长子在印尼）、陈新龙（其兄在印尼）、陈金瑞等，以及当时的乡支书詹日升、乡长林福星。用 4 万元建一所小学，说实话在经费上是比较紧的。但是，既然已经开口向海外报了这个数，就不便再次索取，因此，校管会一直担心事情能否办好。当时蒜岭小学教师林紫谅和陈彦俸的儿子陈振元为了找到一家既省钱又能保证工程质量的建筑单位，跑了许多小学与建筑部门，甚至跑到了福州。最后，在有关部门的推荐下，将工程包给了一个劳改建筑队。该建筑队不仅用 4 万元建成了小学大楼，而且还余下一点费用建了一个厨房和一个厕所。陈彦俸、陈明顺两位老人高兴得连夸"真没想到'没麻还能打成绳'"。

　　蒜岭小学新校址从原来的蒜岭街上的古驿站，改建到黄氏宗族当时的龙津社址上。坐西朝东矗起了一栋建筑面积约为 4 百平方米的红砖二层教学主楼，另外，还意外地有了厨房、厕所，并添置了一些必要的设备。新校舍的诞生使陈德恩校长高兴得几天都合不拢嘴。他请来了莆田著名书法家陈鹤为崭新的学校题写了"蒜岭小学"4个苍劲的大字。

自从捐建了蒜岭小学，旅印尼蒜岭乡同人便把她视为自己的爱子一般，时刻关注着她的成长。1958年为了给蒜岭小学建围墙、购置办公桌，以及支付民办教师和学校工人工资等，陈金煌先生在旅印尼蒜岭乡亲中又组织了第二次大规模的劝捐活动。和第一次劝募一样，从雅加达出发时，陈金煌和陈丰美、陈玉麟一起，乘坐陈金煌的一辆汽车出发了。途中又加入了陈亚春、郭亚孙之子等几位热心的乡亲，从而又增加了一部汽车。按照陈金煌先生的想法，由于前次各家各户都已经访问到了，这次小户人家可以从略，因此只向那些大户人家募集。

1966~1976年，国内发生了"文化大革命"，局势动荡不定，极"左"思潮泛滥，个个人心惶惶。村民不敢再与海外联系，更不敢收受海外汇款。而海外乡亲知道国内的这种情况后，也不再与家乡联系，生怕连累家乡亲人。"因此，在这段期间旅外同人与家乡之间很少来往，几乎脱节"（陈金煌，1981）。但是，20世纪70年代末期开始，海外同乡又恢复了与家乡的联系。1981年春节将至，旅印尼蒜岭乡同人特意来函指示侨管会"拨出人民币若干元，送给我校——蒜岭学校全体教师们，即小学及初中的教师们（1977年，在蒜岭小学内已附设了初中班，见本章第五节），除送给校长人民币100元外，其他不论小学或中学的教师们每位送给人民币60元正"（陈金煌，1981）。

为了改善教师生活，使教师们安心工作，1983年旅印尼蒜岭乡同人捐资在学校盖了一栋三层楼的教师宿舍。抄录在《记录册》上的商讨建设教师宿舍的海内外来往信件中，旅印尼蒜岭乡同人对教师的关爱，对希望家乡尽快改变面貌的拳拳之心跃然纸上，感人肺腑。同人要求：一是教员宿舍每间都需安装一个瓷盆，墙壁上要挂一面镜子，还要安装挂毛巾，放牙缸的设备；二是厕所不能沿用乡村传统的臭气熏天的粪坑，而要符合现代化的坐式或蹲式冲水的瓷便盆。为了说服村民，旅印尼蒜岭乡同人不厌其烦地一再说明这种安装的必要性，说道："须知这样首创的安装，不能视为不合乡村的设备。……时代不断进步，一日千里，虽然今天视为不合宜，明天就会达到符合的理想了。""明乎此，希我校的教师们须身先为士卒，而挺身改变陈旧的思想"，信中最后再次强调，只有这样做了，才使旅外同人援助家乡建设的汇款起了些作用和意义（陈金煌，1981）。除了建设宿舍之外，旅印尼蒜岭乡同人还为学校建了餐厅；增建了厕所、水泥球场、自来水塔、围墙；开辟了音乐室、图书馆，添置了新图书；储备了用于奖教奖学的基金。

1997 年旅印尼蒜岭乡同人又派陈明光、陈瑞临返乡，修葺了校舍屋顶，建了宣传栏，设置了接待室，并给每个班级配置了一架投影仪、一台复读机。

第四节　蒜岭小学的消亡

一　学生人数锐减，蒜岭小学消亡

中国几千年来"多子多福"、"不孝有三，无后为大"等传统思想在农村根深蒂固，蒜岭村民过去一个家庭大都生育 5～8 个子女，蒜岭小学长期以来一般都有六七个班级，200 余名学生。但是，20 世纪 80 年代以后，农村的计划生育工作不断加大了力度，蒜岭村的计划生育逐渐得到了有效的落实，并成为福州市计划生育先进村。

计划生育成功的结果，最迅速也最明显地反映在小学生源的大幅度减少上；另一方面，不可否认，自从 20 世纪 80 年代末以来，蒜岭大批育龄青年出国务工和定居海外，也加剧了生源的减少。2003 年 8 月，陈文志校长向笔者介绍说，他于 1992 年调到蒜岭小学，当时，该校在校生为 287 人；而现在，全校 1～6 年级总共只有八九十人，短短 10 年时间学生少了 200 人。他说，1994 年后的每一年毕业生在 40 人左右，1997 年毕业生最多，有 63 人。2000 年有 33 人，2001 年开始就只有十几人了。现在全村一年只出生数个婴儿，2002 年一年级只招收到 8 名学生。2003 年秋，户口上有 20 名学龄儿童，但只能招到 12 名左右。因为澳门有在当地买房即可在当地定居的制度，许多人在澳门买房到澳门去了。为此，2001 年蒜岭小学的 5 年级和 6 年级的学生合并到 5 里外的砃灶中心小学去了；2002 年 3 年级和 4 年级学生也合并了过去。2003 年秋开学后，蒜岭小学只剩下一个校长和一个教师带 1 年级和 2 年级学生。听到这些，笔者原以为事情也许就到此为止了吧，1 年级和 2 年级学生年纪小无论如何只能在村内上学。因此，蒜岭小学虽然缩小了，但还将继续存在下去。但是，2004 年秋，蒜岭小学 2 年级学生也到硋灶中心小学上学了。2005 年秋季，甚至一年级小朋友也归到了硋灶中心小学。至此，由村民和旅外蒜岭乡同人共同努力近 60 年，形成了相当规模，培养了大批毕业生的蒜岭小学实际上已经人走校空，关门了。当然，因生源减少，停办的学校不仅只有蒜岭小学，新厝镇先后已有 7 所小学关了门。现在，蒜岭小学校园里只剩下幼儿园还在那里上课。郭瑞花老师同时教大班、中班、小班，四十余个儿童，分排列坐，为混合班。

二 村民对蒜岭小学消亡的不同看法

据说 1998 年时，由于学龄儿童人数锐减，各校已出现生源紧张，福清市教育局就有合并学校，集中人力、物力、财力资源，办好高质量小学的意向。因此，村民们当时就已经对蒜岭小学的去留议论纷纷。可以想象，无论从感情上来说，还是从孩子上学的方便考虑，村民都不愿意关闭蒜岭小学。不少村民认为，如果给蒜岭小学每个教室安装一台电脑（合计需人民币 12.8 万元），把小学的硬件搞好，再买一两部汽车用来接送外村的孩子到蒜岭来，蒜岭小学就有可能保存下来；但是，这显然是一厢情愿，行不通，因为，学校是否吸引生源，关键在质量，而硬件仅能反映质量的一小部分，质量好坏更关键的是反映在师资队伍和学校对教学质量的管理上。虽然蒜岭小学的师资水平并不次于硋灶中心小学，并校后，蒜岭小学的教师都是硋灶中心小学的主要教学骨干，但是，硋灶中心小学位于新厝镇的中心地带，人口多，学校大，市教育局对它的师资配备一向比较重视，进入 21 世纪初，硋灶小学又配备了英语教师，五年级学生开始开英语课。而蒜岭小学和其他小校就分配不到，这就使小校学生学习的课程不齐全，从而直接影响到学生的质量。

2003 年 8 月，蒜岭小学已经只剩下 1 年级和 2 年级在村中上课了。大部分村民都有一种失落感，对蒜岭小学的"萎缩"怨声很大。孩子们上学远了，除了增加乘坐接送车的费用外，由于路远，中午必须在学校用餐，3 年级小朋友不懂如何蒸饭、取饭，有些家长只好中午还得为此跑一趟学校……总之，村民的说法是："蒜岭很不幸。"不过，曾为蒜岭小学校长的林玉霖认为，一是在中心小学学习，课程设置齐全，学生能获得系统全面的教育；二是通过安排老师或高年级同学教低年级同学的方法，让低年级学生学会蒸饭等，这也可以培养孩子们独立生活的能力。

村主任林玉坤告诉笔者，蒜岭小学并不并入硋灶中心小学的决定权在村委会。村委的考虑与林玉霖相仿，是从保证学生的质量上来考虑的。在蒜岭小学只剩下 1 年级和 2 年级时，学校留下的是两名数学老师，这的确会影响教学质量。另外，林主任说："学生太少，没有竞争气氛，学起来没劲。其实，学生太少，教师教得也没劲。就像看比赛一样，看的人少了，比赛的人也会没劲的。面对现实，一些村民也已经想开了。到 2005 年，干脆把 1 年级也合并了过去。"从这一点上看，村委会的决定是正确的。

蒜岭小学的消亡虽然给村民的心理抹上了一层阴影，但是，从宏观角度看，它是一件好事，因为，它标志着计划生育这个关系到国计民生的重大措施在农村获得了实实在在的成效。

第五节　蒜岭侨兴初级中学的创立

一　为全村儿童着想：陈子兴捐建戴帽小学初中班

旅印尼蒜岭同乡、商界奇才陈子兴先生虽然是蒜岭移民印尼的第二代，1991 年以前他尚未回过家乡，但是，由于从小就接受了华文教育，中华文化和父母爱国爱乡情感对他的熏陶，使他决心这一生一定为祖籍国——中国和祖先繁衍之地——蒜岭作出力所能及的贡献。事业的成功使他能够用最实际的行动来表达其热爱家乡、热爱祖籍国的一片赤诚之心。

1955 年创办江兜华侨中学之前，新厝镇没有一所中学。蒜岭的儿童在蒜岭小学毕业后，要想上中学的话，就必须到距离蒜岭 11 公里远的莆田县江口的锦江中学念书，或者到更远的福清县的中学念书，因此必须住校，十分不便。

1965 年，新厝公社在蒜岭的武当别院的后殿，即五皇大帝殿遗址上办了一所农业中学。不久以后，该农中撤销，改成新厝中学（现在的江兜华侨中学）蒜岭分校，即是一所普通全日制初级中学。使蒜岭的小学毕业生有了在村里就可以上中学的方便。但是，"文化大革命"结束后，该分校撤销。教育局打算把蒜岭小学扩大为戴帽小学，但苦于资金不足没有动工。1976年，陈子兴派几位经理回到蒜岭给村民发红包时，经理们听说这一情况，回去向陈子兴做了汇报。陈子兴二话没说，决定为家乡捐建戴帽小学初中班。他委托叔叔陈孙政及堂弟陈子祥、堂妹陈丽萍及陈振元负责此事。1977年动工，在蒜岭小学内兴建了一栋石砌三层、可容纳五六个生产大队的大约九个班学生，建筑面积为1458平方米，合计有教室与办公室24间的初中班校舍，1979年6月竣工。这样，蒜岭小学便增加了初中班，成为戴帽小学。得益于陈子兴先生的爱乡之举，不仅使蒜岭的孩子们受益，周边村庄的孩子们也纷纷来这里上学，就近就能完成九年基础教育。

二 为全镇儿童着想：捐建福清蒜岭侨兴初级中学

1982年，根据教育事业发展形势的需要，福清县人民代表大会批准，并决定将附设在蒜岭小学的初中班独立出来，创办蒜岭初级中学。于是，陈子兴先生决定独资创建这所中学。他在村南的虎头山前购买了24.5亩土地，兴建了建筑面积为1721平方米，12间教室的初中教学楼。1984年9月，原附设在蒜岭小学的初中班迁入了新校址，1985年该校正式更名为"福清蒜岭侨兴中学"。为了完善学校设施，1992年陈子兴先生又投资建起建筑面积为659平方米的大礼堂。翌年，盖起了食堂和师生宿舍楼各一栋。由于蒜岭侨兴中学接纳的学生不仅来自新厝镇各个村庄，甚至还要接纳来自别镇的学生，因此，2003年，已在病榻上的陈先生又为该校追加新建了一栋学生宿舍楼，并扩建了运动场和围墙。除了上述大项目外，陈先生还赠送给每位教工和学生一套校服；考虑到为了学校的工作方便等，陈先生于1986年就赠送给学校一部旅行车；另外，先后为学校添置了彩色电视机、电脑设备、一个多媒体教室以及赠送了奖励优秀学生用的奖品，如自行车等，使该校硬件设备达到了农村初中二级标准。据该校财务科统计，为了这所学校，陈子兴先生先后独资花费了400余万元巨资。不过，蒜岭侨兴中学全体教职员工也不负陈先生的厚望，在建校20余年中，克服了新办学校不少设施、设备需陆续完善的不利因素，严格管理，自强不息，发展得很不错。比如，陈子兴先生的捐款主要是投入到建校舍方面，而为了完成正常的教学工作，所有教学用的仪器设备都是学校自筹资金添置的。学校一方面把有限的办公经费抽一部分出来，另一方面向市教育局、镇政府、各村村委请求资助一部分，用于砌成化学实验室的水泥实验桌，及请木工自制物理、生物实验桌等等。

从办学开始到20世纪90年代初，校长王春景对提高教学质量抓得很紧，中考成绩一直很好，考上师范中专的人数很多。那时，能考上师范中专的是最拔尖的学生，因此，当时小学毕业能考上蒜岭侨兴中学算是值得骄傲的事。连渔溪、江口等地的学生都转学到这里来。2002年蒜岭侨兴初级中学中考语文成绩在渔溪教研片（包括上迳镇、渔溪镇、新厝镇）位居第一名。2003年新生质量也十分优秀，新厝镇有三所中学，江兜华侨中学（是完中）、蒜岭侨兴初级中学和凤迹初级中学，2003年分别招生147人、294人和62人，蒜岭侨兴初级中学生源最多。2003年8月，采访教导主任陈元洪和总务主任林世俊时，他们胸有成竹地说："这些年抓得比较紧，教学方面出成效了。"

蒜岭侨兴中学一角

2006年时，蒜岭侨兴中学已是一所占地面积17430平方米，建筑面积约7000平方米，教师28人，职工7人，其中校处级干部9人的，迄今为高一级学校和社会培养出4356名初中毕业学生，为新厝镇完成学生九年义务教育作出了巨大贡献的初级中学。

不过，2006 年 9 月，笔者了解到计划生育的成功实施，已经不仅使小学，而且也使初级中学出现了生源短缺、学校过剩的状况。根据新厝镇镇政府的全盘考虑，将凤迹初级中学合并到江兜华侨中学，从 2006 年 9 月开始，蒜岭侨兴初级中学也不再招收新生，2007 年 9 月蒜岭侨兴中学全部并入江兜华侨中学，完成了它的历史使命。

第六节　村民受教育水平结构及农村 中学教育存在的问题

一　改革开放后蒜岭村民受教育程度提高

在 2003 年 12 月份的蒜岭村村情调查中，对蒜岭村村民的受教育状况进行了调查。下图是对所获资料进行 SPSS 统计后得到的蒜岭村村民教育水平结构图。

从图 11 - 1 可以看到，蒜岭村民文盲人数占总回答人数 1248 人的 26.4%，小学文化程度者占 25.5%，初中程度者占 29.4%，高中程度者占

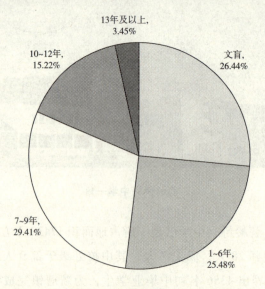

图 11 - 1　蒜岭村村民教育水平（黄江波统计）

15.2%，而大学及以上程度者只占 3.5%。可见，村民中具有初中文化程度的村民最多，而大学毕业的村民一般都到福州、福清等城镇就业，因此整个蒜岭村村民的文化知识水平不高。

从表 11-1 可以看到，蒜岭村文盲群体中，女性较多，是男性的 1.7 倍；小学文化程度中男女人数相当；但是，从初中开始男性人数均占优势，初中文化程度中，男性比女性多 71 人，是女性的 1.5 倍；在高中文化程度中，男性比女性多 42 人，是女性的 1.6 倍；在大学文化程度中男性比女性多 16 人，是女性的 2.3 倍。因此，这一方面反映出长期以来在蒜岭村民中还是存在着重男轻女的观念，另一方面可能也反映了因社会对女性的歧视，使女性自身也降低了对自己的要求而不思拼搏的思想。

表 11-1　年龄、性别与受教育水平

单位：人，%

教育年限 / 性别 / 年龄	0 年		1～3 年		4～6 年		7～9 年		10～12 年		13 年以上		总计
	男	女	男	女	男	女	男	女	男	女	男	女	
0～15 岁	13	16	4	2	8	6	9	8	1	2	0	0	69
百分比	37.1	26.6	12.5	6	6.8	4.5	4.2	5.5	0.9	2.7	0	0	6.9
16～25 岁	9	3	0	0	4	4	42	54	46	40	13	9	224
百分比	25.7	5	0	0	3.4	3	19.4	37.2	40	54.8	46.4	75	22.4
26～35 岁	2	2	3	4	14	21	52	52	17	19	7	1	194
百分比	5.7	3.3	9.4	12.1	11.9	15.9	24.1	35.9	14.8	26	25	8.3	19.4
36～45 岁	2	6	5	14	24	34	46	20	19	8	1	1	180
百分比	5.7	10	15.6	42.4	20.3	25.8	21.3	13.8	16.5	11	3.6	8.3	18
46～55 岁	4	9	5	11	43	49	42	8	17	2	3	1	194
百分比	11.4	15	15.6	33.3	36.4	37.1	19.4	5.5	14.8	2.7	10.7	8.3	19.4
56～65 岁	0	7	3	1	10	12	13	3	6	0	3	0	58
百分比	0	11.7	9.4	3	8.5	9.1	6	2.1	5.2	0	10.7	0	5.8
66～75 岁	3	13	8	0	10	5	9	0	6	1	1	0	57
百分比	8.6	21.7	25	0	8.5	3.8	4.2	0	7	1.4	0	0	5.7
76 岁以上	2	4	4	1	5	1	3	0	1	1	1	0	23
百分比	5.7	6.7	12.5	3	4.2	0.8	1.4	0	0.9	1.4	3.6	0	2.3
合　计	35	60	32	33	118	132	216	145	115	73	28	12	999
百分比	100	100	100	100	100	100	100	100	100	100	100	100	100

资料来源：2003 年 12 月问卷调查（黄江波统计，林芳绘制）。

从表 11 - 1 还可以看到，2003 年调查时为 16 ~ 25 岁，即 1978 ~ 1987 年出生的这一代人的文化程度比他们的父兄都高，有 42.9% 的人为初中文化程度；有 38.4% 的人为高中文化程度；有 9.8% 的人为大专以上文化程度，使蒜岭村有史以来高中以上文化程度的人口占 48.2%，超过了初中文化程度的人口。可见改革开放后，村民经济收入增加，大部分家庭能支付子女的教育费用，子女能念书到什么程度一般都能予以满足。

从 2003 年 12 月的问卷调查还可以看到，1947 年以前出生者的入学年龄跨度大，多数在实足年龄 7 ~ 10 岁之间入学；而 1948 ~ 1987 年出生者的入学实足年龄众数在 8 岁；1988 年以后出生者的入学实足年龄众数在 7 岁，提早了一岁。

二 近一半青少年想上大学

为了了解蒜岭这个在新厝镇十余个村庄中，最早掀起出境务工热，并且也相对较多人出境务工的村庄对青少年的学习欲望带来什么影响，2003 年笔者到蒜岭侨兴初级中学进行了问卷调查。统计结果发现，来自蒜岭的学生比起来自其他村庄的学生学习欲望更高，并且对学习也更有信心。笔者在调查中问道：如果现在有出境务工的机会给你，你会选择什么？94.6% 的蒜岭学生回答"继续学习"，比来自其他村庄的学生高出 3.2 个百分点（见表11 - 2）；当问及你希望继续学习的原因时，49.3% 的蒜岭学生回答"我想上大学"，比来自其他村庄的学生高出 9 个百分点（见表 11 - 3）；在询问对考上高中是否有信心时，56% 的蒜岭学生回答"有"，比来自其他村庄的学生高出 7.7 个百分点（见表 11 - 4）。

表 11 - 2　如果现在有出境务工的机会给你，你会选择什么

单位：人，%

来自何处	无效回答	继续学习	出境务工	合　计
蒜　岭	—	70	4	74
百分比	—	94.6	5.4	100.0
其他村	1	433	40	474
百分比	0.2	91.4	8.4	100.0
合　计	1	503	44	548
百分比	0.2	91.8	8.0	100.0

资料来源：2003 年问卷调查。

表 11 – 3　来自不同村庄学生希望继续学习的原因比较

单位：人，%

来自何处	至少要拿到初中毕业文凭才行	至少要拿到高中毕业文凭才行	我想上大学	年纪还小,没有独立在外面生活的信心	其他	合计
蒜　岭	10	20	35	6	—	71
百分比	14.1	28.2	49.3	8.5	—	100.0
其他村	76	145	176	24	16	437
百分比	17.4	33.2	40.3	5.5	3.7	100.0
合　计	86	165	211	30	16	508
百分比	16.9	32.5	41.5	5.9	3.1	100.0

资料来源：2003 年问卷调查。

表 11 – 4　来自不同村庄学生对考上高中的信心比较

单位：人，%

来自何处	有	没有	说不清	无效回答	合计
蒜　岭	42	3	29	1	75
百分比	56.0	4.0	38.7	1.3	100.0
其他村	227	34	202	7	470
百分比	48.3	7.2	43.0	1.5	100.0
合　计	269	37	231	8	545
百分比	49.4	6.8	42.4	1.5	100.0

资料来源：2003 年问卷调查。

　　蒜岭学生比来自其他村庄的学生学习欲望强烈，这说明出境务工热不仅没有给蒜岭青少年带来负面影响，相反，可能由于出境务工者在海外务工中，深刻体会到自身受教育水平低在求职中的弱势地位（详见第六章）反倒教育了该村青少年要努力学习，到海外务工才更具优势。

三　农村中学教育存在的问题

　　上述二中我们已经看到，蒜岭的青少年学习意愿是很高的，即使给他们出境务工的机会，近95%的人仍然选择继续学习，并且其中近一半的学生想上大学。但是，从表11 – 5 可以看到，他们的学习愿望并不容易实现。蒜岭侨兴初级中学虽然在农村初级中学中教学质量并不差,但是,能考入普通高中,有希望在高中毕业后进一步报考大学的学生仅有不到四分之一;在2001届、2002届和2003届学生中,包括考入职业高中和中专的学生在内,只占原有学生人数的三分之一左右;未能升入高一级学校的学生均占原有学生数的60%以上。想上学,却不能继续上学,小小年纪就不得不停止学业,这一情况说明我们的普通高中、职业高中和中专太少了;另一方面也说明,农村初级中学的教学质量普遍比不上城市的初级中学,在中考中竞争不过城市的初级中学,从而使大批农村青少年无法实现自己的升学梦。根据福清市教育局提供的数据显示,福清市的普高(包括市内和农村的学校)入学率为53.4%,如果只考虑市内中学的普高入学率的话,则超过70%,而蒜岭初级中学2003年的普高入学率最高,但也仅为22.6%,相差了将近50个百分点。另外,从福清市教育局了解到,该市2001年高考录取率为65%,而整个新厝镇①的高考录取率(江兜华侨中学的高考录取率)仅为24%,②相差了41个百分点。以上数据说明,农村学生无论在中考还是在高考中,在升学方面都不具备与城市学生竞争的能力。

表 11-5　蒜岭侨兴中学学生数及辍学、结业、毕业、升学状况

单位:人,%

年级 (届)	原有 学生数	辍学 人数	结业* 人数	毕业 人数	考入普通 高中人数	考入职高、 中专人数	总升学 人数**	未升学 人数
2001	234	18	10	206	43	32	75	159
百分比	100	7.7	4.3	88.0	18.4	13.7	32.1	67.9
2002	181	29	2	150	39	27	66	115
百分比	100	16.0	1.1	82.9	21.6	14.9	36.5	63.5
2003	133	23	0	110	30	23	53	80
百分比	100	17.2	0	82.7	22.6	17.3	39.9	60.2

＊此处指中学会考中没有通过的学生。
＊＊此处是指考入高一级学校的人数,除考入普通高中外,还包括考入职高、中专等学校者。
资料来源:福清市蒜岭侨兴初级中学学籍处。

---

① 新厝镇只有一所完全中学,即江兜华侨中学,其余中学都是初级中学。
② 数据由新厝镇镇政府提供。

农村中学的学生在中考和高考中远远无法与城市学生竞争，说明农村中学的教学质量远远赶不上城市中学，而教学质量又主要与师资力量紧密相关。在蒜岭侨兴初级中学的调查中，笔者了解到以下影响教学质量的因素：

首先，师资配置不到位。按规定初级中学 1 个班级应配置 3.5 名教师，蒜岭中学 2004 年有学生 521 人，分为初一 3 个班，初二 5 个班，初三 2 个班，共 10 个班级，按理应有 35 位教师，但实际上该校当时缺少了 4 位教师。一些科目没有专任教师，需要其他科目的老师兼职，如生理卫生、劳动技术课等。

其次，一般城市中学的教师都是大学本科毕业生，而蒜岭中学 31 位教师中只有 5 位是本科毕业的，其余 26 位都是专科毕业，而 5 位本科毕业生当中有 3 位还是函授大学毕业的。

再次，农村教师工资外收入低于城市教师，影响农村教师的工作积极性和师资队伍的稳定性。中学教师的月薪是国家统一规定的，2004 年中学教师一个月的基本工资一般为 700 元，此外，还有少量补贴，如教学课时的补贴、节假日的过节费等。但据蒜岭中学教师反映，该校教师一年的奖金跟市里的中学比，平均要少 2000 元以上。收入差距如此明显，再加上城市与乡村的环境差距，教师心态难免失衡，从而影响工作热情，不愿意安心在农村执教，或想更换岗位，或想转谋其他职业。改革开放后，蒜岭侨兴中学先后就有 12 位教师出境务工。

除了以上因素外，有关部门对农村中学投入资金不足，教学设备偏少等也都对农村中学提高教育质量起制约作用。教学质量得不到保障，农村中学学生成为直接受害者，整体水平难以提高，对于升上高一级学校则难度增大。而升学率低下又会促使学习信心不足者中途辍学（其中有些学生是因随父母定居国外而离校），因此，从表 11－5 可以看到，蒜岭侨兴中学从 2001届到 2003 届的学生辍学人数分别为 18 人、29 人、23 人，相对应的辍学率为 7.7%、16.0%、17.2%，辍学现象年年存在，并有逐年增多的趋势。

最近，笔者从原蒜岭侨兴初级中学副校长郭礼文处得知，由于实施计划生育的结果，2008 年整个新厝镇初中招生不到 250 人。也就是说，今后三年江兜华侨中学初中生将不满 800 人。这样下去,只要一所江兜华侨中学就可以使初中生百分百升入高中了,这倒是一件好事。不过,农村中学要提高高考升学率,依然还有待于有关部门对农村中学各方面的重视和投入。

第七节　一次发展机会的错失

在蒜岭村调查中,我们从村委干部和陈子兴的叔叔陈孙政先生处得知,蒜岭村民曾经错失了一次发展第三产业、促使蒜岭村城镇化的极好机会。20世纪 70 年代末,陈子兴先生想为家乡和祖籍国办一件好事,准备投资人民币 1500 万元,在蒜岭村杭下前的牛山岑建设一所中专学校,预计第一期占地 150 亩,日后再逐步扩大,然而这个项目遭到了新厝镇政府领导人和个别蒜岭村民的反对。当时的蒜岭村民十分珍视土地,思想观念与今天大不一样:一来当时农村还有统购任务,土地在村民眼中是不可或缺的生产资料;二来农村刚刚实行家庭联产承包责任制,分田到户,农民生产积极性高涨,没有人愿意将到手的土地再交出来;三来村民当时还未看到除农业之外的就业机会,认为,"这个地上不能搞学校,搞了今后我们就没有粮食吃了"。除了蒜岭村民外,更关键的是新厝镇政府当时的领导人也反对在蒜岭建中专学校,说:"这么大面积的土地被拿走了,农民要交农业税,以后农民吃粮怎么办?!"既然家乡的领导和村民不欢迎在蒜岭村建中专学校,陈子兴只好委托叔叔陈孙政到别处寻找建校地址。陈孙政先生和福清市委最终在福清市宏路镇找到了名叫"矮山"的一处连草都不长的地方,于1983 年建起了福建省侨兴轻工学校。最初,投入 350 万元,占地面积为 165亩。1990～1997 年,进一步购地 200 余亩,扩大校园面积,总投资 6000 万元港币。

20 多年来,福建省侨兴轻工学校规模不断扩大,实力不断增强,校园占地 400 亩,建筑面积 8 万余平方米,拥有体育馆、田径场、游泳池、旱冰场、电影院、图书馆等文化体育设施;拥有 30 多个专业,设有金工、数控、食品、烹饪等数十个实验室;建有电教中心、计算机中心、网络信息中心等现代教学设施和校内外实习基地;学校现有高配置的计算机 600 多台，实现光纤宽带上网。现有在校生 3500 人；教职工 220 余人，其中高级职称教师 64 人，双师型教师 27 人，中级职称教师 39 人，还聘高校教授、外籍教师、企业有实践经验的专家来校任课。学校设有国家职业技能鉴定站、全国计算机等级考试考点；是西南师大远程教育本、专科考点；同时与福建信息职业技术学院、福州职业技术学院联办三个五年制大专专业。该校已成为一所在海内外有一定影响的、福建省教育厅直属的国家级重点普通中专学校。

看到今天的福建省侨兴轻工学校发展得如此成功，陈孙政先生与现任的村委干部们无不对该校当时不曾建在蒜岭村深感遗憾。他们认为如若学校建在蒜岭村的话，必定带动蒜岭村民发展许多相关产业，使蒜岭及周边村庄经济繁荣、人口兴旺，并促进蒜岭村的城镇化。然而在长期的以传统农业生产为主的经济结构的束缚下，当时的镇领导、村干部和村民尚不具备市场经济所需的判断力和远见，没有意识到兴建学校所能产生的巨大影响和巨大利益。所以从某种意义上说，这也是一个难免错过的机会。一个地区的发展首先必须在思想观念上革新，否则即使机遇到来也会视而不见，让机遇擦肩而过。

在汲取了上述教训之后，新厝镇镇政府与蒜岭村民已开始聪明了起来。2004 年，新厝镇镇政府召开有关蒜岭侨兴初级中学留去问题座谈会时，陈孙政先生提出，蒜岭侨兴初级中学合并到江兜华侨中学去后，能否请求福建省侨兴轻工学校接收空出来的校舍，把其改建为福建省侨兴轻工学校的一所分校，用以为国家培养更多的高、中等技术人员和技术工人等。对于这一建议，新厝镇党委书记、镇长及主管文教的副镇长均表示赞同。在福清市有关领导的沟通下，福建省侨兴轻工学校已采纳此建议，并且近期内将动工从该校舍建一条直通福厦 324 国道的道路，使该校的交通更加便捷。福建省侨兴轻工学校蒜岭分校的建立，不但会给蒜岭村民带来第三产业的发展，而且还可能提高新厝镇青少年的中考升学率，一举两得，前景美好。

新厝镇全镇只有 3 万余人口，而其中的大部分又青壮年到海外务工去了，由于人口稀少，镇政府所在地的坂顶街十分萧条。改革开放后，不少先富起来的村民（其中也有一些蒜岭村民）将新房建到了镇政府所在地的坂顶街（福厦 324 国道的两旁），并且建成下面为店面、上面为住房的结构，期待着这里兴旺起来时可以出租店面。但是，二三十年过去了，该街的商业繁荣不起来，道路两旁的店面大部分仍然大门紧闭，没有人前来租赁。新厝镇所建的福清出口加工区和新厝镇蒜岭工业小区，也因为劳动力缺乏，很难吸引大型及劳动力密集型企业到此投资。笔者认为，人口太少已成为新厝镇城镇化发展滞后的瓶颈。因此，福建省侨兴轻工学校蒜岭分校建立起来后，如能集中数千名师生到此生活，以蒜岭为中心的商业街就有可能繁荣起来。

第十二章　传统民俗文化与现代娱乐文化

蒜岭村是一个已经有至少六七百年历史的村庄，蒜岭又是个主姓村，蒜岭村的农耕民俗信仰文化和宗族文化积淀深厚。1949 年中国社会制度发生结构性变化之后，上述文化曾一度遭受破坏。改革开放后，传统民俗文化得到了恢复，并且发生了与时俱进的变化。而以满足人的身心健康的休闲消费，或为现代社会主流意识形态服务的文化娱乐活动在蒜岭也已萌生。

第一节　以儿童、妇女与老年人为主体的赋闲的村庄

一　以儿童、妇女与老年人为主体的村庄

根据 2003 年 12 月在蒜岭的问卷调查统计结果表 12 - 1 显示，在 1319 人的有效回答中，60 岁及以上者有 205 人，占总人口的 15.5%。根据联合国的规定，一个国家或地区 60 岁及以上人口占总人口的 10.0% 以上者为老龄型社会，蒜岭已是个典型的老龄型社会。另外，蒜岭已从一个以种植水稻、番薯、黄豆和花生等粮食作物为主的村庄变成一个以出境务工为支柱的多元经济结构的村庄，由于实际年龄在 50 岁及以上者已不可能出境务工，因此，对于蒜岭来说，老年人的界定年龄更低，老人会的入会年龄是虚岁 50 岁及以上者，而蒜岭实际年龄 50 岁以上者占总人口的 26.4%。表 12 - 1 还显示，

18 岁以下者有 220 人，占总人口的 16.70%。因此，一老（50 岁以上）一少就占了总人口的 43.0%。而在劳动力人口中，男性出境、出村务工者比女性多，这一特征又使得蒜岭成为常住人口中女性居多的村庄。这样，蒜岭便成为常住人口以儿童、妇女与老年人为主体的村庄。

表 12 - 1　蒜岭人口年龄结构

单位：人，%

性别＼年龄	17 岁及以下	18 ~ 29 岁	30 ~ 39 岁	40 ~ 49 岁	50 ~ 59 岁	60 岁及以上	合计
男人数	105	168	89	124	78	93	657
百分比	16.00	25.60	13.50	18.90	11.90	14.20	100
女人数	115	156	95	119	65	112	662
百分比	17.40	23.60	14.40	18.00	9.80	16.90	100
合计	220	324	184	243	143	205	1319
百分比	16.70	24.60	13.90	18.40	10.80	15.50	100

资料来源：2003 年 12 月调查（黄江波统计，林芳绘制）。

二　独特的经济结构使村民拥有大量闲暇

海外务工的收入与农田收入的极大反差，以及蒜岭人经济生活水平的普遍提高，使在村居民失去了耕种田地的积极性。无人耕种和不愿耕种的结果是，2003 年时，蒜岭村已将数百亩耕地承包给浙江人经营西瓜种植，村民手中只剩下龙眼树和 100 亩左右的耕地。这 100 亩左右的耕地村民主要用来生产自家吃的口粮。一年之中，只有龙眼打枝和施肥的六月份最忙，根据各家龙眼树的多少，有的忙几天，有的忙十几天。而农田的活因为土地少，即使再忙也只需忙两三天就结束了。问卷调查结果显示，88%（有效回答 358户）的被调查者认为，在他们的生活中已没有农忙与农闲之分了。表 12 - 2也显示，在村人口中，平时参加劳动或上班的人还不到在村人口的 1/3（有效回答为 358 户）。除了少数上班、务工和干农活者之外，大部分人平时就是做做家务、看电视或是聊天等，平时的文化娱乐生活十分单调无味（见表12 - 3）。

表 12 – 2　蒜岭村居民日常生活的时间安排的所占百分比

单位：%

生活安排　　　　时间	早饭前	上午	下午	晚上
上班、务工、干农活	4.3	27.9	24.4	3.9
买菜、家务、带小孩、喂家禽	54.5	31.6	17.3	6.0
看电视、聊天、打牌、读报、锻炼、没啥事	14.9	23.4	33.3	73.7
无效问卷	26.3	17.1	25.0	16.4
合　　计	100.0	100.0	100.0	100.0

资料来源：2003 年 1 月的问卷调查。

表 12 – 3　蒜岭村居民一天的休闲活动内容与人数

单位：人

姓名　　内容	看电视	聊天	打牌	读报	锻炼	其他休闲	休闲人数
早饭前	6	3	1	6	35	2	53
上　午	22	33	16	9	3	1	84
下　午	44	44	14	10	1	6	119
晚　上	244	7	1	7	2	3	264
合　计	316	87	32	32	41	12	520

资料来源：2003 年 1 月对 358 户家庭的问卷调查（林芳绘制）。

第二节　传统民俗文化活动的复兴与变异

实行家庭承包制后，蒜岭的在村居民一方面经济生活水平普遍较高，另一方面闲暇时间充裕，根据马斯洛需要的层次性理论，可以推想出蒜岭村居民对精神文化生活的渴求。一是对于蒜岭人，尤其是老年人来说，最熟悉的是传统农村民俗文化；二是由于出境务工经济的风险性、个体性，使蒜岭人开始热衷于恢复传统民间信仰活动，和增强宗亲感情的宗族活动。但是，由于时代的变迁，这些传统文化活动或自然而然地，或由某些村庄精英的创新也产生了各种适应于时代的变异。

一　家家户户烧香、拜拜、"做虔诚"

从第八章中我们知道，改革开放后，蒜岭老一代华侨华人与村民一道为家乡修复与重建了村庄传统民俗信仰活动的几乎所有的大大小小的宫观庙宇、宗祠，使蒜岭村在龙眼树绿叶中，不但错落着色彩鲜艳、造型各异的洋楼别墅，同时也掩映着许多金瓦红墙、精致典雅的宫庙、宗祠。蒜岭村民有了"做虔诚"的众多场所。

20世纪80年代末以来，村民们渐渐开始热衷于各种民间信仰活动，如烧香、拜拜、许愿、还愿等。现在这些活动几乎成了村民生活的大部分内容。并且，与新中国成立前多由男性老年人"做虔诚"不同，平日的烧香、拜拜多由妇女们操持，而大约十户中只有一户家庭是由男性从事的。由于蒜岭村民大部分在外务工，家人祈求他们的平安，也期盼他们能得到好收入，一年中，除了第十章中所述的节庆外，每个月的初一、十五，妇女们都穿上红色的服装，带上供品和贡银，到武当别院及本宗族的宫庙"做虔诚"。

妇女着红色服装去"做虔诚"

过去，供奉土地公主要是祈求生意兴隆。新中国成立前，村里做生意的人少，人们只在农历二月初二和农历十二月十六，即在"头牙"和"尾牙"时才到土地公庙"做虔诚"（详见第十章第五节）。而现在，大部分村民在外做生意、挣钱，因此，每个月的初二与十六，即平时的"牙日"村民也都要给土地公"做虔诚"，并且，蒜岭现在几乎所有家庭都在家中院子里设置了土地公的神位。

在蒜岭，上述每个月 4 次的"做虔诚"已成为每家每户雷打不动的例行日程。据 2003 年 1 月的问卷调查结果显示，90.9% 的被调查家庭（有效问卷 342 份）都回答有烧香、拜拜。

蒜岭村各宗族的宫庙和佛公堂等只在农历每月的初一、十五、神明寿诞和有村民祈愿或许愿者请戏班子来演戏时开门，而武当别院则终年开着大门迎接有着各种心理需要的村民。武当别院除了每月初一、十五村民来"做虔诚"外，大年三十晚上要接待村民烧新年的头炉香，另外，农历正月十五元宵节、农历二月武当别院举行"保境"活动、农历五月初一至初五五皇大帝寿诞时，村民都会来烧香、拜拜；家人生病时，为了保佑早日康复，村民要来烧香；家人出国，为了保佑安全抵达，或在外平安、发财，村民要来烧香；学生学习，为了考得好成绩，或保佑考上大学，家长会来烧香。

二 为开展民俗文化活动而产生的文艺团体

除了上述村民"做虔诚"的个人活动外，蒜岭的各个宫庙都有各自的集体文化活动，如各个宗族宫庙的神明寿诞、闹元宵、雪峰寺每年农历二月举行盛大的总元宵"游神保境"活动等。为了方便开展这些民俗活动，杭霞宫、祥镇宫、龙津社、武当别院董事会分别都组织了车鼓队，[①] 霞渡宫组织有大头娃娃队、溪头宫组织有打击乐队。新中国成立前，宗族宫庙没有组织这些文艺队伍，举办活动时要去外面雇车鼓队。

武当别院除了车鼓队外，还组织了十音八乐队。车鼓队由黄春荣秘领队，共有约 40 名女性组成。前面是安放在不锈钢车架上的大鼓，后边是排成方阵的敲锣打钹的队伍，可以一边行进，一边表演各种动作，是民俗巡游活动中不可或缺的渲染气氛、造成声势的表演队伍。

武当别院十音八乐队[②]由陈中和领队，25 人组成。后台 10 名，年纪最大的是王志学老师，已 81 岁；前台 15 名女性。他们坚持每个星期六晚上排练节目，已持续了 13 年。幼儿园教师郭瑞花曾经是莆仙戏演员，富有艺术

---

① 武当别院车鼓队成立于 1995 年。

② 是当地一种一部分人演奏乐器，一部分人唱的表演形式的队伍。不过，为了使这一表演形式更加活泼，武当别院十音八乐队除了奏乐和演唱外，还同时让一部分人舞蹈。

天才。她负责后台打鼓，同时又是十音八乐队导演，组织该队自编、自导、自演了一个又一个舞蹈节目，如伞舞、扇舞、彩带舞等等。

武当别院十音八乐队排演

武当别院车鼓队和十音八乐队原本是为武当别院闹元宵、举行总元宵和五皇大帝保境活动等民俗活动时渲染气氛而组织的，但是，现在他们也常被外村宫庙或本村办喜事的人家，如盖房、结婚、做寿等请去为喜庆活动助兴。这些时候基本没有报酬，仅由东家请他们吃一餐饭而已。2007年4～6月，应附近天生林艺度假村的邀请，连续3个月的星期六，十音八乐队都到该度假村为游客表演，每次招待一顿午餐和每人20元报酬。2004年和2006年也都被该公司邀请过。2008年10月20日，新厝镇举行"新农村新家庭文艺汇演"，十音八乐队被请去表演"计生政策暖人心"、"婚育新风进万家"、"劲舞翻腾颂计生"、"新农村新风尚"等4个节目。因此这支队伍已经超越了宫庙民俗信仰活动的局限，说它已经成为宣传党的政策、活跃蒜岭村民现代娱乐生活、精神文明建设及与外界联谊的生力军并不过分。

三 宗族组织活动的复兴与变异

一年之中，宗族的共同活动在宫庙中进行的一般有闹元宵活动（详见第十章)、宫庙神诞庆典等；在宗祠进行的活动一般有正月初六的吃喜酒、也称"春祭"，农历七月十六的宗祠祭祖、也称"秋祭"，以及相隔数十年一次的安放祖宗牌位的晋祖仪式。另外，有的宗族在清明时还进行集体祭扫祖墓活动。

1. 祥镇陈的春祭

春祭在每年的正月初六进行，地点在祥镇陈氏宗祠。由前一年生男丁的(不包括生女孩)、结婚的或入赘的家庭在陈氏宗祠内办酒席宴请本族 16 岁及以上的所有男子。祥镇陈一般春祭需办 15～16 桌酒，一桌 8 人。

办春祭所需的供品，如鞭炮、香烛、酒水、纸钱、红橘、鱼、肉等均由宗祠操办。供后的祭品分给有喜的那几户人家带回。准备的鱼、肉的数量根据有喜人家的户数而定，一般使得每户可分到一斤鱼、一斤肉、一双橘子。

过去，酒席的桌子由族内各户从家里搬来；饭菜也由这些有喜的家庭在家里煮好后，挑到宗祠让族人享用。由于是挑来的，吃时已冷，因此，族长、房长这一桌要重新蒸热后再吃。族长、房长这一桌摆在所有桌子的最中间，其中还要安排一个辈分最小的，一般为 16 岁的男孩，和一个中间辈分的男子为长辈服务，前者斟酒，后者端菜，这叫做"长子得孙"。一桌酒菜为 20 碗，但大家只能吃掉 16 碗，留 4 碗还给主人，这叫做"压喜"，即现在不吃光，意味着办喜酒的家庭明年还有喜。

由于男子在宗祠聚餐，因此，有喜的家庭那天中午由妇女在家里接待和宴请亲戚吃喝，一般办二到三桌酒席。此外，还要煮米粉、鱼、肉分给邻里及好友，一户一盆。

从上面可以看出，春祭的目的是让族人了解前一年本族内又增添了多少新成员，而且，希望子孙多多，宗族兴旺，同时春祭也起到族人之间联络感情的作用，但宗族重男轻女表现突出。

新中国成立后，政府禁止农村搞任何形式的宗族活动，宗祠也被没收或损毁，春祭活动被迫停止。约在 1983 年，许多人补办了前一时期未能办成的酒席，这就是传统宗族文化的复萌。1986 年祥镇陈氏宗祠重建后，又恢复了春祭。不过，现在春祭的形式发生了变化。春祭用品全部由宗族董事会出面办理。按规定前一年生男丁的、结婚的或入赘的①每户交 300 元钱（2003年之前为 250 元），参加宴席的男子每人随意交数元或数十元钱给董事会，②由董事会组织购买一架祭祀用的斋菜、祭祀用品及办酒席的食品。钱不够的话由宗族公积金补贴；如有剩余，充入宗族公积金。宗祠也有桌椅，③ 因此，已不必让各家各户搬桌子来了。一切准备好之后，祭祀由宫庙的董事长主持（过去是族长主持）。续族谱（祥镇陈于 2006 年重修了新族谱），即把新增加的宗族成员的名字记下来，并念祭文④后，众人将那些纸糊的洋房、汽车、纸钱等放到炉内焚烧，寓意把这些东西寄到阴间给祖先享用。这是子孙对祖先的孝敬，从而祈求祖先继续荫庇子孙，护佑子孙在事业上飞黄腾达。祭祀结束后，妇女们帮厨，16 岁以上男性族人在一起吃饭，人数之多是平常难得的。

从上面可以看出，现在的春祭，目的也是让族人了解前一年本族内又增添了哪些新成员，但已没有了希望多子多孙的做法，春祭依然起到族人之间情感沟通的作用，并已经允许女性帮厨，但还是不能上桌，只能在厨房吃。可以说，与过去相比有所进步。

2. 秋祭

与春祭不同，农历七月十六的秋祭只有宗族董事会成员以及一部分在族内比较有威望的老人参加（新中国成立前是族长和各房的房长参加）。在宗祠的供桌上摆上"五果十斋"，然后烧香祭祖。之后，办两三桌酒席宴请大家。据陈振元先生介绍，酒席办得相当简朴，一个人的消费一般控制在 10 元之内。

3. 祥镇宫昊天帝子诞辰祭祀

祥镇宫主坛神明是昊天帝子，生日为农历五月十三。那天，祥镇陈氏宗族的族人会去莆田请一个莆仙戏剧团来演戏。由于该宫地点就在武当别院后面，所以都在武当别院的戏台上演出。当天，昊天帝子的"真身"⑤ 也被请

---

① 入赘的家庭要交两桌酒席款，原因在于要补回出生时没请族人的那一顿。
② 2000 年以前，每人只交 1 元钱，但后来大家提议 1 元钱太少了，可以让大家随意交多少钱。
③ 祥镇宗祠平时出租办酒席的桌椅，一年纯收入 3000～4000 元。
④ 通常是对着祖先牌位介绍今天是什么好日子，为什么要摆祭品孝敬祖先，献上了些什么祭品请祖先享用等。
⑤ 神明真身即是庙里历史最久远的那尊雕像，村民觉得神明的真身是最显灵的。

到武当别院内，与武当别院众神一同看戏。在这个热闹而重大的日子里，祥镇宫里除了必须摆上"五果十斋"外，族人还会杀两头猪①当祭品。祭祀过后，将猪肉按户数均分成一百多块，每户大概可分到两斤半的熟猪肉和一些肉汤，这在蒜岭称为"分社"，谐音"分吃"。在他们看来，这些食品是可以护佑人们健康、平安的，能使孩子健康成长。祭祀活动的资金来源于村民的集资，每户收取约30元，对于这样的集资，村民并没有反对意见。因为对他们来说这是在为家人祈求平安，至少心灵上得到了慰藉。

以上虽然只列举了祥镇陈的宫庙及宗祠的活动，但是，蒜岭其他各个宫庙、宗祠的活动大同小异，并且，如霞渡陈和溪头陈过去正月初六没有搞"吃喜酒"的春祭，是改革开放后，重建了宗祠、宫庙后才开始举办的。

宗族的活动经费大部分来自宫庙、宗祠恢复重建时华侨华人捐赠款项的余款，以及族人的或自愿、或规定的喜缘。② 由于账目公开、透明，村民可以清清楚楚知道自己的钱花在哪、不担心出现贪污公款的事情，因此十分乐意出资。

四　武当别院举行的村庄民俗文化活动

1. 新时代的总元宵保境巡游活动

雪峰寺每年农历二月进行的"总元宵"也称"巡游保境"活动。它的活动日期是在正月初五夜里通过占卜确定的。每年农历十二月二十一夜，蒜岭村民要备办五果和五副大贡银，于晚 11～12 点时鸣炮，送五皇大帝上天。正月初二晚 7～8 点时，帝皇回驾，各家各户都摆供品迎接。武当别院后玉屏山脉的一座山峰顶上有一巨石，形似马匹，人们称这座山峰为石马山。蒜岭人认为，这一石马是五皇大帝的坐骑。正月初二这一天，如果有乌云经过石马的上空，就意味着五皇大帝已经下凡。这时要到武当别院神明跟前祷告，询问帝皇是否已经下凡。如果已经下凡就必须大放鞭炮，告诉大家帝皇已经下凡。五皇大帝越早下凡越好，早下凡意味着平安，迟下凡意味着今年可能将有灾难发生，不会那么风调雨顺。

---

① 猪要开膛并将内脏取出，将猪及其内脏煮成半熟后，用一种食用颜料将猪的背部涂成红色，以表喜庆。

② 宫庙活动，如神明神诞庆典、保境巡游等时，号召大家捐的款称为"喜缘"。

五皇大帝一下凡，初五夜就要确定"保境"日期。"保境"就是抬出各个宫庙的神明，巡游全村保一方平安。在挑选"保境"日期的时候，一般是先从历书中挑出农历二月中的三个吉利的日子，然后用丢"圣杯"来选定其中的一个日子。"圣杯"是两块木头做的类似羊角状的占卜器物，一面平，一面弧状隆起。"圣杯"丢在地上时，如果一只是平面朝上，一只是弧状朝上，即一阴一阳，这就意味着神明同意该日为保境之日，否则就是不同意。昔日，确定保境日期是由杭霞宫的轿官秘密进行的，现在则由庙祝林金銮进行。

　　笔者观看了2001年3月9日（农历二月）开始共3天的雪峰寺总元宵保境活动，该次活动开支总计3万元人民币。

　　第一天，称为排坛，即把村中各个宫庙必须出游的主坛神明"请"到武当别院，供上五果十斋，并上演莆仙戏，寓意让这些神明吃喝玩乐一天。

　　第二天，一边照旧演出莆仙戏，一边举行保境出游。不仅本村各宫庙的车鼓队、大头娃娃队、打击乐队、武当别院十音八乐队、蒜岭老人会女子舞蹈队、学生舞蹈队等参加了巡游演出，而且邻近的新厝村钟灵庙、后屿村玉屿宫及坂顶村的祥舍宫等邻村宫庙的车鼓队、舞蹈队、十音队、腰鼓队等也前来助兴。另外，从莆田还租来了40匹马。

"蒜岭村民间传统娱乐节"绣旗

上午 7 时，雪峰寺门前的广场上就开始了文艺表演，剑舞、扇舞、斗笠舞、伞舞、钱鼓舞、摇摆舞，传统的、舶来的，一个节目接一个节目。到了 11 点时分，各路队伍（周边村庄也有队伍参与）到齐后，保境巡游便开始了。队伍的最前面是书有"蒜岭村民间传统娱乐节"的红色绣旗，后面每隔一定距离人们抬着一尊神像，每个队阵前均有车鼓队，后面跟着妇女舞蹈队伍。游行队伍有的着艳丽入时的舞衣，有的着花团簇拥的锦袍，有的扛着彩旗（共有 220 杆），有的吹奏乐器，有的边走边舞。马背上乘坐着穿戏装、冠珠顶的 15 岁以下的少男少女。也有的儿童坐在称为"花架"的三轮车上，他们打扮成各种历史故事人物。有的孩子化装成八仙、有的化装成 28 肖、有的化装成四贤八俊、有的化装成三英战吕布、有的化装成武松、猪八戒等，有的女童化装成十二花神……一批老年妇女头裹油巾，着蓝色衣裤，手持扫帚，这是扫街队，据说也是还愿的一种形式。即在神前口许，如果愿望实现了，她在巡游保境中愿当一名扫街者。队伍中的"黑白无常"① 甩着长袖筒一摇一晃地走着，面具队的大头娃娃、大头济公等眯着笑眼憨里憨气地东张西望，长长的巡游队伍从头走到尾需要 20 分钟，大约有上千人。沿着村里的水泥路和弯弯曲曲的田间小道游遍整个村庄花了约一个小时。中午 12 时，队伍才回到了雪峰寺。该寺董事会的负责人告诉笔者，这一活动表达的是村民庆丰年、迎新春、祝长寿、保平安、展宏图的心愿。他还特别指出，由于东南亚金融风暴的影响，华侨华人的捐助锐减，巡游规模缩小了，往年要租来 100 匹马，还请来舞龙、舞狮、踩高跷的队伍。

　　至此，总元宵活动尚未结束，第三天下午还有最后一项工作，那就是焚烧"彩舟船"。彩舟船是用竹条和纸糊成的，约有 3 米长，里面盛有各种象征物，如驾驶船只需要的罗盘；生活必需品的油、盐、酱、醋、米、碗筷、算盘、通书等；还有象征嫖、赌、淫的扑克牌、四色牌、脂粉等。船上悬挂着一对灯笼，上写"顺风相送"，还有"钦命"、"布福"、"肃静"、"回避"4 个大牌，船前悬挂着一副对联曰："暗室亏心神目如电"、"人间私语天闻如雷"。在道士做完法事后，由 4 人抬船，一人提祭祀品，一人打鼓，一人

---

　　① 武当别院的大爷和二爷。

马背上的少男少女

武当别院的大爷

敲锣，一人放鞭炮，跑步送到山边，用已经准备在那里的稻草、薪柴焚烧干净。彩舟船被视为里面尽是邪恶、污秽和牛鬼蛇神之类的脏东西，人们忌讳接近它。因此，彩舟船将经过的地方，家家户户都关了门。大家希望快快送走（烧掉）彩舟船，此年才会平安无事。据林金銮介绍，新中国成立前，船上还放有抽鸦片的工具、赌博用的一种36个棋子等。可见，对于嫖、赌和抽鸦片一向被人们视为是丑恶的行为。

在保境活动的巡游途中，笔者还看见了另一幕让笔者惊叹和对武当别院董事会的聪明才智敬佩不已的景观，那就是巡游沿路贴着的"封路条"。"封路条"是一张张一尺余长、三寸来宽的黄色纸条，贴在巡游经过的路边墙上。据说，在神明出游之前，必须将神明所要经过的道路上的

武当别院的二爷

污秽邪恶等不洁之物清除干净，然后贴上"封路条"，表示此道可以让神明通过。旧时的"封路条"是什么内容笔者未曾见过，但武当别院现在的"封路条"的内容一般以4字组成，读了其内容就明白该董事会巧妙地利用传统娱乐形式，向群众宣传党的方针政策，教育群众树立科学发展观和爱国主义精神之用心。如"振兴民族"、"艰苦创业"、"勤劳俭朴"、"锦绣山河"、"国强民富"、"国行善政"、"民享安康"、"匡时济世"、"兴旺发达"、"长治久安"、"开拓进取"、"崇尚科学"、"反对邪教"、"科技兴农"、"科学种田"、"四方仰德"、"德惠群生"、"社会文明"、"提倡文明"、"诚信为本"、"求真务实"、"互助友爱"、"尊老爱幼"、"老少安康"、"共创五好"、"群芳斗艳"、"保护森林"、"保护环境"、"绿色家园"、"风调雨顺"、"防火防盗"、"梅开五福"等等充满了时代的气息。武当别院董事会借助传统宫观，不仅寓娱乐于宗教活动之中，而且寓宣传教育于娱乐之中，真是妙不可言。最近，笔者询问了"封路条"的起草者林紫谅先生，他告诉笔者，他也

不知道过去的"封路条"是什么样子，但是，他认为应使宗教活动为现时代国家的主流意识形态服务，因此，也不想去了解过去，就创造了"封路条"。

封 路 条

2. 浩大的五皇大帝赐福巡游活动

雪峰寺除了一年一度的保境巡游活动外，历史上每隔 12 年还要进行一次大规模的"出郊"活动。但由于抗日战争爆发，以及新中国成立以后不准搞迷信活动的原因，相隔 77 年之后的 2002 年 10 月 2~4 日，在武当别院董事会的组织下，成功举行了连续 3 天、由约 2400 人组成的"五皇大帝赐福巡游"活动。周边共有约 32 个自然村的队伍参加了这次的巡游行列。巡游队伍穿越福厦公路，游经近 40 个自然村及街道，最远的甚至游到相距 10 公里的莆田市的一些村庄，且遍访了 35 座宫庙。声势之大、节目之多、路途之遥都是空前的（见附录二）。从少年儿童到七八十岁的高龄老人，个个兴奋不已，群情高昂。为了观赏这一活动，蒜岭村邀请了许多旅印尼、旅香港、澳门及其他国家的老一代和新一代华侨华人回乡省亲，为此活动旅印尼蒜岭乡同人捐赠了 3 万美金。

这次"出郊"的日子定在 2002 年 10 月 2~4 日，但准备工作则早已在年初就开始。武当别院的董事们跑遍上述数十个村庄，与当地宫庙董事会接洽派出的队伍、表演的节目、队伍的线路、午餐的地点、饭食的准备等各种问题。

五皇大帝赐福巡游活动实际上从 2002 年 9 月 24 日（农历八月十八）就正式开始了。从这一天起，凡是参加巡游活动的人都开始封斋，即只能吃素，不能吃荤。9 月 25 日排筵，即演木偶戏。9 月 26 日，五皇大帝开衙视事（即类似古代皇帝的钦差大臣开堂审理民事），四筵官到任，即被推举为充当阴阳司、理事厅、中军府、巡捕衙的 4 位官员到武当别院"上任"。从莆田请来的戏班子于当晚开始演戏，连续演出 11 天。从这一天起，村里锣鼓喧天、彩旗飘飘，夹杂着大人孩子的欢笑声，如同过节一般。9 月 27～29 这三天，参加本次"出巡"活动的各宫庙陆续到雪峰寺拜衙（即类似于古代的照会）。9 月 30 日要迎真奏上天庭，即向天上的玉皇大帝报告出巡的具体事宜，以得到玉皇大帝的批准。10 月 1 日整顿出巡队伍，等待第二天的出游。

武当别院已经被装饰一新。通往武当别院的路上，两旁插满了各色彩旗，东边的迎宾亭中央悬挂着大红彩绸写的"东辕门"三个大字，两侧斜拉着许多五颜六色的小彩旗，旁边挂满了周边村庄宫庙的庆贺条幅。亭子中央的石柱上贴着一副对联，上联是"观门喜庆善信共颂帝主大德"，下联是"国运隆昌庶民同颂改革丰功"。对联的构思十分巧妙，上联点明了本次活动的主题；下联则歌颂了改革开放以来党的丰功伟绩。进了东辕门，在武当别院的外墙上挂着两条约有六米多长的横条幅，右边的条幅内容为"热烈欢迎旅印尼侨胞各国乡亲参加巡游庙会"，左边为"向为五皇大帝巡游庙会而热心喜缘的各界善信们致敬"。很显然，这一次的巡游活动除了发挥传统民俗活动功能之外，还起到了联络海内外乡亲的乡情和血脉亲情的作用，它的影响范围超越了本村、本地区，而漂洋过海到了世界各地。

10 月 2 日凌晨四时，唢呐声、锣鼓声、爆竹声划破了寂静的夜空，迎请神明的仪式开始。在道士做完法事后，几位身着蓝绸礼袍，头戴黑礼帽，肩披黄边红绸带的武当别院的董事用点燃的黄纸绕身环案，象征性地进行了祭台驱邪。接着，在鼓乐声中，由旗牌（指挥者）引导，董事长率领众董事先面向外（朝天），后面向内（朝神龛），行献香鞠躬礼，体现了中国道教善信对天地神的敬仰和中国伦理秩序的基本精神。

上午七时许，武当别院周围已是人头攒动，蒜岭的巡游各队人马已聚集完毕，五皇大帝龙轿也已被迎请到了武当别院的大门口。不久，远处传来了鼓乐爆竹声，第一支前来集中的队伍——霞埔村的队伍在蒸腾弥漫的爆竹硝烟中来到眼前。最前面的是举着村牌的村领队，其后是该村的车鼓队和五色旗队，人人头戴印有五皇大帝赐福巡游字样的黄色棒球帽，身着统一的粉红色对襟时装。随后陆续到来的各村队伍着装打扮各有特色。时过七时五十分，各村聚集而来的出巡队伍已把武当别院内外挤得水泄不通，通往武当别院的村道上人山人海，锣鼓、爆竹声此起彼伏不绝于耳，四处青烟弥漫，整个村庄似乎沸腾一般。

八时整，一声炮响，董事长宣布巡游队伍出发。一列列的队伍整齐地穿过东辕门，依照线路巡游到各个村庄宫庙。沿途的每家每户都准备了供奉品摆在门口，燃烛上香，大放鞭炮。队伍每到一个宫庙，都要在该宫庙前面表演各自的节目。一场场精彩表演脍炙人口，如海口村的狮子戏球、阳下村的高跷表演、蒜岭村的太极球表演、江兜村的腰鼓队表演、南门村老年妇女的"骑马"① 表演，个个舞姿优美、技艺娴熟，让人不敢相信这是乡间农妇的演出。尤其是南门村的老年妇女"骑马"队，平均年龄在 60 岁以上，但个个精神抖擞，动作精湛，让人流连忘返。

第一天的驻午（即吃午饭）安排在界下村，出游队伍有秩序地分散到各家用餐。不知何时已有人挑来了碗、筷和汤匙，热腾腾的炒米粉，或番薯粉菜糊。吃罢午餐，稍许休息后，队伍又开始行进……傍晚时分，队伍到达岭边村的光贤亭驻驾，即住宿。不过只有四筵官和十恶② 的扮演者，及部分大筵执事在该宫住宿，其他人各自回村。第二天的队伍从驻驾处出发，安排在江兜村的昭灵庙驻驾。第三天傍晚从武当别院的南辕门回銮。回到武当别院后，在门前又进行了一番模仿古代衙门结束公案审理、向玉

---

① 是用竹丝和纸张糊成的马。在人的身体前部是马头，背后是马的后部，因此，看起来像人骑在马上。

② 是玄天上帝身边的 36 将。

皇大帝汇报的仪式后，才结束了这一次历时 3 天的五皇大帝赐福巡游活动。

　　据笔者估计，这 3 天累计行程约有上百公里。除了儿童骑马队和三轮摩托车队外，所有的成人都是步行的。一路上除了进村后走的是水泥村路外，大部分时间都是在乡间小路上行走，五次穿越福厦公路并且还须翻山越岭。虽然已是 10 月初，但小阳春午间的太阳仍然称得上"烈日"，晒得人直冒汗。因此，笔者的确佩服那些已经七八十岁的老年人怎么那么精神、那么兴奋，她们头戴花冠、身穿锦袍，长途步行，并在每个宫庙前载歌载舞却毫无倦意，更无怨言。2003 年 1 月问卷调查结果显示，回答参加了上述五皇大帝赐福巡游的人，占有效问卷 351 份的 78.6%，并且有 78.1% 的人（有效问卷 283 份）回答是自愿参加的。另外，笔者也不得不佩服武当别院董事会的精英们的组织能力，这一浩大的巡游活动，竟然被安排得如此井井有条，一丝不乱。

　　据陈振元与林金銮老先生介绍，新中国成立前的雪峰寺五皇大帝赐福巡游活动与现在大为不同。除了儿童以外，几乎都是男性参加。车鼓队是雇来的，规模较小，只有十一二个人。没有舞蹈队，旗帜也比较少，但马队规模庞大。据他们的父辈说，光绪二三年时，最多有 700 多匹马。后来，虽然没有那么多了，但也还有三四百匹。当时，还有称为"行营"的枪队，由约四五十人组成。枪手们着蓝衣白裤，腰间挂着一个袋子或牛角，内装火药。枪手手持土枪，四五十人同时放枪，声势浩大壮观。另外，新中国成立前巡游时，还有猎户队、陆地行舟队、十音八乐队等。巡游的路上常常要停下来表演节目给观众看，场面十分热闹。

　　新中国成立前的巡游活动与现在相比，笔者认为，二者都具有娱乐观赏性质，只是，前者更具有驱邪避秽色彩，而后者更偏重于娱乐和艺术欣赏。2003 年 1 月笔者组织的问卷调查中，我们询问了"您认为'五皇大帝巡游'是什么样的活动"时，在 345 份有效回答中 65.8% 的村民认为是娱乐活动。只有 29% 的村民认为是迷信活动，可见大部分村民把五皇大帝巡游活动视为一种娱乐活动。另外，现在的女性的确得到了实实在在的解放，并且成为文化娱乐活动的主力军。这就是社会的进步，也是蒜岭传统民俗活动随时代的变迁而发生的变化。

五皇大帝回銮以后，前面提到的"四筵官"的"衣锦还乡"仪式则成为观众的看点。

五皇大帝巡游开始的第一个仪式是四筵官上任。四筵官是雪峰寺五皇大帝身边的四位官员，分别是巡捕衙、理事厅、阴阳司和中军府。巡捕衙类似于现在的公安部门，理事厅类似于现在的法院，阴阳司主管人间的生死，中军府负责五皇大帝的保卫工作。

四筵官需由四个人来扮演。按莆田昔日的习惯，这四个官位须用钱购买，买来后，宫庙必须敲锣打鼓地把一份类似于现在的"委任状"的文书送到他们家里，以便让大家知道谁是四筵官，从而使他们获得荣誉和光荣感。旧时那些家里有钱，但无人出仕的家庭，可以通过扮演四筵官而在村中的民俗活动中过过官瘾。四筵官的扮演完全模仿封建社会中举任官的形式，因此，在接到"委任状"后，四筵官必须带上包袱、雨伞等日常用品"上京"报到，在这里转化为到武当别院报到。并且，武当别院还必须请道士为其做法事，而他们也必须等到巡游完毕才能返回"故里"（回家），否则会被人笑话。

四筵官的人选必须具备一定条件。首先，必须是比较殷实富裕的人家，因为在四筵官扮演结束之后必须请道士做法事，还要宴请亲朋好友及乡邻。据了解，这样一场仪式做下来，一个"四筵官"至少要花一两万元钱，所以一般的人家是办不起的。其次，一般还要求是有福分的人家，即家里多子多孙，多兄弟姐妹。最后，一般要求该人选在村里要有德行，名声要好。所以，能当上四筵官是十分荣耀的。在筛选四筵官人选时，如果符合条件者超过4人，一般使用抽签的办法来确定。这种情况据说过去在莆田出现过，但在蒜岭还没有过。这次起先就还缺一个人选。陈元檫德行好，祥镇宫想推举他当四筵官，但他的家境不如其他三位殷实，最终，祥镇宫补贴给他五千元钱，请他当"官"。这次四筵官人选分别是陈姓两位，林姓一位，黄姓一位。四筵官在官职上没有大小之分，这就避免了角色分配时的矛盾。

在五皇大帝赐福巡游结束回銮后，各宫庙必须敲锣打鼓将各自推举的四筵官接回"故里"，其亲属每户必须送一担"十个盘"给四筵官，表示恭喜

"当官"。挑时还要在扁担边绑上两根带绿叶的甘蔗和大红绸缎，甘蔗意味着生活甜甜蜜蜜，红布和绿叶象征着吉利和长青。十个盘里装的物品根据喜庆内容而不同。这次里面装的是鞋子、袜子、衣服、干果、面食类等物品。"十个盘"一般是由有血缘关系的女性亲属及妻子一方的亲戚赠送，即女儿、姑姑、姑丈、姐姐、姐夫、妹妹、妹夫、姨妈、姨父、舅舅等。"十个盘"担数根据家庭的亲戚的多寡而定，亲戚多的，送的"十个盘"数量也就多。这次的四个官中，陈孙美和黄庆祥分别有二十担，林玉林有十数担，陈元櫹则为六担。在锣鼓和鞭炮声中，一担又一担的"十个盘"穿过夹道围观的人群，的确给人以"衣锦还乡"的感觉。

　　四筵官返回"故里"后，必须择吉日举行"解口"仪式，即谢天地、还愿。因为在担任四筵官之前，他们都在神明面前许过愿，没有许愿的人没有资格担任四筵官。祈愿的内容一般是请求神明荫庇家人及亲戚朋友平安与发财。获得四筵官资格，就意味着神明将保护其一家平安、发财。所以，必须拜谢神明进行还愿。"解口"要请道士做法事，然后宴请亲戚朋友及同村的族人来吃喜酒。请道士做法事，一般要请5~7个，一场法事一般要一万元左右。一场宴席一般要办20桌左右，亲戚朋友多的还要更多。虽说来喝喜酒的亲戚朋友会送红包，但这样的花费一般也要数千元，甚至上万元。此次四筵官之一的陈孙美共花费2万多元。挑"十个盘"、祝福等各种活动都由其自行支出，办了35桌酒席宴请同族、亲戚和朋友。陈的子女对父亲的活动十分支持，并要求全程录像，陈说子女是出于孝顺。可以看出，他觉得十分荣耀。

　　蒜岭村这次五皇大帝巡游，是77年以来的第一次，格外隆重，因此能当上四筵官也格外引人注目。在2003年1月问卷调查中，询问"您认为做'五皇大帝的四筵官'是否光荣"时，有49.1%的人认为光荣，41%的人认为无所谓，9.8%的人认为不光荣（有效问卷为346份）。

　　在五皇大帝赐福巡游活动中，四筵官的角色为何如此突出？笔者考虑，这或许是旧时为筹集乡村文化活动资金的一种巧妙的策略。在昔日，贫穷的乡村要开展一些娱乐活动，资金筹集的确不容易。陈金煌在《记录册》中就写到，虽然"保境"日期一确定，"全乡男女老幼特别是不知天高地厚的儿童们听后欢天喜地，盼望着早日到临"，"而演戏的戏班并不是义务自演的，而需付给演戏的费用的"，这一费用是各个宗族宫庙按照家庭人口，或者按照家庭中的男性人口向各家各户收取的，这叫做出"口份"。虽然有的家庭因太穷可以不交，但一般情况下，即使无钱也总是尽量交出的，所以，家长们"大表焦虑"。可见，昔日村民们既爱看戏，爱热闹，但对交"口份"又十分为难，而儿童们不知家长的苦衷，所以，陈金煌说儿童们"不知天高地厚"。四筵官昔日须用钱购得，这就可以以赋予他们荣誉的方式，使得村中一些富裕人家多多出资，以便乡村娱乐活动得以实现。

据林金銮告诉笔者，过去五帝巡游时，扮演各种角色的人来自许多不同的地方，有的甚至来自晋江，蒜岭人都不认识他们。这些人多是因病等来武当别院祈愿时，许愿一旦愿望得到兑现，他将在五帝巡游时充当某个角色。因此，届时便自带干粮前来参加；有的事先通知武当别院为其备些马料，他自己牵马来参加巡游，到时算清费用，十分自觉。另外，传说巡游的那一年，五帝特别灵验，所以，一旦确定了五帝巡游的时间，那一年来武当别院祈愿的人特别多，因此，巡游的队伍也是一两千人。而如今，所有物品基本都需武当别院准备，因此开销也就大了。20世纪末以来，村里的青年几乎都到海外打工去了，村里只剩下老人、妇女和孩子，所以巡游中一些需要扛重物的角色，都是以一天30元的价格雇外地农民工充当的。据统计仅仅组织这次活动的武当别院就花费了约30万元人民币。如果再加上各个宫庙及每家每户的花费（队伍经过的人家要摆供品放鞭炮），粗略估计，整个巡游花费当在200万元以上。

此次这般浩大的"虔诚"活动能够得以实现，算是沾了蒜岭是侨村的光。一是旅外华侨华人的大笔捐款，使武当别院董事会没有经费方面的顾虑。虽然蒜岭村民对于"做虔诚"题喜缘①十分慷慨，但毕竟相比之下仍为小数。二是地方政府默许了这一活动。武当别院董事会成员告诉笔者，以往规定，只要不到社会上，在宫庙内搞"虔诚"，随你怎么搞都行。要到外面

---

① 宫庙活动，号召大家捐的款称为"喜缘"，将捐款人的名字及款额写在红纸上公布出来，称为"题"，是蒜岭方言。

搞的话，必须先得到镇上的批准，然后镇上再报到市里批准。但是，现在没有人愿意承担批准的责任。"几年前去请示福清市宗教局时，市里说：'你是华侨代表，我们相信你会搞好的，你们注意安全就行。这种事由你们镇批就行了。'但是，回到镇上，镇宗教组说：'本来是不能搞的，但你们是侨区，市里都不批，叫我们怎么批？你们自己注意安全就好了'"，因此，五皇大帝巡游活动终于实现了。

武当别院董事会组织的车鼓队、十音八乐队，以及组织的闹元宵、一年一度①的"保境"巡游和五皇大帝赐福巡游等公共活动，不仅起到活跃村庄文化娱乐生活、宣传教育群众的作用，而且，可以加强村民之间、村民与海外乡亲的情感交流与沟通，消除各宗族之间的对立，有助于村庄整合，提高村庄的凝聚力和向心力。五皇大帝的"出郊"巡游，还可以加强蒜岭与周边村庄的联系，以利于消除村与村之间的摩擦。因此，比起宗族组织，它的正功能更多。因此对待乡间的各类宫观庙宇的活动应予以适当的引导，使它们最大限度地发挥正功能。

五　频繁的地方戏演出

武当别院及其他宗族宫庙等除了成为村民进行上述传统民俗活动的平台外，还带给村民巨大的艺术享受的机会。每年农历五月初五五皇大帝寿诞，武当别院要请戏班子从初三开始，连续上演 3 天（比 50 年代初少两天②）莆仙戏。一年一度的保境活动时，要演两天戏。此外，村民们为了解决家中的烦恼等一般多到武当别院祈愿，而当烦恼如愿解决了，如家人出境顺利、孩子考上大学、生意赚了大钱、生病得到康复等，就会请戏班子来武当别院演戏还愿。现在，还愿的方式一般有 3 种：一种是放电影，一种是演木偶戏，一种是演莆仙戏。主要根据祈愿时向神明的承诺进行。比如，祈愿时承

---

① 2007 年与 2008 年因修建福厦铁路，一座巡游需经过的桥被拆，队伍过不去。经过占卜，神明允许不举行巡游，因此停了两年。2009 年又举行了。

② 据陈振元先生介绍，上个世纪 30 年代以前，五皇大帝寿诞要连续演 5 天戏，后来经济不景气了，就只演 3 天戏，新中国成立后又改为演 5 天戏，但是，1952 年破除迷信，神像被烧毁，就不再演戏了。现在只演 3 天戏。

诺要演一天戏，那么还愿时就要演一天戏，不能食言。在蒜岭，不知从哪一年开始，形成了这样的惯例，只要家里有人出境成功，都要请戏班子来演戏。所以，武当别院通常一年有 60 余天上演莆仙戏。莆仙戏不仅在武当别院演出，如前所述，其他各个宗族宫庙的主坛神明寿诞时也会演戏。另外，如果既到武当别院祈愿，又到宗族宫庙等其他宫庙祈愿，那么，还愿时就要到数个宫庙演戏。此外，老一代华侨回村省亲，也会请戏班子为他们演戏。所以，十多年来，蒜岭村大约每年有 70 多天会上演莆仙戏。而 2002 年，一方面因为举行五皇大帝赐福巡游加演了十几天戏，另一方面该年蒜岭出国的人数较多，结果武当别院共上演了 90 天戏，一年中近三分之一的时间均有戏看。"五皇大帝赐福巡游"的那 3 天，各个宫庙都演戏，各村都请戏班子，到处可以听到锣鼓歌乐声。据说莆田市一百余个戏班子在这次的活动中被尽请一空。

请一个普通的剧团来演一天戏（下午一场，晚上一场）需花费 1500 元，比较好的剧团要 2000 元。加上支付水电费 110 元，演员开伙的薪柴费每人 20 元，摆"宴"请道士谢神费 110 元，共需 1700 元。如果是放电影的话，一场约 240 元。演木偶戏最便宜，一场一个小时，只需百来元，并且不需支付水电费等。但是，放电影看的人很少，木偶戏基本没人去看，倒是演莆仙戏虽然都是些老年人，但看的人最多，下午、晚上各一场，每场大约有百来个观众，是还愿中档次最高的。

莆仙戏是福建的古老剧种之一，原名"兴化戏"，流行于古称兴化的莆田市、仙游县及闽中、闽南的兴化方言地区。其戏班足迹遍及福州、厦门、晋江、龙溪、三明等地市和海外华侨聚居地。据考证，它是在古代"百戏"的基础上发展形成的。莆仙戏源于唐、成于宋、盛于明清、闪光于现代。它的表演古朴优雅，不少动作深受木偶戏影响，富有独特的艺术风格；其唱腔丰富，综合了莆仙的民间歌谣俚曲、十音八乐、佛曲法曲、宋元词曲和大曲歌舞的艺术特点，用方言演唱，具有浓厚地方色彩，迄今仍保留不少宋元南戏音乐元素，被誉为"宋元南戏的活化石"。莆仙戏现存传统剧目有五千多个，其中保留宋元南戏原貌或故事情节基本类似的剧目有八十多个。20 世纪 50 年代以后，莆仙戏经过整理、改编、演出的优秀传统剧目有二百多个，其中，《琴挑》、《三打王英》、《团圆之后》、《春草闯堂》、《秋风辞》、《新亭泪》、《晋宫寒月》、《叶李娘》、《状元与乞丐》、《江上行》等优秀剧目誉满全国剧坛。2002 年《春草闯堂》、《团圆之后》、《状元与乞丐》在全国戏剧会演中获得梅花奖。2006 年 5 月 20 日，经国务院批准，莆仙戏列入第一批国家级非物质文化遗产名录。

莆仙戏不仅给蒜岭村村民带来了美的艺术欣赏，丰富的地方戏传统剧目还寓传统美德教育于艺术之中如《春草闯堂》、《张协状元》、《活捉王魁》、《五子齐拜寿》、《团员之后》等。这些戏大多宣传助善惩恶、忠贞爱国、尊老爱幼、家庭伦理、自由婚姻等。

随着现代文化娱乐形式的不断涌现，古老的、传统的文化娱乐形式濒临消亡，拯救古老的、传统的戏剧剧种等非物质文化遗产成为人类的一个普遍性课题。然而，唯独莆仙戏由于乡村传统民间文化的复振，而使它发展迅速，充满活力。不过，它的观众局限在文化程度低、听不懂普通话的老年人中，就像陈振元先生所叹息的："都是我们这几个老头来看，走（死）一个就少一个。"所以，莆仙戏如何能够继续保持它的生命力，已是需要人们关注的问题。

六　传统民俗信仰活动的负功能

由于上述文化娱乐活动是在宗教信仰以及宗族派别的名义下进行的，往往容易产生负面影响，如助长迷信思想和封建宗法意识的滋长等。迷信活动常常容易引导人们作出非理智行为，如为了表达虔诚而大量焚烧纸钱和象征物，造成不必要的巨大浪费和污染，甚至引起火灾。此外，喜欢观看地方戏的人群主要集中在没有什么文化、听不懂普通话的老年人中，对于文化程度较高的中年人和好动爱聚会的年轻人来说没有什么吸引力。

第三节　现代文化娱乐活动几起几落与
休闲文化的萌芽

蒜岭村现代文化娱乐活动越来越引起人们的重视。现代文化娱乐活动，笔者把它界定为那些不需要传统宫庙、宗祠为平台，与民间信仰等无关系的，仅仅用来满足人的身心健康，或满足现代社会休闲消费，或为现代社会主流意识形态服务的文化娱乐活动。

从前述介绍中我们已经看到，蒜岭村的传统民俗信仰活动十分活跃，但代表现代文化的团体活动却相对弱小，目前只有老人会女子舞蹈队一个，武当别院十音八乐队从广义上说也可以算一个。而回溯历史，蒜岭村实际上曾经多次出现过现代文化娱乐活动轰轰烈烈的时期。新中国成立初期，蒜岭村的现代文化娱乐活动搞得热火朝天，在这一带村庄中最为出色。但是，人民公社以后，这些活动衰弱了。而改革开放后，即20世纪80年代中期又曾复苏过，然而到了90年代中期以后，又渐趋式微。目前，仍处于小荷才露尖尖角阶段。

如果不问文化娱乐活动的现代与传统，仅从参与者的数量上来看的话，文化娱乐活动可以分为个体活动，如个人到宫庙做虔诚、在家看电视、读书看报、打太极拳等；小群体活动，如三五个人在一起聊天、打麻将、下棋；团体活动，如前述各宫庙的车鼓队、武当别院十音八乐队，老人会女子舞蹈队以及他们所参与的团体活动，如保境巡游、宗族聚会、婚礼庆贺等。而对一个村庄面貌、村民价值观和生活方式最具影响力的无疑主要是团体性文化活动。要搞好精神文明建设，提高村民精神文化生活质量，主要应考察、研究、开发团体形式的文化娱乐活动的形式和团体。

一　活跃的蒜岭土改、镇反宣传队

新中国成立初，在乡政府的号召下，蒜岭村以村小学为中心，现代文化娱乐活动搞得红红火火。虽然学校包括校长只有四位教师，但是他们白天上课，晚上办民校，民校学生有60多人，几乎都是20多岁的年轻人。老师除了教他们学习文化外，还教他们唱歌、排节目，并且组织了一个30多人的土改、镇反宣传队。宣传队中年纪最大的是校长，最小的只有15岁。大家干劲很大，热情很高，白天干农活，晚上住在学校排练节目。演出活动由乡里安排，几乎都是利用晚上时间到各村进行宣传演出，最远的到了东楼、莆田江口，演出归来常常已是半夜三更。宣传队通过节目演出，宣传政府的方针政策，配合政府使该地区顺利完成了从土改、互助组、初级生产合作社，到高级社的农业社会主义改造过程。参加过当时这一宣传队的村民告诉笔者，实际上，现在武当别院十音八乐队的老队员就是出自这支宣传队。他们正是在那时学会了摆弄各种乐器，打下了唱歌、演戏的基础的。

二　20 世纪八九十年代红火了一阵的现代文化娱乐活动

如第八章所述，改革开放后，蒜岭村的老一代华侨华人相隔数十年纷纷回村省亲。他们不仅捐资重修、重建了传统的宫庙、祠堂，同时也为蒜岭村建设了不少现代文化娱乐设施，如 1983 年建起的蒜岭华侨影剧院、1985 年建起的蒜岭村科技文化中心，以及灯光球场和露天剧场。有了这些开展现代文化活动的场馆后，蒜岭村的现代文化活动蓬勃兴起。但是，随着改革开放的深入，和全国一样，蒜岭经济社会日新月异，电视机的迅速普及，以及劳动力的大量出境，影剧院、科技文化中心、灯光球场等的利用率逐渐下降。另一方面，随着老一代华侨华人的逝世，蒜岭村委会的财政收入锐减，没有了组织开展群众性现代文化娱乐活动的资金，现代文化娱乐活动再度偃旗息鼓，现代文化活动设施出租的出租，关闭的关闭，破损的破损。

蒜岭华侨影剧院建成后，培训了三位放映员，电影业务统一由福州市电影公司管理。一个月放 6~8 部电影，一部放 2~3 个晚上，票价按照上面统一的规定每张 2~3 毛钱。开始时，每场约有观众 100 人。但随着电视机、录像机等的逐年普及，观众越来越少了。最初，电影院是盈利的，但后来便开始亏本了。承包给三位放映员后依然不能扭转赤字。最终约在 1989 年停止了放映。现在电影这一娱乐形式在村民还愿时仍在使用，不过租来片子后，放在武当别院或其他宫庙放映。放映时，几乎没有观众，但不碍事，因为是放给神明看的，无所谓观众多寡。即便这样，放映员说，一年也不会超过 10 片。现在，硕大的影剧院大门紧锁。村委会希望能找个出租对象，换些租金回来。

科技文化中心建立起来后，内设有教室、阅览室、娱乐室、广播室、电视室、图书室、办公室。最初，活动搞得不错，每天下午、晚上开放，星期六、日整天开放。白天有二三十人来活动，晚上更多，有四五十人。文化中心的图书室拥有上千册科技书籍供村民借阅，阅览室内有十多种科技报纸杂志供村民阅读。村委请村农业服务中心的行家及请镇农业科技站专家根据季节为村民培训育秧、播种、病虫害防治、龙眼栽培、家禽喂养等知识。每年开办科技培训 12 期以上，参训人员达 700 多人次。科技文化中心办的扫盲班，大约有七八十位学员，大部分是妇女。教员为陈中和、陈菁菁和王美莲。他们还在学员中组织了一个二三十人的文娱宣传队，排练了《洪湖赤卫队》、《矿山峰火》等莆仙戏和歌唱节目到周边各村，甚至到莆田江口演出。这支演出队的成员中，有的就是上述新中国成立之初的蒜岭土改、镇反宣传队队员，如王志学老师。同时，这支演出队的许多成员现在又成为武当别院十音八乐队的骨干。不过，蒜岭掀起的出境务工热潮，使年轻人锐减，科技文化中心因渐渐无人光顾，于 20 世纪 90 年代初关闭了。另一方面，由于计划生育政策的成功实施，幼儿减少，为了便于管理，原在科技文化中心一楼的幼儿园搬回到了蒜岭小学。数年前开始，该场地以每年 5600 元的租金出租给一个石料公司。该中心的书籍送给了蒜岭小学，乐器送给了武当别院十音八乐队。

有了灯光球场和陈德发先生的慷慨资助，20 世纪 80 年代中、后期，村委常常组织体育比赛。尤其是春节期间，连续数年邀请周边村庄球队举行篮球比赛、拔河比赛等，十分热闹。有一年春节，福清市农民"丰收杯"篮球赛还曾在蒜岭村举行过。后来，村委财政开始困难，已无资金投入文化娱乐活动。2000 年及 2001 年定居港澳的蒜岭乡亲也曾集资资助过蒜岭春节的文娱活动。但是，由于村委自身拿不出钱来搞活动，因此，变成有海外资助才搞活动，没有就不搞的被动状态。蒜岭村民对那一时期的现代文化娱乐活动仍十分留恋，回顾说："80 年代中、后期，蒜岭村的现代文化生活最活跃，村民精神面貌健康、赌博也少了。"

三　蒜岭老人会对活跃现代休闲文化活动的贡献

1998 年担任蒜岭老人会会长兼蒜岭村老体协主席的黄金春老师与老人会副会长陈文榜及陈枝树等动员了许多热爱体育运动的村民，请新厝镇老体协和福清市老体协派人到村里，具体指导村民学习太极拳，村民们学习的兴致很高，据黄金春介绍，每周星期一至星期四清晨 5 点半至 7 时，在蒜岭的两

拔河比赛

个地点，一是华侨影剧院前的广场上，一是北头岭自然村的一块水泥空地上同时进行太极拳练习。前者由陈通福指导，后者由陈子辉和陈枝树指导。如遇刮风下雨就进到影剧院内练习，可谓风雨无阻，雷打不动。学员发展到七十余人，男女老幼皆有。他们把太极拳 18 式、24 式、42 式学了个遍。由于参与活动的人数多，气氛热烈，甚至 2000 年，新厝镇老体协组织全镇各村的村支书和老人会会长到蒜岭村观摩蒜岭老人会的 42 式太极拳表演。此后，新厝镇举行过太极拳表演赛，各村出场者一般都只有七八人，个别队顶多也只有十余人，而蒜岭却有 70 余人出场，轰动了全镇，因此得到福清市老体协的表扬。不过，遗憾的是，黄金春于 2001 年因病辞去会长一职，该太极拳活动在蒜岭风靡一时后不久，便偃旗息鼓了。

与太极拳活动同时，1998 年在积极分子陈妹金建议和会长黄金春的支持下，由 16 人组成的蒜岭老人会女子舞蹈队成立了。她们请市、镇老体协来村里教授舞蹈，每个星期六排练，也是风雨无阻。除了请市、镇老体协教授舞蹈外，她们也通过模仿录像学习舞蹈。黄玉霞模仿能力很强，她在福清宏路镇买有房子，看了宏路那边舞蹈队的舞蹈，她就学回来教给姐妹们。因此，蒜岭老人会女子舞蹈队学会了表演太极球、木兰剑、扇舞、伞舞、斗笠舞、新潮舞等多种舞蹈。由于表演出色，多年来在市和镇老年人文娱会演比赛中都曾获得过一等奖，剧照上过本地的报纸。2007年5月1日，福清市旅游局、新厝镇人民政府、福清天生林艺花卉开发有限公司共同举办了"天生杯锦江两岸民间文艺英雄会"。一个队要出3个节目，蒜岭老人会女子舞蹈队表演了"竹板秧歌"、"双球操舞"、"海派秧歌"3个节目，获得第二名，得到1000元奖金。2008年7月31日，福清市举行"迎奥运文娱晚会"，蒜岭老人会女子舞蹈队的双球操舞代表新厝镇唯一的一个节目出场表演，被刊登在《福清侨乡报》上，获得极高评价。该舞蹈队年龄最高的就是陈妹金，已有70岁高龄。

　　蒜岭老人会女子舞蹈队不但自身舞蹈节目搞得很出色，而且派黄玉霞到市老体协培训健身舞、健身秧歌，第三套秧歌等，每天晚上7～8时30分之间，召集了二三十位妇女集中在村委办公楼旁的大榕树下，伴着立体声音乐，有节奏地翩翩起舞，既锻炼了身体，又陶冶了情操，吸引了许多村民观看。笔者认为，这一做法对普及、推广蒜岭村的现代文化娱乐活动一定会有促进作用。

第四节　对组织现代文化娱乐团体、活跃现代文化生活的思考

　　蒜岭村传统民俗信仰活动搞得热火朝天，这与该村各宫庙组织的、常年坚持排练活动的几支车鼓队、打击乐队、大头娃娃队和十音八乐队等文艺团体分不开，它们是蒜岭村传统民俗信仰活动的骨干和主体。要想活跃蒜岭村的现代文化娱乐活动，也必须组成代表现代文化活动的常年活动团体。现在，蒜岭老人会女子舞蹈队就是这样的一个团体，武当别院十音八乐队虽然是宫庙董事会成立的，但如前所述，也对活跃乡村现代文化活动作出了贡献，不过她们的力量还太过微小，应该成立更多这样的民间团体，如，莆仙戏票友会、书画协会（或称为某小组都可）、民乐协会、桥牌协会……蒜岭村能建立起这样的文化娱乐团体来吗？根据笔者对蒜岭村文化生活的考察与分析，回答是肯定的。

一　文化娱乐团体必须自发形成，不要行政包办

如上所述，蒜岭村现代文化娱乐活动及文艺团体早在解放初就十分活跃，论人才，早就培养了人才，论经验，也已有数十年中两起两落的经验，比起传统民俗信仰活动，应该说蒜岭村民更熟悉现代文化娱乐活动。尤其是该村在 20 世纪 80 年代中期以后第二次掀起现代文化娱乐活动高潮之时，传统民俗信仰活动也才刚刚复萌。蒜岭村华侨华人对二者一视同仁，给予了场馆建设的资金支持和活动经费。但是，二十年来，二者的发展状况却截然相反，前者仅活跃了不到十年时间就消失殆尽了，而后者却越搞越热火，越搞越纯熟。笔者认为，之所以二者发展如此不同，最关键的问题在于前者是行政组织包办的活动，而后者是村民自发组织的活动。是自发组织还是行政包办组织，团体的带头人（组织者）和团体成员的精神面貌与参与热情完全不同。

首先，在团体带头人方面。在自发团体中，带头人（组织者）通常是该类活动的兴趣者、热心人，或是被拥戴的德高望重者。蒜岭村的自发性文化活动团体有两种类型，一是宫庙的车鼓队、打击乐队、十音八乐队等，它们都是由德高望重的宫庙董事会成员出来组织的；一是老人会的女子舞蹈队，它也是由热心的老人会会长和兴趣娱乐活动、热心的老人会会员陈妹金牵头组织起来的。这些人有热情、有干劲，有为村民服务的热忱。他们追求的是让团体成员满意和满足的实际效果。而行政包办的团体组织者通常是官员或准官员，他们多是这些活动的外行者，对这类活动不一定有兴趣，往往把组织这些活动和团体的工作当作一定时期的任务和包袱来对待。因此，他们往往不在意成员的满意与否，而追求表面的、形式上的"业绩"。

其次，在团体成员方面。自发性团体成员自觉性强、热情高、有参与的自身动机，能以主人翁的态度对待活动和团体利益；而行政组织的团体成员由于是被动参与者，常容易抱有雇用思想，应付任务的态度，没有自身的参与动机，从而对活动容易采取敷衍态度和行为。另外，行政组织的团体成员，其态度和积极性还受行政权威的强弱所左右。行政权威强有力时，成员顺从、听话，行政权威弱小时，成员则懒怠无为。农村实行家庭承包制以

来，乡村的行政力量已大大减弱，尤其是蒜岭村集体经济基本不复存在，村民经济生活来源靠的是各自在海外务工的家庭成员。并且，在村庄公共事务、公益事业方面，村行政长期建树甚少。在这种情况下，村行政在村民心中已无多少地位，要想通过村行政来组织蒜岭村的现代文化娱乐活动和文艺团体，谈何容易。团体成员的这些问题直接影响到活动的进行和团体的健康成长。

再次，在活动经费方面。提起开展文化娱乐活动，人们总习惯于算一算有没有经费。但是，笔者在对蒜岭村自发性组织与行政包办组织的考察中发现，资金问题是个极具伸缩性的东西。在自发性组织中，没有经费人们会自掏腰包解决经费，有钱干费钱的事，无钱干省钱的事。蒜岭村老人会女子舞蹈队刚组建时一分钱也没有，舞蹈需要的扇子、太极球等全是队员们自己掏钱买的。而且，由于主人翁意识强，她们遵守纪律，珍惜队员之间的感情，爱护团体财物，团体风气正。而行政组织的团体因雇用意识强，动不动就讲条件，讲经费。20世纪80年代中期，蒜岭村现代文化娱乐活动兴盛时，一次篮球赛就得开销2万多元，拔河比赛参赛者每人发100元，因此，没有数千元钱就活动不起来。好在当时华侨华人不仅捐建了活动场所，也包下了活动经费，不然的话，村财政根本无法支持村民开展文化活动。尽管如此，某些村民对集体器物不爱护，科技文化中心的门常被撬，器物被偷盗、丢失，一些人在走廊上解手等；球场被当作晒谷场，他们在那里堆稻草、晒牛粪……后来，华侨华人终止了对村委的文化活动经费的捐赠，结果，行政组织的现代文化活动就再也搞不起来了。在调查中，笔者询问组织现代娱乐活动的可能性时，村民们回答的都是："村委没钱，搞不了了"，实际上，有再多的钱，也经不起浪费、损坏和偷盗。

二　应重视培育和提高村民现代文化娱乐活动的自觉意识和需要

如上所述，行政包办组建现代文化活动及团体既已行不通，那么，又如何使村民能自己起来组织现代文化娱乐活动和团体呢？社会学理论告诉我们，需要是人的行动的驱动力（王宁，2001），参与者的参与需要是结成自发活动和团体的原动力。村民如果意识到开展现代文化娱乐活动对自身身心健康的益处，他们就会自发地组织起来。这是组建自发性现代文化活动团体的第一步。

　　文化娱乐活动是一种会给人带来开心、愉悦、轻松、闲适、健康、满足的生理和心理状态的活动。从人性的角度看，只要是人就有获得这种状态的需要，因此它是人的一种基本需要之一。人类天生就具有游戏、娱乐的需要和冲动，它本身就是人生的一个目的（王宁，2001）。但是，在匮乏经济时代，生存需要的紧迫性常常制约了人们文化娱乐的需求，对人们的文化娱乐冲动进行了种种限制和约束。然而，随着过剩经济时代的到来，人的必要劳动时间不断缩短的同时，闲暇时间不断增多，人们对文化娱乐活动的需求，包括休闲需要也必然加强并得到社会的承认，这是人类社会发展的必然，也是社会经济高度发展的标志。改革开放30年来，我国的经济社会获得了高速发展，尤其是如蒜岭村这样的沿海侨村。如上所述，由于经济结构变化，村民不仅收入增加，而且闲暇时间也普遍增多，以追求自身身心放松为目的文化娱乐休闲需要已经萌生。如果我们注意通过各种宣传媒体启发村民，让更多对这种需求还处于朦胧状态的村民明确地意识到，应当通过丰富的现代娱乐休闲活动来提高自身的生活品味和情趣，用这些自由时间来实现从传统生活方式向现代生活方式的转变，实现从传统人生向现代人生的转变的自觉性，就会唤起村民自发地组建现代文化娱乐活动团体和自主地开展生动活泼的文化娱乐活动的激情。

　　此外，还必须注意通过电视影像等宣传工具，通过参观学习、现场观摩等手段让村民接触、了解、熟悉、模仿那些生动、活泼、健康、有趣的文化娱乐活动的具体形式和内容，才能使那些长期以来生活在贫穷落后的农村，只知道麻将、吃喝、游神等中国传统民俗娱乐活动形式的村民开阔眼界、拓展思路，把自己的闲暇生活设计得更加美好，而不会简单地捡起传统、陈旧的那一套文化活动形式和内容，使得自己的闲暇生活出现与时代不合拍、对身心健康不利的现象。蒜岭村老人会女子舞蹈队的产生就是一个很好的例子。该舞蹈队发起人陈妹金告诉笔者，她之所以会出来倡导组建女子舞蹈队，主要是一次她去泉州哥哥家作客，看到当地老年人的活动搞得有声有色羡慕极了。她的子女都已自立，家中只有夫妻二人，经济条件很好，夫妻二人只求能健健康康，快快乐乐地度过晚年，不拖累子女。因此，回到村里后，她便向当时的老人会会长黄金春建议，挨家挨户动员了许多妇女，从市老体协请来了舞蹈教师，老人会女子舞蹈队就这样建立起来了。

根据笔者对蒜岭村两类自发活动团体其成员的参与动机的考察，笔者认为它们存在着两种不同的参与动机，即两种不同的需要。各宫庙的车鼓队、打击乐队和十音八乐队，可以把它们称为价值表达型自发性活动团体，它是人们出自满足自身的信仰表达、心理慰藉或在其他价值目标的指导下，开展文化活动的娱乐团体；而老人会女子舞蹈队则可以称为自娱自乐型或自目的休闲需要型自发性娱乐团体。团体成员以满足自身，如兴趣、健康、休闲等目的而自发组织起来。前者是改革开放后，农村联产承包责任制的风险和思想政治意识形态宽松后，村民中出现的一种乞求超自然力保护需要的产物；而后者则是社会经济生活发展进步，人们的需要又向高一层次进化，进入到休闲需要、休闲消费阶段的产物。后者代表着社会生活的发展方向，是最有生命力的。因此，相信只要我们注意做好上述的工作，农村就会涌现出许多像陈妹金那样的自发性现代文化娱乐活动的热心带头人和组织者。

而一旦村民有了组建现代文化娱乐活动团体的愿望时，"只要合理合法，就不能施以任何限制"（小石，2003）。并且，按照杨巧赞对城市社区中介组织的看法，即这些组织具有非法人性特征，参照《社会团体登记管理条例》第三条规定，只要经过居委会同意，应不属于登记范围（杨巧赞，2003），根据这一看法，笔者认为，在农村，对这些团体也应注意提高可入性和方便性，只要经过村委会同意，不必进行社团登记。这样，村民的现代文化娱乐活动团体就会生气勃勃地发展起来。

三 经常性的活动、评比、比赛是现代文化娱乐活动可持续发展的保证

现代文化团体组建起来之后，如不开展活动，就不会有生命力，必须让它经常性地进行表演、会演、汇报演出等以各种名目开展活动；必须让它在本村内、村庄间、乡镇中，甚至在省市等不同范围和不同层次上去展示它们平时训练的成果，体现它们的活动价值，才会使活动团体越办越有生气，成

员越练越有兴趣。社会学理论告诉我们，人是社会的人，具有对社会关系的依赖性，需要在人的群体互动中感受友情、荣誉、被接受、受尊敬，从而得到心理满足。蒜岭村的老人会女子舞蹈队的兴盛和同样是老人会组建的娱乐团体——太极拳学习班的衰落的例子很好地说明了这一问题。女子舞蹈队在发展过程中，曾经遇到过这样那样的障碍，如有的队员出国了，有的队员要带孙子，但是她们仍互相鼓励坚持了下来。究其原因，女子舞蹈队一直坚持温习老节目，学习新舞蹈，参加各种表演活动是问题的关键。她们在一次又一次的演出活动中，体验到自身的价值，感受到社会对她们的承认，获得了友情与赞誉，获得了自我实现的无限乐趣。因此，她们越练越有劲。反之，太极拳学习班坚持了两年后解散了的原因，笔者认为，关键在于组织者没有注意继续不间断地组织队员活动，并在活动中进行技艺切磋、互相纠正错误动作、评比，或请专家介绍该运动的健康原理等等，而是刚学会就解散了。

要使自发性文化活动团体永葆活力，除了要为他们经常开展展示自我的各种活动提供机会和场所方便外，还要注意刺激、激励他们在追求技艺方面不断进步。这也是文化娱乐活动团体可持续发展的另一重要手段。比赛、竞争能激发人的主观能动性，这是人的本性决定的。正因为如此，企业为了提高员工的工作热情，引进了评比和竞赛机制。比赛、竞争能刺激人的兴奋，因此，许多娱乐本身就是比赛。我们十分熟悉的打麻将这一娱乐形式，虽然在变成赌博时往往酿成殴斗或悲剧，可是，为什么人们仍乐此不疲，屡禁不止呢？笔者认为，这就是因为它的玩法会产生输赢竞争的刺激和乐趣。麻将是人数要求最少（最容易凑齐人数），条件要求最简单（不需要特别的场地），能给人带来竞争刺激和乐趣的娱乐形式。正因为它有这些特点，才使得它那么普及，又如此有生命力。任何事物，只要引入竞争机制，就有了活力，就会吸引人，就能调动起人的积极性。自发性活动团体要让它不断发展，持续发展，不但要经常开展活动，还要经常应用比赛、评比、表彰、评级等刺激乐趣、提高技艺的手法。如太极拳表演也要经常与周边村庄的队伍进行会演比赛，比参与人数，比动作到位等，要组织镇一级的比赛，也要组织市一级的比赛等。福清市老体协每年或举行文娱晚会或举行老年运动会，这些就是促进现代文化娱乐活动的好举措。日本的民间技艺组织不论插花、茶道、吟诗、歌舞、空手道，还是包括像太极拳这样一类的组织，一旦建立起来，成员就会聚集在一起以至几代人不散，就是因为在活动团体中，人们不仅追求学会技艺，而且，还追求在团体中得到"级"或"段"的等级承认。为了追求更高的技能水平的承认，人们终身活动在文化娱乐团体中，在技艺竞比中体验自身的进步，感受社会的承认和技术无止境，乐在追求中的心境。

在蒜岭村发展现代文化娱乐的休闲活动是时代发展的必然方向。只要我们注意做好上述几项工作，提供科学、合理、方便的政策和活动条件，有益于村民身心健康、能焕发村庄朝气的蒜岭村现代文化娱乐活动的蓬勃景象一定会出现。

第十三章　医疗卫生的历史与变化

　　由于地理位置的独特性，侨村的特殊性，以及国家政策、行政力量使蒜岭村在新中国成立前后的各个重要历史时期，尤其是改革开放后，旅外华侨华人大力支援家乡建设，村民经济生活水平大大提高，医疗卫生事业发生了巨大变化。蒜岭村医疗卫生事业已成为福清市农村的先进典范。

第一节　新中国成立前蒜岭村的医疗卫生状况

　　昔日福清民间，向来以中草药治病疗伤，传统中医多为自学或家传，散处各地。清光绪二十六年（1900）基督教传教士以办慈善事业为名，在福清县东部的龙田镇①办起龙田妇幼医院，这是全县第一所西医院。以西医治病即自此始。但福清"全县各地治病仍以中药为主。……到1949年，有95%左右的病人仍服用中药，用西药治病的人只占5%左右"。至1949年8月，县内仅有3家小医院和几家私人开业的中医诊所。医疗条件差，设备落后，技术水平低（福清市志编纂委员会，1994）。一方面，长时期内，医疗卫生事业极其落后，缺医少药；另一方面，环境卫生极差，人畜同居，垃圾成堆，水道淤塞，虫害滋生。沟塘淘米、洗菜、洗衣、洗粪具合一的不良习惯普遍存在。鼠疫、天花、霍乱等传染病流行猖獗，常年肆虐（新厝镇志

---

　　① 距蒜岭村约有30公里。

编纂小组，1995），严重威胁着人民群众的生命。在福清县历史上，鼠疫大流行有5次。第一次是1898～1902年，死亡10422人；第二次是1908～1915年，死亡5004人；第三次是民国5年，死亡789人；第四次是民国26年，死亡513人；第五次是民国35年，死亡1044人。据不完全统计，自1892～1952年的60年间，鼠疫患者达32329人，死亡30748人。有的竟全村灭绝。当时福清流传着这样一首民谣："东家老汉哭声长，西户儿女失爹娘，烧香拜佛不中用，人财两空好凄凉。"（福清市志编纂委员会，1994）在我们从对蒜岭的调查中得知，蒜岭人最崇拜、最信仰的是五皇大帝，而供奉着五皇大帝的雪峰寺又是蒜岭村历史最悠久的寺庙，可见这是有它的历史原因的。在第一章中谈到蒜岭村由来时，老人们说，这里流传有这样一句话："蒜岭没出土，新厝方与卢"，意思是说，在还没有蒜岭这一地名的时候，新厝这个地方只有姓方与姓卢的人家。但现在这两姓人家已经在这个地方绝迹了，村中老人们认为，原因可能是由于搬迁或瘟疫。老人们还告诉笔者，古街的南头往西南方向去，历史上曾有一个叫岭头村的村庄，其宫庙叫"嘉福宫"。不过现在该村也已消失，老人们从上代人那里听说，是瘟疫，可能是霍乱使全村人都死绝了。嘉福宫所供奉的神明——弥陀尊者现寄存在武当别院。可见，半个多世纪以前，瘟疫曾在这一带肆虐无忌。

与中国许多农村相比，在1957年之前，蒜岭村算是看病问诊比较方便的地方，村中就有两家中医，9公里外的桥尾街有"姚氏产科"，11公里外的莆田江口有西医院。

在第一章中已经介绍过，蒜岭自然村里有一条古街，是古驿道的一部分，街上有许多店铺，十分热闹。民国25年4月，福州至厦门干线公路全线整修完毕开始客货运业务后，蒜岭古道才开始衰败。但民国27年为了遏阻日本兵南侵，民国政府下令把公路破坏殆尽。于是，蒜岭古道又恢复了生机，直至新中国成立，福厦公路修复后，20世纪50年代中期，蒜岭古街才彻底衰败了。在蒜岭古街繁荣时期，街上有则安药房和同济诊所两家中医，一位老板姓陈，一位姓翁，为病人问诊把脉。蒜岭和周边村民得益于地理位置的特殊性，看中医是方便的。

在西医方面，虽然蒜岭附近没有，但是，在距离蒜岭 24 公里的莆田涵江很早就有了西医院。清光绪三十一年（1905 年），美籍传教士在涵江顶铺创办医疗诊所，设内科、妇产科，病床 10 张。民国 14 年因经费困难停办。后由私人集资续办，改名涵江医院。民国 20 年，由教会收回开办，改称兴仁医院。1952 年，莆田县人民政府接管，更名为涵江医院。1946 年在距离蒜岭 11 公里的莆田江口也开办了私立福田医院。1950 年底，更名为平民医院（莆田市地方志编纂委员会编，2001）。所以，对蒜岭人来说，在西医方面至少 20 世纪 40 年代末开始也已比较方便。

在产科方面，距离蒜岭 9 公里的桥尾街有一家姚氏产科，蒜岭的许多产妇临产时就用轿子抬去那里分娩。但是，村中也有好几位妇女如杨亚连的祖母、林金銮的祖母、陈孙美的母亲等都会接生，因此，不少孕妇在家里分娩。不过，由于"使用旧法接生，死于胎位性难产、产后大出血，产褥热的为数甚多，初生儿则常死于破伤风，窒息等"。（新厝镇志编纂小组，1995）

尽管蒜岭村中西医、分娩都算方便，但是，新中国成立前，一方面蒜岭人生活水平低下，一般身体有点不舒服，就自己采把草药煎了服用，实在不行时，才到古街看中医；另一方面村民对西医不甚了解，且收费昂贵，非一般民众所能问津。

据蒜岭村老人们介绍，历史上蒜岭曾多次发生过鼠疫和霍乱，因此而死亡的人不少。陈振元先生听上一代人说，光绪二十八年（1902 年），蒜岭发生鼠疫，死亡 150 多人。人们谈鼠色变，古街上的两家棺材店老板吓得跑回莆田，连生意都不敢做了。1940 年据说蒜岭发生过霍乱，死了十数人。1945年北头岭自然村因鼠疫，一个家族死了 9 口人。在蒜岭老人们的记忆中几乎年年都有人死于鼠疫。

新中国成立后，根据党中央制定的面向工农兵，预防为主，团结中西医，卫生工作与群众运动相结合的方针，开展爱国卫生运动，有计划地预防接种，提高人群免疫力，使各种传染病的发病率、死亡率不断下降。鼠疫和天花，于 1952 年下半年起就已灭绝。其余传染病虽有反复，但是到 20 世纪80 年代后都大大地下降了（福清市志编纂委员会，1994）。

第二节　新中国成立后村庄医疗卫生
事业的变化与发展

1957 年 2 月，根据卫生部《关于组织联合医疗机构实施办法》的规定，号召社会医生走集体化道路，蒜岭古街上的两家中医诊所便与坂顶的两家中医诊所组成共 4 家 9 人的新厝乡联合诊所，开设在离蒜岭 1 公里多的坂顶街。1958 年 4 月改为新厝乡保健站。1960 年 10 月，该保健站改为新厝华侨保健站。1965 年 7 月，新厝华侨保健站和桥尾医院合并，组成新厝人民公社保健院，设址坂顶街，1978 年 11 月改为新厝人民公社卫生院（新厝镇志编纂小组，1995）。也就是说，1957 年以后直至 20 世纪 70 年代各生产大队实行合作医疗制度之前为止，蒜岭村便没有了中药铺和看病问诊的处所。蒜岭村民若需看病，就必须到 1 公里外的公社保健院诊治。虽说看病比过去远了一些，但是医疗队伍、医疗技术比过去强大了。

1956 年，我国城乡经济基本完成了公有制改造以后，在国家经济发展水平低，经济社会资源十分有限的情况下，政府实行了城乡有别的医疗卫生福利政策，城市国有制单位职工可以享受国家公费医疗和劳保医疗福利，但是广大农村居民基本处于国家的医疗卫生福利体系之外，占人口绝大多数的农民长期处于缺医少药和看不起病的状态。1970 年，在政府行政指令下，与全国数百万个村庄一样，蒜岭成立了合作医疗站（现在的蒜岭村卫生所），从而才在一定程度上缓解了农村缺医少药，和看不起病的问题。

一　"六·二六指示"诞生了村卫生所

1955 年农业合作化高潮时期，山西、河南等农村出现了一批由农业生产合作社创办的保健站，采取由社员群众出"保健费"和生产合作公益金补助相结合的办法，由群众集资合作医疗，实行互助互济。由此具有互助性质的合作医疗保健制度在我国农村正式出现。1960 年 2 月 2 日，中共中央转发了卫生部关于全国农村卫生工作会议的报告及其附件，并要求各地参照执行，从此合作医疗便成为在我国农村实施医疗卫生工作的一项基本制度。1966 年以后，一方面由于广大农村防病治病的需要，另一方面毛泽东肯定了湖北省长阳县乐园公社办合作医疗的经验，尤其是 20 世纪 60 年代末，毛主席发出"六·二六指示"①，此后，又提出了"小病不出村"的口号，合作医疗很快在全国广大农村普及（林闽钢，2002），出现了大批诊所。城里的医生响应党中央号召下乡到农村去，轮班轮换带出了一批乡土医生。

蒜岭村也不例外。生产大队革命领导小组通知各生产队要坚决执行"六·二六指示"，这是硬命令，不论理解不理解都要执行。当时大队革命领导小组成员、分管共青团工作的陈子贤和陈通海，于 1970 年 5 月一起筹办村合作医疗，并于是年 6 月 26 日正式创立了蒜岭村合作医疗站。

1970 年 9 月，新厝公社保健院派来一位姓杨的老中医培训蒜岭村合作医疗站的 4 位赤脚医生——陈子贤、陈通海、黄以明和林金煌。陈子贤是合作医疗站的负责人，由于兼任大队共青团书记，工作较忙，很少待在诊所里；陈通海跟着老中医学习基本的中西医理论知识、背中草药特性；黄以明学药剂；林金煌则负责到山上采集中草药。

1972 年福州电信局面向农村地区招工，陈子贤应招离开了新厝公社。当时，赤脚医生的报酬是以在生产大队记工分，黄以明和林金煌因为嫌赤脚医生收入低、工作时间不如种田自由等原因，离开合作医疗站回家务农。陈通海因此成为医疗站负责人。

1973 年后，医疗站又陆续调来几个人。最早的是鄢凤香，她当时是大队妇女主任，见大队卫生所缺人手就来帮忙，但当护士不到一年就离开医疗站念师范去了；1975 年村委又分配来一个高中毕业生黄秋璇，学了两年护士护理，于 1978 年离开村子去上大学了。是年陈菁菁加入医疗站，于是只有陈通海和陈菁菁一直干到现在。

陈菁菁是 1972 年嫁到蒜岭村来的。因时常教蒜岭小学的学生唱歌跳舞，有时帮生病的老师代课，很快就在村里出了名。那时候一方面正逢"文化大革命"后期，没其他工作可做；另一方面黄秋璇离开了合作医疗站，村中急

---

① 1965 年毛泽东主席发出"把医疗卫生的重点放到农村去"的号召；1969 年 6 月 26 日，毛主席发出指示，再次强调把医疗卫生工作的重点放到农村去，这称为"六·二六指示"。

需大夫，她便和村里许多人一起报了名。由于村民已看出她是个热心人，这个机会便被她争取到了。

初建合作医疗站时，新厝公社保健院不仅派来有名的老中医培养村里的赤脚医生，而且经常在棉亭村办赤脚医生学习班。陈通海就参加了这样的学习班，反复学习较系统的中医和草药知识；陈菁菁刚进医疗站时，每两三个月都要到公社保健院学习打针、抓药等基本护理知识；此外，她还参加了福清卫生职业学校九七级乡村医生函授班。这样的培训班、函授班是由福清卫生协会（以下简称福清卫协会）及福清卫生协会新厝分会（以下简称新厝卫协分会）组织的，旨在培养农村当地半农半医的乡村医生，将基本的卫生机构、器械设备、医护人员普及到每一个村庄。由于培训对象的特殊性，教授的内容大多比较实用，而理论方面则相对涉及较少。

二　村卫生所的运作状况

1. 治病

据陈通海介绍，他初入这一行时，只学了半年中医，杨医生就让他出诊了。这在今天是不可思议的事情。但在当时，一是农村普遍没有像现在这么完备的医疗力量；二是当年的村民不像现在这么有"看病"的意识，感觉不舒服了，忍一忍或者自己采把草药吃吃就行了。病人少，对大夫的要求也就相对不那么高。现在的村民，一般生了病就会去找医生，对身体健康十分重视。因此，对乡村医生的诊疗技术、服务质量的要求也越来越高了。

村民去村卫生所看的病，一般是季节性传染病，如流感、痢疾、红眼病等；或是小外伤，像磕破脚或者被狗咬伤等，以及老年人的哮喘、高血压、冠心病等前来复诊取药、量血压、挂瓶输液等等。

蒜岭卫生所星期六、星期日不关门，两位医生即使半夜也随叫随到，十分方便。所以，蒜岭村人看小病的第一选择一般是该村卫生所或镇卫生院；如果病拖了几天还没好，或者生了大病，他们通常会到莆田江口的平民医院，或者到福清的大医院去治疗。到莆田江口的平民医院不仅比到福清市区近 19 公里，而且蒜岭村的文化更接近莆田，不但说的是莆田话，亲戚中也是莆田人居多，所以有 90% 以上的村民选择去江口平民医院。另外不到

10%的人，比如在福清有熟人、有关系的人才到福清的大医院去。

除了蒜岭村民外，蒜岭卫生所还有约三分之一的病人来自外村，如附近机砖厂等企业的工人、邻近后屿自然村与新厝自然村的村民等。陈通海医生治疗偏头痛、肩周炎及皮肤病效果不错，不知何时已名扬莆田的一些地方，如莆田市的石庭（距离蒜岭20公里）和南屿（距离蒜岭15公里以上）以及渔溪镇的苏溪（距离蒜岭12公里）等地都有村民来此求治。

除了为村民治病、接种传染病疫苗等外，蒜岭卫生所还很注意向村民宣传健康生活、防病养生的知识。卫生所旁边的墙上有两个版面的卫生墙报，镇卫生协会分会规定，一个季度必须更换一次墙报内容，而蒜岭卫生所则每个月出一次新墙报。

2. 进药

在实施合作医疗制度时期，国家提倡"一根针一把草"，即尽量使用针灸和中草药治病，只有在病人发烧时，才允许注射退烧的西药针剂。但是，国家的中草药储备也十分紧缺，医疗站的大夫必须自己亲自去采草药。当时，蒜岭大队的每一个生产队都指定一位社员为卫生员，跟着采药里手陈云霖①深入大山采药。每次一行七八人总要在山上呆上七八天，然后拉回几板车，即十几担的草药。其中一部分是陈云霖的，他要运到药材收购站出售；一部分是大队医疗站的，医疗站就必须对这些草药进行分类、晒干、加工等。最初，蒜岭合作医疗站负责采药的是林金煌，林金煌离开医疗站之后就由陈通海兼任采药任务。

20世纪80年代，国家放宽了大队保健站使用西医药品的限制后，保健站被指定到桥尾医药公司购药。保健站以优惠价格从医药公司进药，并以优惠价格出售给村民。2000年前后，上级宣布桥尾医药公司已没有批药的权力，必须到渔溪、海口等"三证"，即采购证、统一发票、药品经营证等齐全的医药公司进药。药管局也会不时地来检查村卫生所的批药证和药品流通情况。

---

① 1958年后，蒜岭村村民陈云霖参加了福清县组织的采药队，接受两个月的培训后靠自学成材，成为采药专家。国家需要什么他就采什么，然后挑到渔溪医药公司药材收购站出售。蒜岭医疗站需要中草药时，也请他带队深入新厝镇凤迹村、东方红水库后的朱宫山、渔溪的大帽山等地采药。

3. 收费与酬劳

从全国范围来说，1970年我国农村实施的合作医疗制度在提供农民最基本的医疗保健方面曾起过积极作用，但亦存在深刻隐患：限于财力，它仅对农民的一些常见病、多发病给予一定的经济补偿，而对大病、重病、疑难病则无能为力，然而后者对农民个人及家庭生活影响更为重大；合作医疗基金支付缺乏有效的约束，农民争相使用医疗基金，使有限的基金难以维持长久；一些地方的合作医疗徒具形式，根本没有起过互助的作用等等，使得这一制度逐渐趋于瓦解（李迎生，2001）。

蒜岭合作医疗站建站初期，公社卫生院曾拨来少量药品和医疗器械，医疗费用由生产队公益金和社员个人各筹一部分，社员平时看病不要付钱。但是，所筹款项极少，因此，蒜岭村的合作医疗制度在盛行四个月之后就瓦解了。医疗站开始向就诊的村民收费。规定来看病的村民挂号费收取半价，即5分钱，注射费收5分钱；草药不付费，由医生采摘。1975年后一些主要药品，如磺胺类药品，金霉素、土霉素等五素药品的药费也不能减免了；1978年后，医疗站开始像正规医院那样收费，但只收成本费，基本维持医疗站的收支平衡。

赤脚医生在医疗站工作的劳酬最初由大队支付，以工分计算。后改为领工资，每月15元，20世纪80年代后增加到每月20元。90年代之后，蒜岭卫生所医生收入改为由业务收入支付，村委不再负担医生工资。收费标准比镇卫生院低，只收取挂号费1元，以及注射费、药费，不收诊疗费。药价比从医药公司进价高15%。[1] 医生先从总收入中抽取5%作为管理服务费，上缴给管理机构——新厝卫生协会分会，然后再扣除工资的部分，即每人每月约500元，余下的钱作为两个人的奖金对分。当时两人每月收入大约一千多元。但在业务淡季，有时候达不到这个数额。2005年开始，不再上缴5%的管理服务费，而改为上缴会员费。总收入中扣除会员费、办公费、成本费后，其余用于支付工资和奖金。两位大夫的月工资为890元，奖金视业务情况而定。财务收支情况每月上报镇卫协分会。

---

[1] 据说这是国家规定的。但有一部分村民埋怨医药费比药店贵，于是让大夫开了药方，自己去医药公司购买。

三　对村卫生所的管理

合作医疗站在建立初期由公社保健院和蒜岭生产大队双重管理：公社保健院进行业务管理，如村庄公共卫生与预防、防疫、健康保健、添置器械、人员培训、业务指导等等；而生产大队则进行行政管理，如人员调动、医生收入、病人缴费等等。

1986 年 7 月，在党中央和国务院的领导下，乡村医疗卫生机构的管理逐渐走上正规化、制度化的道路。全国广大农村地区成立了农村卫生协会。20 世纪 90 年代开始，村委会下放了对村卫生所的经营权，只负责人员调动，而不再管理医生收入与病人缴费；卫生所的业务管理权则改由镇卫协分会掌控。其主要功能在于协助卫生行政部门进行以下四个方面的工作：一是以创建甲级卫生室活动为重点，全面提高村级卫生组织的整体水平；二是加强医疗机构执照管理，普遍推行集体办医，理顺农村医药市场秩序；三是维护乡村医生权益，建立保障机制，稳定乡村医生队伍；四是开展专业知识培训和学术交流活动，提高乡村医生业务素质（杜皓林，朱子会，1996）。蒜岭村亦不例外。新厝镇卫协分会由新厝镇 10 个村卫生所和个体诊所的 16 个乡村大夫及个体医生组成，在市卫协会和镇卫协分会的领导和监督之下，对全镇的村卫生所和个体诊所进行管理。

在人员培训方面。镇卫协分会每个季度都组织镇上所有村大夫进行培训，根据当时的村庄流行病制定培训内容。例如，2003 年非典型性肺炎横行肆虐，镇卫协分会就组织村大夫学习相关知识和预防技能，以便村大夫向村民宣传，做好预防和保健工作。并且，义务上门对非典地区回来的人员进行 10 天的体温监测，以防传染病的蔓延。此外，卫协分会每年至少两次组织村大夫集中前往福清党校出席福清大医院或妇幼保健站的知名医生的报告会或讲座。

在业务管理方面。卫协分会每年都会根据每个村庄的人口、村庄的经济水平以及村卫生所上一年的收益情况，确定每个村卫生所新一年的业务额。随着村庄经济的发展，以及药价的上涨，村卫生所的业务额每年都在增加。例如蒜岭村 1990 年的业务量大约是 6 千元，2002 年约 4 万元。由于业务额完成得好，2003 年的计划业务额增长为 4.3 万元。蒜岭村经济发展水平较高，两个资深村大夫医术好、服务好、声誉好，有着稳定的客源，一直都能超额完成任务。

在财务管理方面。卫协分会每个月要盘点一次村卫生所的收支情况；每三个月盘点一次固定资产、业务情况。每年的业务额中，卫协分会从中收取 5% 的管理服务费。其中，2% 是管理费；1% 是公益金，为开会、印发材料等费用；2% 是公积金，用于报销村卫生所添置器械或其他硬件设施的费用。

2005 年开始，卫协分会已不再对各村卫生所下营业指标，也不再从业务额中抽成了。改为收缴团体会员费和个人会员费来开展活动。蒜岭卫生所每年上缴团体会员费 1200 元，个人会员费为每人每月 1 元。

在儿童预防疫苗注射与管理方面。由于福清卫协会重视儿童预防保健工作，规定防疫站每两个月送一次预防疫苗到镇卫协分会，并指定每个村卫生所于每月 23 日按照各村的出生人数（包括流动人口）领取疫苗。儿童出生后第二个月开始接种疫苗，每人至少 5 种。村大夫要根据规定，跟踪每个儿童定时打针。每个儿童都领有省卫生防疫站颁发的《福建省儿童预防接种证》，以此为注射预防针的依据，若无此证不得入学入托。

蒜岭卫生所的两位医生虽然都不是科班出身，但在到 2008 年末的三四十年的实践中，一直不间断地接受着专业训练，因此，完全胜任农村多发病和常见病的诊断与治疗。1984 年开始，福清卫协会对村级卫生所进行每年一次的"文明卫生所"评选活动，从卫生所的组织管理制度是否落实，医疗操作是否规范，环境及器械的消毒与废弃物的处理是否符合标准，财务管理是否符合规定，药品来源渠道、贮存，药价公开等是否符合要求等诸多方面进行了严格细致的考评。在到 2007 年为止的 23 年中，蒜岭卫生所已获得过十几次"文明卫生所"的荣誉称号。2008 年开始评选"先进卫生所"活动，蒜岭卫生所又是新厝镇唯一获得了"先进卫生所"这一殊荣的村卫生所。而陈通海医生多次被市卫协会评为模范乡医，并于 2003 年荣获全国优秀乡村医生称号。①

---

① 荣获全国优秀乡村医生称号者全福清市只有 7 名。

蒜岭卫生所一角

四　华侨捐助评为甲级卫生所

蒜岭大队合作医疗站刚成立时，几乎没有什么器械，只有一把小手术刀和两支镊子。大队穷得叮当响，只投入了少得可怜的资金。当时，陈子贤和陈通海等几位医生只得自己贴钱购买注射器等。医疗站最初的建立可以说全靠自力更生。

合作医疗站最早设在华侨地主"同春"的空房子里，1973年搬到武当别院原后殿的江兜华侨中学蒜岭分校废弃的教学楼里，改名为蒜岭村合作医疗所。20世纪80年代初才搬到现址，即现蒜岭村委会办公楼后的、1980年由旅印尼蒜岭同人为蒜岭生产大队捐建的办公楼（"侨建楼"）的一楼左廊的一个约20平方米的房间，改名为蒜岭村保健站。1990年后保健站更名为蒜岭村卫生所。

改革开放之后，国家的华侨政策得到了拨乱反正，蒜岭村民与早年出国的华侨华人重新开始频繁联系。许多华侨华人纷纷回村省亲或投资国内建设。回村的华侨华人看到村保健站能方便村民看病，而设备落后及空间实在过于简陋狭小，于是捐资予以装修和添置药品柜、资料柜、器材、设备。1986年侨领陈德发率先捐资2000元港币，使村保健站粗具规模扩大为80平方米。1996年以后，陈子富、陈瑞临、陈明光、陈金美、林金山等华侨华人又陆续捐资（详见第八章第二节），使蒜岭卫生所按照上面规定，设置了独立的诊室、治疗室、药房和观察室，甚至设置了4张病床和器械洗涤池、洗手专用池及卫生间。除了听诊器、血压计等最基本的诊疗仪器外，按照上面规定，添置了身高体重计、有盖方盘、污物桶、高压灭菌设备、小型氧气瓶、紫外线杀菌灯、无菌专柜等一应俱全。使蒜岭卫生所一跃成为新厝镇第一所，也是唯一一所甲级卫生所。所谓甲级卫生所，除了医生医术高、医德好、规章制度完善、运作规范、业务完成情况良好外，还强调面积、设备等硬件要求。由于蒜岭旅外华侨华人的捐赠，蒜岭卫生所的硬件设施十分完备，不仅在福清，连整个福州市像这样的村级卫生所都十分少见。因此，综合考评达到90分以上。目前，可以说蒜岭卫生所仍名列福清市农村卫生所的前茅。

综观蒜岭村卫生所的变迁，我们可以清楚地看到国家政策和行政权威在其中的关键作用。从宏观角度看，即使在20世纪70年代，我国经济社会发展水平较低、广大农村基本没有什么医疗卫生力量的情况下，"政府也能利用其资金积累优势迅速建立起了以县医院为龙头的包括公社和生产大队医疗机构的农村卫生网络；而且，政府采取了两项措施促进了农村医疗保健的可行性和可得性，一是恢复振兴中医，强调中医的草药和技术，有效解决农村的药物来源和医疗技术的传承问题；二是培养大批赤脚医生，将基本的卫生机构、器械设备、医护人员普及进每一个村庄"（林闽钢，2002）；从微观角度看，蒜岭村卫生所的建立是当时的行政机构（大队革命领导小组）接受上级的政治命令而建成的；培养赤脚医生和只限使用中草药等也是执行了上面的指示精神；蒜岭卫生所硬件的完善，是在政府放宽了侨务政策之后的结果；村卫生所的管理，毫无疑问也体现了政府及其相关职能部门的领导和指导；就连现在村卫生所自负盈亏越来越自主的运作，也是国家机构改变职能、将国家权力的行使由政治式的调控转向社会式的调控、由直接调控转向间接调控、由微观调控转向宏观调控、由管制式的调控转向驱动式的调控的结果。

第三节　个体医院——福清向阳骨科医院

坐落于蒜岭村福厦公路边一所崭新的现代医院——福清向阳骨科医院，诞生于 2006 年初，是一所以中西医相结合应用于正骨临床的、独具特色的、被纳入福清市城镇职工基本医疗保险定点医疗机构的骨科医院。

坐落于蒜岭村的福清向阳骨科医院

一　从农民成长为中医正骨医生

该院院长林向阳 1966 年生，其父林玉霖虽然是小学教师，但掌握有中医正骨技术，长期以来一边搞教学，一边义务为骨折患者治疗。中医正骨技术是中华医学宝库中的一枝奇葩，林玉霖希望这一古老的技艺能够永远流传并发扬光大，在林向阳 1979 年小学毕业后，就在义诊时手把手地教他学习中医正骨技术的各种手法、要领，指导他自制药方，并且让其自学上海著名骨科教授陈中伟的名著《骨科临床学》等 20 余本骨科专著。在其父的精心调教下，1983 年，学习中医正骨仅仅 4 年的林向阳通过了福清个体医考核，获得了经营"向阳风伤正骨诊所"的许可。从此,林向阳正式走上了中医正骨之路。

到了1991年,向阳风伤正骨诊所开业短短8年,林向阳的中医正骨之名已遍传福、莆、仙,乃至连江、罗源及海外侨胞之中,求医患者越来越多。设在旧土墙房内一楼的病房已无法适应时代和患者的要求,为了让患者有个像样的住院环境,林向阳建起一座别致的洋楼,底层用作正骨门诊及病房,上面两层半为自住。楼房周围的花园虽然不大,但有绿树、草坪和喷泉,可以说在环境方面是蒜岭村一流的。病房的环境大大改善,同时林向阳从中西医相结合的角度,对医疗设备进行了改革和创新,如把旧木床改造为靠背部能升降、能曲斜的铝合金牵引床;将平行牵引改为马氏型牵引;把单节上悬牵引改为双节上悬牵引;改腰压缩性骨折的卧床、腰部垫沙袋为用四方板连宽布,把腰部进行离床5公分的上悬牵引……医疗方法的这些中西医结合的改革与创新,在临床治疗中取得了不可思议的效果,康复后的患者赞不绝口。在群众的赞慕声中,林向阳心潮澎湃,萌发了一个大胆的设想:若能办一家中西医相结合的骨科医院那该多好啊!西医正骨一般要手术,要钢板内固定,要消炎,要住院;中医正骨不开刀,使用外夹板固定,一般不必住院,因此,患者痛苦少,成本低(可节约60% ~70%的成本)。但是西医有它好的地方,如通过现代仪器可以清楚看到骨折断面和愈合状况等;而中医也有它不足的地方,如骨折状况全靠医生的触摸经验等。如果能把中医正骨技术与西医正骨中的一些好的方法融合使用于临床,就能使广大农村骨科患者得到少花钱治好骨的服务;亦能使祖国古老的中医正骨医法得到传承和发展。

二 从正骨诊所发展为中西医结合的正骨医院

有了上述想法后,林向阳拜访了许多办医院的行家里手,参观了医院的门诊部、化验室、病房、X光室、CT室、手术室、中草药加工室、发电房、急救中心和医护人员生活区等硬件设施,一方面了解了各种医疗器械的国内外生产厂家、质量和价格;另一方面他还了解了聘请优秀骨科医生的待遇、途径和国内许多优秀骨科医生、护理人员的现状等情况。经过全盘的设计和预算，他一方面靠自己的储蓄，另一方面通过借贷，不久，一座耗资 1000 万元的，结构美观，布局合理，宽敞舒适，环境优美，设备先进且比较完备的福清向阳骨科医院矗立在了蒜岭村的 324 国道边。全院共有 47 名医护及其他工作人员，其中有著名的湖北省第二医院的副院长、骨科主任医师梁伦春，南京的骨科主任、博士刘建华，原厦门市思明医院骨科护士长赵春梅，负责 X 光机、CT 机的宋森林医师等许多技术水平高、临床经验丰富、工作态度认真的医生和其他医护人员。

医院是一个必须体现人文关怀的地方，中医正骨具有收费低廉的长处，因此，林向阳院长特别注意对农村家庭经济困难患者给予收费上的一定照顾，尤其是那些靠低保生活的残疾人患者。前些时候，福清市阳下镇一位残疾患者住院花去了 3 万元，就得到了医院给予的全免。不久前一位农村学生也得到了医院的免费治疗。因此，省教育厅关工委领导杜新闻先生特地来函致谢："谢谢你对教育事业的支持，也为你的爱心所感动。我是第一次听说有免费为困难乡亲治骨病的医院……对你很是敬佩。"

福清向阳骨科医院在不到 3 年的运营中，充分显示出中西医结合正骨的医疗效果，以及医院对农村弱势群体的爱心。面对各方面的赞誉，林院长依然一再在晨会上语重心长地对医护人员强调："我办医院的唯一宗旨是，让祖国传统的中医正骨与西医正骨很好地结合起来应用于正骨临床，让更多的农村患者得到少花钱正好骨的实惠，希望大家不断探索、改革、创新，让中医正骨永远得到继承和发扬光大。"

第四节　新型农村合作医疗制度的实施

建立新型农村合作医疗（以下简称新农合）制度是党中央、国务院提出建设社会主义和谐社会，减轻农民负担的一项重要举措，是为了解决农民基本医疗需求，降低农民医疗费用，缓解农民因病致贫、因病返贫问题，帮助农民抵御疾病风险，提高农民健康水平的"民心工程"，即是一个由政府组织、引导，农民自愿参加，个人、集体和政府多方筹资，以大病统筹为主的农民医疗互助共济制度，实行以市为单位统筹，管理形式为市办市管。根据福建省政府的工作部署，2006年8月福清市开始实施新农合医疗制度。由于蒜岭村委会这几年在政府征地中有了几十万元的收入，为了使全村村民都能加入新农合，村委会决定从2007年开始，村民个人出资的合作医疗费由村财统一缴纳，因此，即使出国在外，只要户口在村的村民全部享受新农合医疗保障。

一　农民得实惠，政府得民心的新农合

新农合多方筹资资金有保证。在农村医保筹资方面政府出大头，个人出小头。2006年与2007年农民每人每年分别缴纳10元、13元，各级财政（中央、省、市、县财政）按每人每年40元标准给予补助。2008年进一步改为农民每人每年缴纳20元钱，各级财政加大力度，按每人每年80元标准给予补助。除此之外，也接受社会各界的捐赠和支持，使新农合资金有了保证。

新农合着重补偿大病、重病、疑难病。2007年之前，新农合对门诊看病不予补偿，住入定点医院治疗才予补偿，即患大病、重病才予补偿。2008年开始规定，恶性肿瘤放化疗、重症尿毒症的透析、器官移植抗排异反应、再生障碍性贫血、精神分裂症、慢性心功能衰竭、系统性红斑狼疮、结核病辅助治疗、Ⅱ期与Ⅱ期以上高血压及Ⅱ期与Ⅱ期以上糖尿病等10个特殊病种的门诊治疗也纳入补偿范围。

在补偿金额方面，住院医药费报销公式为：

报销金额 = （总住院医药费 - 不予报销部分的医药费 - 起付线）×报销比例

在各级医疗机构住院的起付线、补偿比例、封顶线标准如表13 - 1。

表 13 - 1　各级医疗机构住院的起付线、补偿比例、封顶线标准

单位：% , 元

类别＼机构级别	镇级定点医疗机构	市级定点医疗机构	市级以上或市外医疗机构
补偿比例	55	40	20
起付线	200	600	1200
封顶线	20000	20000	20000

说明：单次住院可报销的医药费超过2万元的，按2万元计算，当年度住院医药费补助总额累计最高限额2万元。

从表 13 - 1 可以看到，在越基层的医疗机构治病越省钱。这样做一方面可以分散客源，避免大病小病大家都往大医院挤的现象；另一方面，基层医疗机构客源增加可促进基层医疗机构的医疗水平的提升。因此，该制度有相当的科学性。

2008 年新出台的 10 个特殊病种的门诊治疗的补偿比例、封顶线标准如表 13 - 2。

表 13 - 2　10 个特殊病种的门诊治疗的补偿比例、封顶线标准

单位：元

病种名称	恶性肿瘤放化疗	重疗尿毒症的透析	器官移植抗排异反应	再生障碍性贫血	精神分裂症
年封顶线	1500	10000	3000	3000	1500
病种名称	慢性心功能衰竭	系统性红斑狼疮	结核病辅助治疗	Ⅱ期与Ⅱ以上高血压	Ⅱ期与Ⅱ以上糖尿病
年封顶线	2000	3000	700	400	400

说明：门诊不设起付线，补偿比例为保内目录费用的 40%。

从表 13 - 1 和表 13 - 2 可以看到，新农合对需要住院的患大病、重病，以及需要长久治疗的、会严重影响农民个人及家庭生活水平的病种的治疗给予了补偿。这与 1970 年所实施的旧农合的精神恰恰相反，旧农合治疗小病不要钱，而大病、重病、疑难病在生产大队的医疗站不但治疗不了，而且不可能得到资助。因此，这是一大进步。

新农合还体现了对农村弱势群体及对国家作出贡献的家庭的关爱。新农合规定，农村低保对象、五保对象、重点优抚对象和革命"五老"人员①个人缴纳的费用，由农村医疗救助基金给予补助。另外，他们在定点医疗机构住院期间，院方对其住院床位费、护理费给予减收 50% 的优惠；大型设备检查费、手术项目费用给予减收 20% 的优惠。

新农合也起到了在农村进一步推动落实计划生育政策的作用。新农合规定，参保对象属计划生育"一女领证户"和"二女结扎户"的夫妇双方及

---

① 指新中国成立前参加革命的老红军、老游击队员、老交通员、老接头户和老苏区干部。

其女儿个人缴纳的费用由市财政给予补助。另外，按计划生育政策规定生育并住院分娩的列入补偿范围。正常分娩的一律按 200 元的标准补偿，非正常分娩的按所住医疗机构级别补偿。

所以，这次的新农合的确是个"民心工程"，是一个"农民得实惠，政府得民心"的农村合作医疗保障制度。

二 尚需进一步配套与完善的新农合制度

如上所述，新农合有许多优越之处，但在实施过程中，也察觉到了一些尚需进一步制定配套制度以保证该制度得到真正落实，以及尚需进一步完善该制度的地方。

笔者已经听到一些医生反映，一些新农合定点医院为了拉客源，对一些不需要住院，并且实际上也没有住院的患者，开给他们住院的假单据，使患者得到医疗补偿，钻了新制度体系在某些环节上尚不完善的空子，即用社会学的语言来说，出现了"制度化逃避"的现象。

另外，在 2009 年 3 月召开的全国人大代表大会与全国政协会议中，新农合也是代表们讨论的热点问题。全国人大代表、吉林大学中日联谊医院内科学教研室主任王江滨强调"小病防疫—增加受益人数"。王江滨认为，对于目前以大病统筹为主的新型农村合作医疗制度，患大病风险大的高成本人群具有较高的积极性，而患大病风险小的低成本人群中的大多数农民积极性低。身体较好的农民在长期投入得不到回报后，会因失衡感而退出新农合。到目前为止，在我国已参加合作医疗的 7 亿多农民中，年受益者仅为 1.6 亿人次。政府实施的是制度补贴而并非全部包揽，那么，对于资金的使用就应考虑绝大多数农民的意愿，只有让大多数农民实实在在受益，才能得到绝大多数农民的支持与参与。针对农村的实际情况，应该多关注小病防疫，使更多人受益，同时也防止小病拖成大病。笔者认为，要做到小病防疫，防止小病拖成大病，就应该实行为 40 岁以上人群补偿体检，或免费体检，日本就是这样做的。这看起来似乎新农合花了一笔大钱，但是，如能防病于未然，治病于初期，一方面不但能节省医疗费用，同时不少所谓的不治之症，如癌症等也能治愈；另一方面，正如王江滨所期望的，新农合的受益人群就会极大地增加，增强了它的公平性。

第五节　依靠国家政策保证村卫生所的可持续发展

一　蒜岭卫生所面临后继无人问题

虽然 1970 年所实施的旧农合制度在蒜岭只实行了 4 个月，但是，蒜岭的医疗机构却一直存续并发展到今天。在近 40 年的岁月里，为方便村民治疗常见病、多发病、为婴幼儿的疫苗接种和老年人的慢性病的跟踪诊治等作出了巨大贡献。今天，一方面蒜岭人经济生活水平不断提高，人均年收入已超过万元，村民十分重视生活质量、身体健康，村卫生所已经成为保障蒜岭人健康生活不可或缺的机构之一；另一方面，正如第十二章中已经指出的，蒜岭村 60 岁及以上人口占总人口的 15.5%，已经是个典型的老龄型社会，而该村又是以出境务工为支柱的多元经济结构的村庄，青壮年大部分在海外工作，村子里几乎只剩下老弱妇孺，如果用常住人口来统计的话，老年人的比例将远远超过 15.5%。老年人是发病率最高的群体，他们中的许多人，有的靠儿媳妇照护；有的老两口互相照顾；有的交代左邻右舍或亲戚代为照护；有的则花数百元钱到莆田、仙游一带雇来保姆照顾。老年人的多发病如哮喘、高血压、冠心病、糖尿病、风湿痛、关节炎、眼疾、耳疾等慢性病离不开就近跟踪检查、就近取药、就近点滴的村卫生所。所以，迄今为止，村卫生所每天大约都有十来位患者。镇卫生院和村卫生所都已意识到老龄化这一问题。镇卫生院时常培训村医生如何为老年人提供预防和保健服务的技能；村卫生所的两位医生一方面向老年人宣传怎样自我保健，另一方面要求有高血压病史的老人每星期来接受免费血压测量，以便医生跟踪病情。老人们十分信任两个医生，一有什么不舒服，就到卫生所检查。

在现阶段，蒜岭村医疗卫生事业的服务对象已由个体发展为群体，即儿童群体与老年人群体；工作内容已由单纯的以诊治为主，转向适应老龄化社会和适应追求现代高质量生活为目的的预防、保健、康复和医疗的综合性、连续性、一体化的服务。蒜岭村民越来越离不开村卫生所。

然而，村卫生所的陈菁菁已 56 岁，按有关规定 2008 年就要退出卫生所了；陈通海医生2009年也已60岁，也应退出卫生所。但是，一方面村卫生所后继无人，如果他们离开的话，村卫生所就不得不关门，蒜岭村民的就医、接种等将十分不便；另一方面他们的医术与医德得到群众的肯定，因此，市卫协会继续聘任他俩工作。笔者虽然没有进行全国性的调查，但是，全国数百万个村卫生所中的乡村医生几乎都是上世纪70年代从"赤脚医生"培养出来的，因此，像蒜岭村卫生所这样，面临后继无人的情况并不会是个别现象。新厝镇原有10个村卫生所，因上述原因关门的就有4个，现在只剩下6个村有卫生所了。离蒜岭4公里的霞埔村因为没有卫生所，婴幼儿的疫苗接种挂靠在蒜岭村卫生所，两位医生还要常常到该村去接种。因此，笔者认为，政府行政已经到了应该考虑这个问题的时候了，以免出现四处告急而措手不及的情况。

二　让医科大学毕业生到农村创业充实基层卫生所人才

如上所述，农村最基层的医疗机构——村卫生所发展至今，面临着生活水平大大提高，"看病"意识大大增强，以及农村劳动力人口外流，老龄化愈趋严峻的现实，村级卫生机构已经成为农村不可或缺的部分。而上个世纪70年代培养起来的乡村医生正在步入老年，一旦这一代乡村医生退出医疗岗位，农村基层医疗机构将由谁来接班，这是近期内就必须解决的问题。

笔者认为，应该鼓励和引导医科大学毕业生到农村创业或到基层医疗机构就业。近几年来，大学毕业生就业难问题已成为人们议论的话题之一。如果大家都想在城市大医院就业，大学生就业就可能成为一个永远无法解决的棘手问题。实际上，基层尤其是农村基层是大学毕业生就业的广阔天地，大学生村官已经受到村民们的欢迎。那么，医科大学的毕业生是否也能够到农村去当医官呢？面对大学毕业生就业难问题，不少人已经提出，应该鼓励大学毕业生不仅仅只考虑就业，应该鼓励他们创业。村级卫生所是自负盈亏的民营机构，可以向日本那样，通过全国性的医生协会的开业资格考试，让合格者自由地到农村、到社区创办诊所，一方面可以解决大学毕业生的就业问题，另一方面又可以解决村级医疗机构医生更新换代、后继无人的问题。据了解，年轻人不愿意到村庄卫生所，有他的顾虑，一是没有养老金制度保障，使年轻人有后顾之忧；二是，新农合出现了上述违反规定与村卫生所争夺客源的现象，也使年轻人望而却步。所以，要鼓励医科大学毕业生到村庄创业，就必须出台一些配套政策，让医科大学毕业生乐意到广阔的农村施展他们的才华。最近，卫生部已经提出："要特别重视稳定和加强乡村医生队伍，解决好对他们的补助和养老保障待遇"（《福建卫生报》2009 年 4 月 13日）。笔者希望能看到国家出台促进医科大学毕业生到村庄创业的相关政策与措施；广大村民将会夹道欢迎医科大学毕业生的到来，农村将是大学毕业生就业和创业的广阔天地。

附录一 武当别院《扬德以名》
石碑记载的捐款人名录

　　兹将旅外同人 1980 年重建武当别院，又名北头院，又名雪峰寺，兴建大队办公楼及由大队附设的塑料厂的厂房等的慨捐的芳名详列如下，以慨捐最多者排在前列，以港币为单位，姓名下不称呼：

1. 陈子兴　　　　　　港币二十五万元整
2. 陈金煌　　　　　　港币十万元整
3. 陈德发　　　　　　港币十万元整
4. 陈子煌　　　　　　港币八万元整
5. 陈德森　　　　　　港币四万元整
6. 陈伯珠　　　　　　港币一万五千元整
7. 陈明光　　　　　　港币一万五千元整
8. 陈瑞春　　　　　　港币一万五千元整
9. 陈振芳　　　　　　港币一万元整
10. 陈明亮　　　　　　港币一万元整
11. 陈亚我　　　　　　港币一万元整
12. 陈亚粿　　　　　　港币一万元整
13. 陈子来　　　　　　港币一万元整
14. 林金福（占碑）　　港币一万元整
15. 林元魁　　　　　　港币一万元整
16. 林文标　　　　　　港币八千元整

17. 陈文财	港币五千元整
18. 陈福顺	港币四千元整
19. 陈黄福清母子	港币二千元整
20. 陈玉麟	港币二千元整
21. 陈振辉	港币二千元整
22. 陈振兴	港币二千元整
23. 陈通新	港币二千元整
24. 林元美	港币二千元整
25. 陈瑞临	港币二千元整
26. 陈光益夫人	港币二千元整
27. 关宣临	港币二千元整
28. 林亚清	港币二千元整
29. 林元洪	港币二千元整
30. 林锦金	港币一千六百元整
31. 陈丰美	港币一千元整
32. 陈新谟	港币一千元整
33. 陈通丰	港币一千元整
34. 陈通福	港币一千元整
35. 陈学林	港币一千元整
36. 陈学兴	港币一千元整
37. 王庆祥	港币一千元整
38. 庄霖宝夫人	港币一千元整
39. 陈振智	港币八百五十元整
40. 陈能荣	港币八百五十元整
41. 陈通龍	港币五百元整
42. 林金福	港币五百元整
43. 陈我美	港币四百元整
44. 陈振麟	港币四百元整
45. 陈金福	港币四百元整

46. 陈振勇夫人　　　　港币四百元整

47. 陈通凤　　　　　　港币二百元整

48. 林黄二十房　　　　港币二百元整

49. 陈安娘　　　　　　港币四十元整

50. 林金木　　　　　　港币四十元整

51. 林金森夫人　　　　港币四十元整

附录二　雪峰寺五皇大帝出巡仪式

一　雪峰寺五皇大帝出巡筹委会名单

主　　任：陈子兴

总负责人：蒜岭旅印尼同乡福利会诸首领、陈振元

常务总理：陈振元（兼）

总　　理：陈孙政、黄金春、林玉霖、陈孙美

常　　委：林紫谅、林维祥、陈开美、林文富、黄玉忠、杨亚连
　　　　　陈文霖、陈玉坤、陈茂基、陈玉毡、陈通明、陈亚婆

委　　员（按组）：

秘 书 组：林紫谅（兼）、林紫友、关文贵、陈中和

财 务 组：陈开美（兼）、黄以祥、陈通明、陈亚婆、
　　　　　陈通富、林金凤

后 勤 组：林玉霖（兼）、黄庆祥、林金守、黄秀珍、
　　　　　林金龙、陈金辉、陈春发、郑亚炳、黄子忠、
　　　　　陈通广、黄尚加、林金煌、陈玉山、陈亚杯、
　　　　　林金魁、杨武祥、林玉珠、林玉林、林元富
　　　　　保管组：林文富（兼）、陈云霖、黄春明、翁家辉
　　　　　采购组：黄玉忠（兼）、陈枝清、林世文、陈子辉
　　　　　筵面组：陈文霖（兼）、陈志坚、陈玉书、庄文祥、

林玉凤

接 待 组：陈玉坤（兼）陈通龙、陈茂基、林文明、黄玉飞

杂 勤 组：杨亚连（兼）、黄成安、陈凤鸣、陈德富、
陈元太、黄亚连哥、陈吓香、林世龙、林紫森、
陈通书、林玉坤

保 卫 组：林维祥等八人

监 审 组：陈玉毡（兼）、陈枝树、黄以贵

卫生保健：陈通海、陈菁菁

二　雪峰寺五皇大帝巡游赐福时间安排（农历）

元月十七日起至八月十七日各小组进行"出巡"前筹备工作；

八月十八日封斋；

八月十九日排筵（演木身戏）；

八月廿日开衙视事；四筵官上任开始演莆仙戏十一天；

八月廿一、廿二、廿三日三天各有关宫社来寺拜衙；

八月廿四日迎真奏上天庭；八月廿五日整顿出巡队伍；

八月廿六日起马、廿七、廿八日三天五皇大帝出郊代天巡狩；

八月廿九日安香；

九月初一日，全礼大醮虔送钦命佈福大神返驾；

九月初三日举行答谢宴会：宴请旅海外乡贤、侨领，本乡在外有关人员、各宫、社、庙、庵及本乡喜缘 300 元以上村民和筹委会工作人员。

二〇〇二年元月十六日

三　起马牌

雪峰寺天仙五皇大帝勅封纠察部堂张　晓谕

兹于客岁，仰朝玉阙，王春谨奉玉札代天巡狩，禳灾布福庇黎庶，出郊巡游祈风化。千祥膺集，百福来臻。

值逢骏马奔腾，丹桂飘香之际，承蒙印尼同乡互利会侨领大力赞助及内

外乡亲和衷其济，赞襄盛事。祈风化正大，气象光明，风调雨顺，国泰民安，合郡迎祥纳福，共沾福祉。择定农历八月廿六日早起马，七时半排列队伍，八时准出东辕门，登福德庙，转霞渡宫，游杭霞宫，进后屿村（玉屿宫）——继新厝村（钟灵庙）——续坂顶街——往界下村（永吉社）驻午——向祥厝村（东湖宫）——环桥头宫——入双屿村（圣迹庙）——旋塘头村（东渡宫）——望界下村（山头宫、昭灵庙、上林宫）——廻岭边村（汾阳庙）——至光贤亭驻驾。

农历八月廿七日起马达福莆岭——径大岭村（永安社）——过东源村（佑贤庙）——绕寄路村（潘龙宫）——越东山村（廣济庙）集早午——超郑坂村（安宁宫）——移桥尾街——巡桥尾村（尚阳宫）驻午——缘桥尾村（尚阳书院）——下七林街——盼钟前村（新丰宫）——慕东开村（玉井宫）——向加头村（文兴社）——敬峰头村（鳌峰宫）——祝大沃村（新吉宫）——驾东沃村（鳌东宫）就江兜村（昭灵庙）驻驾。

农历八月廿八日起马拜江兜村（千佛庵）——信海岑村（观术宫）仰霞浦村（玉蜍宫）——挨硋灶村（霞川宫）驻午——赴下林村（霞林养秀）——上石椅霞镇宫、染厝宫——沿龙脊尾——靠福厦路——到蒜岭村西彩门——顺南蒜岭路——幸南辕门回銮。

凡沿途必经省方衢道应宜畅通，特授牌夫传示众等，务须禀遵。

太岁壬午年桂月吉日

四　雪峰寺五皇大帝巡游赐福队伍顺序

1. 炮手		3 人
2. 庙会彩旗		2 人
3. 起马牌		2 人
4. 张旗		1 人
5. 轻骑先行		30 人
6. 武当别院五色旗		25 人
7. 武当别院车鼓队		40 人

8. 走门书马	10 人
9. 开路先锋马	1 人
10. 喇叭吹	4 人
11. 龙虎开道锣	2 人
12. 龙头扛	2 人
13. 金瓜槌	2 人
14. 佛手	4 人
15. 肃静、廻避大牌	2 人
16. 代天巡狩大牌	2 人
17. 天仙五皇大帝大牌	2 人
18. 奉旨祀典大牌	2 人
19. 统属阴阳大牌	2 人
20. 五大显灵公大牌	2 人
21. 纠察部堂大牌	2 人
22. 警跸牌	2 人
23. 巡游赐福大牌	2 人
24. 海口舞狮队	15 人
25. 霞浦村队伍（车鼓对 35 人，五色旗 25 人）	62 人
26. 蒜岭村太极球表演队	12 人
27. 海岑村队伍（车鼓队 35 人，五色旗 25 人）	62 人
28. 江兜村队伍（五色旗 25 人，腰鼓队表演 40 人，车鼓队 36 人）	120 人
29. 东沃村队伍（车鼓队 40 人，五色旗 25 人）	67 人
30. 大沃村队伍（车鼓队 50 人，五色旗 25 人）	77 人
31. 峰头村队伍（五色旗 25 人，车鼓队 36 人，八乐队 12 人）	75 人
32. 加头村队伍（五色旗 25 人，车鼓队 35 人）	62 人
33. 东井村队伍（五色旗 25 人）	27 人
34. 钟前村队伍（车鼓队 50 人，五色旗 25 人）	77 人

35. 桥尾村队伍（八乐队表演25人，车鼓队40人，

　　 老年舞12人）　　　　　　　　　　　　　　79人

36. 阳下高跷表演队　　　　　　　　　　　　　20人

大筵二段

37. 扫街　　　　　　　　　　　　　　　　　20人

38. 令班　　　　　　　　　　　　　　　　　　6人

39. 弥陀公彩旗　　　　　　　　　　　　　　　2人

40. 弥陀公锣　　　　　　　　　　　　　　　　2人

41. 弥陀公大灯　　　　　　　　　　　　　　　2人

42. 弥陀公绣旗　　　　　　　　　　　　　　　2人

43. 弥陀公凉伞　　　　　　　　　　　　　　　2人

44. 弥陀公轿童　　　　　　　　　　　　　　　8人

45. 十恶　　　　　　　　　　　　　　　　　56人

46. 大爷前金锣　　　　　　　　　　　　　　　2人

47. 大爷班　　　　　　　　　　　　　　　　12人

48. 岭边村队伍（腰鼓、舞蹈表演22人，车鼓队20人，

　　 五色旗25人）　　　　　　　　　　　　　69人

49. 马顶吹　　　　　　　　　　　　　　　　　5人

50. 塘头村队伍（五色旗25人，车鼓队40人）　67人

钦命佈福大神队伍

51. 香亭前彩旗　　　　　　　　　　　　　　　2人

52. 香亭前金锣　　　　　　　　　　　　　　　2人

53. 香亭前大灯　　　　　　　　　　　　　　　2人

54. 香亭前持炉　　　　　　　　　　　　　　　2人

55. 香亭前持灯　　　　　　　　　　　　　　　2人

56. 香亭前香花　　　　　　　　　　　　　　　2人

57. 香亭前灯、烛　　　　　　　　　　　　　　2人

58. 香亭前茶房　　　　　　　　　　　　　　　2人

59. 祥镇宫队伍（车鼓队32人，五色旗25人）　57人

60. 香亭前绣旗   2 人

61. 香亭前凉伞   2 人

62. 钦命佈福大神香亭   12 人

63. 砺灶村队伍（下林狮表演 25 人，车鼓队 40 人）   67 人

64. 界下村队伍（车鼓队 30 人，马：八仙十八英雄 26 匹、
   架 6 架，腰鼓队表演 22 人）   98 人

65. 莆田南门老人骑马表演队   21 人

66. 莆田来溪八乐队   10 人

67. 双屿村队伍（车鼓队 50 人，五色旗 25 人，
   北斗旗 50 人）   127 人

68. 祥厝村队伍（舞龙 53 人，五色旗 25 人）   80 人

69. 坂顶村队伍（马 5 匹、架 8 架 24 人，五色旗 25 人，
   乐队 11 人）   68 人

70. 新厝村队伍（马 24 匹，架 5 架，车鼓队 50 人，
   五色旗 25 人）   116 人

71. 后屿村队伍（马：12 花神、八美加两男童计 22 匹，
   车鼓队，架 5 架，五色旗 25 人）   112 人

72. 霞渡宫队伍（娃娃头，五色旗 25 人）   45 人

73. 龙津社队伍（车鼓队 36 人，五色旗 25 人）   61 人

74. 四筵官队伍   8 人

第三段

75. 帝皇前彩旗   2 人

76. 帝皇前大灯   2 人

77. 帝皇前文昌   2 人

78. 帝皇前五方旗   5 人

79. 帝皇前十斗旗   10 人

80. 帝皇前持炉   2 人

81. 帝皇前持灯   2 人

82. 帝皇前香花   2 人

83. 帝皇前灯烛　　　　　　　　　　　　　　　2 人

84. 帝皇前护卫手　　　　　　　　　　　　　　4 人

85. 帝皇前民壮　　　　　　　　　　　　　　　4 人

86. 帝皇前绣旗　　　　　　　　　　　　　　　2 人

87. 帝皇前凉伞　　　　　　　　　　　　　　　2 人

88. 武当别院八乐队表演　　　　　　　　　　　28 人

89. 四皂　　　　　　　　　　　　　　　　　　4 人

90. 八班　　　　　　　　　　　　　　　　　　8 人

91. 八将　　　　　　　　　　　　　　　　　　8 人

92. 大吹一对　　　　　　　　　　　　　　　　2 人

93. 茶房　　　　　　　　　　　　　　　　　　4 人

94. 帝皇轿班　　　　　　　　　　　　　　　　8 人

95. 帝皇日月扇　　　　　　　　　　　　　　　2 人

96. 茶担　　　　　　　　　　　　　　　　　　2 人

97. 中军府轿班　　　　　　　　　　　　　　　12 人

98. 杭霞宫队伍（车鼓队 40 人，五色旗 25 人，

　　元帅执事 28 人）　　　　　　　　　　　88 人

99. 莆田郑坂村、东山村、寄路村队伍

100. 莆田大岭村、东源村队伍

101. 凤迹村队伍

102. 善男信女、随香队伍　　　　　　　　　　200 人

合计：2345 人

附录三　撒帐诗[*]

撒开罗帐千点红，吾奉敕令姜太公，百无禁忌挂在此，诸般妖怪走他方。

撒帐撒帐天：夫妻快乐似神仙。小罗（人名）长者家道齐，贵子双胎在眼前。

撒帐撒帐地：世虎（人名）拿字街上卖，生下长子名世龙（人名），长大高魁占及第。

撒帐撒帐福：有财有子兼有福，洞房喜见鸳鸯枕，赛过唐朝杨关束（人名）。

撒帐撒帐禄：夫妻和谐琴瑟乐，人说一子受皇恩，果然全家受福禄。

撒帐撒帐寿：忠孝两字天庇佑，一家具全财丁贵，天赐满门福禄寿。

撒帐撒帐顶：玉娥小姐在楼顶，绣球抛给吕蒙正（人名），天上乌云来盖顶。

撒帐撒帐下：仙楼读书是梁灏（人名），天差一女结婚姻，八十金花头上插。

撒帐东方见色声，假扮女子周文英（人名）。正月十五去看灯，就共（和）小姐结婚姻。

撒帐西方美人来，刘阮（刘晨、阮兆国）采药入天台。桃源洞上会情

　＊　资料来源：林金銮提供。

意，天上贵子送下来。

撒帐南方景致凉，刘秀走出下南阳。园里花亭遇到伊（他），宣他入宫姓名扬。

撒帐北方透中央，陈三骑马过街中。五娘手拿荔枝帕，益春（丫环名）双手开楼窗。

撒帐撒帐东，兰桥有路今夜通，五百年前天注定，明年定产状元郎。

撒帐撒帐西，宵金帐里好夫妻，红丝结发天注定，一世姻缘是天差。

撒帐撒帐南，同房花烛紧下凡，闺女于归今宵会，明年手抱一双男。

撒帐撒帐北，今帐兰房床四甲（角），新娘弄璋是贵子，贵子长大管天下。

撒帐撒帐前，陈三骑马过楼前，五娘荔枝抛给接，结发夫妻万万年。

撒帐撒帐里，翁姑女子贤且美，故事晓得三省半（多），天差一娘配羡里（人名）。

附录四　五盏灯经文[*]

　　媒人：今夜正月十五天官赐福，家家户户点灯结彩，那二人齐去看灯多好。

　　女云：官人今夜男女多多，奴（我）也看灭告（方言发音，意为：看不到）。

　　男云：待小生克（给）汝抱高看。

　　女云：是好，官人，东边一盏灯，二个小娘（姑娘）一个多埔（小伙子），许是（可能是）什么故事？

　　男云：贤妻，许是陈三五娘故事。陈三五娘共（和）益春（五娘的丫鬟），陈三骑马楼下过，五娘荔枝奔乞伊（丢给他），卡起（拾起）荔枝结成双啊结成双。

　　赞曰：陈三送兄上任时，看灯遇到五娘伊（她），假意金扇失落去，益春送扇结亲谊。

　　女云：官人，西边一盏灯，二个小娘一个多埔，许是什么故事？

　　男云：贤妻，许是西厢弹琴弄（逗）小姐故事。

　　唱曰：许是西厢弹琴弄小姐，听门（听见）琴声动人情，小姐写书通消

＊ 资料来源：林金銮提供，也称《闹洞房经文》。

息，红娘才敢去找伊。

赞曰：西厢弹琴结婚姻，小姐听门情意深，情缘本是天注定。就与张生结同心。

女云：官人，南边一盏灯，二个小娘一个多埔，许是什么故事？

男云：贤妻，许是世隆逃带（偷带走瑞兰）得瑞兰故事。

唱曰：许是世隆逃带得瑞兰，路上贼马怀里蛮（一个马队很野蛮）。二人齐到招商店（店名），付托店妈（店老板娘）做媒人啊做媒人。

赞曰：世隆逃带得妻儿，正是缘分瑞兰来，二人私奔招商店，付托店妈结亲谊。

女云：官人，北边一盏灯，二个小娘一个多埔，许是什么故事？

男云：贤妻，许是郭华玉英娘仔（未婚的年轻女子）胭脂铺故事。

唱曰：许是玉英娘仔卖胭脂，郭华看见笑微微啊笑微微。

赞曰：玉英开张胭脂铺，郭华假装到伊厝（店铺或房屋），二人私约相国寺，郭华酒醉回告（回到）厝（店铺）。

女云：官人，中央一盏六角灯，二面故事，一面一个小娘一个多埔马顶（马背上）坐，许是什么故事？

男云：贤妻，许是关平跳马故事。

唱曰：许是关公之子真英雄，关平武艺骁双全，公主假输伊一阵，关平过马会良缘。

赞曰：关公英雄兼儒雅，其子关平能飞马，公主见伊好武艺，关平加诶（才会）跳过马。

女云：官人，一面小娘坐车，一个多埔骑白驴，许是什么故事？

男云：贤妻，许是瓜老神仙骑白驴故事。

唱曰：许是瓜老神仙骑白驴，小姐坐车笑微微啊笑微微。八十老翁成佳偶，八仙聚会降下来啊降下来。

赞曰：今夜瓜老来种瓜，看见小姐貌如花，十万太平去纳聘。同登仙景受荣华。五盏明灯如月明，照见今宵帐里人。

东边陈三五娘仔，西边西厢正弹琴。五盏明灯似月光，今宵淑女配才郎。南边故事招世隆，招商店里齐同房。

五盏明灯真辉煌，今宵枕上凤交凰。北边郭华胭脂铺，明年定生状元郎。五盏明灯灿烂光，关平跳马真威风。

瓜老种瓜成佳偶，子孙代代做国公。

参考文献

中共福州市委宣传部、福州市社会科学所主编《福州历史人物（第六辑）》，内部书刊，1992。

福建省福清县志编纂委员会整理《福清县志》内部发行，1989。

福清市《新厝镇华侨史》编委会编《新厝镇华侨史》，内部书刊，2004。

福清市志编纂委员会编《福清市志》，厦门大学出版社，1994。

〔美〕明恩溥：《中国乡村生活》，午晴、唐军译，时事出版社，1998。

刘沛林：《古村落：和谐的人聚空间》，上海三联书店，1996。

〔英〕莫里斯·弗里德曼：《中国东南的宗族组织》，上海人民出版社，2000。

陈支平：《福建族谱》，福建人民出版社，1996。

陈建才：《八闽掌故 姓氏篇》，福建教育出版社，1994。

（新加坡）福莆仙文化出版社《福莆仙人物志》（非卖品），福莆仙文化出版社（新加坡），2000。

中共福州市委宣传部、福州市社会科学院主编《福州历史人物》，内部书刊，1996。

林璧符：《闽都文化源流》，中国社会出版社，2003。

《融侨史》编写组：《融侨史资料》，内部书刊，1997。

肖唐镖等：《村治中的宗族》，世纪出版集团上海书店出版社，2001。

林耀华:《义序的宗族研究》,生活·读书·新知三联书店,2000。

曹锦清:《黄河边的中国》,上海文艺出版社,2001。

徐经泽:《社会学概论》,山东大学出版社,1991。

陆学艺主编《内发的村庄》,社会科学文献出版社,2001。

梁仁编著《简明中国近现代史》,中共中央党校出版社,2003。

《融侨史》编写组:《融侨史资料(第二辑)》,内部书刊,1997。

陈孙政、陈子滨、陈子涛:《蒜岭霞渡玉湖陈氏家乘》(未出版),1998。

陈孙政搜集、整理、汇总《陈德发、陈子兴、陈德森先生在国内的捐赠》(未出版),2004。

《福建侨乡报》编辑部:《跃居新加坡"酒店大王"宝座的陈子兴》,1985 年 6 月 2 日《福建侨乡报》。

倪政美:《功成业就,实至名归——哈拉班集团主席陈子兴获美大学荣誉博士学位》,《融情》1997 年第 31 期。

〔美〕罗德里克·麦克法夸尔、费正清主编《剑桥中华人民共和国史》,金光耀等译,上海人民出版社,1992。

曹锦清、张乐天、陈中亚:《当代浙北乡村的社会文化变迁》,上海远东出版社,2001。

林蕴晖:《共和国年轮 1953》,河北人民出版社,2001。

高平平主编《中华人民共和国史简明教材》,同济大学出版社,2005。

朱育和、杨洪波主编《中国近现代国情问题剖析》,清华大学出版社,1991。

何沁主编《中华人民共和国史》(第二版),高等教育出版社,2000。

《马克思恩格斯选集》(第 4 卷),人民出版社,1972。

《马恩列斯毛论农民土地问题》,苏南新华书店,1949。

毛起雄、林晓东编著《中国侨务法律法规概述》,中国华侨出版社,1994。

福建省人民政府侨务办公室编《中华人民共和国归侨侨眷权益保护法及实施办法》,内部书刊,2004。

刘少奇在中国人民政治协商会议第一届全国委员会第二次会议上所作的《关于土地改革问题的报告》，1950 年 6 月 14 日。

周其仁：《中国农村改革：国家与土地所有权关系的变化——一个经济制度变迁史的回顾》，《中国社会科学季刊（香港）》1994 年夏季卷。

陆学艺：《家庭承包责任制研究》，上海人民出版社，1986。

陆学艺：《"三农论"——当代中国农业、农村、农民研究》，社会科学文献出版社，2002。

汤应武：《抉择——1978 年以来中国改革的历程》，经济日报出版社，1998。

林毅夫：《制度、技术与中国农业发展》，上海人民出版社，1995。

〔德〕马克斯·韦伯：《新教伦理与资本主义精神》，彭强、黄晓京译，陕西师范大学出版社，2002。

吴方桐主编《社会学教程》，华中师范大学出版社，1998。

贾春增主编《外国社会学史》（修订本），中国人民大学出版社，2000。

刘朝晖：《超越乡土社会——一个侨乡村落的历史文化与社会结构》，民族出版社，2005。

林蔚文：《福建乡土文学的瑰宝——〈闽都别记〉解读》，海风出版社，2004。

郁贝红：《福州市沿海乡村老人会组织调查报告》，《福州社会科学》2001 年第 1 期。

费孝通：《江村经济——中国农民的生活》，商务印书馆，2002。

郁贝红、叶翔：《福建沿海侨村闲暇文化生活的调查与思考》，《福州社会科学》2003 年第 4 期。

陈孙辉、黄益华：《蒜岭侨乡画中行》，1985 年 6 月 9 日《福建侨乡报》。

陆学艺主编《社会学》，知识出版社，1996。

黄树民：《林村的故事——1949 年后的中国农村变革》，素兰、纳日碧力戈译，生活·读书·新知三联书店，2002。

高丙中：《中国的公民社会发展状态》，《探索与争鸣》2008 年第 2 期。

全国人民代表大会常务委员会，《中华人民共和国村民委员会组织法》，1998。

福建省统计局编《统计分析报告》2008年2月第3期。

李强主编《应用社会学》（第2版），中国人民大学出版社，2004。

郑杭生主编《社会学概论新修》（修订本），中国人民大学出版社，2002。

孙兆霞等：《屯堡乡民社会》，社会科学文献出版社，2005。

苏浩主编《融入草原的村落》，社会科学文献出版社，2006。

〔日〕伊藤公雄、桥本满编《你好社会学》，郁贝红、周洁、吕楠译，社会科学文献出版社，2006。

〔英〕安东尼·吉登斯：《社会学》（第4版），赵旭东、齐心、王兵、马戎、阎书昌等译，北京大学出版社，2003。

钟敬文主编《民俗学概论》，上海文艺出版社，1998。

林语堂：《吾国与吾民》，陕西师范大学出版社，2002。

李乡浏、李达：《福州习俗》，福建人民出版社，2000。

杨志刚：《中国礼仪制度研究》，华东师范大学出版社，2001。

杨宜音：《人际关系的建立与保持：农村人情消费分析》，《社会心理研究》，1998年第4期。

《马克思恩格斯选集》第4卷，人民出版社，1995。

〔德〕罗梅君：《北京的生育婚姻和丧葬》，中华书局，2001。

杨鸿台：《死亡社会学》，上海社会科学院出版社，1991。

万建中：《中国民俗丧俗》，中国旅游出版社，2004。

王宁：《消费社会学》，社会科学文献出版社，2001。

小石：《社区中介组织的培育》，《社区》2003年第8期。

杨巧赞：《社区中介组织的共性与个性》，《社区》2003年第8期。

林闽钢：《中国农村合作医疗制度的公共政策分析》，《江海学刊》2002年第3期。

莆田市地方志编纂委员会编《莆田市志》，方志出版社，2001。

李迎生：《社会保障与社会结构转型——二元社会保障体系研究》，中国人民大学出版社，2001。

杜皓林、朱子会：《历史赋予农村卫生协会的使命》，《中国农村卫生事业管理》1996 年第 11 期。

《2009 年全国两会，中国人大新闻，代表声音新闻专题》，《医改篇》，2009 年 3 月 4 日，人民网。

邬沧萍主编《社会老年学》，中国人民大学出版社，1999。

费孝通：《乡土中国》，上海三联书店，1985。

佟新：《人口社会学》，北京大学出版社，2000。

肖克奇：《论新时期农村医疗卫生发展之趋势》，《农村发展论丛》1996 年第 3 期。

中国老年学学会主编《实现健康老龄化》，中国劳动出版社，1995。

〔法〕埃马纽埃尔·勒华拉杜里：《蒙塔尤——1294～1324 年奥克西坦尼的一个小山村》，许明龙、马胜利译，商务印书馆，2003。

《卫生部要求全国卫生系统全力做好医改工作》，2009 年 4 月 13 日《福建卫生报》。

后 记

　　《侨村蒜岭的变迁》的书稿终于交到出版社，即将付印出版了。中国社会科学院的马福伦先生告诉笔者，专家阅后的评价是："资料翔实，论证有力，质量上乘"，这使笔者得到了最大的安慰，因为这是许许多多帮助、支持过我的人们的共同期待。

　　完成这本书稿基本上分为两个阶段，2005年7月之前为调查收集资料阶段，之后为整理资料、构思框架，一边进行资料核实与补充调查，一边撰写书稿的过程。在调查收集资料阶段，笔者组织了笔者所指导教授的福州大学人文学院社会学专业研究生和该专业的本科生，利用2002年、2003年与2005年（2004年上半年和下半年笔者两次赴日本进行了合计半年的学术交流活动）的暑假、元旦和国庆节的长假以及调整教学时间等腾出的时间到蒜岭驻村进行了全面调查和入户问卷调查。在研究生方面，有陈明义、周纯义、王剑峰、何岚、周仕平、钟英雄、周爱萍和2004级20余位研究生；在本科生方面有1999级的潘福水、李凡、黄建钦、姚婷婷，2000级的黄江波、黄隽然、严艳逢、汤一帆、洪玉荣，以及2001级和2002级全体同学。这些同学的调查成果是本书撰写成功的基础，尤其是他们中的部分同学，如陈明义、周纯义、王剑峰、何岚、周仕平、钟英雄及潘福水、李凡、黄建钦、姚婷婷，黄江波、黄隽然、汤一帆、洪玉荣还利用自己所调查的资料撰写了毕业论文。这些论文有的已成为本书稿的一部分，如陈明义和黄江波的论文，有的虽然没被选入书稿，但对书稿的撰写也起了不少启发作用。周纯义同学为了撰写蒜岭村委 2003 年的换届选举，一个人驻村一个多月，对蒜岭村委的选举活动进行了详细生动的论述，但是由于笔者书稿框架的约束，没被使用，十分可惜。在书稿撰写过程中，已经毕业工作的黄江波同学协助笔者做了许多 SPSS 的多项统计；2005 级的社会学专业本科生林芳同学帮助笔者绘制需要重画的表格、建筑平面图、附录的打字，以及一些手工统计工作；毕业后在福州大学图书馆工作的刘其成和程华云同学为笔者寻找与借阅有关的书籍，他（她）们都为笔者能尽快完成书稿的写作作出了贡献，尤其是黄江波同学，刚到新工作岗位，又逢加班等繁忙季节，抽空进行统计，使笔者能够及时用上需要的数据。在此，笔者向这些同学表示衷心的敬意，没有你们的无私援助，或许现在笔者尚未完成撰写工作。谢谢你们！

2005 年暑假开始，笔者进入了整理资料、构思书稿框架和撰写书稿的阶段。由于承担着教学任务，2007 年 8 月之前，几乎只能利用寒暑假和节假日撰稿，撰稿工作进展十分缓慢。2008 年 3 月笔者退休，可以全力以赴撰写书稿，但是，由于关于蒜岭的土地问题的第四章资料收集不足，不得不进行了大量的补充调查和大量历史文献阅读，勉强写完。截至 2008 年 6 月，仅完成了从第一章到第四章和第十一章的大部分撰稿。看到笔者撰稿如此艰难，我的先生建议笔者下到蒜岭写作。于是，在新厝镇现任书记陈成龙的帮助下，笔者于 2008 年 7 月 2 日住进新厝镇镇政府宿舍，蒜岭村委书记关建香借给笔者一部旧自行车，开始一边补充调查一边撰写书稿。终于在今年 5 月 2 日（整整 10 个月）完成了书稿撰写，回到了福州。

《侨村蒜岭的变迁》书稿完成之际，不得不使笔者想到原福清市委宋克宁书记，是他第一个支持笔者承担了"全国百村经济社会调查"的分课题——蒜岭村的调查——并给笔者提供了一笔资助经费；不得不回想起原福清市委办公室张铣主任，是他亲自带领我们一行人到新厝镇，又和新厝镇镇委书记庄光辉、镇长陈成龙一起下到蒜岭村，向蒜岭村委会和村民小组长说明了百村调查课题的重要性和现实意义，并要求村委全力支持我们的工作；为了让调查与资料收集工作顺利进行，新厝镇人民政府专门发出了《关于配合做好〈中国百村经济社会调查〉福清市新厝镇蒜岭村课题组调查研究工作的通知》，成立了以镇委书记庄光辉书记为组长、镇长陈成龙、镇党委办公室主任刘克育、蒜岭村党支委书记陈通龙、村委主任黄玉飞及笔者为副组长的"中国百村经济社会调查"新厝镇分课题领导小组，为我们的调查给予了大力的支持；蒜岭村委会在村财十分紧张的情况下，多次为我们支付了在镇侨联的住宿费，并派村民小组长带领我们一户户进行问卷调查……是福清市委与新厝镇党委及蒜岭村委的层层配合，才使本课题组的资料收集工作在没有课题立项经费的情况下得以顺利完成。

在前后8年的调查与写作的过程中，笔者还要衷心感谢蒜岭村民的热情配合和积极支持。他们不厌其烦地，一次又一次地接受我们的访问，尤其是陈振元老先生，他记忆力好，见识广，笔者已无法统计到底请教过他多少次，直到他躺在病榻上，笔者还多次去打扰他。为了获得蒜岭村民社会生活的实际感受，我们数位同学还多次住在村民家中，他们不但提供住宿，而且有的还提供3餐。仅笔者就曾住宿过5户人家，并得到他们的关照。如陈开政、郑吓炳、陈美辉、林玉坤、陈枝清、黄淑英等。另外，关建香书记、林紫谅先生、陈孙政先生、黄金春先生、陈通北先生、陈文志先生等还是本书稿的第一读者，他们认真阅读书稿，坦诚提出看法，纠正一些事件的错误等，使书稿能尽可能符合事实，更加完美。林紫谅先生对笔者的再三鼓励，曾经成为笔者在最后10个月苦战中的力量，使笔者一步一个脚印地向成功迈进。

最后，笔者还必须衷心感谢我的先生及儿子，在承担本课题的前后8年中，他们不但承担了许多家务工作，而且放弃了寒暑假和节假日全家人外出的机会，陪着笔者在家里忙碌课题工作。在新厝撰稿的最后10个月，我的先生不但主动给笔者出了好建议，而且，承担了所有的家务，使笔者可以安心在外埋头于书稿的撰写。

回想上述各方面对笔者的援助和支持，笔者由衷地感到，《侨村蒜岭的变迁》一书的成功出版，是上述各方面对笔者的厚爱和期待的结晶，在此，笔者再一次向支持、帮助过我的福清市委、新厝镇镇政府、蒜岭村两委与村民朋友们，以及参与过本课题的笔者所教授、指导过的同学们和我的家人表示衷心的谢意！

郁贝红

2009年5月20日于福州大学沁园

图书在版编目（CIP）数据

侨村蒜岭的变迁/郁贝红等著. —北京：社会科学文献出版社，
2010.4
（中国百村调查丛书）
ISBN 978 - 7 - 5097 - 1141 - 5

Ⅰ.①侨…　Ⅱ.①郁…　Ⅲ.①乡村 - 社会调查 - 调查报告 - 福
清市　Ⅳ.①D668

中国版本图书馆 CIP 数据核字（2009）第 191023 号

侨村蒜岭的变迁　　　　·中国百村调查丛书·蒜岭村·

著　　者／郁贝红 等

出 版 人／谢寿光
总 编 辑／邹东涛
出 版 者／社会科学文献出版社
地　　址／北京市西城区北三环中路甲 29 号院 3 号楼华龙大厦
邮政编码／100029
网　　址／http：//www. ssap. com. cn
网站支持／（010）59367077
责任部门／皮书出版中心（010）59367127
电子信箱／pishubu@ ssap. cn
项目经理／邓泳红
责任编辑／孙兆文　丁　凡
责任校对／张立生
责任印制／蔡　静　董　然　米　扬

总 经 销／社会科学文献出版社发行部
　　　　　（010）59367080　59367097
经　　销／各地书店
读者服务／读者服务中心（010）59367028
排　　版／北京中文天地文化艺术有限公司
印　　刷／北京季蜂印刷有限公司

开　　本／787mm×1092mm　1/16
印　　张／30.75
插图印张／0.25
字　　数／484 千字
版　　次／2010 年 4 月第 1 版
印　　次／2010 年 4 月第 1 次印刷

书　　号／ISBN 978 - 7 - 5097 - 1141 - 5
定　　价／69.00 元

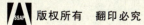